Über dieses Buch

Die römische Philosophie, die in der Regel Vermittlung und Weiterdenken der griechischen war, hat kaum einen originelleren Repräsentanten gefunden als Lukrez (ca. 97–55 v. Chr.). Ausgehend von den Lehren Epikurs, entwarf er in seinem Buch ›Von der Natur‹ eine Philosophie, in deren Mittelpunkt die Theorie der Atome steht. Aus ihren Bewegungen leitete er nicht nur die Feinstruktur der Materie, sondern auch den Aufbau des Universums und die Formen der Seele, des Geistes und der Wahrnehmung ab. Es ist ein streng materialistisches System, erdacht, die Welt als Werk von Naturgesetzen zu erweisen: Lukrez, der sich in scharfer Polemik gegen alle Religion wandte, sah im Glauben an strafende Götter den Hauptgrund der Todesangst, die er für alles Unglück und alle Schlechtigkeit der Menschen verantwortlich machte.
Auch sprachlich gehört das Buch, das nach dem frühen Tod des Autors von Cicero herausgegeben wurde, zu den eigenwilligsten und genialsten Leistungen der römischen Literatur. Nicht in Prosa verfaßt, sondern im fließenden Rhythmus des epischen Verses, des Hexameters, hat es dem Stoff ein Höchstmaß an Lebendigkeit, Anschaulichkeit und Bildkraft verliehen und auf einzigartige Weise leidenschaftliche Rationalität mit poetischer Meisterschaft vereint.

Literatur · Philosophie · Wissenschaft

Bibliothek der Antike
Herausgegeben von Manfred Fuhrmann

Lukrez

Von der Natur

Übersetzt von Hermann Diels
Mit einer Einführung und Erläuterungen
von Ernst Günther Schmidt

Bibliothek der Antike
Deutscher Taschenbuch Verlag
Artemis Verlag

Vollständige Ausgabe.

Oktober 1991
Deutscher Taschenbuch Verlag GmbH & Co. KG,
München

Umschlaggestaltung: Celestino Piatti
Gesamtherstellung: C. H. Beck'sche Buchdruckerei,
Nördlingen
Printed in Germany · ISBN 3-423-02270-1

EINFÜHRUNG

I

Kulturelle Blüte und Begabungen in größerer Zahl sind Erscheinungen, die sich wechselseitig bedingen, gleichermaßen auf bedeutsame historische Augenblicke weisen, sich jedoch nicht immer nach gleichem Schema verwirklichen. Oft sind die Dichter oder Philosophen, bildenden Künstler oder Komponisten einer Epoche nach Anlagen und Zielen relativ eng miteinander verwandt. Mitunter entwickeln sie sich aber auch in ganz unterschiedliche Richtungen. Das eine gilt in der Antike etwa für die attischen Tragiker und Redner des 5. und 4. Jahrhunderts v. Chr., das andere für die erste Hälfte des 1. vorchristlichen Jahrhunderts in Rom, für die Zeit des Lukrez. Neben ihm, dem größten Lehrdichter, wirkten Cicero, der glänzende Redner, Sallust, der scharfsichtigste Geschichtsschreiber, und Catull, der genialste Lyriker Roms. Aber wie sich die maßgebenden Politiker der Stadt, allen voran Pompeius und Caesar, damals, in der Spätphase der römischen Republik, einander entfremdeten und schließlich entzweiten, gingen auch die führenden Autoren jeder einen eigenen Weg. Das traditionelle römische Gemeinschaftsdenken wich einem Individualismus, der ganz neue Voraussetzungen auch des literarischen Schaffens mit sich brachte. Die in ihren Grundzügen weitgehend einheitliche frührepublikanische Literatur Roms, aus den Komödien des Plautus und Terenz uns teilweise noch kenntlich, setzte sich nicht fort, und ebensowenig war abzusehen, daß Rom wenig später, in der zweiten Jahrhunderthälfte, nochmals in eine literarische Blütezeit mit einem relativ geschlossenen Erscheinungsbild eintreten würde: Vergil und Horaz, die Dichter, die sich mit der heraufziehenden augusteischen Zeit am engsten verbanden, lebten um die Jahrhundertmitte bereits, waren als die bestimmenden Kräfte einer neuen literarischen Ära aber noch nicht kenntlich, wie auch Octavianus, der später den Ehrennamen Augustus erhielt, noch nicht als Roms künftiger Machthaber auszumachen war.

Steht das Werk des Lukrez vereinzelt in der römischen Literaturgeschichte, ist seine Position doch nicht völlig isoliert. Eine Reihe von übergreifenden Bezügen binden es, jeweils in unterschiedlichem Maße, in die realen Verhältnisse des spätrepublikanischen Rom und in längerwirkende geistige Traditionen ein.

Mit allen genannten römischen Autoren hat Lukrez erstens die Orientierung auf die römische Gesellschaft gemeinsam. Es ist ein doppelter Bezug: Kritik und Hilfsbereitschaft, Tendenzen, die das lukrezische Werk auch dort beeinflussen, wo sie nicht wie in den Einleitungen der sechs Bücher in den Vordergrund treten.

Zweitens ist Lukrez Epikureer, und dies mit Leib und Seele. Wenn wir sagen, er *bekenne* sich zu der Schule, die etwa 250 Jahre vor seiner Zeit, im Jahre 306 v. Chr., Epikur in Athen gegründet hatte, ist der Ausdruck fast zu schwach, um die glühende Begeisterung zu kennzeichnen, mit der Lukrez der Lehre dieses Philosophen anhing und sie Zeitgenossen und Nachfahren vermittelte. Der Epikureismus war bis zu seiner Zeit nicht eigentlich zur dominierenden Philosophie aufgestiegen, ja hatte den Zenit seiner Wirkung eher schon überschritten. Aber die Kontinuität der Lehrvermittlung und das Vermögen, Menschen in seinen Bann zu ziehen, hatte er gewahrt. Lukrez bezeugt das nachdrücklich.

Drittens mußte sich Lukrez in eine Tradition stellen, wenn er für seine Darstellung der epikureischen Naturphilosophie die literarische Form suchte. Seine Entscheidung überrascht. Er verschmähte die für philosophische Schriften meistgebrauchte Form des Prosatraktats, obwohl auch Epikur sie verwendet und dadurch für Schüler und Anhänger gewissermaßen autorisiert hatte. Ebenso verzichtete er auf die anspruchsvollere, seit dem 4. Jahrhundert v. Chr. von Platon in Mode gebrachte Prosaform des philosophischen Dialogs. Statt dessen wählte er das Lehrgedicht in hexametrischem daktylischen Versmaß und damit eine Gestaltungsweise, die zwar im späten 6. und 5. Jahrhundert v. Chr. von den griechischen Philosophen Parmenides und Empedokles schon einmal erprobt, seither aber kaum weitergepflegt worden war. Im 3. und 2. Jahrhundert v. Chr. hatte das Lehrgedicht, das sich in Griechenland bis auf den nächst Homer ältesten Dichter Hesiod, besonders auf dessen ›Werke und Tage‹, zurückführen konnte, zwar wieder an Beliebtheit gewonnen; Aratos aus Soloi in Kleinasien hatte ihm mit einer Beschreibung der Sternbilder und anderer Himmelserscheinungen ein neues Thema erschlossen. Aber auf den Gedanken, eines der breit ausgestalteten jüngeren philosophischen Systeme in dieser Form darzustellen, war vor Lukrez weder ein Grieche noch ein Römer verfallen. Wohl hatte kurz vor ihm ein anderer römischer Autor, Sallust mit Namen – vermutlich nicht der Geschichtsschreiber –, ein Lehrgedicht ›Empedoclea‹ geschrieben und sich dadurch in doppelter Hinsicht mit Lukrez berührt, als Lehrdichter und als Bewunderer des Empedokles (den Lukrez in seinem 1. Buch kritisiert, im gleichen Atemzug I 731–733 aber auch preist). Doch das sallustische Werk muß knapp an Umfang gewesen sein, wie die beiden Gedichte des Empedokles selbst. Lukrez dagegen legte ein Werk vor, dessen Ausmaße kein anderes Lehrgedicht je erreichte.

Über die Form des Lehrgedichts hinaus hat Lukrez viertens Anleihen bei Gestaltungselementen des antiken Epos gemacht. Entstehungsgeschichtlich waren die beiden Gattungen miteinander verwandt; die Führung bei der Herausbildung der gestalterischen Mittel hatte beim Epos gelegen. Das betrifft allgemeine Stilmerkmale wie eine gewisse Gemessenheit, aber auch Details. Daß etwa Lukrez eine Göttin, Venus, um Beistand und eine Muse, Kalliope, um Ruhm bittet (I 24f.; VI 93–95), entspricht, wenn auch mit einer Anpassung an römische Denkweise, einem Brauch, der sich aus dem griechischen Heldenepos herleitet und von dort in die Lehrdichtung übergegangen war. Gleicher Herkunft ist die Verwendung von Gleichnissen und Beispielen – berühmt das von der Kuh, die das als Opfertier getötete Kalb sucht – sowie von gleichlautenden, formelhaften Wendungen, Versen und Versgruppen. Wiederholt sagt Lukrez z. B., einem jeden Ding sei »umzirket seine wirkende Kraft und der grundtief ruhende Markstein« (I 77, 596; V 90; VI 66; ähnlich II 1087). Hier bedient er sich eines epischen Stilmittels und entwickelt es zugleich weiter. Ursprünglich stammten solche Ausdrucksweisen aus der mündlichen Dichtung, d.h. aus einer Zeit, als Dichtern und Sängern der Schriftgebrauch noch unbekannt war. Sie entlasteten das Gedächtnis und erleichterten die Improvisation. Dagegen spricht Lukrez von der Bindung der Dinge an Naturgesetze mit einer fest geprägten Formel, weil er die Wichtigkeit des Punktes herausstellen und einprägen will. Wo sich längere Verspartien wiederholen, etwa in den Aussagen über das Glück der Götter I 44–49 und II 646–651, wird es freilich zweifelhaft, ob jeder Beleg richtig am Platze und nicht vielmehr der eine oder andere fehlplaziert, d.h. vom Dichter versehentlich nicht getilgt oder von einem Abschreiber bzw. Benutzer fälschlich eingefügt ist. Hermann Diels, der Autor der hier vorgelegten Übersetzung, hält z.B. die Versfolge I 43b–49 für nicht authentisch.

Ferner ist es die Sprache, die das lukrezische Werk in bestimmte Bezüge stellt. Insbesondere gilt das für ihr Archaisieren, d.h. für die Bevorzugung von Wortformen und Stilmitteln wie Assonanzen, die eigentlich einer älteren Entwicklungsschicht des Lateinischen angehören. Die Übersetzung vermag das kaum nachzugestalten; immerhin setzt Diels gelegentlich altertümliche deutsche Wendungen ein, um dem Original nahezukommen. Die Motive für eine solche Sprachwahl waren für Lukrez kaum rein ästhetischer Art. Was ihn anzog, war die Würde des älteren Latein, besonders desjenigen des Ennius, dem er in den Versen I 117–126 seines Gedichts ein Denkmal gesetzt hat. Hier fand er die Ausdrucksmöglichkeiten, die er als seinem Thema angemessen empfand. Dem widerspricht nicht, daß er auch neuartiges sprachliches Material verwendet, z.T. eigene Wortschöpfungen, wie er sie zur Wiedergabe der philosophischen Begriffe und naturwissenschaftlichen Lehrinhalte seiner griechischen Vorlagen benötigte. Sprachliche Buntscheckigkeit versteht er zu meiden; Altertümlichkeit, nicht Modernität bestimmt den Sprachduktus.

II

Mehrere Momente also verknüpfen Lukrez und sein Werk mit Gegenwart und Vergangenheit, und weitere würden sich anführen lassen. So ist Lukrez auch von der antiken Bildungsmacht Rhetorik berührt, etwa in der Art, wie er die einen Philosophen rühmt, die anderen herabsetzt. An *einer* Stelle freilich sind die Bezüge bis zur Unkenntlichkeit schwach: in seiner Lebensgeschichte. Mit Sicherheit kennen wir nur den Hauptnamen des Dichters, Lucretius, und den Umstand, daß Cicero im Jahre 54 v. Chr. Kenntnis seines Werkes verrät. Den Namen darf man nach einem Teil der Handschriften zu Titus Lucretius Carus ergänzen; die Cicero-Stelle bleibt mehrdeutig. Der Redner schreibt seinem Bruder, der damals mit dem Heere Caesars in Gallien stand (Cicero, Briefe an Quintus II 9,3): »Die Gedichte (poemata) des Lukrez« – der Plural meint offenbar nur *ein* Werk, das uns vorliegende – »sind so, wie du schreibst: voller Zeichen (natürlicher) Begabung, aber auch (erworbener) Kunstfertigkeit *(multis luminibus ingeni, multae tamen artis)*.« Eine spätere Nachricht, bei dem Kirchenvater Hieronymus (4. Jh.), besagt, Cicero habe »später«, d.h. nach dem Tode des Lukrez, das Werk des Lukrez »verbessert« *(emendavit)*, was möglicherweise heißt, er habe es in überarbeiteter Form herausgegeben. Ist diese Angabe lediglich aus der Briefstelle herausgelesen, oder bietet sie eine von ihr unabhängige, womöglich verläßliche Information? Besagt der Passus bei Cicero, daß Lukrez im Jahre 54 bereits verstorben war, oder ist die Rede vom Werk eines Lebenden, das dieser soeben für ausgereift befunden und der Öffentlichkeit unterbreitet hatte?

Auch eine andere Nachricht führt hier kaum weiter. Eine spätantike Lebensbeschreibung Vergils gibt an, Vergil habe an seinem 15. Geburtstag die Männertoga, d.h. das Kleidungsstück, das ihn von nun an als Erwachsenen auswies, unter den gleichen beiden Konsuln angelegt, unter deren Amtsführung er geboren war, und es habe sich getroffen, daß am gleichen Tag der Dichter Lukrez gestorben sei. Die Nachricht bezieht sich auf das Jahr 55 v. Chr. und dürfte in ihrem Kern zuverlässig sein, allerdings mehr im Hinblick auf Vergil als auf Lukrez. Denn mochte ein so auffälliges Zusammentreffen von Ereignissen, wie es hier behauptet wird, in der Antike als Fügung erscheinen, ist es uns doch ebenso verdächtig, fingiert zu sein, wie die Serie von Angaben, wiederum bei Hieronymus, Lukrez sei durch einen Liebestrank in Raserei verfallen, habe mehrere Bücher in Intervallen zwischen Wahnsinnsanfällen geschrieben und sich schließlich mit eigener Hand getötet. Cicero, der Zeitgenosse, weiß von einer solchen Tragik im Leben des Lukrez offenkundig nichts. Es scheint, als sei die Geschichte von Lukrezens Krankheit und Tod erst nachträglich und aus der Überzeugung heraus erfunden, mit einem Verächter der herkömmlichen Religion – und als solchen gibt Lukrez sich zweifelsfrei zu erkennen – müsse es ein schlimmes Ende genommen haben: Lukrez, der die Vernunft preist (z.B. I 623), verlor selbst den Verstand. Konkurrierende Philosophen bezichtigte er des Wahnes (z.B. I 692, 698, 704; II 985) und wurde selbst wahnsinnig. Er empfahl die »Wollust« (so I 176, 966; V 178 und in dem Abschnitt über die Sexualität am Ende des 4. Buches) und fiel selbst der Liebesleidenschaft zum Opfer. Er war überzeugt, die Probleme des Lebens zu beherrschen, und widerlegte sich durch die Art seines Sterbens. Wer Lukrez derlei nachsagte, meinte offenbar, ihm sei recht geschehen. Aber gerade diese Tendenz entwertet den Bericht.

Ansonsten liefern die antiken Quellen nur noch einige äußere Daten. So soll Lukrez 96 oder 94 v. Chr. oder 27 Jahre vor Vergil, also 97 v. Chr., geboren und mit 44 Jahren aus dem Leben geschieden sein. Die Nachrichten, die zwar im groben, aber nicht genau übereinstimmen, lassen sich auf verschiedene Weise miteinander kombinieren. Gewöhnlich setzt man die Lebenszeit des Lukrez auf die Jahre 97–55 an, doch auch ein etwas späteres Todesjahr, etwa 53 v. Chr., scheint nicht ausgeschlossen. Lukrezens eigene Aussage, als er an seinem Werk arbeitete, sei er noch kein alter Mann gewesen (I 414), paßt zu diesen Angaben, ohne sie jedoch zu präzisieren.

Je weniger aussagekräftig die einzelnen Daten und die biographischen Zeugnisse insgesamt sind, desto dringlicher ist die

Umschau nach weiteren Auskunftsmitteln für Leben und Schaffen des Lukrez. Wichtigste Quelle ist selbstverständlich das lukrezische *Werk*. Läßt es sich auch kaum in direktem Zugriff vom Autor her deuten, bietet es doch Aufschlüsse über ihn, die ihrerseits der Werkinterpretation dienen. Welcher Art sie sind und welche Deutungen sie gestatten, ist unter Lukrezkennern freilich umstritten. Da trifft es sich gut, daß wenigstens eine Tatsache dem Gedicht ganz unmittelbar entnommen werden kann: es ist einem Römer namens Memmius gewidmet.

Lukrez nennt Memmius zuerst in den Versen I 26 und 42 seines Gedichts, entsprechend den Stilregeln, denen er das Proömium, d.h. den einleitenden Teil des Werkes, unterwirft, allerdings mit feierlichen Namensumschreibungen, als »Sohn aus der Familie der Memmier« (Diels, der hier »Memmius« schreibt, vereinfacht das) und »des Memmierstammes rühmlichen Sproß«. In Vers I 411 gebraucht er dann erstmals die Anrede »mein Memmius«, die er so oder leicht abgewandelt noch mehrmals wiederholt, zuletzt in Vers V 1282 (bei Diels 1281). Der Angeredete ist offenbar der römische Politiker Gaius Memmius, der als Prätor im Jahre 58 v. Chr. ein Gegner Caesars war, sich fünf Jahre später hingegen anläßlich seiner Bewerbung um das Konsulat der Gunst Caesars zu versichern suchte – ein vornehmer, wenn auch etwas zwielichtiger Mann. Diels sah ihn in einem engen Vertrauensverhältnis zu Lukrez. In dem unvollständig überlieferten Vers I 26 fügte er deshalb, abweichend von anderen Herausgebern und Übersetzern, die ziemlich persönliche Anrede an Memmius mit dem Vornamen ein (»mein Gajus«). Aber in der Nachbarschaft so erlesener Namensformen, wie Lukrez sie sonst im ersten Proömium verwendet, wäre dies ein kaum vertretbarer Stilbruch, und überhaupt hat es nicht den Anschein, als spreche Lukrez zu Memmius wie von gleich zu gleich (trotz der ebenfalls recht vertraulich klingenden Anrede »mein Bester« – *o bone* – III 206). Andererseits zeigt er keine Unterwürfigkeit, wie man sie etwa von einem römischen Klienten gegenüber seinem Patron erwarten würde. In welcher Art von Freundschaft beide, der enthusiastisch seiner Aufgabe hingegebene Dichter und der nüchterne Realpolitiker, letztlich zueinander standen, bleibt dunkel. Sicher ist, daß nicht etwa eine literarische Gepflogenheit die relativ häufigen Namensanreden erzwang. In den ›Werken und Tagen‹ hatte sich Hesiod wiederholt an seinen Bruder Perses gewandt, mit diesen Anreden jedoch nicht traditionsbildend gewirkt. Für seine Zeit führte Lukrez mit den Memmius-Anreden ein durchaus ungewöhnliches Element in die Lehrdichtung ein. Dafür muß er Gründe gehabt haben. Nur, wir kennen sie nicht.

Das Nächstliegende darf freilich nicht übergangen werden: wie Lukrez, wenn auch in weit geringerem Maße, kann auch Memmius dem Epikureismus nahegestanden haben, so wie eine ganze Reihe anderer vornehmer Römer in jenen Jahren, auch Caesar. Das führt auf die Frage, welche Beziehungen Lukrez zu den Epikureern seiner Zeit unterhalten haben mag. Der offizielle Sitz der Schule Epikurs war im 1. Jahrhundert v. Chr. noch immer Athen, die Stadt, in der auch die drei größten konkurrierenden Philosophenschulen ansässig waren: Akademie, Peripatos und Stoa, gegründet von Platon, Aristoteles und Zenon. Daß Lukrez Athen besucht, dort studiert hat, ist unwahrscheinlich; zumindest beiläufig hätte er davon doch wohl gesprochen. Ein Nebenzentrum des Epikureismus hatte sich zu seiner Zeit aber auch in Neapel und Umgebung herausgebildet. Hier lehrte Siron, der den jungen Vergil zeitweilig in seinen Bann zog. Hier lebte Philodem, von dessen zahlreichen Schriften zur epikureischen Philosophie sich umfängliche Reste unter den Papyri aus Herculaneum erhalten haben. Diese Stadt wurde wie das benachbarte Pompeji im Jahre 79 n. Chr. bei dem verheerenden Ausbruch des Vesuv verschüttet. Unter der Lava fanden sich schon bald nach Beginn der Ausgrabungen zu Ende des 18. Jahrhunderts in stark verkohltem Zustand, aber z. T. noch entzifferbar zahlreiche Buchrollen einer Bibliothek, die fast ausschließlich epikureische Schriften enthalten hatte und einst zweifellos ein Treffpunkt der Epikureer gewesen war. Schon seit längerem hat man vermutet, Lukrez, dessen Heimat und Herkunft nach wie vor unbekannt sind, habe den Neapolitaner Epikureern nahegestanden, und man glaubte das auch beweisen zu können.

So verwies man darauf, wie anschaulich Lukrez den westlich von Neapel gelegenen Avernersee beschreibt (VI 738ff.). Anscheinend schöpft er da ganz aus eigener Anschauung. Aber wie anschaulich, als sei er Augenzeuge gewesen, schildert er am Ende des 6. Buches auch die Pest in Athen: doch die hatte in den Jahren 430/429 v. Chr. gewütet, mehr als dreieinhalb Jahrhunderte vor Lukrez, der sich hier also nur auf eine literarische Quelle, in diesem Falle auf die berühmte Pestbeschreibung im Geschichtswerk des Thukydides, stützt! Ebenso meinte man, wer in so glänzenden Worten wie Lukrez über das Meer zu sprechen wisse, müsse in Meeresnähe gelebt haben. Auch das würde besser auf die Gegend von Neapel als etwa auf die Stadt Rom passen. Doch man übersah, daß Lukrez das Meer meist in Aufzählungen der drei Weltbereiche Himmel, Meer und Erde nennt, so gleich im ersten Proömium (besonders I 7–9), und die Vorstellung von dieser Dreiheit verdankt er primär offenbar nicht der Anschauung, sondern der Literatur. Bei Hesiod z.B. und in der griechischen Hymnendichtung werden die Weltbereiche öfters als Herrschaftsbezirke von Gottheiten genannt. Vor kurzem wartete der norwegische Philologe Knut Kleve mit der sensationellen Nachricht auf, unter den herculanensischen Papyrusresten habe er Fragmente aus fast allen Büchern des Lukrez entdeckt. Doch prüft man die inzwischen publizierten, durchweg ganz knappen Textreste, so bleiben Zweifel, ob sie lukrezisch sind. Zumindest steht ein eindeutiges Urteil noch aus. Damit ist das Bild von Lukrez, dem Partner und womöglich Mitstreiter der neapolitanischen Epikureer, nicht wirklich bewiesen, mag es auch die Wahrscheinlichkeit für sich haben.

Unsere Überlegungen knüpften sich vorerst an ein einziges Moment des Lukreztextes, die Nennung des Memmius. Längst hat man aber versucht, anhand des Werkes auch zu viel zentraleren Punkten, ja zum Kern der Persönlichkeit des Lukrez vorzustoßen. Lukrez, so behaupteten zuerst der Franzose M. Patin, dann der Deutsche O. Regenbogen und schließlich nicht wenige weitere Lukrezinterpreten, gebe vor, einen Kampf nach außen zu führen, gegen verderbliche Formen der Religion, gegen die Ängste der Menschen, in Wirklichkeit aber kämpfe er gegen sich selbst, gegen sein eigenes Fasziniertsein von der Religion, gegen seine eigene Angst. Insofern verberge sich vielleicht sogar in der Notiz über seinen Wahnsinn ein Stück Wahrheit: zumindest übersensibel, in sich zerrissen sei Lukrez gewesen. Daß sich das in seinem Werk spiegele, bedinge dessen Rang.

Was für ein Text, der – so scheint es – die Objektivität eines Sachbuches mit der Subjektivität eines Bekenntnisses verbindet!

III

Beginnen wir, um Zugang zu finden, beim Titel, ›*De rerum natura*‹. Diels gibt ihn mit ›Von der Natur‹ wieder, andere Übersetzer wörtlicher (oder nur scheinbar wörtlicher) mit ›Von der Natur der Dinge‹ oder ›Vom Wesen der Dinge‹. Lukrez übersetzt, was sich nicht entscheiden läßt, entweder den allgemeineren griechischen Ausdruck *phýsis* (Natur) oder den spezieller epikureischen *phýsis pragmátōn* (Natur der Dinge). In jedem Falle folgt er einer Tradition, die in der griechischen philosophischen Literatur – und nur sie kommt für ihn als Vorbild in Frage; eine römische Philosophie hatte es vor seiner Zeit kaum gegeben – bis zu den sog. Vorsokratikern zurückreicht. Viele Schriften der ältesten griechischen Philosophen, deren Wirken dem epochemachenden Auftreten des Sokrates (469–399 v. Chr.) noch vorauflag, trugen den Titel ›Über die Natur‹ *(Peri phýseōs)*. Später hatte Epikur sein 28 Bücher umfassendes Hauptwerk so benannt, das zumindest indirekt für Lukrez die Grundlage seiner Darstellung gewesen ist. Allerdings ist es nur in Bruchstücken erhalten, steht für einen fortlaufenden Vergleich mit Lukrez also nicht zur Verfügung (der ist nur möglich zwischen Lukrez und den freilich viel knapperen Lehrbriefen Epikurs an seine Schüler Herodot und Pythokles, für uns Hauptquellen seiner Naturphilosophie). Bei Lukrez akzentuiert der Titel einen der drei Hauptthemenbereiche, in die sich seit Aristoteles die Philosophie gliederte. Der eine, die Logik, spielte im Epikureismus in Gestalt der Lehre von den Regeln der Wahrnehmung und der Verstandestätigkeit (»Kanon«; Abriß bei Lukrez IV 478–521) eine nur untergeordnete Rolle. Als ungleich wichtiger galten Physik und Ethik, die Lehren von der Natur und vom wertbewußten Handeln. Kernstück der Ethik und Sinnmitte des gesamten Systems war die Lehre von der Lust (griechisch: *hēdonḗ*, bei Lukrez: *voluptas, libido*, bei Diels: Wonne, Wollust). Lukrez ist sich dessen selbstverständlich bewußt. An nicht wenigen Stellen spielt er auf Epikurs Hedonismus an und übernimmt dessen Definition der Lust als Freiseins von Schmerz und als innerer Ruhe. So preist er zu Anfang des 2. Buches den Seelenfrieden dessen, der den Stürmen des Lebens entzogen ist, in dem berühmten Bild der Annehmlichkeit, von sicherer Küste die Nöte eines Schiffbrüchigen zu beobachten (II 3–4):

> Nicht als ob es uns freue, wenn jemand Leiden erduldet,
> Sondern aus Wonnegefühl, daß man selber vom Leiden befreit ist.

Im gleichen Sinne empfiehlt er das einfache, naturgemäße Leben (II 17–36), tadelt maßloses Begehren (III 59–73). Überraschend leitet er zu dem Stichwort Angst über: letztlich sei sie die Triebfeder, die die Menschen nach immer mehr Macht und Besitz streben lasse. Kein Zweifel: Lukrez liegen solche Fragen am Herzen. Doch nicht die Ethik, sondern die Physik wählt er zum eigentlichen Thema. Diese Entscheidung gilt es von den Kernsätzen des epikureischen Naturverständnisses her nachzuvollziehen.

Wie die Ethik Epikurs mit der Lust, so verfügt auch seine Physik über einen zentralen Begriff, den des Atoms. Lukrez selbst betont das in den Versen I 55–59 und stellt zugleich die Reihe gleichbedeutender Ausdrücke vor, mit denen er den griechischen Begriff der Atome – den er meidet (anders als Diels, der ihn unbekümmert verwendet) – in seinem Werke wiederzugeben beabsichtigt und auch tatsächlich wiedergibt: Elemente *(primordia)*, Stoffe *(materies)*, Keime der Körper *(genitalia corpora)*, Samen der Dinge *(semina rerum)*, Urelemente *(corpora prima)*. Nur scheinbar bezeichnen einige dieser Ausdrücke eine organische Substanz, in Wirklichkeit meinen sie alle den gleichen, wie wir sagen würden: nichtorganischen Typ von Weltmaterie.

Den heutigen Leser läßt der Atombegriff aufhorchen. Im Altertum war das atomistische Modell, das sich in ihm ankündigt, nur eines unter mehreren konkurrierenden Weltbildern gewesen. Sein Wahrheitsgehalt wurde unterschätzt oder überschätzt; exakt ermitteln ließ er sich damals nicht. Heute sehen wir in ihm staunend eine Wurzel unseres eigenen Weltverständnisses, und die Naturwissenschaft unseres Jahrhunderts liefert gewissermaßen die Meßlatte, an der wir abzulesen vermögen, wieweit Leukippos und Demokrit, die die Grundzüge dieses Modells im 5. Jahrhundert v. Chr. erdacht hatten, Epikur, der es ausgestaltete, und Lukrez, der es den Römern und der Welt vermittelte, der Wahrheit schon nahegekommen oder hinter ihr noch zurückgeblieben war.

Das Interesse am naturwissenschaftlichen Gehalt begleitet den modernen Leser durch das gesamte lukrezische Werk, auch wenn er sich seinem Autor wohl nicht in den Einzelheiten seines Systems, sondern in den allgemeineren Zügen seines Denkens und Wollens am nächsten weiß.

Das Eindringen in das lukrezische Weltbild wird durch die Übersichtlichkeit des lukrezischen Werkes, seinen Aufbau in großen Flächen, erleichert. Die sechs Bücher ordnen sich zu drei Komplexen; ihre Hauptinhalte stufen sich von den Kernlehren des Atomismus über deren Anwendungen bis hin zu einem Thema – der Kulturentstehungslehre – ab, das der Atomtheorie mehr nur assoziiert und nicht eigentlich von ihr durchdrungen ist.

Voran stehen in den Büchern 1–2 als erster Komplex die Kernlehren über die Atome. Wie ihr griechischer Name »die Unzerschneidbaren«, »Unteilbaren« besagt, sind sie weder verform- noch zerstörbar und unterscheiden sich allein schon dadurch von den Atomen der heutigen Naturwissenschaft, die spaltbar geworden sind. Der Grund für die ihnen ursprünglich beigemessene Konsistenz ist, daß sie als kompakt und von gleicher Substanz, Härte und Schwere galten: Kein Atom vermag das andere auch nur zu verändern. Daraus folgt ihre Unvergänglichkeit, von Ewigkeit in Ewigkeit. Nicht ohne Größenunterschiede bleiben sie jedes für sich weit unter der Sichtbarkeitsgrenze. Nur in ihrer Masse – die unermeßlich ist – werden sie wahrnehmbar: als Dinge, als Welten. Ihre Fähigkeit des Zusammenschlusses zu solchen Gebilden verdanken sie zwei weiteren Eigenschaften: den Unterschieden ihrer Gestalt und ihrer ständigen Bewegtheit. Die Urbewegung, die ihnen von Natur zukommt, ist ihr senkrechter Fall durch den unendlichen, leeren Raum, die einzige Realität außer ihnen. Beim Sturz weichen sie gelegentlich ohne nachweisbare Ursache geringfügig vom Lote ab. Nun kreuzen sich ihre Bahnen, sie treffen aufeinander, und je nach ihren Formen, die teils eckig, teils rund, teils hakenförmig sind, und ihrer gegenseitigen Lage prallen sie voneinander ab (und vermehren dadurch die Vielfalt der Bewegungsrichtungen) oder lagern sich aneinander und verklammern sich. Im zweiten Fall entstehen Atomverbünde, die Urformen der Dinge. Im Unterschied zu den Einzelatomen können, ja müssen sich Dinge wieder in ihre Bestandteile auflösen. Atome sind unvergänglich, Dinge, bis hinauf zu den größten, den Welten, vergänglich. Entstehen und Vergehen gehorchen den Gesetzen, die Lukrez allen anderen voranstellt: Aus nichts wird nichts, und nichts vergeht zu nichts (I 150ff., 215ff.).

Bereits die Kernlehren erweisen das antik-atomistische Modell als rein mechanistisch, ein weiterer bedeutsamer Unterschied zum heutigen Weltbild. Aber die Übereinstimmungen sind in diesem Teil des Systems doch augenfällig. Das weitgedehnte All, die ungleichmäßige Verteilung der Materie in ihm, die Unterscheidung von Vergänglichem und Unvergänglichem und nicht zuletzt die Gesetzmäßigkeit alles Geschehens sind Einsichten, die sich bewährt und bestätigt haben.

Die Schwierigkeiten für Lukrez wachsen im mittleren Teil seines Werkes, in den Büchern 3 und 4, dem zweiten Themenkomplex. Hier handelt er von der menschlichen Seele *(anima)* einschließlich der Verstandeskraft *(animus)*, von der Sinneswahrnehmung *(sensus)* und, wie schon erwähnt, von der Sexualität. Wieder vertraut er sich der Führung Epikurs an, und daß alle Vorgänge und Erscheinungen, die er hier zu analysieren hat, sich letztlich auf materielle Prozesse reduzieren, entspricht einer verbreiteten Auffassung auch der gegenwärtigen Wissenschaft. Nur bewährt sich das mechanistische Prinzip weniger in einem Bereich, in dem, wie wir wissen, ganz andere Bewegungsarten regieren als Stoß und Prall. Die Probleme treten besonders klar im bekanntesten Lehrstück dieses Teils hervor, in der Theorie des Gesichtssinnes. Schon Demokrit hatte den Sehvorgang mit dem Abfluß feinster Atomschichten, der sog. »Bilder« (griechisch: *eidōla*; Lukrez: *simulacra*), von den Oberflächen der Dinge erklärt, und die übrigen antiken Atomisten, auch Lukrez, waren ihm darin gefolgt. Nach ihrer Ansicht durchmessen die Bilder in größter Eile den Raum, werden dabei von den Luftmassen komprimiert, bleiben aber imstande, den Sinnesorganen, auf die sie treffen und in die sie eindringen, die Gestalt der Dinge zu vermitteln. Angesichts der Naivität dieser Auffassung sollte man bedenken, daß auch keine andere antike Theorie den Gesichtssinn zu enträtseln vermochte, und wird man, wenn schon nicht den äußeren Gehalt der Lehre, so doch ihre innere Konsequenz schätzen. Diese gründet aber wiederum in mechanistischen Prinzipien, ebenso wie die ergänzende epikureisch-lukrezische Reduktion der – wie man es in der Neuzeit formuliert hat – »sekundären« auf die »primären« Sinnesqualitäten, d.h. von Farbe, Geschmack und Temperatur auf Gestalt und Lage der Atome.

Ein dritter Komplex angewandter Atomtheorie füllt den größeren Teil der Lukrez-Bücher 5 und 6. Das 5. Buch behandelt kosmologische Themen einschließlich der Lehre von den Himmelskörpern; hier klärt sich u.a. die schon vom 1. Proömium (I 73) an vorbereitete Frage nach »des Weltalls flammenden Mauern«: Primitive Züge des frühen antiken Weltbildes wirken nach; die Welt gilt als von einer Äther- und Feuerschale überdeckt, der Verstand schließt auf unendliche Räume jenseits von ihr, dem Auge hingegen setzt sie unüberwindliche Schranken. Das 6. Buch bespricht ergänzend Himmelserscheinungen sowie anhangsweise eine Reihe besonders erklärungsbedürftiger Phänomene wie Erdbeben, Vulkanismus, Magnetismus und Entstehung von Seuchen. Hier ist auch das Problem des schon erwähnten Avernersees bei Neapel eingereiht, der den Vögeln, die ihn überfliegen, den Tod bringt. Den See gibt es noch heute, das von Lukrez beschriebene Phänomen jedoch nicht. Offenbar haben sich die geophysikalischen Verhältnisse – der See liegt in vulkanischem Gebiet – seit dem Altertum verändert. Oder vertraut Lukrez einer Fehlbeobachtung?

IV

Der Überblick über den Werkinhalt, soweit er von der Atomtheorie bestimmt ist, führt hier auf ein Stichwort, das zugleich am Anfang einer Auflistung der für Lukrez charakteristischsten Verfahrensweisen stehen kann. *Beobachtung* gilt im allgemeinen nicht als die Stärke der antiken Wissenschaft. Aber wer sich in die Aufzeichnungen der antiken Ärzte, in die Aristoteles zugeschriebenen, wenn auch sicherlich nicht von ihm selbst verfaßten ›Naturwissenschaftlichen Probleme‹, in die monumentale ›Naturgeschichte‹ des älteren Plinius und eine Reihe ähnlicher Schriften vertieft, wird für die Antike eher auf eine regelrechte Kultur des Beobachtens schließen. Und das kann nicht verwundern. Bei einem unzulänglichen Kenntnisstand war es ja unendlich schwer, selbst für Erscheinungen, die heute jedermann erklären kann, die Gründe anzugeben. Demokrit, dem Mitbegründer des antiken Atomismus, wird der Satz zugeschrieben, dem Perserthron – seinerzeit Inbegriff von Macht und Glück – ziehe er eine einzige Ursachenerklärung vor. Bei Lukrez wirkt diese Einstellung nach. Auch er will Erscheinungen deuten. Dazu muß er sie beobachten oder zumindest die Beobachtungen anderer zur Kenntnis nehmen. Teils berücksichtigt er alltägliche, teils seltene und sogar singuläre Phänomene: Dreht man sich im Kreise und steht dann still, scheint sich die Umgebung zu drehen (IV 400–403). Drückt man Holz ins Wasser und läßt es los, schnellt es empor (II 196–200). Aufkommendes Gewölk legt sich zuerst um die Berggipfel (VI 464), auf denen es zudem stets windig ist (VI 469f.):

Dies lehrt uns die Sache
Selbst und unser Gefühl beim Besteigen der hohen Gebirge;

eine Stelle übrigens, die der verbreiteten Meinung widerspricht, Bergsteigen sei im Altertum (und noch im Mittelalter) ganz unbekannt gewesen. Das 4. Buch klingt in die Beobachtung aus, steter Tropfen höhle den Stein; in der Form, die Ovid ihr gegeben hat *(gutta cavat lapidem)*, ist sie sprichwörtlich geworden. Rarere Erscheinungen und selbst Abstruses fehlen nicht, so in mehreren Abschnitten des 6. Buches und in der Legende, daß Löwen vor Hähnen fliehen (was IV 710–717 allen Ernstes atomistisch »erklärt« wird). Nicht alle Fehlbeobachtungen sind lächerlich; eindrucksvoll bleibt trotz der Unrichtigkeit die Angabe – der Lukrez auch nicht uneingeschränkt zustimmt –, vom Gipfel des Idagebirges, wohl dem auf Kreta, könne man beobachten, wie die Sonne sich bei ihrem Aufgang jeden Tag aus Feuerbündeln neu bilde (V 662–668).

Beobachtungen sind für Lukrez nicht Selbstzweck, sondern Herausforderungen an die Theorie. Die Zurückführung der Erscheinungen auf die Prinzipien des Atomismus, das Wechselspiel der Erklärung der Phänomene aus den atomistischen Kernlehren und ihre Bestätigung durch die Phänomene werden zum wissenschaftlichen Herzstück des Systems. Mit vier Methoden sichert Lukrez seine Aussagen ab.

Erstens bedient er sich regelrechter Beweisverfahren, wie sie der griechischen Philosophie vor allem seit Aristoteles zu Gebote standen. Dabei vertraut er weniger den Regeln strenger Logik als vielmehr einer Reihe von Prozeduren, die sich durch ihre Anschaulichkeit empfehlen, z.B. dem Analogieschluß und dem Schluß aus der Unmöglichkeit der Gegenposition. Durch Analogie, in diesem Fall mit dem Wind, der unsichtbar ist und doch Wirkungen zeitigt, wird z.B. die Existenz unsichtbarer kleinster Körper, d.h. der Atome, bewiesen (I 265–279). Der Beweis etwa für den Satz, daß nichts aus nichts entsteht, wird hingegen in der Weise geführt, daß die Gegenposition, etwas könne aus nichts entstehen, ad absurdum geführt wird (I 161 f.):

> So könnt' erstlich der Mensch aus dem Meer auftauchen, der Fische
> Schuppiges Volk aus der Erde, die Vögel dem Himmel entfliegen ...

Solche Argumente fügt Lukrez nicht selten zu ganzen Beweisketten zusammen, wobei eine sorgfältige Anordnung der Einzelglieder die Überzeugungskraft erhöht.

Zweitens wirkt Lukrez angelegentlich dem Eindruck entgegen, als verdienten neben Epikur auch andere Philosophen Beachtung. Einige lobt er zwar, so Demokrit, doch ernstlich kommen sie für den, der die Wahrheit sucht, nicht in Frage. Es gibt nur einen Weg der Wahrheit, den Epikurs.

Drittens betont Lukrez die Universalität seiner Lehren (I 56f.):

(Aus den Atomen) erschafft die Natur und ernähret und mehret
Alles; auf diese zuletzt führt *alles* sie wieder zurücke.

Ähnlicher Formulierungen bedient er sich häufig, und sie alle zielen darauf ab, die *Gesetzmäßigkeit* alles Geschehens zu erweisen. Der Begriff der Natur wird, schon vom Titel des Werkes an, zum Schlüsselwort für die Einheit des Weltprozesses.

Wie schon Epikur ist sich Lukrez freilich der Schwierigkeit bewußt, für jede Erscheinung die einzige, allein zutreffende Erklärung zu finden. Vor allem bei den Himmelserscheinungen, die durchweg ja nur aus großer Distanz beobachtet werden können, räumt er ein, daß der Atomismus, der stets die Grundlage bildet, für das gleiche Phänomen oft mehrere einander gleichwertige Deutungen gestatte. Der vierte Verfahrensweg ist es deshalb, das Prinzip der gleichwertigen Erklärungen grundsätzlich zu rechtfertigen. Bei einer Anzahl von Dingen, so heißt es in diesem Sinne VI 703–711 (und ähnlich V 526–533):

genügt nicht die *eine* Erklärung,
Wo es noch mehrere gibt, von denen doch eine muß wahr sein.
Siehst du zum Beispiel selber den Leichnam eines Gestorbnen
Aus der Ferne wo liegen, so wird von den Gründen des Todes

Meist nur ein einz'ger genannt; doch sollte man sämtlich sie nennen;
Denn du kannst nicht beweisen, durch Schwerthieb oder durch Kälte
Oder durch Krankheit und Gift sei jener zu Tode verblichen;
Und doch wissen wir sicher, daß irgend etwas von der Art
Jenen betroffen muß haben. So müssen wir oft uns bescheiden.

Der hier aufgestellte Grundsatz leitet den Abschnitt über die alljährliche Nilschwelle (VI 712–737) ein, für die vier als gleichwertig eingestufte Gründe genannt werden; nach epikureischer Auffassung gilt er – und darauf kommt es Lukrez an – aber auch prinzipiell. Vom Standpunkt der modernen Naturwissenschaft, die stets nur an dem *einen* wahren Grund einer Erscheinung interessiert ist, mag das lukrezische pluralistische Interpretationsprinzip als unzulänglich, ja geradezu als Kapitulation vor der Aufgabe erscheinen, die eigentlich zu lösen wäre. Der Eindruck wird dadurch bestärkt, daß Lukrez auch dann auf der Gleichwertigkeit der Erklärungen besteht, wenn es ihm, so scheint es, durchaus hätte möglich sein müssen, die Deutungen zumindest nach ihrer Wahrscheinlichkeit abzustufen. Mitunter hat er einen glückliche Hand, so im erwähnten Fall der Nilschwelle, für die er nach mehreren falschen Gründen am Schluß die nach heutiger Erkenntnis richtigen nennt, nämlich Regen- und Schneefälle in den Quellgebieten des Stromes.

In anderen Fällen hingegen verbaut er sich den Blick für das Zutreffende geradezu, so in seinen Hypothesen über die Sonne. Hier war er bereits auf Grund seines zu naiv gefaßten erkenntnistheoretischen Postulats von der grundsätzlichen Zuverlässigkeit der Sinne (I 423) zu der absurden Aussage gelangt, die Sonne sei so groß, wie sie uns erscheint (V 564–572). Damit war er hinter Einsichten zurückgefallen, die der Antike längst geläufig waren, daß dieser Himmelskörper nämlich weit größer ist, als es den Anschein hat, ja daß er die Erde an Größe übertrifft.

Noch mehr kompliziert er die Beweislage nun dadurch, daß er neben die Vorstellung, es sei die gleiche Sonne, die täglich erscheint, als angeblich gleichwertig die Alternative stellt, vielleicht bilde sie sich auch Tag für Tag aus Feueratomen neu (V 660–662; ein »Beweis« dafür, die Beobachtungen vom Ida-Gipfel, wurde eben schon erwähnt). An solchen Punkten scheinen plausible Grundsätze in unfruchtbare Dogmen umzuschlagen.

Zwei Erwägungen legen allerdings selbst an den heikelsten Stellen des epikureisch-lukrezischen Systems eine positivere Beurteilung nahe.

Einerseits läßt sich der Einschlag von Skepsis, das Eingeständnis, in bestimmten physikalischen Fragen nicht bis zu eindeutigen Aussagen vordringen zu können, und damit dasjenige Prinzip, mit dem der Epikureismus sich dem Verdacht der Unwissenschaftlichkeit aussetzt, durchaus auch als Besonnenheit, Gewissenhaftigkeit und damit als ein Zug von Wissenschaftlichkeit deuten. Die Möglichkeiten naturwissenschaftlicher Erkenntnis waren in der Antike eben noch eng begrenzt, und philosophische Schulen, die wie der Skeptizismus und z. T. auch der Epikureismus dem Rechnung trugen, verdienen Verständnis.

Wichtiger noch für die Beurteilung des Epikureismus ist ein zweiter Gesichtspunkt – den einzuprägen Lukrez nicht müde wird –, daß nämlich Einblicke in die Naturprozesse letztlich nicht durch sich selbst, sondern durch das Anliegen motiviert sind, Ängste abzubauen und so dem Lustprinzip neben der theoretischen auch die praktische Geltung zu verschaffen. Weltbild und Werk des Lukrez kulminieren in allen ihren Teilen in ebendiesem Anspruch (I 146–149):

> Jene Gemütsangst nun und die lastende Geistesverfinstrung
> Kann nicht der Sonnenstrahl und des Tages leuchtende Helle
> Scheuchen, sondern allein die Naturanschauung und Forschung.

Im einzelnen bedeutet das: Unverbrüchliche, durchschaubare Regeln beherrschen das Geschehen (1. Buch). Alles hat seinen »sicheren Ursprung« (I 168) und seine »richtige Zeit« (I 176); der Mensch muß nicht des schlechterdings Unvorhersehbaren gewärtig sein und sich weder umsonst mühen (I 213) noch ratlos grübeln (I 332). So unermeßlich weit der Weltprozeß sich auch erstreckt, verläuft er ohne das Zutun von Göttern und damit »unabhängig ... von der Laune tyrannischer Herrscher« (II 1091). Auch der Mensch untersteht in allen seinen Teilen dem Gesetz des Entstehens und Vergehens: nicht nur sein Körper ist vergänglich, sondern auch seine Seele, ein Gemisch aus vier Atomarten (3. Buch). Der Tod löst sie auf; man muß sich nicht ängstigen, sie könne in eine Hölle eingehen und dort Qualen und Strafen erleiden. Die Geschichten von Unterweltsbüßern sind zwar sinnvoll, nur beziehen sie sich nicht auf Fabelgestalten wie Tantalus, sondern auf die Torheiten der Lebenden (III 978–983):

> ... die Fabelgestalten, die da in des Acheron Tiefen
> Hausen, du findest natürlich sie alle in unserem Leben:
> Tantalus braucht nicht zu fürchten den über ihm schwebenden Felsblock
> Hoch in der Luft, wie man fabelt (der Schrecken der Armen ist nichtig),
> Sondern die grundlose Angst vor den Göttern bedrücket die Menschheit
> Während des Lebens schon jetzt und die Furcht vor den Tücken des Zufalls.

Angst vor dem Tode, so das lukrezische Fazit, ist unbegründet. Ebensowenig darf es verwundern, daß die Menschen die Vorstellung von Fabelwesen wie den Kentauren haben. Die Erscheinung erklärt sich ganz natürlich: »Vom Roß und vom Menschen« lösen sich Abbilder. Normalerweise gelangen sie getrennt voneinander in die Wahrnehmungsorgane. Gelegentlich können sie sich, ehe sie diese erreichen, aber auch ineinander verhaken. Dann stellt sich die Vorstellung von einem Mischwesen ein. Die Bilder existieren real und bilden dennoch keine Realität ab (IV 732–743; ähnlich V 878–924).

Die Kosmologie, wie sie das 5. Lukrez-Buch vermittelt, lehrt die Menschen, sich mit der Unausweichlichkeit des künftigen Weltendes abzufinden, und befreit sie von der Angst, sie könnten sich eines religiösen Frevels schuldig machen, wenn sie im Sinne Epikurs die Ewigkeit der Himmelskörper und Weltbereiche wie Himmel, Erde, Meer, Mond, Sonne und Sterne bestreiten (V 110–131). Das 6. Buch schließlich ergänzt diese Einsicht durch den Nachweis, daß auch alle Himmelserscheinungen und selteneren Naturphänomene plausible Ursachen haben und keinerlei Grund zu Verängstigung bieten: Es gibt keine »Wunder«.

Ist es aber für Lukrez eingestandenermaßen der Zweck seiner Darlegung, die Menschen von ihren Ängsten zu befreien, so leuchtet ein, wie wenig es ihm auf die Zahl und wie sehr auf die Überzeugungskraft der Erklärungen ankommt, die er für die einzelnen Erscheinungen und damit für den Weltprozeß insgesamt anzuführen weiß. Er deutet die Natur nicht um der Natur, sondern um des Menschen willen, weiß sich nicht zweckfreier Erkenntnis, sondern einem philanthropischen Anliegen verpflichtet, ist Naturwissenschaftler und Philosoph zugleich. Überzeugend ist eine Deutung für ihn aber stets dann, wenn die Phänomene auf die atomaren Grundprozesse zurückgeführt sind. Leitfaden der Erkenntnis ist die Anschaulichkeit. Man soll das Spiel der Atome vor seinem geistigen Auge abrollen lassen und dabei Phase für Phase verfolgen können. Der Film, der Computer vermögen die von Lukrez beschriebenen Vorgänge heute graphisch nachzugestalten, und unter dem Mikroskop würden, so entspricht es lukrezischer Überzeugung, die Dinge und Prozesse haargenau so sichtbar, wie sie sich dem in epikureischer Analyse der Phänomene geübten Verstand darstellen.

Ihre Ethik unterstellen Epikur und Lukrez dem Lustbegriff, ihre Physik dem Atombegriff, ihre Philosophie insgesamt der Verflechtung beider zu einer einheitlichen Theorie. Hier liegt auch das Motiv des Lukrez für die Wahl seines thematischen

Schwerpunktes: Ethik gründet eben nur zum Teil in sich selbst, zu einem anderen, wesentlichen Teil hingegen in der Lehre von der Natur.

V

Ist so der Kern des epikureischen Systems beschrieben, lassen sich ihm nun auch diejenigen Lehrstücke zuordnen, denen innerhalb des lukrezischen Werkes eine gewisse Sonderrolle eingeräumt ist: die Kulturentstehungs- und die Götterlehre.

Die breit angelegte Partie, die gewöhnlich als die lukrezische Kulturgeschichte bezeichnet wird, wächst aus den Ausführungen des 5. Lukrez-Buches heraus und bildet deren Schluß (V 925–1457). Zu Recht ist darauf hingewiesen worden, daß der Kulturgeschichtsbegriff das Thema des Abschnitts nicht präzis genug bezeichnet, da nicht der Gesamtprozeß der Herausbildung der menschlichen Kultur, sondern nur deren Entstehung und vorgeschichtliche Entwicklung behandelt werden. Andererseits gehen die Ausführungen über den im engeren Sinne kulturellen Fragenkreis hinaus und greifen auf das allgemeinere Thema der Entstehung der Gesellschaft über. Der Begriff der Kulturentstehungslehre mag als Formel dienen, die den komplexen Inhalt des Lukrez-Abschnitts annäherungsweise umreißt. Voran gehen Ausführungen über die Herausbildung der Pflanzen- und Tierwelt (V 783–924). Sie sind weniger feinmaschig, verzichten darauf, in der Art der Zoologie des Aristoteles oder der Botanik seines Schülers Theophrast einzelne Pflanzen- und Tierarten aufzulisten, bieten immerhin aber einen so interessanten Punkt wie die entfernt an Darwin anklingende Vorstellung vom Überleben der stärkeren und nützlicheren Tiere (V 855–877). Schon hier tritt der Atomismus als unmittelbares Erklärungsprinzip zurück, und dieses Methodenmerkmal prägt dann auch die Kulturentstehungslehre. Das bedingt ihre Sonderstellung innerhalb des lukrezischen Werkes. Nicht als ob nicht auch alle hier erfaßten und erschlossenen Prozesse atomar interpretierbar wären. Aber nicht diese Art von Ausdeutungen ist für Lukrez das Beweisziel. Vielmehr erstrebt er den Nachweis, daß der Mensch aus eigener Kraft, d.h. nicht durch göttliche Schöpfung und Fürsorge, zu dem geworden ist, als das er sich in der Gegenwart darstellt.

Das lukrezische Thema war für die Antike nicht neu. Demokrit hatte nicht nur für die Atomtheorie, sondern auch für die Lehre von der Entstehung der menschlichen Gesellschaft und Kultur wesentliche Vorarbeit geleistet. Neben und nach ihm hatten die Sophisten, Platon, Aristoteles und andere griechische Philosophen zum gleichen Fragenkreis eigenständige Konzeptionen vorgelegt. Zwei Grundauffassungen standen sich dabei gegenüber. Beide setzten den Menschen zur Natur in Beziehung. Die eine, maßgeblich in der ›Politik‹ des Aristoteles vertreten, ließ die Natur des Menschen von allem Anfang seiner Entwicklung an auf das Zusammenleben in einer Gesellschaft gerichtet sein, verstand den Menschen also als das »zur Gemeinschaft tendierende Lebewesen« (*zō̂on politikón*). Die andere, die besonders der Sophist Protagoras propagierte, schied schärfer zwischen einem naturnahen, aber primitiven Urzustand des Lebens der Menschen und einer höheren, durch Qualitäten wie Recht und Interessenausgleich gekennzeichneten, erst eigentlich menschlichen Entwicklungsstufe. Von den Atomisten neigte Demokrit der zweiten Auffassung zu, glich sie an die erste jedoch insofern an, als er auch beim höheren Stadium von einer Natur, nämlich einer »zweiten Natur« des Menschen sprach.

Lukrez schließt sich dieser Meinung an und gestaltet sie, sicherlich in unmittelbarem Anschluß an Epikur, weiter aus. Auf eine Schilderung der Urzeit, in der der Mensch noch weitgehend tierische Züge aufwies (V 925–1010), läßt er zwei Phasen der Kulturentstehung folgen, in denen unterschiedliche Triebkräfte wirken. In der ersten (V 1011–1104) sind es äußere Zwänge und Umstände, die den Menschen zur allmählichen Verbesserung seiner Lebensbedingungen veranlassen, in der zweiten (V 1105–1457) macht sich die Herausbildung der menschlichen Verstandeskräfte bemerkbar, der Mensch vermag den Prozeß seiner Kultivierung bereits zu steuern. Dies gelingt nicht perfekt, genauer gesagt: nicht ohne schädliche Nebenwirkungen. Den Beweis liefern an sich bedeutende Errungenschaften wie die, daß der Mensch die Metalle zu schmelzen und zu formen lernte. Beim Vergleich von Erz und Gold gab er wegen der Härte und der dadurch bedingten umfassenderen Verwendungsmöglichkeit zunächst dem Erz den Vorzug (V 1273–1280):

... und das Gold war als unnütz
Wenig geachtet, da leicht die Schneide sich abstumpft.
Jetzt wird das Erz nicht beachtet, das Gold stehe oben im Preise,
So verändert der Wechsel der Zeit auch die Lage der Dinge.
Was vordem ward geschätzt, wird schließlich des Wertes entkleidet;
Dafür steigt dann ein andres empor aus verachtetem Dunkel;
Täglich erstrebt man es mehr, man begrüßt die Entdeckung mit Jubel,
Und die Menschen erweisen ihm unbegreifliche Ehre.

»Unbegreiflich«: unversehens mischt Lukrez diese Wertung in die scheinbar neutrale Beschreibung eines Werdeganges, aus der Kulturentstehungslehre wird Kulturkritik und zumindest partiell auch Gesellschaftskritik – so, wenn bald darauf die »traurige Zwietracht« gerügt wird, die die Menschen in die »Schrecken des Krieges« geführt habe (V 1305, 1307).

Folgerungen, wie sie in der Antike die Kyniker zogen: den Verzicht auf kulturelle Entwicklung, die Forderung des *Zurück* zur Natur, liegen Lukrez allerdings fern, und aus der Aufrechnung der Vorzüge und Nachteile der Kultur erwächst ihm das Bekenntnis zum Fortschritt, mit dem er das 5. Buch feierlich ausklingen läßt (V 1448–1457):

Schiffahrt, Ackerbebauung, Errichtung von Mauern, Gesetze,
Waffen, Straßen, Bekleidung und alles ähnliche Gute,
Ehren und alles, was irgend zur Lebensverfeinerung beitrug,
Lieder und Bilder und alle die sonstigen bildenden Künste

Lehrte Erfahrung und Übung dem mählich von Stufe zu Stufe
Vorwärts schreitenden Geist, der unverdrossen sich mühte.
So bringt Schritt für Schritt die Zeit jedwedes zum Vorschein,
Und der Verstand hebt alles empor zum Reiche des Lichtes.
Denn man ersah mit dem Geiste, wie eins aus dem andern sich aufhellt,
Bis man in jeglicher Kunst zu dem höchsten Gipfel gelangt ist.

So großartig dieser Schlußakkord ist, verbirgt er doch nicht den Zwiespalt, den Lukrez zuvor in der kulturellen Entwicklung der Menschheit aufgezeigt hat. Und der Eindruck des Zwiespältigen wiederholt sich, wenigstens für viele Lukrez-Leser, nun auch bei dem anderen Lehrstück, dem im Gedicht ›Von der Natur‹ eine besondere Rolle zufällt, der Theorie von den Göttern, oft als epikureische »Theologie« bezeichnet.

VI

Mit diesem Lehrstück hatte es schon bei Epikur, ja in Ansätzen bereits bei Demokrit, eine eigenartige Bewandtnis. Vordergründig stellt sich für Epikur das Problem so dar, daß er die weite Verbreitung von Göttervorstellungen unter den Menschen zur Kenntnis und zum Anlaß nahm, ihr Auftreten aus den inneren Voraussetzungen seines Systems zu erklären. Die Schlüsselstellung kam da dem Satz von der Untrüglichkeit der Wahrnehmungen und Vorstellungen zu: Haben die Menschen Gottesvorstellungen, muß es Götter geben. Gelten konnte dies freilich nur im Rahmen der Naturgesetze. Götter durften – wie Menschen – nur als atomare Gebilde existieren, das Weltgebäude weder steuern noch beeinflussen, kurz, auf gar keinen Fall als »Störfaktor« wirken. Um dies zu gewährleisten, siedelte Epikur sie kurzerhand in den riesigen Leerräumen (*metakosmia*, Intermundien) zwischen den Welten an. Da sie dort keinem Atomaufprall und somit keinen zerstörenden Kräften ausgesetzt sind, führen sie ein ewiges, uneingeschränkt glückhaftes Leben, das entsprechend der verbreiteten antiken Wertschätzung der Muße durch ihr Untätigsein nicht beeinträchtigt, sondern eher gesteigert wird. Von dort gelangen ihre Abbilder zu uns; von besonders feiner Beschaffenheit, vermögen sie das Himmelsgewölbe, die Grenzmarke unserer Welt, zu durchdringen. Direkte Wirkungen auf Welt und Mensch üben die Götter dagegen nicht aus. Nur indirekt, als unverrückbare Vorbilder glückhafter Existenz, sind sie auf die Menschen von Einfluß. Man sollte zu ihnen beten, ihnen opfern, nicht als ob Worte und Opfergaben sie erreichen, sondern wegen der positiven subjektiven Rückwirkung auf den Gläubigen.

Das ist gewiß eine eigenartige Theologie; die Gewichte sind in ihr verschoben, die weniger bedeutsame anthropomorphe Komponente der Religion ist herausgestellt, die bedeutsamere des Wechselverhältnisses zwischen Gottheit und Mensch zurückgedrängt. Kein Wunder, daß schon im Altertum die Frage aufkam, ob Epikur im Grunde seines Herzens nicht vielmehr Atheist und seine Götterlehre nur ein Kompromiß mit der herkömmlichen, zu seiner Zeit noch durchaus einflußreichen Religion gewesen sei. Wie immer man hier antwortet, fest steht: Epikur und Anhänger beteuerten ihren Götterglauben, ja nahmen in Anspruch, die Religion erst wahrhaft begründet zu haben. Dieses Religionsverständnis wird deutlich z.B. aus den umfangreichen Papyrusresten der Schriften ›Über die Götter‹ und ›Über Frömmigkeit‹ Philodems, des schon erwähnten Epikureers und älteren Zeitgenossen des Lukrez.

Lukrez seinerseits fand die Götterlehre als etabliertes Schullehrstück vor und mußte entscheiden, welche Rolle er ihr in seinem Werke zumessen sollte. Es scheint, als habe er sich hier vor einer Schwierigkeit gesehen. Einerseits gibt er zu verstehen, daß er die epikureische Götterlehre akzeptiert und bereit ist, sie darzustellen. Andererseits zeigt er sich unsicher, ob er das innerhalb des uns vorliegenden Werkes tun solle, ob die Götterlehre also zu seinem Thema zähle oder nicht. Auf Teilaspekte kommt er öfters zu sprechen. Insbesondere rühmt er das ruhige, sorgenfreie, glückhafte Leben der Götter, so in der schon erwähnten, zweimal verwendeten Versgruppe I 44–49 (von Diels hier weggelassen) und II 646–651:

Denn es versteht sich von selbst, das ganze Wesen der Götter
Muß sich vollkommnen Friedens erfreun und unsterblichen
Lebens,
Weit entfernt und geschieden von unseren Leiden und
Sorgen;
Frei von jeglichen Schmerzen und frei von allen Gefahren,
Selbst gestützt auf die eigene Macht, nie unser bedürfend,
Wird es durch unser Verdienst nicht gelockt noch vom
Zorne bezwungen.

In knapperen Formeln ist von den »heiligen Leibern der Götter« (I 1015), von ihrem »seligen Frieden« (II 1093), ihrem »geruhigen Leben und heiteren Dasein« (II 1094) sowie ihrem »sorglosen Dasein« (V 82, VI 58) die Rede. Hervorgehoben wird, daß sie die Welt nicht erschaffen haben (V 158), daß nicht sie es sind, die den Himmel und die Himmelskörper in Drehung halten (V 81) und die Blitze schleudern (VI 379–422). An der zuletzt genannten Stelle richtet Lukrez besonders kritische Fragen an die Verfechter einer fehlorientierten Religion, z.B. (VI 396–420):

Weshalb suchen sie nutzlos heim die verödeten Plätze?
Tun sie es etwa zur Übung des Arms und zur Stärkung der
Muskeln?...
Endlich warum wirft Juppiter nie bei heiterem Himmel
Seinen Blitz auf die Erde und füllt die Lüfte mit Donner?
Steigt er vielleicht erst dann, wenn die Wolke sich unten
gesammelt,
Selbst auf diese herab, um das Ziel aus der Nähe zu
treffen?...
Endlich warum zerschmettert der Gott mit dem feindlichen
Blitzstrahl
Heilige Tempel der Götter, ja selbst die eigenen Sitze,

Und zerstört manch herrlich geformtes Bildnis der Götter,
Schändet sogar sein eigenes Bild mit grausamer Wunde?

Des weiteren erörtert Lukrez den Ursprung der Vorstellung von den Göttern, wobei er zwei Momente scheidet. Erstens wurden die Menschen der atomar vermittelten »herrlichen Göttergestalten« gewahr, teils im Wachen, öfters noch in ihren Träumen (V 1169–1174). Da sie ihnen immer wieder in derselben Form und Gestalt erschienen, sprachen sie ihnen – zu Recht – ein »ewiges«, »begnadetes« Leben zu (V 1175–1180). Vermittelte die Urreligion insoweit zutreffende Gottesvorstellungen, wurden diese doch bald durch Fehlschlüsse verunklärt. Die Menschen beobachteten die »geregelte Ordnung des Himmels«, den Wechsel der Jahreszeiten, vermochten sich diese Erscheinungen nicht zu erklären und schrieben sie kurzerhand den Göttern zu, deren Sitze sie fälschlicherweise in den Himmel verlegten (V 1187–1188). Von da war es nur noch ein kleiner Schritt bis zum Gefühl der Ohnmacht, der Angst vor ihnen (V 1194–1240), und bis zum Schlimmsten, dem Irrglauben, durch Menschenopfer ihre Gunst zu erlangen (I 84–100):

Haben doch solchergestalt die erlesenen Danaerfürsten
An Dianens Altar, der jungfräulichen Göttin, in Aulis
Iphianassas Blut in grausamem Wahne geopfert.
... in der Brautzeit selbst ward sie, die Unschuldige, schuldvoll
Hingeschlachtet als Opferlamm von dem eigenen Vater,
Auf daß endlich die Flotte gewinne den glücklichen Auslauf.

Der wohl berühmteste Lukrez-Vers zieht die Lehre aus dieser Geschichte von der Tochter des Griechenkönigs Agamemnon, die hier Iphianassa, in der übrigen antiken Überlieferung gewöhnlich Iphigenie heißt (I 101):

Tantum religio potuit suadere malorum.
Soviel Unheil vermochte die Religion zu erzeugen.

Die Aufgabe für den epikureischen Philosophen angesichts des zwiespältigen Erscheinungsbildes der Religion und der ganz unterschiedlichen Rollen, die sie spielt oder zu spielen vermag, ist leicht ableitbar: die Fehlentwicklung einer Religion der Angst muß beendet, im Anschluß an die richtigen Urkomponenten eine neue, bessere Religion geschaffen werden. Doch nur an einer Stelle läßt sich Lukrez etwas genauer auf die Grundsätze einer Religion ein, die sich den Grundsätzen seiner Physik und Ethik einordnet. Nur hier deutet er klarer an, daß die Götter nicht innerhalb *unserer* Welt ansässig sind und daß sie aus besonders feinen Atomen bestehen (»gar zart ist der Götter Natur«, V 148). Über ebendiesen Punkt will er später ausführlicher sprechen (V 155). Nur: er tut es nicht, sein Werk klingt aus, ohne daß das Versprechen eingelöst ist.

VII

Die Erörterung der lukrezischen Religionsphilosophie führt hier auf einen Punkt, der in der Lukrezforschung kontrovers diskutiert und zu weitreichenden Folgerungen genutzt wird. Denn für den Fehlverweis bieten sich Erklärungen an, die möglicherweise hochwillkommene Einblicke in die Entstehungsgeschichte des lukrezischen Werkes eröffnen. Entweder hat Lukrez, so scheint es, auf eine extensive Darstellung der Götterlehre verzichtet, sein Werk im wesentlichen abgeschlossen, aber den Fehlverweis, die Spur eines ursprünglich umfassenderen Planes, nicht getilgt. Das würde doch wohl bedeuten, daß dem Gedicht die letzte abschließende Gestalt fehlt. Oder Lukrez hielt an der Absicht, die Götterlehre ausführlich darzustellen, stets fest, vermochte sie jedoch wegen seines frühen Todes oder aus einem anderen Grunde nicht zu verwirklichen. Unter dieser Voraussetzung wäre das Werk sogar ein Torso, wenn auch der bei weitem größere Teil des zugrundegelegten Planes zweifellos realisiert ist.

Eine Reihe von Lukrezforschern haben sich diesen Konsequenzen zu entziehen versucht. Der Dichter, so wurde etwa argumentiert, habe sich eines Tages entschieden, die Götterlehre nicht als geschlossenen Komplex, sondern als eine Serie kürzerer Hinweise zu gestalten – eben derjenigen Notizen, die der uns vorliegende Lukreztext in der Tat enthält. Das Werk wäre also abgeschlossen und nur die Formulierung des Ankündigungsverses dem nicht angepaßt. Oder, so lautet eine andere Vermutung, Lukrez wollte die epikureische Theologie gar nicht im Gedicht ›Von der Natur‹, sondern in einem künftigen weiteren Werk behandeln, ähnlich wie Philodem den Göttern eine separate Schrift gewidmet hat.

Sucht man aus der Zahl der Möglichkeiten diejenige mit dem höchsten Wahrscheinlichkeitswert zu ermitteln, wird man sich erinnern, wie wichtig für Lukrez die *atomare* Erklärung der von ihm erwähnten Erscheinungen ist. Gerade die atomare Beschaffenheit der Götter aber bleibt in seinem Text für Leser, die die Theorie nicht schon aus anderen Quellen kennen, durchaus rätselhaft. Daß Lukrez seiner Lehrdarstellung hier die Abrundung versagen wollte, scheint wenig glaublich. Vermutlich ist das Gedicht ›Von der Natur‹ also in der Tat nicht voll abgeschlossen, wobei offen bleibt, wo das Lehrstück über die Götter seinen Platz finden sollte: Eine Lücke, in die es sich gut einfügen würde, ist nicht auszumachen, dies sei den Verfechtern anderer Hypothesen zugegeben.

Das Werk des Lukrez unabgeschlossen – was für Interpretationsmöglichkeiten scheinen sich da aufzutun! Wenigstens diejenige sei genannt, an die sich die kühnsten Mutmaßungen zur Persönlichkeitsstruktur des Autors Lukrez geknüpft haben. Daß sich die bekannte Versgruppe über das selige Leben der epikureischen Götter im Lukreztext zweimal findet, I 44–49 und II 646–651, wurde schon erwähnt. Prüft man nun den jeweiligen Kontext, so ergibt sich, daß beide Textstücke auf die Schilderung religiöser Phänomene folgen und zu ihnen im Verhältnis eines Widerrufs stehen. Den geschlosseneren gedanklichen Zusammenhang zeigt die zweite Stelle. Dort geht das prächtige Gemälde eines Festzugs der großen Göttermutter voran (II 598–643). Lukrez scheint sich dem berauschenden Eindruck voll hinzugeben, ruft dann aber sich selbst und seine Leser jäh zur Besinnung (II 644 f.):

All dies, mag es auch noch so schön und trefflich erdacht sein,
Weicht doch weit, weit ab von dem richtigen Wege der Wahrheit,

worauf der schon zitierte Widerruf, die Klarstellung des wahren Wesens der Götter folgt. Schon diese Stelle hat Anlaß zur Nachfrage gegeben. Wenn Lukrez seine Leser von irrigen Kultformen wie denen der Großen Mutter abziehen möchte, warum stellt er sie zunächst so verführerisch dar, erregt also einen Appetit, den er dann nicht stillen will? Daß man vor allem hier auf einen inneren Zwiespalt des Lukrez geschlossen hat, der erst die eine Seite seines eigenen Wesens, sein Fasziniertsein vom religiösen Kult, und dann die andere, sein aufklärerisches Veto, aus sich herausgestellt habe, scheint so abwegig nicht.

Komplizierter sind die Probleme an der Parallelstelle im 1. Proömium. Überraschend eröffnet Lukrez ein Werk, das er dem mechanistischen Weltbild Epikurs widmet, mit einem Gebetsanruf, ja mit einem regelrechten Hymnus an die Göttin Venus. Die Aussagen im einzelnen sollen uns später beschäftigen. Hier sei festgehalten, daß der Dichter gegen Epikurs Grundsätze nicht eigentlich verstößt. Gebete waren statthaft, ja wurden empfohlen. Auch durften, wie sich mehreren Lukrezstellen entnehmen läßt, die Götternamen als Symbole verwendet werden; demzufolge tummeln sich Mutter Erde, Vater Äther, die Göttin des Ackerbaues Ceres, der Weingott Bacchus und andere Götter in der Welt des Lukrez ganz ungeniert. Auch das Auftreten der Venus des 1. Proömiums sieht Lukrez, ohne daß er sein Verfahren pedantisch rechtfertigt, gewiß dadurch als legitimiert an, daß sie eine oder mehrere epikureische Mächte personifiziert, entweder die Natur oder die Lust oder beide. Aber wer will mit Sicherheit sagen, ob nicht er selbst es war, dem schließlich Bedenken kamen, er sei den herkömmlichen, abzulehnenden Religionsformen vielleicht zu nahe gekommen, habe seine Leser verunsichert oder auch seinen eigenen Empfindungen zu freien Lauf gelassen, so daß er sich auch hier zu einem Widerruf entschloß. Zwischen die Verse I 43 und I 50 fügt sich die Gruppe I 44–49 freilich nicht so glatt ein wie der gleiche Text im 2. Buch. Hatte Lukrez selbst den Passus für das 1. Proömium vorgesehen, so hat er ihn doch nicht eigentlich eingearbeitet – möglicherweise ein weiteres Indiz dafür, daß er sein Werk bei insgesamt zweifellos hohem Vollendungsgrad dennoch nicht bis ins letzte ausgefeilt hat.

VIII

Die Frage nach inneren Spannungen im lukrezischen Werk klang an, es ist Zeit, ihr dort nachzugehen, wo sie sich am drängendsten stellt: in den von Lukrez am kunstreichsten durchgestalteten Partien seines Werkes, den Anfängen (Proömien) und Schlüssen der sechs Bücher.

Die Proömien setzen durchweg positive Zeichen. Ihr Held ist Epikur. Als Einleitung in die drei Hauptkomplexe inszenieren die Proömien zum 1., 3. und 5. Buch seinen Lobpreis besonders glanzvoll. Er ist der Triumphator über die herkömmliche Religion (I 62–79), die »Zier des hellenischen Volkes«, der die Finsternis, die die Menschen umschloß, zerstreut und die Natur »allseitig enthüllt« hat (III 1–30), ja ein Gott (V 8), der mit seiner »Forschung Lohn« (V 5) die Wohltaten älterer Götter wie der Ceres und des Bacchus, der Spender des Getreides und des Weines, und des Herkules, des Bezwingers der Ungeheuer, übertroffen hat. Auch im 6. Proömium klingt dieser Ton nach; der Ruhm fällt hier auf Athen, das der Menschheit die beiden größten Gaben beschert hat: das Getreide, das Geschenk der Ceres, und die Lehre Epikurs, das Instrument zur »Läuterung der menschlichen Herzen«. Auf einen Nenner gebracht, ist die Befreiung des Menschen von seinen Ängsten – und damit das zentrale Anliegen des Lukrez – Epikurs Tat.

Varianten zu dem Hauptthema beherrschen die Proömien 2 und 4 sowie diejenigen Partien des besonders weitgespannten 1. Proömiums, die den Preis Epikurs umlagern. Den Auftakt zum gesamten lukrezischen Werk bildet hier der berühmte Hymnus, der der Venus im Bilde der Frühlingsgöttin huldigt, ganz so, wie sie, von Lukrez inspiriert, später Botticelli dargestellt hat. Entsprechend der Gebetspraxis leiten sich aus der Verherrlichung der Göttin eine Reihe von Bitten an sie ab: sie möge Lukrez bei seinem Werke beistehen (I 25), der Welt Frieden bringen (I 31) und so dem Dichter und seinem Adressaten Memmius die Muße für die geplante Beschäftigung mit der epikureischen Philosophie gewähren. Im weiteren Verlauf des 1. Proömiums verwahrt sich Lukrez gegen die Priester, die durch ihre Drohungen mit Götterstrafen die Menschen in lähmende Angst versetzt hätten (I 102–111), und betont die Schwierigkeit seiner Aufgabe, die durch den unzureichenden Entwicklungsstand des Lateinischen bedingt ist (I 136–145). Das 4. Proömium setzt, gewiß nicht zufällig in der Werkmitte, dieses Thema fort: stolz erklärt Lukrez (IV 1 f.), er wolle

> Unwegsame, von niemand betretene Musengefilde
> ... durchwandern,

d.h. ein Thema bewältigen, an dem noch kein Dichter sich versucht habe. Viel zu bescheiden, so scheint es uns, vergleicht er die Wahl des Versschmuckes für sein Werk mit dem Trick des Arztes, der einem Kinde den bitteren Arzneitrank dadurch schmackhaft macht, daß er den Becherrand mit Honig bestreicht (IV 1–25; ebenso schon I 926–950). Ein allgemeineres Thema schlägt das Proömium des 2. Buches an: populäre ethische Leitgedanken über die Torheiten der Menschen, besonders der Reichen und Mächtigen unter ihnen.

Die thematische Palette der Buchschlüsse läuft breiter auseinander. Nur im 1. Komplex, am Ende des 1. und 2. Buches, gleichen sich die Themen, und zwar in einer Weise, die sich von dem triumphierenden Proömienton kontrastierend abhebt. Die Rede ist von der Unvermeidlichkeit des Unterganges unserer Welt und davon, daß Anzeichen wie die zunehmende Unfruchtbarkeit des Bodens dieses Ende bereits ankündigen. Die Klage des Bauern, der ratlos die schlechte Gegenwart an der besseren Vergangenheit mißt, prägt sich als düsterer Schlußklang ein, auch wenn Lukrez sich in zwei zusätzlichen Versen von der Haltung des Mannes, der Unvermeidliches nicht begreifen wolle, distanziert (II 1168–1174).

Der dritte Buchschluß greift Überlegungen des 2. Proömiums auf, er verwirft die Lebensgier der Menschen. Auch das Ende des 4. Buches mit seiner offenherzigen Diskussion von Sexualproblemen klingt in ein zu Bescheidung mahnendes Lebensrezept aus. Ist einem ein »Weibchen von minderer Schönheit« zugefallen, sollte man sich nicht grämen (IV 1280–1282):

> Denn oft wirkt ihr eigenes Tun, die gefällige Anmut
> Ihrer Sitten, dazu ihr sauberes Äußre, daß man
> Leicht daran sich gewöhnt, das Leben mit ihr zu verbringen.

Wie glanzvoll demgegenüber die Kulturentstehungslehre des 5. Buches endet, wurde schon erwähnt. Besonders auffällig ist, daß im Gegensatz dazu das 6. Buch mit einer in krassen Farben gezeichneten Pestschilderung und damit dem Blick auf unvermeidliche Härten des Lebens schließt, d.h. in einer ähnlichen Tonlage wie das 2. Buch. Entsprach es wirklich dem Plan des Lukrez, sein Werk so abrupt und mit einer solchen Motivgestaltung enden zu lassen, wäre das ein starker Beleg für eine Tendenz, die in der Relation der lukrezischen Buchanfänge und -schlüsse zueinander freilich auch sonst zu beobachten ist. Man kann sie als Decrescendo bezeichnen. Das heißt, daß die Werkeinheiten in ihrer Mehrzahl in einer wesentlich höheren Tonlage beginnen als enden. Das gilt für Bücher, in erster Linie 1, 3, 4 und 6, für Buchkomplexe, besonders 1/2 und 5/6, und für das Werk im ganzen, d.h. für die Spannung zwischen dem hochgestimmten 1. Proömium und den eher düsteren Schlußbildern des 6. Buches.

Daß sich hier Gegensätze auftun, ist unverkennbar. Daß sie als Widersprüche zu deuten sind, scheint wahrscheinlich. Daß ihnen Kontraste in der Psyche des Dichters zugrundeliegen, ist nicht auszuschließen, aber – und dies muß betont werden – nicht beweisbar und auch durch entsprechende Richtungen der

Lukrezforschung nicht wirklich bewiesen. Das Wesentliche ist wohl mit dem Hinweis gesagt, daß Lukrez das Spiel mit den Gegensätzen, Widersprüchen und Kontrasten unter Kontrolle hat. Sein Werk ist nicht deshalb so strukturiert, wie es sich uns darstellt, weil sich in ihm eine schwermütige, zerrissene Seele spiegelt, sondern weil auch die Form dem in allen Werkteilen festgehaltenen Anliegen dient: der Leser soll aufgerüttelt und aufgerichtet, aber nicht in Illusionen gewiegt, sondern mündig gemacht werden, so daß er sich den unabänderlichen Härten des Lebens selbständig stellen und sie gelassen meistern kann.

IX

Wer ist Lukrez? Was sagt sein Werk über ihn aus? Heutiger Auffassung von Dichtung, auch von Lehrdichtung so hohen Ranges, wie Lukrez sie vertritt, entspricht es nicht, solche Fragen ein für allemal zu beantworten. Die europäische Geistesgeschichte kennt unterschiedliche Lukrezbilder. In Rom hat er, wenn nicht bei Lebzeiten, so doch schon bald nach seinem Tode, das geistige Klima mitbestimmt, ohne es einseitig zu beeinflussen. Vergils Lehrgedicht ›Vom Landbau‹ ist dafür das beste Zeugnis. Aber auch Stimmen gegen ihn formierten sich. So schrieb der vielseitige römische Autor Varro noch im 1. Jahrhundert v. Chr. ein Werk, in dem er unter dem Lukreztitel ›Von der Natur‹ ein von den lukrezischen Tendenzen weit abweichendes Weltbild entwarf. Die frühchristlichen Autoren Roms grenzten sich verständlicherweise von der lukrezischen Theologie ab. Die größte Zeit für Lukrez kam mit den neueren geistigen Entwicklungen in Europa. Jetzt verstand und verehrte man ihn als Aufklärer, als Anreger der modernen Naturwissenschaft, als Repräsentanten des philosophischen Materialismus, als Wegbereiter der Kulturgeschichte und Kulturkritik, als Moralisten und, nicht zu vergessen, als einen der sprachgewaltigsten Dichter lateinischer Zunge. Dieses Bild wurde nicht in unserer Zeit geprägt, weit größeren Anteil an ihm hatte insbesondere das 18. Jahrhundert. Aber daß es bis in die Gegenwart ausstrahlt, ist nicht irritierend, sondern nur selbstverständlich.

Wenn demgegenüber unser Jahrhundert und streckenweise schon das vorige Lukrez mit einer psychologisierenden Analyse näherzukommen versucht hat, so ist auch dieser Ansatz nicht zu verwerfen. Daß Lukrez Gegensätze in sich und seinem Werk vereint, dürfte ein bleibendes Resultat solcher Bestrebung sein. Freilich, hat man die Widersprüche auch richtig bestimmt? Ringt, wie man behauptet hat, der Dichter mit dem Philosophen, der religiös Motivierte mit dem Religionskritiker, Lukrez, um die vielzitierte Formel Patins zu gebrauchen, mit einem Anti-Lukrez in der eigenen Brust?

Gewiß entspricht es seinen Intentionen, wenn man ihn, den Lehrdichter, an seinem Erfolg mißt. Seine unmittelbaren Ziele hat er, scheint es, nicht erreicht. Nichts deutet darauf, daß er auch nur den Einen, Memmius, zu seinen Einsichten bekehrt habe. Auch sonst kennen wir keinen Römer, der durch Lukrez-Lektüre zum Epikureer geworden wäre. Überhaupt hat Lukrez dem Epikureismus nur einen schwachen Strom frischen Blutes zugeführt: der Einfluß der Schule, schon zu seinen Zeiten eher rückläufig, schwächte sich ständig weiter ab. Ebensowenig hat Lukrez den Menschen die Ängste genommen. Ja, mit dieser Zielsetzung *mußte* er scheitern, weil sie wohl überhaupt nicht zu verwirklichen ist und weil sein Rationalismus bei weitem nicht tief genug in die Seelen der Menschen drang. Und doch zählt er zu den Vätern eines aufgeklärten, wissenschaftlichen Weltbildes; in diesem allgemeineren Sinn bildet sein Werk ein Glied in einer Hauptlinie der Entwicklung. Und noch mit einer zweiten Leistung, für die er eine eigenständige Anerkennung wohl am wenigsten verlangte und erwartete, ist er erfolgreich gewesen: mit dem poetischen Gehalt seines Werkes. Was für ihn nur Mittel zum Zweck war, erwies sich im Laufe der Wirkungsgeschichte als eine Komponente von eigenständiger Kraft. Die Größe der poetischen Vision, die Wortgewalt des lukrezischen Werkes sind heute unbestritten.

Der Aufklärer und der Dichter – stehen sie sich nicht doch unvermittelt gegenüber? Machen sie die Suche nach der Einheit im Werk und in der Persönlichkeit des Lukrez nicht zu einem vergeblichen Unterfangen? Aber eine gemeinsame Wurzel, aus der beide Komponenten sich herleiten, scheint vorhanden: ein Erkenntnisverlangen, das, rational und irrational zugleich, die Kräfte ins Werk gesetzt hat, die die lukrezische Dichtung bewegen und formen, ohne sie zu sprengen. So gesehen, sind die Spannungen, derer man in diesem Werke gewahr wird, keine Alarmzeichen, die auf Unnormalität deuten, sondern die sicheren Indizien großer geistiger Leistung. Das lukrezische Werk ist Lehr-Dichtung in einem kaum je wieder realisierten Sinne, weil *beide* Komponenten, die diese eigentümliche literarische Gattung benötigt, in ihm stark sind.

Ernst Günther Schmidt

Hinweis des Herausgebers

Die Übersetzung, aus dem Nachlaß von Hermann Diels herausgegeben von Johannes Mewaldt (Berlin 1924), wurde von Ernst Günther Schmidt durchgesehen. Ihr liegt der Text der Ausgabe T. Lucretius Carus, De rerum natura libri VI, recensuit, emendavit, supplevit Hermannus Diels, Berlin 1923, zugrunde.

GELEITWORT VON ALBERT EINSTEIN ZUR ERSTAUSGABE BERLIN 1924

Auf jeden, der nicht ganz im Geiste unserer Zeit aufgeht, sondern seiner Mitwelt und speziell der geistigen Einstellung der Zeitgenossen gegenüber sich gelegentlich als Zuschauer fühlt, wird das Werk von Lukrez seinen Zauber ausüben. Man sieht hier, wie sich ein mit naturwissenschaftlichem und spekulativem Interesse begabter, mit lebendigem Fühlen und Denken ausgestatteter, unabhängiger Mann die Welt vorstellt, der auch von denjenigen Ergebnissen der heutigen Naturwissenschaft keine Ahnung hat, die uns im Kindesalter beigebracht werden, bevor wir ihnen bewußt oder gar kritisch gegenüberstehen können.

Einen tiefen Eindruck muß das feste Vertrauen erwecken, das Lukrez als treuer Schüler Demokrits und Epikurs in die Verständlichkeit, bzw. den kausalen Zusammenhang alles Weltgeschehens setzt. Er ist fest überzeugt, ja er glaubt sogar beweisen zu können, daß alles auf der gesetzmäßigen Bewegung unveränderlicher Atome beruhe, wobei er den Atomen keine anderen Qualitäten zuschreibt als geometrisch-mechanische. Die Sinnesqualitäten Wärme, Kälte, Farbe, Geruch, Geschmack sollen auf die Atombewegungen zurückgeführt werden, ebenso alle Lebenserscheinungen. Seele und Geist denkt er sich aus besonders leichten Atomen gebildet, indem er (inkonsequenterweise) besonderen Erlebnischarakteren besondere Qualitäten von Materie zuordnet.

Als Hauptziel seines Werkes stellt er die Befreiung des Menschen von der durch Religion und Aberglauben bedingten sklavischen Furcht hin, die von den Priestern für ihre Zwecke genährt und ausgebeutet werde. Gewiß ist es ihm damit Ernst. Aber am meisten scheint ihn doch das Bedürfnis geleitet zu haben, seine Leser von der Notwendigkeit des atomistisch-mechanischen Weltbildes zu überzeugen, wenn er es auch seinen wohl mehr aufs Praktische eingestellten römischen Lesern nicht offen zu sagen wagt. Rührend ist seine Verehrung für Epikur, griechische Kultur und Sprache überhaupt, die er hoch über die lateinische stellt. Es gereicht den Römern zum Ruhm, daß man ihnen dies sagen durfte. Wo ist die moderne Nation, die solch noble Gesinnung gegenüber einer Zeitgenossin hegt und ausspricht?

Diels' Verse lesen sich so natürlich, daß man vergißt, eine Übertragung vor sich zu haben.

Berlin, Juni 1924. Albert Einstein

VON DER NATUR

ERSTES BUCH

Mutter der Äneaden, du Wonne der Menschen und Götter,
Lebenspendende Venus: du waltest im Sternengeflimmer
Über das fruchtbare Land und die schiffedurchwimmelte Meerflut,
Du befruchtest die Keime zu jedem beseelten Geschöpfe,
Daß es zum Lichte sich ringt und geboren der Sonne sich freuet.
Wenn du nahest, o Göttin, dann fliehen die Winde, vom Himmel
Flieht das Gewölk, dir breitet die liebliche Bildnerin Erde
Duftende Blumen zum Teppich, dir lächelt entgegen die Meerflut,
Und ein friedlicher Schimmer verbreitet sich über den Himmel.
Denn sobald sich erschlossen des Frühlings strahlende Pforte
Und aus dem Kerker befreit der fruchtbare West sich erhoben,
Künden zuerst, o Göttin, dich an die Bewohner der Lüfte,
Und dein Nahen entzündet ihr Herz mit Zaubergewalten.
Jetzt durchstürmet das Vieh wildrasend die sprossenden Wiesen
Und durchschwimmt den geschwollenen Strom. Ja, jegliches folgt dir
Gierig, wohin du es lenkest; dein Liebreiz bändigt sie alle;
So erweckst du im Meer und Gebirg und im reißenden Flusse
Wie in der Vögel belaubtem Revier und auf grünenden Feldern
Zärtlichen Liebestrieb in dem Herzblut aller Geschöpfe,
Daß sie begierig Geschlecht um Geschlecht sich mehren und mehren.
Also lenkst du, o Göttin, allein das Steuer des Weltalls.
Ohne dich dringt kein sterblich Geschöpf zu des Lichtes Gefilden,
Ohne dich kann nichts Frohes der Welt, nichts Liebes entstehen:
Drum sollst du mir auch Helferin sein beim Dichten der Verse,
Die ich zum Preis der Natur mich erkühne zu schreiben. Ich widme
Unserem Memmius sie, der dir es vor allem verdanket,

Allzeit allen voran sich in jeglichem Amt zu bewähren.
Drum so verleih', o Göttin, dem Lied unsterbliche Schönheit,
Heiß' indessen das wilde Gebrüll laut tosenden Krieges
Aller Orten nun schweigen und ruhn zu Land und zu Wasser,
Da nur du es verstehst, die Welt mit dem Segen des Friedens
Zu beglücken. Es lenkt ja des Kriegs wildtobendes Wüten
Waffengewaltig dein Gatte. Von ewiger Liebe bezwungen,
Lehnt sich der Kriegsgott oft in den Schoß der Gemahlin zurücke;
Während sein rundlicher Nacken hier ruht, schaut gierig sein Auge,
Göttin, zu dir empor und weidet die trunkenen Blicke,
Während des Ruhenden Odem berührt dein göttliches Antlitz.
Wenn er so ruht, o Göttin, in deinem geheiligten Schoße,
Beuge dich liebend zu ihm und erbitte mit süßesten Worten,
Hochbenedeite, von ihm für die Römer den lieblichen Frieden.
Denn ich vermag mein Werk in den jetzigen Nöten des Staates
Sonst nicht mit Ruhe zu fördern, und du, des Memmierstammes
Rühmlicher Sproß, du könntest dich jetzt nicht entziehn dem Gemeinwohl.

INHALT DES GEDICHTES, BESONDERS DER ERSTEN BÜCHER

Leihe mir jetzt ein offenes Ohr, mein Gajus, und widme
Aller Sorgen entledigt den Geist der Erkenntnis der Wahrheit.
Leicht sonst könnt' es geschehen, daß, ehe du richtig verstanden,
Du mein emsig geschaffenes Werk nicht achtend verwürfest.
Denn es beginnt von dem Himmelssystem und dem Wesen der Götter
Völlig den Schleier zu ziehn und der Welt Elemente zu lehren.
Denn aus ihnen erschafft die Natur und ernähret und mehret
Alles; auf diese zuletzt führt alles sie wieder zurücke,
Wenn es vergeht. Wir nennen sie Stoffe und Keime der Körper

$43^a - 49 = \text{II } 645^a - 651$

Oder die Samen der Dinge nach unserer Lehre Bezeichnung,
Oder wir sprechen wohl auch von ihnen als Urelementen,
Weil aus ihnen zuerst ein jegliches wurde gebildet.

PREIS EPIKURS

Als vor den Blicken der Menschen das Leben schmachvoll auf Erden
Niedergebeugt von der Last schwerwuchtender Religion war,
Die ihr Haupt aus des Himmels erhabenen Höhen hervorstreckt
Und mit gräulicher Fratze die Menschheit furchtbar bedräuet,
Da erkühnte zuerst sich ein Grieche, das sterbliche Auge
Gegen das Scheusal zu heben und kühn sich entgegen zu stemmen.
Nicht das Göttergefabel, nicht Blitz und Donner des Himmels
Schreckt' ihn mit ihrem Drohn. Nein, um so stärker nur hob sich
Höher und höher sein Mut. So wagt' er zuerst die verschlossnen
Pforten der Mutter Natur im gewaltigen Sturm zu erbrechen.
Also geschah's. Sein mutiger Geist blieb Sieger, und kühnlich
Setzt' er den Fuß weit über des Weltalls flammende Mauern,
Und er durchdrang das unendliche All mit forschendem Geiste.
Dorther bracht' er zurück als Siegesbeute die Wahrheit:
Was kann werden, was nicht? Und wie ist jedem umzirket
Seine wirkende Kraft und der grundtief ruhende Markstein?
So liegt wie zur Vergeltung die Religion uns zu Füßen
Völlig besiegt, doch uns, uns hebt der Triumph in den Himmel.

ABWEHR DER VOLKSRELIGION

Freilich beschleicht mich die Furcht hierbei, als ob du vermeinest,
Gottlosen Pfad zu betreten bei diesem System und des Frevels
Weg zu beschreiten. Doch grade die übliche Religion ist's,
Die oft gottlose Taten erzeugt und Werke des Frevels.

Haben doch solchergestalt die erlesenen Danaerfürsten
An Dianens Altar, der jungfräulichen Göttin, in Aulis
Iphianassas Blut in grausamem Wahne geopfert.
Als ihr die heilige Binde die Jungfraulocken umsäumend
In gleichmäßigem Falle die Wangen beide bedeckte,
Als sie zugleich am Altar den trauernden Vater erblickte
Und ihm nahe die Diener den Mordstahl unter dem Mantel
Bargen und jammerndem Volke der Anblick Tränen entlockte,
Da sank stumm sie vor Angst auf die Kniee hinab zu der Erde.
Nichts vermochte der Armen in dieser Stunde zu helfen,
Daß sie den König zuerst mit dem Namen des Vaters begrüßte.
Denn von den Fäusten der Männer ergriffen, so wurde sie zitternd
Hin zum Altare geschleppt, nicht um nach dem festlichen Opfer
Dort in dem Hochzeitszug mit Jubel geleitet zu werden,
Nein, in der Brautzeit selbst ward sie, die Unschuldige, schuldvoll
Hingeschlachtet als Opferlamm von dem eigenen Vater,
Auf daß endlich die Flotte gewinne den glücklichen Auslauf.
Soviel Unheil vermochte die Religion zu erzeugen.

WARNUNG VOR DEN PRIESTERN

Jeweils denkst du vielleicht, von den dräuenden Worten der Priester
Heftig bedrängt und bekehrt, aus unserem Lager zu fliehen!
Denn was könnten sie dir nicht alles für Märchen ersinnen,
Die dein Lebensziel von Grund aus könnten verkehren
Und mit lähmender Angst dein Glück vollständig verwirren!
Und in der Tat, wenn die Menschen ein sicheres Ende vermöchten
Ihrer Leiden zu sehn, dann könnten mit einigem Grunde
Sie auch der Religion und den Priesterdrohungen trotzen.
Doch so fehlt für den Widerstand wie die Kraft so die Einsicht,
Da uns die Angst umfängt vor den ewigen Strafen der Hölle.

WESEN DER SEELE

Denn man weiß ja doch nichts von dem Wesen der Seele; man weiß nicht,
Ob sie schon mit der Geburt in uns eingeht oder ob dann erst
Sie entsteht und im Tod mit dem Leibe zusammen sich auflöst;
Ob sie im Orkus verschwindet und seinen geräumigen Schlüften
Oder ob Götterbefehl sie in andre Geschöpfe verbannet.
So sang Ennius einst, der erste der römischen Dichter,
Der von des Helikon Höhen sich ewig grünenden Lorbeer
Pflückte zum Kranz. Hell klinget sein Preis durch Italiens Lande.
Zwar verkündet der Dichter in seinen unsterblichen Versen,
Unten am Acheron seien wohl allerlei Räume, doch unsre
Wirklichen Seelen und Leiber gelangten da nimmer hinunter,
Sondern nur Schattengebilde und wunderlich bläßliche Schemen.
So sei einst aus der Tiefe des ewig jungen Homeros
Schatten im Traum ihm erschienen und habe mit Tränen im Auge
Ihm zu enthüllen begonnen im Lied das Geheimnis des Daseins.

INHALT DER SPÄTEREN BÜCHER

Also es ziemt uns, zunächst auf die himmlischen Dinge zu achten
Und mit Fleiß zu erforschen die Bahnen der Sonn' und des Mondes,
Wie sie laufen und welcherlei Kraft sich in allem betätigt
Hier auf Erden. Doch forschenswert vor allem bedünkt mich
Unsere Seele, woher sie stammt, und das Wesen des Geistes,
Und was unsere Seele im Wachen nicht minder zu schrecken
Pflegt wie im Krankheitsfall und wenn wir vom Schlafe betäubt sind,
Daß wir die Toten zu sehen und Stimmen von jenen zu hören
Meinen, deren Gebein schon längst von der Erde bedeckt wird.

SCHWIERIGKEIT DER AUFGABE

Schwer zwar ist's, ich verhehl' es mir nicht, das entdeckte Geheimnis
Griechischer Weltweisheit in lateinischen Versen zu künden.
Auch bedarf es dazu Neuschöpfung vieler Begriffe;
Unsere Sprache versagt gar oft bei der Neuheit des Inhalts;
Doch dein adliger Sinn und die lockende Hoffnung der süßen
Freundschaft treibt mich dazu, mich vor keinerlei Mühe zu scheuen;
Ja sie verleitet mich oft, die heiteren Nächte zu wachen,
Bis ich den richtigen Vers und die passenden Wörter gefunden,
Die klarleuchtende Helle vor deinem Verstande verbreiten,
Daß du das Dunkel der Dinge vollständig zu lichten vermöchtest.

NATURFORSCHUNG ALS ERLÖSUNG

Jene Gemütsangst nun und die lastende Geistesverfinstrung
Kann nicht der Sonnenstrahl und des Tages leuchtende Helle
Scheuchen, sondern allein die Naturanschauung und Forschung.
Sie muß füglich beginnen mit folgendem obersten Leitsatz:

I. LEITSATZ. NICHTS WIRD AUS NICHTS

Nichts kann je aus dem Nichts entstehn durch göttliche Schöpfung.
Denn nur darum beherrschet die Furcht die Sterblichen alle,
Weil sie am Himmel und hier auf Erden gar vieles geschehen
Sehen, von dem sie den Grund durchaus nicht zu fassen vermögen.
Darum schreiben sie solches Geschehn wohl der göttlichen Macht zu.
Haben wir also gesehen, daß Nichts aus dem Nichts wird geschaffen,
Dann wird richtiger auch die Folgerung draus sich ergeben,

158 Woraus füglich ein jegliches Ding zu entstehen im Stand ist
155 Und wie alles sich bildet auch ohne die Hilfe der Götter.
159 Gäb' es Entstehung aus Nichts, dann könnt' aus allem ja alles
Ohne weitres entstehen und nichts bedürfte des Samens.
So könnt' erstlich der Mensch aus dem Meer auftauchen, der Fische
Schuppiges Volk aus der Erde, die Vögel dem Himmel entfliegen,
Herdengetier und anderes Vieh wie die wilden Geschöpfe
Füllten beliebig entstanden das Fruchtland an wie das Ödland.
Auch auf den Bäumen erwüchsen nicht immer dieselbigen Früchte,
Sondern das änderte sich, kurz, alles erzeugte da alles.
  Hätte fürwahr nicht jegliches Ding ureigene Keime,
Wie nur könnte für alles ein sicherer Ursprung bestehen?
Doch weil jegliches jetzt aus bestimmten Samen sich bildet,
Tritt es nur dort an den Tag und dringt zu den Räumen des Lichtes,
Wo sich der Mutterstoff und die Urelemente befinden.
Dadurch wird es unmöglich, daß alles aus allem entstehe,
Weil in besonderen Stoffen für jedes gesondert die Kraft ruht.
  Weshalb sehen wir ferner im Lenze die Rosen erblühen,
Sommerhitze das Korn und den Herbst die Trauben uns spenden?
Doch wohl, weil zu der richtigen Zeit sich die Samen der Dinge
Gatten und alles, was dann aus ihnen sich bildet, zu Tag tritt,
Wenn auch die Witterung hilft und die lebenspendende Erde
Sicher das zarte Gewächs in die Räume des Lichtes emporführt.
Kämen aus Nichts sie hervor, dann würden sie plötzlich entstehen
Ohne bestimmten Termin auch in anderen Zeiten des Jahres.
Denn dann gäb' es ja keine befruchtenden Urelemente,
Welche mißgünstige Zeit an der Zeugung könnte verhindern.
  Auch für das Wachstum wären befruchtende Zeiten nicht nötig,
Wenn aus dem Nichts hervor die Dinge zu wachsen vermöchten.

Denn dann würden sofort aus Säuglingen Jünglinge werden
Und mit urplötzlichem Schuß entwüchsen die Bäume dem Boden.
Aber dergleichen entsteht doch nichts: man sieht es ja deutlich;
Wie es sich schickt, wächst jedes gemach aus besonderem Keime.
Und so wahrt es die eigene Art auch im weiteren Wachsen.
Also man sieht: aus besonderem Stoff mehrt jedes und nährt sich.
Hierzu kommt, daß ohne geregelten Regen im Jahre
Keinerlei labende Frucht uns die Erde vermöchte zu spenden;
Fehlt dann das Futter, so könnten natürlich hinfort die Geschöpfe
Weder die Art fortpflanzen noch selbst ihr Leben nur fristen.
Drum ists glaublicher, daß gar vielerlei Stoffelemente
Vielerlei Dingen gemeinsam sind, wie die Lettern den Wörtern,
Als daß irgend ein Wesen der Urelemente beraubt sei.
Schließlich warum hat Mutter Natur nicht Riesen erschaffen,
Die wohl über das Meer mit den Füßen zu schreiten vermöchten,
Die mit den riesigen Händen die mächtigen Berge zerspellten
Und Jahrhunderte lang ihr leibliches Leben erstreckten,
Läge nicht für die Entstehung der Wesen jedwedem bestimmter
Urstoff vor, aus dem sich ergibt, was wirklich entstehn kann?
Also: Nichts entsteht aus dem Nichts. Dies ist nicht zu leugnen.
Denn es bedarf doch des Samens ein jegliches Ding zur Entstehung,
Wenn es hervorgehn soll in des Luftreichs dünne Gefilde.
Endlich sehen wir doch, wie bebautes Gelände den Vorzug
Hat vor dem wüsten und bessere Frucht dort erntet der Pflüger.
Siehe, der Erdenschoß birgt offenbar Urelemente,
Die wir zum Licht befördern, so oft wir die fruchtbaren Schollen
Wenden und pflügend die Schar den Boden der Erde durchfurchet.

Wären sie nicht, dann wären umsonst all' unsere Mühen;
Denn dann sähe man alles von selbst viel besser gedeihen.

NICHTS WIRD ZU NICHTS

Dazu kommt, daß Mutter Natur in die Urelemente
Wiederum alles zerstreut und Nichts in das Nichts wird vernichtet.
Denn wär' irgend ein Wesen in allen Teilen zerstörbar,
Würd' es den Augen entschwinden im Nu, sobald es der Tod trifft.
Denn dann braucht es ja keiner Gewalt, die Teile desselben
Auseinanderzuscheiden und ihre Verbände zu lösen.
Doch nun ist ja ein jedes aus ewigem Samen entsprossen:
Darum scheint die Natur die Vernichtung keines der Wesen
Zuzulassen, solang nicht von außen zerstörend die Kraft wirkt
Oder ins Leere sich schleichend von innen die Bindungen lockert.
Weiter, wenn etwa die Zeit, was sie alt und entkräftet dahinrafft,
Völlig vernichtend träfe und gänzlich verzehrte den Urstoff,
Woher führte denn Venus die Gattungen lebender Wesen
Wieder zum Licht und woher verschaffte die Bildnerin Erde
Jedem nach seinem Geschlechte das Futter zu Nahrung und Wachstum?
Woher füllten das Meer die von fernher strömenden Flüsse
Wie auch die eigenen Quellen? Wie nährte der Äther die Sterne?
Müßte doch längst, was immer aus sterblichem Körper bestehet,
In der unendlichen Zeit und Vergangenheit alles erschöpft sein.
Wenn nun in jener Zeit und den längst vergangenen Tagen
Jene Stoffe bestanden, aus denen die Welt ist erschaffen,
Müssen sie sicher besitzen ein unzerstörbares Wesen.
Also kann in das Nichts auch das Einzelne nimmer zerfallen.
Endlich müßte der nämlichen Kraft und der nämlichen Ursach'
Überall alles erliegen, sofern nicht der ewige Urstoff

Hielte den ganzen Verband bald mehr bald minder vernestelt.
Denn schon die bloße Berührung genügte, den Tod zu bewirken,
Weil ja die ewigen Körper dann mangelten, deren Verbindung
Jegliche Kraft erst müßte zuvor auflösend zerstören.
Aber da untereinander die Klammern der Urelemente
Völlig verschieden sie binden und ewiglich dauert der Urstoff,
Hält sich der Dinge Bestand solang, bis die einzelne Bindung
Einer genügenden Kraft, um jene zu sprengen, begegnet.
Nichts wird also zu Nichts, doch löst sich hinwiederum alles,
Wenn es zur Trennung kommt, in des Urstoffs Grundelemente.
Endlich die Regengüsse verschwinden zwar, wenn sie der Vater
Äther zum Mutterschoße der Erde befruchtend hinabschickt,
Aber emporsteigt schimmernd die Frucht, und das Laub an den Bäumen
Grünt, und sie wachsen empor, bald senkt sich der Ast vor den Früchten.
Hiervon nähren sich wieder der Menschen und Tiere Geschlechter,
Hiervon sehen wir fröhlich die Kinder gedeihn in den Städten,
Und in dem Laubwald hört man der jungen Vögel Gezwitscher,
Hiervon strecken ermüdet die feisten, gemästeten Rinder
Nieder den Leib in das üppige Gras, und aus strotzenden Eutern
Fließt ihr schneeweiß milchiger Saft. Hier trinkt nun das Jungvieh,
Und von der Milch wie berauscht, die den zarten Kälbchen zu Kopf steigt,
Spielen sie schwankenden Schrittes wie toll durch das sprossende Gras hin.
Also von dem, was man sieht, geht nichts vollständig zugrunde.
Denn die Natur schafft eins aus dem andern und duldet kein Werden,
Wenn nicht des einen Geburt mit dem Tode des andern verknüpft wird.

II. LEITSATZ. DIE UNSICHTBAREN ATOME

Nunmehr, da ich gelehrt, daß nichts aus dem Nichts wird geboren,
Und daß ebenso auch das Gewordene nicht in das Nichts fällt,
Daß dich nicht Mißtraun etwa zu meinen Worten beschleiche,
Weil man die Urelemente mit Augen zu sehn nicht imstand ist:
Höre nun weiter von Körpern, die eingestandenermaßen
Zwar in der Welt sich befinden und doch sich nicht sichtbar bekunden.
Erstlich denk' an des Windes Gewalt! Wild peitscht er die Meerflut,
Senkt die gewaltigsten Schiffe hinab und zerspaltet die Wolken.
Oft durchsaust er die Felder in rasendem Wirbel und Sturme,
Fällt dort Riesen von Bäumen und geißelt die Gipfel der Berge,
Wälder zerschmetternd im Wehn. So rast im grimmigen Schnauben
Durch das Gelände der Sturm und tobt mit bedrohendem Brüllen.
Was sind also die Winde? Doch wohl nichtsichtbare Körper,
Welche die Länder und Meere, nicht minder die Wolken des Himmels
Fegen und mit sich reißen in plötzlichem Wirbel verheerend.
Ebenso flutet auch plötzlich die sanfte Natur der Gewässer
Heftig empor und verpflanzt weithin das Werk der Zerstörung,
Wenn sie durch reichliche Regen geschwollen ihr Bette verlassen
Und von den Bergen herab ein gewaltiger Tobel herabstürzt
Trümmer von Wäldern entführend und Riesen von Bäumen entwurzelnd.
Festeste Brücken vermögen des plötzlich kommenden Wassers
Übergewalt nicht zu hemmen. So stößt vom Regen geschwollen
Gegen die Dämme der Fluß mit übergewaltigen Kräften,
Alles zerstört er mit lautem Gebrüll und wälzt in den Wogen
Riesige Felsen: er stürzt, was gegen die Fluten sich anstaut.
So muß also sich auch das Wehen des Windes erklären.
Wie ein gewaltiger Strom so zermalmet er alles und wälzt es

Vor sich mit häufigem Stoße einher, wo immer er einfällt,
Oder bisweilen ergreift er mit drohendem Strudel die Dinge
Und trägt rasenden Fluges sie fort im rollenden Wirbel.
Also noch einmal: die Winde sind auch nichtsichtbare Körper,
Da sie in Taten und Sitten als Nebenbuhler erscheinen
Zu den gewaltigen Strömen, die sichtbare Körper besitzen.
Ferner empfinden wir auch gar manche Gerüche von Dingen,
Die doch nie in die Nähe der riechenden Nase gelangen.
Auch die glühende Hitze ist unsichtbar und die Kälte
Können wir sichtbar nicht sehn, noch pflegen wir Worte zu schauen.
Gleichwohl muß dies alles ein körperlich Wesen besitzen,
Da es die menschlichen Sinne ja doch zu erregen im Stand ist;
Denn nichts kann, als der Körper, Berührung wirken und leiden.
Hängst du ferner ein Kleid an dem flutenumbrandeten Strand auf,
Feucht wird es dort, doch es trocknet auch wieder in glühender Sonne;
Aber man hat nicht gesehn, wie des Wassers Nässe hineinkam
In das Gewand, noch andererseits, wie sie floh vor der Hitze.
Also muß sich das Naß in winzige Teilchen zerteilen,
Die auf keinerlei Weise das Auge zu sehen im Stand ist.
Ja auch der Fingerreif wird innen durch stetiges Tragen
Immer dünner im Laufe der wiederkehrenden Jahre.
Gleich wie der fallende Tropfen den Stein höhlt, also vernutzt sich
Auch an dem Pfluge die eiserne Schar unmerklich im Boden.
Ferner das steinerne Pflaster wird bald durch die Füße der Leute
Abgetreten, am Tore die ehernen Bilder der Götter
Zeigen verscheuerte Hände. Denn immer berühret in Andacht,
Wenn es vorüberwandert, das Volk zur Begrüßung die Rechte.
Also wir sehen nun klar: Dies mindert sich, weil es sich abnützt;
Doch was in jedem Momente an Körperchen gehet verloren,

Hat die Natur uns neidisch verwehrt mit den Augen zu schauen.
Schließlich, was Tag um Tag die Natur allmählich den Dingen
Zulegt, wie sie allmählich das Wachstum also befördert,
Das kann nimmer ein Auge erspähn mit gespanntestem Blicke.
Ebenso wenig vermagst du zu sehn, was das dörrende Alter
Wegnimmt, oder am Meer, was die überhängenden Felsen,
Welche das Salz zernaget, in jedem Momente verlieren.
Unsichtbar sind also die Körper, durch die die Natur wirkt.

III. LEITSATZ. DAS VACUUM

Aber es ist nicht alles gedrängt voll Körpermaterie
Allerseits. Denn es gibt noch im Innern der Dinge das Leere.
Dies ist zu wissen für dich in vielen Beziehungen nützlich;
Denn es läßt dich nicht schwanken und ratlos immerdar grübeln
Über das Ganze der Welt, statt unserem Wort zu vertrauen.
Also es gibt ein leeres, ein fühllos, stoffloses Wesen.
Wäre das Leere nicht da, dann könnt' auf keinerlei Weise
Irgend ein Ding sich bewegen. Denn Widerstand zu entwickeln,
Das ist des Körpers Amt; dies würde beständig in allen
Dingen sich zeigen. Es könnte mithin nichts weiterhin vorgehn;
Denn nichts wollte zuerst Platz machen für andere Wesen.
Aber wir sehen doch jetzt vor den Augen sich vielerlei regen
Und in verschiedenster Art sich durch Länder und Meere bewegen
Wie an dem Himmelsgewölbe. Doch fehlte nun etwa das Leere,
Würde sich nicht nur nichts in reger Bewegung befinden,
Sondern es fehlte durchaus auch die Möglichkeit jeder Erzeugung,
Da sich der rings aufhäufende Stoff nicht zu rühren vermöchte.
Übrigens hält man zwar die Dinge für dicht und solide,
Aber wie locker ihr Körper, ersieht man aus folgendem Beispiel:
Durch das Grottengestein fließt Wasser in flüssigem Strome,

Überall rieseln herab die reichlich tropfenden Tränen.
Ferner: die Speise verteilt sich im ganzen Leib der Geschöpfe.
Auch die Bäume gedeihen und spenden zur Zeit uns die Früchte,
Weil sich der Nahrungssaft von den untersten Wurzeln nach oben
Wie durch den Stamm, so durch alles Gezweig vollständig verbreitet.
Mauern durchdringet der Schall und durchfliegt auch verschlossene Häuser,
Und der erstarrende Frost dringt durch bis zum Mark und den Knochen.
Wären die Räume nicht leer, durch welche die einzelnen Körper
Könnten hindurch sich bewegen, so wäre dergleichen unmöglich.
Endlich warum ist dies an Gewicht just schwerer als jenes,
Ohne daß ihre Gestalt an Umfang wäre verschieden?
Wäre von Körpermasse gleichviel vorhanden im Wollknäul
Wie in dem Klumpen von Blei, dann müßten sie gleichen Gewichts sein;
Ist doch des Körpers Amt nach unten hin alles zu drücken,
Wie es zum Wesen des Leeren gehört, des Gewicht zu ermangeln.
Also was gleichgroß ist und dennoch leichter erscheinet,
Zeigt natürlich uns an, daß in ihm mehr Leeres sich birget;
Andererseits was schwerer erscheint, gibt uns zu erkennen,
Daß es an Masse wohl mehr, doch weniger Leeres enthalte.
Also es ist in den Dingen natürlich noch etwas enthalten,
Was wir spürsamen Geistes erforschen: wir nennen's das Leere.

WIDERLEGUNG DES GEGENBEWEISES. SCHWIMMENDER FISCH

Eines muß ich hierbei zuvor noch erwähnen, damit nicht
Wahngebilde der Gegner vom Pfade dich locken der Wahrheit.
Vor den schuppigen Tieren (so sagen sie) weiche das Wasser,
Während sie schwimmen, zurück und eröffne die Bahn, weil sie hinten

Platz zum Zusammenströmen den weichenden Wellen gewährten.
So aneinander vorbei sich bewegend vermöchten auch andre
Dinge beliebig die Stellung zu tauschen, wenn alles auch voll ist.
Merke dir, dieser Beweis ruht ganz auf falscher Begründung.
Wohin sollten denn nur die schuppigen Fische vorangehn,
Machte das Wasser nicht Platz? Wenn ferner die Wellen zurückgehn,
Wie vermöchten sie das, wenn die Fische sich rühren nicht können?
Also man muß entweder jedwede Bewegung der Körper
Leugnen oder behaupten: es gibt ein Leeres in ihnen,
Welches den Anfang schafft jedwedem zu jeder Bewegung.
Endlich noch dies! Zwei breite, zusammenstoßende Körper
Prallen mit Wucht auseinander. Da muß nun die Luft in das Leere,
Das hierzwischen entsteht, eindringen und gänzlich es füllen.
Aber auch wenn sie sofort ringsum in beschleunigtem Zustrom
Flösse zusammen, so kann sie doch nimmer in einem Momente
Sämtlichen Raum ausfüllen. Sie muß erst jeden der Plätze
Nacheinander erobern, bis alles am Ende besetzt ist.
Glaubt man nun etwa, der Grund für der Körper gewaltsamen Abprall
Sei aus der Luft zu entnehmen und ihrer Verdichtung, so irrt man.
Denn es entsteht ja ein leerer Raum, der vorher nicht da war,
Ebenso füllt sich auch wieder die Leere, die vorher bestanden.
Niemals kann sich die Luft auf ähnliche Weise verdichten
Oder, wenn je sie es könnte, wie sollte sie ohne das Leere
Sich in sich selber zusammenziehn und die Teile vereinen?
  Magst du dich drum bestreitend auch noch so drehen und wenden,
Mußt du doch endlich gestehen: es gibt in den Dingen ein Leeres.

MAHNUNG AN MEMMIUS

Vieles vermöcht' ich dir noch zusammenzuscharren, um hierdurch
Unserer Lehre Beweis durch weitere Gründe zu stärken.
Aber dem spürsamen Geiste genügen auch diese geringen
Spuren der Fährte bereits, um das übrige selber zu finden.
Denn wie im Waldesrevier die Doggen mit witternder Nase
Häufig die Lager des Wildes, die laubverdeckten, erspüren,
Wenn sie nur erst einmal auf die sichere Fährte gelangt sind,
So wirst selber du nun bei derlei Fragen im Stand sein,
Eins aus dem andern zu lernen und in die verborgenen Winkel
Einzudringen, um hieraus hervorzuziehen die Wahrheit.
Säumst du jedoch und willst von der Sache dich etwas zurückziehn,
Geb' ich dir dieses Versprechen, mein Memmius, offen und ehrlich:
Aus dem gewaltigen Quell, der überreich mir im Innern
Quillt, wird mein süßer Gesang dir volle Pokale kredenzen.
Eher noch kommt, wie ich fürchte, das Alter mir langsam geschlichen
Und löst leise die Riegel, die schützend mein Leben verwahren,
Als ich dein Ohr mit der Fülle der formgerechten Beweise
Voll gesättigt, wie solche für jeglichen Fall mir zur Hand sind.
Nun gilt's fortzuspinnen den eben begonnenen Faden.

NUR ZWEI PRINZIPIEN: ATOM UND VACUUM

Alle Natur, wie sie ist an sich, muß also bestehen
Aus zwei Dingen allein. Denn Körper nur gibt es und Leeres,
Welches die Körper umfängt und Bahn schafft jeder Bewegung.
Was nun die Körper betrifft, so lehrt der gewöhnliche Sinn schon,
Daß sie bestehn. Und wenn wir den Sinnen vor allem nicht trauen,
Fehlt uns der Grund, auf den wir gestützt die verborgenen Dinge

Irgendwie mit verständigem Geist zu erforschen vermögen.
Ferner der Ort und der Raum, den wir als das Leere bezeichnen,
Gäb' es ihn nicht, so könnten ja nirgend die Körper sich lagern,
Oder sich irgend bewegen wohin nach verschiedener Richtung,
Was wir dir oben vor kurzem ausführlichst haben bewiesen.

EIN DRITTES AUSGESCHLOSSEN

Ferner gibt es ja nichts, was als völlig verschieden vom Körper
Nennen sich läßt und zugleich nicht minder vom Leeren geschieden,
Was sich gleichsam als dritte Natur zu den andern gesellte.
Denn was immer nur ist, muß immer aus Etwas bestehen,
Mag es nun groß an Gestalt, mag endlich auch klein es erscheinen:
Wenn es Berührung erfährt auch nur in dem winzigsten Umfang,
Wird sich dadurch auch des Körpers Betrag und die Summe vermehren.
Wenn es jedoch nicht faßbar erscheint, da es nirgend verhindert,
Daß ein beliebiger Körper in voller Bewegung hindurchfährt,
Merke dir, das ist der Raum, den wir als das Leere bezeichnen.
Auch wird, was für sich selber besteht, selbst Wirkungen äußern,
Oder es wird an sich selbst die Wirkungen andrer erleiden,
Oder es bietet den Raum für der andern Wirkung und Dasein.
Aber Wirken und Leiden ist ohne den Körper unmöglich,
Und es gewähret den Raum nur Körperloses und Leeres.
Drum kann neben den Körpern und neben dem Leeren ein Drittes
Nie und nimmer für sich bestehn in dem Reiche der Dinge,
Weder was irgend einmal für unsere Sinne sei faßbar,
Noch was mit dem Verstande der Mensch zu erschließen vermöchte.

IV. LEHRSATZ. AKZIDENZEN DER PRINZIPIEN

Alles, was Namen besitzt, hängt ab von den beiden Prinzipien.
Denn es gibt nichts als beider »Verbindung« oder »Ergebnis«.
Als ein Verbundenes gilt, was ohne vernichtende Scheidung
Niemals trennen sich läßt noch abgesondert bestehn kann.
So hat der Stein sein Gewicht, das Feuer die Glut, und das Wasser
Nässe; den Körpern ist eigen Berührung, nur nicht dem Leeren.
Knechtschaft aber und Freiheit und ferner Armut und Reichtum,
Wie auch Frieden und Krieg und alles, was sonst noch hinzukommt
Oder verschwindet, doch ohne das Wesen der Dinge zu ändern:
All dies sind wir gewöhnt, wie es recht ist, Ergebnis zu nennen.
Auch ist die Zeit kein Ding an sich, nein, unsere Sinne
Nehmen erst ab von den Dingen, was in der Vergangenheit vorging,
Was uns soeben bedrängt, und endlich was später geschehn wird.
Niemand kann ja die Zeit an sich mit den Sinnen erfassen,
Wenn man die Ruhe der Dinge und ihre Bewegung nicht abmißt.
Wenn man die Sage vernimmt von Helenas Raub und von Trojas
Niederwerfung im Krieg, so muß man sich hüten zu meinen,
Jene Geschehnisse ständen für sich als wirkliche Dinge,
Weil ja die Menschengeschlechter, die jenes »Ergebnis« erfuhren,
Unwiderruflich hinab der vergangene Zeitraum geschlungen.
Denn von dem Land an sich ist das jedesmal'ge Ergebnis
Wohl zu trennen, das grade in dessen Bezirke sich abspielt.
Wäre nun gar in den Dingen der Stoff nicht vorhanden gewesen
Oder der Ort und der Raum, in welchem sich alles ereignet,
Hätte der Helena Schönheit wohl nimmer das Feuer der Liebe

Bei Alexander entfacht und ins Phrygierherz sich gestohlen,
Hätt' auch die Fackel des wilden, von allen besungenen Krieges
Nimmer entzündet. Dann hätte das hölzerne Pferd und die Griechen,
Die es nächtens gebar, auch nimmer die Veste zerstöret.
Daraus kannst du ersehn, daß alle Geschehnisse durchweg
Nicht auf sich selber beruhn und nicht wie der Körper bestehen,
Noch auch so wie das Leere besondre Benennung verdienen,
Sondern nur so, daß man richtig vielmehr von »Ergebnissen« redet,
Die an den Körper und Ort, wo jedes geschieht, sind gebunden.

ATOMSTRUKTUR UND VACUUM

Körper zerfallen nun teils in Urelemente der Dinge,
Teils in das, was entsteht durch Verbindung der Urelemente.
Aber die Urelemente sind allen Gewalten zum Trotze
Unvertilgbar. Sie schützt ihr undurchdringlicher Körper.
Freilich es scheint recht schwierig zu glauben, es sei in den Dingen
Irgend etwas zu finden mit undurchdringlichem Körper.
Denn es durchdringt ja der himmlische Blitz die Gefache der Häuser,
Ganz wie der Stimmen Geräusch; weiß glühet das Eisen im Feuer,
Und es zerbersten die Felsen, wenn Dampf sie heftig erglühn läßt.
Wie die Starre des Golds durch die Glut wird erweicht und geschmolzen,
So wird der Spiegel des Erzes besiegt von der Flamme verflüssigt.
Wärme durchströmet das Silber wie tiefeindringende Kälte.
Beides fühlen wir deutlich, sobald die ergreifende Rechte
Faßt den Pokal, in den sich ergießt das Getränke von oben.
So sehr scheint in der Welt nichts Undurchdringliches denkbar.
Aber es treibt mich die lautre Vernunft und das Wesen der Dinge;

Darum höre nun jetzt, wie in wenigen Versen ich zeige,
Daß es in Wahrheit Keime von festem und ewigem Stoff gibt,
Die man betrachten muß als die Urelemente des Weltalls;
Alles entstand und besteht auch jetzt noch einzig aus ihnen.
Erstlich nun muß notwendig, da diese Prinzipien beide,
Körper und leerer Raum, in welchem sich alles beweget,
Gänzlich verschiedne Natur, wie man längst entdeckt hat, besitzen,
Jedes für sich selbständig bestehn und rein sich erhalten.
Denn wo immer der Raum sich erstreckt, den Leeres wir heißen,
Ist kein Körper vorhanden, und wiederum, wo sich der Körper
Ausdehnt, fehlt vollständig das Körperlose, das Leere.
Drum sind die Urelemente solid und ermangeln des Leeren.
  Da sich nun ferner das Leere in allem Erschaffenen findet,
Muß ringsum sich ein dichterer Stoff um das Leere erstrecken.
Denn bei keinem der Wesen vermag man mit richtigem Schlusse
Darzutun, daß das Leere in ihm sich verbirgt und versteckt hält,
Wenn man zugleich nicht den dichten, umfassenden Stoff, noch dazunimmt.
Dies kann füglich nichts anderes sein als vereinigter Urstoff,
Der in den Dingen vermag das Leere zusammenzuschließen.
Also der Urstoff selbst, der aus dichtestem Körper bestehn muß,
Kann urewig nur sein; das übrige löst sich im Tod auf.
  Ferner, wenn das nicht wäre, was Raum verstattet, das Leere,
Wäre ja alles solid, und wiederum, gäb es die Körper
Nicht, die sicher die Orte besetzten und völlig erfüllten,
Dann wär' unsere Welt nichts andres als ödeste Wüste.
Also Körper und Leeres ist wechselweise geschieden;
Dies ist klar, da weder das Volle ausschließlich für sich steht
Noch auch das Leere. Somit gibts eben besondere Körper,

Welche den leeren Raum von dem Vollen zu scheiden vermögen.
Diese lassen sich nicht durch Schläge von außen zertrümmern,
Noch löst irgendwie sich ihr festes Gefüge von innen,
Noch bringt irgendein anderer Fall sie erschütternd ins Wanken,
Was ich schon oben vor kurzem dir deutlich zu zeigen vermochte.
Wo das Leere nicht ist, da erscheint auch jede Verbeulung,
Jedes Zerbrechen unmöglich, wie jegliche Teilung in Hälften.
Nässe berührt sie nimmer, noch tief einwirkende Kälte,
Noch eindringendes Feuer, die alleszerstörenden Feinde.
Aber je mehr von dem Leeren ein Ding in dem Innern beherbergt,
Um so leichter erliegt es dem Eingriff jener Gewalten.
Sind nun also, so wie ich's gelehrt, die Urelemente
Dicht und ohne das Leere, dann müssen sie ewig bestehen.
  Übrigens: wär' in der Welt nicht vorhanden der ewige Urstoff,
Wäre schon alles wohl längst in das Nichts vollständig versunken,
Und was wir irgend erblicken, müßt' immer von neuem erstehen.
Aber ich habe schon früher gelehrt, Nichts könne sich bilden
Aus dem Nichts, noch zurück in das Nichts das Geschaffene sinken
Deshalb müssen unsterblichen Leibs die Urelemente
Sein, in welche zuletzt jedwedes Geschaffne sich auflöst,
Um dann wieder den Stoff zu erneuten Geburten zu liefern.
Also die Urelemente sind einfach stets und solide,
Und sie können nicht anders auf ewig sich selber bewahren
Und seit undenklicher Zeit stets neue Geburten erschaffen.

UNTEILBARKEIT DER ATOME

Hätte nun ferner Natur kein Ende gesetzt der Zerstörung
Unter den Dingen, dann wären schon lange die Körper des Urstoffs
Durch der vergangenen Zeiten Verderb so völlig vernichtet,
Daß keins ihrer Geschöpfe von Stunde der Zeugung ab könnte
Binnen bestimmter Frist zu des Lebens Höhe gelangen.
Denn wir sehen, wie alles sich schneller zu lösen imstand ist
Als aufs Neue zu bilden. Darum auch könnte sich niemals,
Was die unendliche Zeit in der Reihe vergangener Tage
Bis auf die jetzige Stunde zerstreut hat oder zertrümmert,
Wieder aufs neue gestalten im Laufe der künftigen Zeiten.
Doch jetzt bleibt ja natürlich ein festeres Ziel der Vernichtung
Abgesteckt, da wir sehen, wie jegliches Ding sich erneuert
Und wie für jedes Geschlecht zugleich auch besondere Fristen
Feststehn, innerhalb deren des Lebens Blüte sich aufschließt.

STRUKTUR DER VIER ELEMENTE

Dazu kommt noch das Neue, daß, ob auch die Körper des Urstoffs
Völlige Dichte besitzen, trotzdem die entstehenden Dinge
Luft, Feu'r, Erde und Wasser von lockrer Beschaffenheit werden.
569 All dies läßt sich verstehn durch das Leere, das allem sich beimischt.
Wären dagegen schon locker die Grundelemente der Dinge,
571 Woher stammten dann Eisen und härtlicher Kiesel, wie wären
568 Diese geworden, wo bliebe die Kraft, dies alles zu schaffen?
572 Niemand könnte das sagen. Es würde die ganze Natur dann
Völlig und ganz ermangeln des grundsteinlegenden Anfangs.
Also die Grundelemente sind einfach zwar und solide,
Aber durch ihren Verband, wenn sie fest aneinander sich schließen,
Können die vielen zusammen gewaltige Kräfte entfalten.

Wäre sodann kein Ende gesetzt der Vernichtung der Körper,
Müßten doch einige Körper zum mindesten übrig geblieben
Sein, die aus ewiger Zeit sich bis jetzt in den Dingen erhielten
Und entronnen zu sein aus allen Gefahren sich rühmten.
Aber da längst feststeht, sie seien zerbrechlichen Wesens,
Ist es ein Widerspruch, daß jene die ewige Zeit durch
Trotz unzähliger Stöße sich könnten am Leben erhalten.

Endlich ist festgestellt, daß jedem Geschlechte das Ende
Seines Wachsens und Lebens von vorn herein ist gegeben,
Und was jedes vermag den Naturgesetzen zu Folge
Oder was nicht, steht längst schon fest nach ewiger Satzung.
Daran ändert sich nichts, vielmehr bleibt alles beständig,
So, daß stets nach der Reihe die buntgefiederten Vögel
Je nach ihrem Geschlecht dieselbigen Tupfen vererben;
Also müssen sie wohl den nimmer sich ändernden Urstoff
Schon in dem Körper besitzen. Denn könnten die Urelemente
Irgendwie in den Dingen beliebig Veränderung leiden,
Dann wär' auch nicht klar, was eigentlich könnte entstehen
Oder was füglich auch nicht; und wie jedwedem umzirkt sei
Seine wirkende Kraft und der grundtief ruhende Markstein.
Nie auch könnten ererben nach Sippen getrennt die Geschöpfe
Bildung, Bewegung, Gesittung und Lebensführung der Eltern.

GIBT ES EIN MINIMUM?

Weil nun ein äußerster Punkt bei jenem Urelemente
Ist, das unseren Sinnen schon nicht mehr zu schauen vergönnt ist,
So kann dieser natürlich nicht weitere Teilchen besitzen,
Sondern ist schlechthin das Kleinste, das nie für sich hat bestanden
Als selbständiger Teil und nie als solcher bestehn wird.
Denn es ist selbst nur des anderen Teil, und zwar nur das eine
Erste, wie andere dann und andere ähnliche Teilchen
Dicht aneinander sich reihen, um so das Atom zu gestalten.
Da sie für sich nicht können bestehn, so müssen sie alle
Unauflösbar in jedem Bezug aneinander sich ketten.

Also die Grundelemente sind einfach stets und solide,
Da sie mit winzigsten Teilchen zwar eng aneinander geschlossen,
Doch nicht entstanden sind aus einzelner Teilchen Verbindung,
Sondern durch Einheit mächtig, die ewiges Leben verbürget.
Davon läßt die Natur nichts abtun oder vermindern;
Denn sie muß ja die Keime zu künft'gen Geburten bewahren.
Nimmt man sodann dies Kleinste nicht an, so würden doch wieder
Aus unzähligen Teilen die winzigsten Körper bestehen.
Denn stets würde die Hälfte sich weiter in Hälften zerteilen,
Und so würde das Teilen ja nirgends ein Ende erreichen.
Größtes mithin und Kleinstes, wie unterschiede sich beides?
Rein durch nichts. Denn ließe sich auch das All in Gesamtheit
Wirklich unendlich teilen, so würde doch ebenso wieder
All das Kleinste bestehn aus unendlich teilbaren Teilen.
Doch die gesunde Vernunft verwirft dies gänzlich und leugnet,
Daß es unserm Geist je glaublich erschiene. So mußt du
Überwunden gestehn: es ist wirklich ein Kleinstes vorhanden,
Das nicht teilbar mehr ist. So mußt du denn weiter gestehen,
Daß es unsterblichen Wesens infolge der dichten Struktur ist.
Endlich wenn die Natur, die Schöpferin, alles Geschaffne
Wieder in kleinste Partikeln sich ganz zu verflüchtigen zwänge,
Könnte sie nimmer aus diesen die alten Gebilde erneuern
Deshalb, weil ja doch diese unteilbar kleinsten Partikeln
Nicht das können besitzen, was zeugende Stoffe besitzen
Müssen: Gewicht und Stöße, Zusammenprall und Bewegung
Wie vielfache Verbindung; denn so nur betätigt sich alles.

WIDER HERAKLIT UND GENOSSEN

Deshalb scheinen mir jene, die Feuer zum Grundstoff wählten
Und aus dem Feuer allein sich das Weltall dachten entstanden,
Ganz und gar von der Wahrheit Weg in die Irre zu gehen.
Diesen voran als erster begann Herakleitos das Treffen,
Dessen dunkele Sprache in griechischen Landen berühmt ist,

Mehr bei den Gecken jedoch als den ernsteren Forschern der Wahrheit.
Denn die Toren bewundern und lieben just alles am meisten,
Was sie unter dem Mantel verschrobener Worte versteckt sehn,
Und sie halten für wahr, was hübsch um die Ohren sie kitzelt
Und was auf ist geschmückt mit dem Wohllaut witziger Rede.
Denn ich frage, warum nur die Dinge so mannigfach wären,
Wenn ihr Ursprung wäre das lautere Feuer alleine?
Denn es nützte ja nichts, daß des Feuers Glut sich verdünnte
Oder verdichtete, hätten die Teile des Feuers dasselbe
Wesen, das ebenso schon das Feuer im ganzen besitzet.
Zwar wenn enger die Teile zusammen sich pressen, wird schärfer
Werden die Glut, und gelinder, wenn diese zerstreut und getrennt sind.
Aber an weitere Wirkung ist doch bei solchem Verhältnis
Gar nicht zu denken, geschweige, daß solche Verschiedenheit könnte
Aus dem Feuer entstehn durch Verdichtung oder Verdünnung.
Ferner noch dies: wenn das Leere sie noch zu den Dingen gesellten,
Könnte sich leichter das Feuer verflüchtigen oder verdichten.
Freilich erkennt sein Buch, daß vieles mit seinen Gedanken
Streitet; und da er sich scheut, an das lautere Leere zu glauben,
So verliert er den richtigen Weg aus Angst vor der Steilheit.
Auch dies sieht er nicht ein, daß, wenn man das Leere beseitigt,
Alles sich dichtet und klumpet zu einem ureinzigen Körper,
Der nichts könnte mit Wucht aus dem Innern entsenden und schleudern,
Wie glutwirkend das Feuer das Licht und die Dämpfe entsendet.
Daraus sieht man: das Feuer besteht aus lockeren Teilchen.
Meinet man nun etwa gar, daß das Feuer auf anderem Wege
Könn' als Ganzes vergehn und sein eigenes Wesen verändern
(Wenn man sich nämlich bedenkt, an teilweise Löschung zu glauben),

Löste sich selbstverständlich das Ganze der Glut in ein Nichts auf,
Und aus dem Nichts dann würde, was irgend entsteht, sich entwickeln.
Denn was immer sich ändert und seine bisherigen Sitze
Wechselt, erleidet sofort die Vernichtung des früheren Zustands.
Drum muß etwas bestehen, was unzerstörbar darin bleibt,
Soll dir nicht alles zumal in das Nichts vollständig versinken
Und aus dem Nichts sich erheben aufs Neue die Fülle der Dinge.
Da es nun jetzt feststeht, daß es völlig bestimmte Atome
Gibt, die immer und ewig dasselbige Wesen behalten,
Die durch wechselnde Ordnung und Zugang oder auch Abgang
Alle Naturen verändern und diese zu neuen gestalten,
Weiß man, daß nimmer aus Feuer bestehen die Körper der Dinge.
Denn gleichgültig erschien es, ob Etliches wich' und verschwände,
Andres hinzu sich gesellte und manches die Ordnung verkehrte,
Wenn nur des Feuers Glut sich in allem stetig erhielte;
Denn dann wär' es doch Feuer, was allerwegen entstünde.
Doch, wie ich meine, so ist's: es gibt Urkörperchen, deren
Ordnung, Lage, Gestalt und Zusammenstoß und Bewegung
Feuer erzeugt; und verändert die Lage sich, ändert sich gleichfalls
Ihre eigne Natur; dann gleichen sie nimmer dem Feuer
Noch auch anderen Dingen, die unseren Sinnen Atome
Zuzusenden vermögen und unser Gefühl zu erregen.
Ferner behaupten zu wollen: nur Feuer ist alles in allem
Und nichts Wirkliches gibt's in dem Reich der Natur als das Feuer,
Wie Herakleitos es lehrt, das scheint mir der Gipfel des Wahnsinns.
Denn von dem Sinnlichen aus kämpft selber er wider die Sinne
Und erschüttert ihr Zeugnis, auf dem doch der Glaube beruhn muß,

Und wodurch er doch selber das Feuer erkannt und benannt hat.
Denn er vermeint durch die Sinne das Feuer wohl richtig zu fassen,
Aber was sonst nicht minder gewiß, das mag er nicht glauben.
Dies will nichtig fürwahr und ganz wahnsinnig mir scheinen.
Wem denn sonst ist zu trauen? Was kann denn als sicher uns gelten
Außer den Sinnen, durch die wir bemerken, was wahr und was falsch ist?
Ferner: weshalb denn soll man von all dem anderen absehn,
Um nur des Feuers Natur allein noch übrig zu lassen,
Statt vom Feuer zu schweigen und irgend was andres zu wählen?
Scheint mir doch eins wie das andre ein Satz von der gleichen Verrücktheit!

Jene mithin, die im Feuer den Grundstoff sämtlicher Dinge
Sehn und das Weltall lassen allein aus dem Feuer entstehen,
Ferner auch, die in der Luft den Urquell alles Entstehens
Setzen, und die in dem Wasser den einzigen Schöpfer erblicken,
Oder auch jene, die glauben, die Erde verehren zu müssen
Als Allmutter, die wechselnd in alle Naturen sich wandle,
Scheinen mir alle sich weit von dem richtigen Weg zu verirren.
Nimm nun noch jene hinzu, die Doppelprinzipien lehren,
Da sie Feuer der Luft und Erde dem Wasser gesellen,
Und nicht minder, die alles aus vier Elementen entstanden
Glauben, aus Feuer und Erde, dem luftigen Hauch und dem Feuchten.

WIDER EMPEDOKLES

Ihnen schreitet voran Empedokles, Akragas' Sprößling,
Welchen die Insel gebar mit dem dreifach gezackten Gestade,
Die das ionische Meer in schweifenden Bogen umflutet
Und aus den bläulichen Wogen mit salzigem Schaume bespritzet.

Hier trennt reißend die See mit dem enger sich schließenden Sunde
Jener Insel Gebiet von Italiens Festlandsküsten,
Hier haust wüst die Charybdis und hier droht brüllend der Ätna,
Flammenden Zorn aufs Neue im grollenden Busen zu sammeln,
Um aus des Kraters Schlund dann wieder das Feuer zu speien
Und zum Himmel empor die flammenden Blitze zu schleudern.
Mancherlei prächtige Wunder umschließt dies herrliche Eiland,
Das bei den Völkern der Erde als schauenswürdig bekannt ist;
Reichtum an Gütern besitzt es und Wehr und Waffen der Männer:
Doch nichts Schöneres barg dies Eiland je in dem Schoße,
Nichts, was heiliger, teurer und wunderbarer erschiene
Als der Prophet, deß Lied aus göttlich begeisterter Brust drang
Und so herrliche Lehren des Weisen uns offenbarte,
Daß er uns kaum noch erscheint als Sprößling sterblichen Stammes.
Aber obwohl auch dieser und die viel kleineren Geister,
Die weit unter ihm stehn (wir haben sie oben besprochen),
Manchen vortrefflichen Fund vom göttlichen Geiste getrieben
Öfter getan und aus ihres Gemüts hochheiligem Tempel
Sprüche verkündet, die uns weit hehrer und wahrer erklingen,
Als was die Pythia spricht von Apollos Lorbeer und Dreifuß,
Bei den Prinzipien doch da kamen sie alle zum Sturze;
Langhin schlugen sie auf, im gewaltigen Fall noch gewaltig.
Denn sie vermeinen zum Ersten, daß ohne das Leere Bewegung
Könne entstehn; sodann erwählen sie weiche und lockre
Stoffe, wie Luft, Naß, Feuer und Erde, wie Tiere und Pflanzen,
Ohne doch allen den Körpern zugleich auch das Leere zu geben.
Ferner vermeinen sie auch, daß alles unendlich sich teilen
Lasse, so daß kein Ende der weiteren Spaltung zu sehn sei.
So sei auch in den Dingen durchaus kein Kleinstes vorhanden.
Wo doch ein äußerster Punkt in jedem der Körper sich darstellt,
Den dann unsere Sinne als Kleinstes noch eben erblicken;

Daraus zieh du den Schluß, daß die unsichtbaren Atome
Auch ein Äußerstes haben, was wirklich das Kleinste bedeutet.
Auch kommt dies noch hinzu: da sie Grundelemente der Dinge
Wählen, die weich und vergänglich wir sehn, nicht minder geschaffen
Als der Vernichtung geweiht, so müßte doch sicher das Weltall
Völlig zurück in das Nichts zerfallen, und wieder geboren
Aus dem Nichts sich von neuem die Fülle der Dinge beleben.
Beide Gedanken (du weißt es) entfernen sich weit von der Wahrheit.
Auch erweisen sich vielfach die vier Elemente als feindlich
Untereinander und tödlich. Drum wenn sie sich einen, vergehn sie
Oder zerstieben ins Weite, wie wenn wir im Sturmesgewitter
Sehen, wie Blitz, Wind, Regen sich ballen und wieder zerflattern.
Endlich, wenn alles zumal aus den vier Elementen entstehn soll
Und auch wieder zerfallen in ganz die nämlichen Stoffe,
Wie darf Jemand nur jene als Urelemente der Dinge
Ansehn? Kann man nicht ebensogut das Verhältnis auch umdrehn?
Denn von jeher erzeugt sich der Stoff und die Dinge im Wechsel,
Und sie verändern die Farbe so gut wie das übrige Wesen.
Wenn du nun aber vermeinst, falls Feuer und Erde sich gatten
Und die Winde der Luft mit des Wassers flüssigem Nasse,
Werde sich gar nichts ändern am Wesen bei dieser Verbindung,
Dann kann nie dir entstehn ein Geschöpf aus den vier Elementen,
Mag es beseelt, mag leblos es sein wie der Baum auf der Heide.
Denn es behauptet ja doch in der Mischung verschiedener Stoffe

769 = 762

Jegliches seine Natur, und vermischt mit der Erde wird immer
Bleiben die Luft, was sie war, und das Feuer sich halten im Wasser.
Aber beim Zeugungswerk darf nur in den Urelementen
Heimlich und unsichtbar die Natur sich bekunden, damit nicht
Irgend etwas erscheine, was gegen das eigene Wesen
Jeglichen neuen Geschöpfes sich hemmend und feindlich erweise.

Ja, aus dem Himmel sogar und seiner feurigen Lohe
Holen sich manche den Stoff und lassen zuerst sich das Feuer
Wandeln in Luft, dann Regen daraus, dann Erde sich bilden
Aus dem Regen, und alles sodann sich rückwärts verwandeln
Erst in das Wasser, sodann in die Luft und endlich ins Feuer.
Nimmer erschöpfe sich so der Verwandlungen ewiger Kreislauf
Nieder vom Himmel zur Erde und wieder von hier zu den Sternen.
Doch dies darf durchaus nicht geschehn bei den Urelementen.
Etwas Beharrliches muß in dem Kreis der Verwandlungen bleiben,
Soll dir nicht alles zuletzt in das Nichts vollständig versinken.
Denn was immer sich ändert und seine bisherigen Sitze
Wechselt, erleidet sofort die Vernichtung des früheren Zustands.
Deshalb müssen natürlich die eben bezeichneten Stoffe,
Da sie Verändrung erleiden, aus anderen Stoffen bestehen,
Und zwar solchen, die nie Verwandlungen können erleiden,
Soll dir nicht alles zumal in das Nichts vollständig versinken.
Nein, du mußt dir vielmehr nur solche Prinzipien denken,
Die, nachdem sie vielleicht das Feuer zum ersten geschaffen,
Dann auch die Luft erzeugen, indem sie ein weniges abtun,
Weniges auch zufügen, Bewegung ändern und Ordnung,
Und so eins aus dem andern sich lassen in allem entwickeln.
»Aber es liegt auf der Hand«, so sagst du, »daß alles nach oben
In die Gefilde der Luft, von der Erde sich nährend, emporwächst:
Wenn nicht zu günstigen Zeiten das Wetter den Regen uns spendet,

Und vor den Wolkenergüssen die Äste der Bäume sich schütteln,
Wenn nicht an ihrem Teile die Sonne erwärmende Strahlen
Sendet, dann kann nicht gedeihn Korn, Obst und lebendes Wesen.«
Wisse, wenn trockene Speise und labendes Naß uns nicht hülfe,
Würde der Körper auch uns zernichtet und jegliches Leben
Schwänd' uns völlig dahin, da Sehnen und Knochen sich lösten.
Denn es befördern und nähren das Wachstum unseres Leibes
Klärlich gewisse Stoffe, und anderes nähret sich anders.
Denn da auf vielerlei Weise gemeinsame Grundelemente
Sich in den vielerlei Dingen natürlich zusammen gesellen,
Ist bei verschiedenen Dingen die Nahrung auch selber verschieden

Wichtig ist ferner auch dies, mit welcherlei Grundelementen
Diese selber verkehren, und wie die wechselnde Lage
Sich zueinander gestaltet und gegenseit'ge Bewegung.
Denn dieselbigen Stoffe begründen ja Himmel und Erde,
Meer und Ströme und Sonne wie Korn, Obst, lebendes Wesen.
Ihre Bewegung jedoch ist verschieden nach Mischung und Auswahl.
Ja auch in unseren Versen (du kannst es ja sehen) erscheinen
Vielfach dieselbigen Lettern verschiedenen Wörtern gemeinsam,
Und doch mußt du gestehn, die Verse sind gleichwie die Worte
Ganz von einander verschieden im klingenden Laut wie im Inhalt.
So stark wirkt bei den Lettern allein die veränderte Folge.
Und doch können fürwahr die Urelemente der Dinge
Weit mehr Möglichkeiten veränderter Schöpfungen schaffen.

WIDER ANAXAGORAS

Laßt uns jetzt auch betrachten, was sich Anaxagoras dachte
Unter Homoeomerie. Dies griechische Wort ist uns leider
Wiederzugeben versagt in unserer ärmlichen Sprache,
Aber die Sache vermag ich mit Worten dir leicht zu umschreiben.

Erstlich Homoeomerie, was lehrt uns der Weise darüber?
Knochen entstünden natürlich aus kleinen und winzigen Knöchlein,
Fleisch nicht minder aus kleinen und winzigen Teilchen des Fleisches,
Ebenso bilde sich Blut aus vielen und winzigen Tropfen
Blutes, die untereinander zusammenfließend sich einen,
Aus Goldstäubchen sodann erklärt er die Bildung des Goldes,
Wie auch die Erde sich bilde aus winzigen Stäubchen von Erde,
Feuer aus Feuerfunken und Wasser aus Tröpfchen von Wasser.
Ähnlich erklärt er denn auch sich das Übrige weiter und glaubt dran.
Aber dem Leeren verstattet er nirgends ein Plätzchen im Weltall
Und setzt nirgends ein Ziel der unendlichen Teilung der Körper.
Darum scheint er mir auch in den beiden Behauptungen gleich sehr
Irre gegangen wie jene, die früher schon wurden erledigt.
Weiter nun denkt er sich allzu schwächlich die Urelemente;
Wenn »Element« zu heißen verdient, was mit gleicher Natur ist
Ausgestattet wie alles, was draus sich entwickelt, und ähnlich
Leidet und stirbt und durch nichts vor dem endlichen Tode bewahrt bleibt.
Denn was kann denn von diesen dem mächtigen Drucke begegnen
Und dem Verhängnis entfliehn, wenn die Zähne des Todes es fassen?
Etwa Feu'r, Luft, Wasser? Was sonst? Blut oder die Knochen?
Nichts von diesen, vermut' ich; wenn gleichermaßen vergänglich
Sein soll jegliches Ding, wie das, was mit eigenen Augen
Untergehen wir sehen durch irgendwelche Gewalten.
Aber es kann Nichts wieder in Nichts zerfallen, noch etwas
Werden aus Nichts. Ich rufe das früher Erwies'ne zum Zeugnis.
Ferner, da Speise es ist, die den Körper ernähret und mehret,
Kann man erkennen, daß Adern und Blut und Knochen *und Nerven*

860a *Sämtlich in unserem Leib nur aus fremdem Stoffe sich bilden.*
861 Oder, sofern man die Speise durch Mischung verschiedener Körper
Bilden sich läßt, die in sich kleinwinzige Nervenpartikeln,
Ebenso Knochen- und Blut- und Adernteilchen besitzen,
Müssen auch sämtliche Speisen, die trocknen sowohl wie die feuchten,
865 Selbst als zusammengesetzt aus ganz fremdartigen Körpern,
Nämlich als Mischung von Blut, Saft, Knochen und Nerven, uns gelten.
Ferner, wenn sämtlicher Stoff, der sein Wachstum danket der Erde,
In ihr wurzelhaft ist, dann muß auch selber die Erde
Aus fremdartigen Körpern bestehn, die der Erde entwachsen.
870 Wend' es auf anderes an: es genügen die nämlichen Worte:
Wenn sich im Holze die Flamme verbirgt und der Rauch und die Asche,
Müßten die Hölzer bestehn aus ganz fremdartigen Körpern,
874 Aus fremdartigen das, was doch aus dem Holze hervorgeht.
873 Ferner auch muß, was die Erde nun weiter noch nähret und mehret,
873a *Ebenfalls wieder bestehn aus ganz fremdartigen Stoffen,*
873b *Und Fremdartiges läßt Fremdartiges also entstehen.*
875 Freilich hier bleibt zum Entkommen, so schmal er auch ist, noch ein Ausweg,
Den Anaxagoras wählt. Denn er meint, daß alles mit allem
Innig vermischt in den Körpern verborgen sich halte. Nur eines
Trete besonders hervor, von dem sich die meisten Partikeln
In dem Gemenge befänden und mehr sich im Vordergrund hielten.
880 Aber auch dies heißt weit von dem Wege der Wahrheit entfernt sein!
Denn dann müßten natürlich beim Korn oft, wenn es der Mühlstein
Rollend zerquetscht mit bedrohlicher Wucht, auch Spuren von Blut sich
Zeigen oder was sonst kraft unseres Körpers erzeugt wird.

Ähnlich müßte dann auch den Kräutern, die man im Mörser
Stein auf Stein, zerstampft, bisweilen entfließen ein Blutstrom,
Und aus dem Wasser ein süßes Getropf und von gleichem Geschmacke
Träufeln, wie solches dem Euter entquillt wolltragender Schafe.
Müßten nicht auch in den Schollen der Erde beim häufigen Ackern
Allerlei Kräuter und Früchte und Laubwerk treten zutage,
Welche in feiner Verteilung sich zwischen den Schollen verbärgen?
Ferner müßt' in den Hölzern der Rauch und die Asche sich zeigen,
Wenn man in Stücke sie bricht, und kleine verborgene Fünkchen.
Da nichts derart geschieht (das liegt ja deutlich vor Augen),
Kann man ersehn, daß die Dinge nicht so miteinander vermischt sind,
Sondern daß vielfach gemischte, gemeinsame Keime zu vielen
Dingen verbergen sich müssen in all den verschiedenen Dingen.
»Aber«, so wirfst du ein, »auf hohen Gebirgen begibt sich's,
Daß hochragende Wipfel benachbart stehender Bäume,
Wenn sie ein heftiger Föhn dazu zwingt, aneinander sich reiben,
Bis sich die Blume des Feuers erhebt als flackernde Flamme.«
Richtig bemerkt. Und doch ist die Glut nicht im Holze verborgen,
Sondern die Keime des Feuers sind zahlreich. Wenn sie durch Reibung
Fließen in Eins zusammen, erzeugen sie Brände der Wälder.
Hielte die fertige Flamme bereits sich verborgen im Holze,
Könnte die Feuersbrunst sich in keinem Momente verbergen,
Sondern sie fräße die Wälder umher und verbrännte die Stämme.
Siehst du nun, wie sich bestätigt, was dir vor kurzem gesagt ward,
Wichtig vor allem sei dies, wie dieselben Grundelemente
Untereinander verkehren und wie in wechselnder Lage
Sie zu einander sich stellen und gegenseit'ger Bewegung,

Siehst du, wie ebendieselben erzeugen mit wenig Verändrung
Stamm nicht minder wie Flamme? So sind die Wörter auch selber
Nur ganz wenig verändert bei ähnlichen Grundelementen,
Wenn wir Flamm' und Stamm mit verschiedenen Lauten bezeichnen.
Endlich noch, falls du vermeinst, bei den Dingen, die deutlich zu sehn sind,
Müsse man jedesfalls die Körper der schaffenden Stoffe
Mit ganz ähnlichem Wesen wie die der geschaffenen denken,
Nun, so verschwinden natürlich die »Urelemente« der Dinge.
Denn sie würden am Ende wie wir – vor Lachen sich schütteln
Und mit salzigen Tränen die Wimpern und Wangen benetzen!

POETISCHE EINLAGE. DICHTERBEKENNTNIS

Auf, nun lern' auch das Übrige jetzt und vernimm es noch klarer!
Freilich entgeht es mir nicht, welch dunkles Gebiet ich betrete,
Aber die Hoffnung auf Ruhm hat den Geist mir mächtig erschüttert,
Wie mit dem Thyrsusstab, und sie weckte in meinem Gemüte
Süßeste Lust zum Gesang. Sie trieb mich, mit strebendem Geiste
Unwegsame, von Niemand betretene Musengefilde
Zu durchwandern. Da freut's, jungfräuliche Quellen zu finden,
Draus ich schöpfe, da freut's, frischsprießende Blumen zu pflücken,
Und sie zum herrlichen Kranz um das Haupt mir zu winden, wie solchen
Keinem der Früheren je um die Schläfen gewunden die Musen.
Denn mein Gesang gilt erstlich erhabenen Dingen: ich strebe,
Weiter den Geist aus den Banden der Religion zu befreien.
Ferner erleuchtet mein Dichten die Dunkelheit dieses Gebietes
Hell, weil über das Ganze der Zauber der Musen sich breitet.
Denn auch der Versschmuck wurde mit vollem Bedachte gewählet.

Wie, wenn die Ärzte den Kindern die widrigen Wermutstropfen
Reichen, sie erst ringsum die Ränder des Bechers bestreichen
Mit süßschmeckendem Seime des goldigfarbenen Honigs,
Um die Jugend des Kindes, die ahnungslose, zu täuschen:
Während die Lippen ihn kosten, verschluckt es indessen den bittern
Wermutstropfen. So wird es getäuscht wohl, doch nicht betrogen,
Da es vielmehr nur so sich erholt und Genesung ermöglicht.
So nun wollt' ich auch selber, weil unsere Lehre den Meisten,
Die noch nie sie gehört, zu trocken erscheint und der Pöbel
Schaudernd von ihr sich kehrt, mit der Dichtung süßestem Wohlklang
Unsere Philosophie dir künden und faßlich erläutern
Und sie gleichsam versüßen mit lieblichem Honig der Musen,
Ob es mir so wohl gelingt, dein Denken bei unseren Versen
Solang fesseln zu können, bis alles du völlig begreifest,
Welche Gestalt der Natur ureigenem Wesen zum Schmuck ward.

DAS UNENDLICHE

Doch nachdem ich gelehrt, daß des Urstoffs dichteste Körper
Ununterbrochen und unzerstört durch die Ewigkeit fliegen,
Laß mich entwickeln nunmehr, ob die Summe derselben begrenzt ist
Oder auch nicht, ob weiter das Leere, das oben wir fanden,
Und der Raum und der Ort, in dem sich die Dinge bewegen,
Aller Wege und völlig nach allen Seiten begrenzt ist
Oder sich endlos weitet in unergründliche Tiefe!
Hiernach hat alles, was ist, nach keinerlei Richtungen irgend
Welche Begrenzung. Es müßte ja dann auch ein Äußerstes haben;
Aber ein Äußerstes gibt es nur dann, wenn irgendein Körper
Jenseits, der es begrenzt, vorhanden ist. Aber man sieht schon
Hiernach den Punkt, wo weiter das Wesen der Sinne nicht zureicht.

Weiter nun muß man gestehn, daß es nichts gibt außer dem Weltall;
So gibt's auch kein Äußerstes hier, kein Maß und kein Ende.
Auch ist's einerlei für den Raum, wohin du dich stellest.
Denn vor dem Ort, wo gerade sich jeder befindet, erstreckt sich
Überallhin gleichweit das unendliche All in die Runde.
Denkst du nun aber begrenzt den ganzen vorhandenen Weltraum
Und du vermöchtest zum letzten und äußersten Ende des Weltalls
Vorzudringen und dort die beflügelte Lanze zu schleudern,
Willst du da lieber behaupten, mit kräftigem Schwunge geschleudert
Fliege sie weiter nun fort nach dem einmal gegebenen Zielpunkt,
Oder vermeinst du, daß irgendein Halt sie zu hemmen vermöge?
Denn eins oder das andre verbleibt dir nur zuzugestehen.
Jedes von beiden verschließt dir den Ausweg. Also das All muß
(Dies ist der zwingende Schluß) ohn' Ende sich weiter erstrecken.
Denn mag irgendein Halt die beflügelte Lanze verhindern,
Bis an das Ziel zu gelangen und dort am Ende zu ruhen,
Oder fliegt sie so fort: nie nahm sie vom Ende den Ausflug.
So verfolg' ich dich stets, und wo du auch immer das Ende
Setzest der Welt, da frag' ich: was soll aus der Lanze nun werden?
Also folgt: in dem All ist nirgends ein Ende zu finden,
Und da Raum ist zur Flucht, so erweitert sich immer der Fluchtweg.
Wäre nun außerdem die gesamte Masse des Weltraums
Ringsumher umschlossen von festverrammelten Schranken
Und so endlich begrenzt, dann wäre die Masse des Stoffes
Überallher durch ihr schweres Gewicht in die Tiefe gesunken,
Und nichts könnte geschehn hier unter dem Dache des Himmels,
Ja es fehlte sogar mit dem Himmel die strahlende Sonne.

Denn zusammengeklumpt läg' unten der sämtliche Weltstoff,
Wo er sich niedergeschlagen seit unermeßlichen Zeiten.
Doch nun gibts in der Tat für die Körper der Urelemente
Nirgends ein Ausruhn. Gibt es doch nirgends ein völliges Unten,
Wo sie sich könnten vereinen und festere Sitze gewinnen.
Alles regt sich und rühret sich stets in beständ'ger Bewegung
Überallher, ja es schnellen von unten die Körper des Urstoffs
Aus dem unendlichen Raume hervor und ersetzen die Lücken.

Endlich liegt doch vor Augen, wie eins von dem andern begrenzt wird.
Luft grenzt ab das Gebirge, und Berg grenzt wieder die Luft ab,
Land grenzt ab sich vom Meer, und das Meer grenzt wieder das Land ab.
Aber das Weltall freilich, da gibts nichts, was es umschlösse.
Also das Wesen des Raums und die gähnende Tiefe des Leeren
Dehnt sich so weit, daß der funkelnde Blitz, selbst wenn er im Fallen
Ewige Zeiten gebrauchte, doch niemals käme zum Ende,
Daß er sogar nicht einmal die noch übrige Strecke verkürzte.
So unendlich erstreckt sich die unermeßliche Weite,

Welche den Dingen der Raum nach jeglicher Seite gewähret.

Weiterhin hält die Natur das Verbot: die Gesamtheit der Dinge
Darf sich nicht selber die Schranken errichten; sie läßt drum den Körper
Sich durch das Leere begrenzen und wieder das Leere durch jenen.
So ist wechselseitig Unendlichkeit allem verbürget.
Oder wenn eins von den beiden Prinzipien Schranken erhielte,
1013 Würde das andre durch seine Natur sich schrankenlos weiten.
1013[a] *Denn wenn beispielsweise das Leere im Raume beschränkt ist,*
1013[b] *Kann es nicht in sich fassen unendliche Stoffelemente;*
1013[c] *Wären diese hingegen beschränkt und das Leere unendlich,*
1014 Würden nicht Meer, nicht Land, nicht das leuchtende Himmelsgewölbe,

Weder das Menschengeschlecht noch die heiligen Leiber der Götter
Auch nur ein winziges Weilchen das Leben zu fristen vermögen.
Denn dann würde die Masse des Stoffs aus dem eignen Verbande
Ausgetrieben sich frei im unendlichen Leeren zerstreuen,
Oder vielmehr sie könnte ja gar nicht sich sammeln und etwas
Schaffen, dieweil das Zerstreute sich nimmer vereinigen ließe.
  Denn nicht mit Absicht haben die Urelemente der Dinge
Jedes der Reihe gemäß sich zusammengeordnet mit Spürsinn
Oder durch einen Vertrag die Bewegungen sämtlich vereinbart,
Sondern da viele von ihnen auf vielerlei Weise sich ändernd
Aus dem Unendlichen schwirren, wenn Stöße sie jagen, durch's All hin,
Kommen sie, allerlei Art der Bewegung und Bindung versuchend,
Endlich dabei wohl auch zu solchen Gestaltungen, wie sie
Unser bestehendes All zu seiner Erschaffung bedurfte;
Und nachdem es einmal in die rechte Bewegung geraten,
Hielt es sich auch im Gang in unzähligen Weltperioden,
Und sorgt stets, daß das gierige Meer mit reichlichem Zustrom
Aus den Gewässern der Flüsse gespeist wird, daß auch die Erde
Sonnenwärme belebt und die neu entsproßnen Geschöpfe
Stetig gedeihn, und des Äthers umkreisende Feuer nicht ausgehn.
All dies wäre nicht möglich, wofern nicht reichlicher Urstoff
Aus dem unendlichen Raum sich könnte beständig erheben,
Um die erlittnen Verluste zur richtigen Zeit zu ersetzen.
Denn wie der Speise beraubt die Natur der beseelten Geschöpfe
Schwindet dahin und den Körper verliert, so müßte auch alles
Übrige schnell zerstieben, sobald sich der Stoff ihm versagte,
Weil ihn irgendein Hemmnis vom richtigen Wege gelenket.
  Auch der Stöße Gewalt, die von außen her überall eindringt,
Kann nicht ganz jedwede Atomenvereinigung retten.
Denn sie können wohl häufig ein Teilchen verfest'gen und halten,

Bis noch andere kommen und dadurch dem Ganzen Ersatz wird;
Doch sie müssen zuweilen auch rückwärts weichen und hierdurch
Raum und Zeit zur Flucht darbieten den Stoffelementen,
Die dann frei von Verbindungszwang sich zu tummeln vermögen.
Drum muß immer von neuem so vieles erstehn zum Ersatze.
Aber damit es nun doch auch an Stößen nicht selber noch fehle,
Braucht man von überallher unendliche Fülle des Urstoffs.

STREBEN NACH DER MITTE

Hierbei, o Memmius, mußt du dem Glauben von Grund aus entsagen,
Daß nach der Mitte der Welt (so redet man) alles sich dränge;
Und so könne die Welt auch ohne die Stöße von außen
Feststehn, ohne sich irgendwohin auseinander zu lösen.
Alles, was oben und unten, sei stets auf die Mitte gerichtet.
Danach glaubst du an etwas, das auf sich selber sich hinstellt,
Glaubst, daß gewaltige Massen, die unter der Erde sich finden,
Aufwärtsfliehn und verkehrt auf der Erde sich lagern und ruhen,
Wie wir im Wasser verkehrt jetzt Spiegelbilder erblicken.
Und auf ähnliche Weise (behauptet man) gingen dort aufrecht
Alle Geschöpfe. Sie könnten auch nicht von der Erde gen Himmel
Fallen dort unten, so wenig wie unsere Körper vermöchten
Selbst und mit eigener Kraft zu den Räumen des Himmels zu fliegen.
Jene bekämen die Sonne zu sehen, wenn wir die Gestirne
Sehen der Nacht, und sie teilten mit uns die Zeiten des Himmels
Wechselsweis: es entspräche ihr Tag so unserer Nachtzeit.
Doch dies *alles* ist Wahn, *der den Irrtum zeugt* bei den Toren,
Weil sie von Anfang an sich *in falsche Methoden* verstrickten.
Denn *da alles sich dehnt ins Unendliche,* fehlt ihm die Mitte.

Doch selbst *gäb' es die Mitte,* warum denn sollte man *glauben,*
Daß nun grad' in die Mitte sich irgendein Körperchen drängte
Eher, als weiter *zu schweifen* auf andrem beliebigen Wege.
Denn ein jeglicher Ort und Raum, den *Leeres wir nennen,*
Muß vor gewichtigen Massen in gleichem Verhältnisse weichen,
Ob zu mitten, ob nicht, wohin sie sich grade bewegen.
Auch ist nirgend ein Punkt, wo die Körper, sobald er erreicht war,
Könnten im Leeren sich halten, als ob sie die Schwere verloren.
Auch darf nichts, was leer ist, für irgendwas Grundstein werden,
Sondern es muß stets weichen, wie seine Natur es erfordert.
Also können die Dinge nicht etwa, dem Drang nach der Mitte
Folgend, nach diesem Gesetze den Zwang zur Vereinigung fühlen.
Übrigens leihn sie ja doch durchaus nicht sämtlichen Körpern
Jenen Drang nach der Mitte, vielmehr nur dem Naß und der Erde,
Also den Wogen des Meers und den mächtigen Wassern der Berge
Und was etwa im All erdartigen Körper besitze;
Aber hingegen die Dünne der Luft und die Hitze des Feuers
Strebe (so fahren sie fort) von der Mitte weg stetig nach oben;
Darum flimmre der Äther ringsum vom Sternengefunkel
Und auf der Weide des Himmels ergehe sich flammend die Sonne,
Weil dort sämtliche Glut aus der Mitte entweichend sich sammle;
Auch vermöge das Laub in den Kronen der Bäume durchaus nicht
Zu ergrünen, sofern nicht die Erde die Nahrung für jeden
Mählich spendete, da sich der Saft von hier aus verbreite:
Nun, dies Dogma der Gegner ist ganz unhaltbar und irrig,
Wie ich an späterem Orte ausführlich werde beweisen.

So will jetzt ich nur dies, damit du nicht irrest, erwidern:
Wenn nicht besondere Kräfte die Körper in andere Richtung
Treiben, muß alles nach unten der Schwerkraft folgend sich stürzen.
So ist zu fürchten, daß einst, wenn die Fugen der Welt nicht mehr halten,
Ihre Atome zerflatternd hinab in das Endlose fallen,
Daß wie fliegende Flammen die Mauern des Firmamentes
Plötzlich sich lösen und rasch im unendlichen Leeren zerstieben,
Und auch die übrige Welt dem gegebenen Beispiel folge,
Daß aus der Höhe herab lautdonnernd die Himmelsgewölbe
Stürzen und plötzlich die Erde zu unseren Füßen sich senke
Und in der Abgrundtiefe des Leeren sich gänzlich verliere,
Während das All mit dem Himmel zerkracht in gemeinsamem Einsturz,
Der die Körper zerstreut, um im Nu nichts übrig zu lassen
Als den verwaisten Raum und die unsichtbaren Atome.
Denn wo irgend zuerst ein wirklicher Mangel an Urstoff
Eintritt, öffnet sich gleich für die Dinge die Pforte des Todes:
Da wird wirbelnd ins Weite sich stürzen der sämtliche Urstoff.

So bis ans Ende geführt wirst leicht du unsere Lehre
Fassen; denn eins wird klar aus dem andern, und finstere Nacht wird
Nie dir den Pfad so verdunkeln, daß nicht auch das Letzte sich klärte
In der Natur; so zündet das eine dem andern ein Licht an.

ZWEITES BUCH

WONNE DES WEISEN

Wonnevoll ist's bei wogender See, wenn der Sturm die Gewässer
Aufwühlt, ruhig vom Lande zu sehn, wie ein andrer sich abmüht,
Nicht als ob es uns freute, wenn jemand Leiden erduldet,
Sondern aus Wonnegefühl, daß man selber vom Leiden befreit ist.
Wonnig auch ist's ohn' eigne Gefahr die gewaltigen Schlachten,
Die durch das Blachfeld toben im Kriege, mit Augen zu schauen.
Doch nichts Süßeres gibt's als die heiteren Tempel zu hüten,
Welche die Lehre der Weisen auf sicheren Höhen errichtet.
Ruhevoll kannst du von dort auf das Treiben der andern herabsehn,
Wie sie da schweifen und irren, den Pfad zum Leben zu finden,
Wie das Talent wetteifert, wie Adelsstolze sich streiten,
Wie sie bei Tag und bei Nacht mit erheblicher Mühsal streben,
Aufzusteigen zum Gipfel der Macht und den Staat zu beherrschen!

ELEND DER TOREN

O wie arm ist der Menschen Verstand, wie blind ihr Verlangen!
In welch finsterer Nacht und in wieviel schlimmen Gefahren
Fließt dies Leben, das bißchen, dahin! Erkennt man denn gar nicht,
Daß die Natur nichts andres erheischt, als daß sich der Körper
Wenigstens frei von Schmerzen erhält und der Geist sich beständig
Heiteren Sinnes erfreut und Sorgen und Ängsten entrückt ist?

Weniges ist's demnach, was im ganzen für unseres Körpers
Wesen erforderlich scheint: Fernhalten jeglichen Schmerzes!
Mag man auch manche Genüsse bisweilen genehmer uns bieten
Können: allein die Natur hat selber doch nicht das Bedürfnis,
Daß in dem weiten Palast rings goldene Statuen stehen,
Jünglinge, die mit der Hand lichtspendende Fackeln erheben,
Um für das nächtliche Mahl hinreichendes Licht zu gewähren,
Oder daß alles von Silber und Gold in den Sälen erglänzet,
Oder daß Zithermusik von dem goldnen Getäfel zurückschallt,
Während wir ebensogut mit bescheidenen Mitteln uns laben,
Wenn wir an Bächleins Rand in dem Schatten ragender Bäume
Uns zu einander gesellen auf schwellendem Rasen gelagert,
Wenn zumal auch das Wetter uns lacht und der liebliche Frühling
Grünende Wiesengefilde mit farbigen Blumen bemalet;
Auch die hitzigen Fieber verlassen nicht rascher den Körper,
Wenn auf gesticktem Brokat du dich wälzest und purpurnem Polster,
Als wenn du strecken dich mußt auf die Proletarierdecke.
Darum, weil nun einmal der Reichtum unserem Körper
Garnichts nützt und der Adel und herrschender Stellung Gepränge,
Darf man im übrigen auch bei dem Geiste dasselbe vermuten.
Oder vermeinst du im Ernst, wenn du deine Legionen im Marsfeld
Wimmeln und aufziehn siehst zu kriegnachahmendem Schauspiel
Und als Deckung der Bündner gewaltige Reitergeschwader,
43 Alles in starker Bewaffnung, beseelt von der gleichen Begeistrung,
43a Oder der Schiffe Gewimmel erblickst, die die Meere beherrschen,
44 Meinst du, daß hierdurch dir aus der Seele die Ängste verschwinden
Grauslicher Religion? daß dann auch die Schrecken des Todes

41 teilweise Dublette zu 43a

Dir dein Herz nicht bedrücken und du von den Sorgen befreit wirst?
Wenn wir nun sehen, wie lächerlich dies, wie kindisch das Spiel ist,
Wie doch in Wahrheit die Ängste der Menschen und quälenden Sorgen
Nicht vor dem Waffengetümmel entfliehn und den grimmen Geschossen,
Sondern sogar mit den Königen dreist und den Herrschern des Staates
Umgang pflegen, und weder vor Gold sich in Ehrfurcht beugen
Noch vor der glänzenden Pracht der erhabenen Purpurgewänder:
Zweifelst du noch, daß dagegen allein die Vernunft uns die Macht gibt?
Müht sich doch stets in der Finsternis ab dies menschliche Leben!
Denn wie in dunkeler Nacht die Kindlein zittern und beben
Und vor allem sich graulen, so ängstigen wir uns bisweilen
Selbst am Tage vor Dingen, die wahrlich nicht mehr sind zu fürchten,
Als was im Dunkel die Kinder befürchten und künftig erwarten.

Jene Gemütsangst nun und die lastende Geistesverfinstrung
Kann nicht der Sonnenstrahl und des Tages leuchtende Helle
Scheuchen, sondern allein der Natur grundtiefe Betrachtung.

ATOMBEWEGUNG

Laß mich nun weiter betrachten, durch welche Bewegung die Dinge
Aus den erzeugenden Keimen entstehen und wieder vergehen.
Ferner, wie heißt die Gewalt, die sie hierzu zwingt, und die Triebkraft,
Die sie befähigt, den Weg durch das endlos Leere zu nehmen?
Dies will ich alles erklären: vergiß nicht, der Worte zu achten!

Sicherlich hängt die Materie nicht untereinander zusammen
Wie ein Klumpen geballt; wir sehn ja, wie alles sich mindert
Und allmählich zerfließt in dem langsamen Strome der Zeiten,
Wie es sein Altern entzieht der Betrachtung unserer Augen.
Trotzdem scheint sich das Ganze doch unvermindert zu halten,
Weil zwar jegliches Ding, das Urelemente verlassen,
Minder wird; aber das andre, wohin sie sich wandten, vermehrt sich.
So muß dieses vergehn, auf daß dort Neues erblühe.
Aber auch dort ruht nichts. So muß sich erneuen das Weltall
Je und je; in der sterblichen Welt lebt eins von dem andern.
Ein Volk schwingt sich empor, ein anderes sinkt von der Höhe,
Und in kürzester Frist verwandeln sich unsre Geschlechter:
Eins reicht wie bei den Läufern dem andern die Fackel des Lebens.

Wenn du vermeinst, es vermöchten die Urelemente zu rasten
Und durch Rast zu erzeugen den Anstoß neuer Gestaltung,
Dann bist weit du entfernt von dem richtigen Wege der Wahrheit.
Denn bei dem Schweifen im Leeren (so heischt's Notwendigkeit) müssen
Sämtliche Urelemente durch eigene Schwere sich regen
Oder durch äußeren Stoß. Denn wenn sie bisweilen im Fluge
Wider einander geraten, begegnet's, daß jäh auseinander
Nach verschiedener Seite sie prallen. Ihr Bau ist ja stahlhart,
Dicht und schwer, und im Rücken ist nichts, was hinderlich wäre.

UNENDLICHKEIT DES RAUMS

Und damit du das Schwirren der sämtlichen Urelemente
Besser zu fassen vermagst, so erinnre dich, daß es im Weltall
Nirgends ein Unterstes gibt, daß nirgends die Urelemente
Kommen zur Ruhe im Raum, der sich endlos, grenzenlos ausdehnt;

Denn daß er überallhin sich tief ins Unendliche strecke,
Hab' ich ausführlich gezeigt und mit sichren Beweisen begründet.

ATOMVERBINDUNG

Dies steht also nun fest: es gibt in den Tiefen des Leeren
Nirgends Rast noch Ruhe für unsere Grundelemente,
Sondern getrieben vielmehr von beständ'ger, verschiedner Bewegung
Springen sie teils, zusammengepreßt, auseinander ins Weite,
Teils auch trifft sie der Stoß, doch bleiben sie dicht beieinander.
Alles, was so, aneinander gepreßt in geringerem Abstand,
Abprallt und durch den Prall die Verbindung stärker verdichtet,
Weil es sich selber verstrickt in seiner Gestalten Verflechtung,
Das schafft mächtige Wurzeln dem Felsen und hartes Gefüge
Stählernem Stoff und allem, was sonst dergleichen Geschlechts ist.
Einige Keime, die draußen im endlos Leeren sich regen,
Prallen zwar ab, doch kehren sie erst in gehörigem Abstand
Weither wieder zurück. Sie liefern Ersatz für den Abgang
Unsrer dünneren Luft und der glänzenden Strahlen der Sonne.
Außerhalb schwirrt noch gar vieles umher im unendlichen Leeren,
Was aus der Dinge Verband sich getrennt und nimmer vermocht hat
Auch in den Wirbel zu dringen, wo sich die Bewegungen gatten.

SONNENSTÄUBCHEN

Folgendes Gleichnis und Abbild der eben erwähnten Erscheinung
Schwebt uns immer vor Augen und drängt sich täglich dem Blick auf.
Laß in ein dunkeles Zimmer einmal die Strahlen der Sonne

Fallen durch irgendein Loch und betrachte dann näher den Lichtstrahl:
Du wirst dann in dem Strahl unzählige, winzige Stäubchen
Wimmeln sehn, die im Leeren sich mannigfach kreuzend vermischen,
Die wie in ewigem Kriege sich Schlachten und Kämpfe zu liefern
Rottenweise bemühen und keinen Moment sich verschnaufen.
Immer erregt sie der Drang zur Trennung wie zur Verbindung.
Daraus kannst du erschließen, wie jene Erscheinung sich abspielt,
Wenn sich der Urstoff stets im unendlichen Leeren beweget,
Insofern auch das Kleine von größeren Dingen ein Abbild
Geben und führen uns kann zu den Spuren der wahren Erkenntnis.
Um so mehr ist es recht, daß du diese Erscheinung beachtest,
Wie in dem Sonnenstrahle die winzigen Körperchen wimmeln,
Weil dergleichen Gewimmel beweist, auch in der Materie
Gibt's ein unsichtbares, verborgenes Weben der Kräfte.
Denn bei den Stäubchen erkennst du, wieviele die Richtung verändern,
Trifft sie ein heimlicher Stoß, und wie sie sich rückwärts wenden,
Hierhin und dorthin getrieben nach allen möglichen Seiten.
Merke, die ganze Bewegung beginnt hier bei den Atomen.
Denn es erhalten zuerst die Urelemente den Anstoß,
Hierauf werden die Körper, die wenig Verbindungen haben
Und in der Kraft sich am nächsten den Urelementen vergleichen,
Durch unmerkbare Stöße von diesen dann weiter getrieben,
Und sie führen dann selbst den Stoß auf die größeren weiter.
So geht von dem Atom die Bewegung empor und sie endet
Mählich bei unseren Sinnen, bis endlich auch das sich beweget,
Was wir im Lichte der Sonne mit Augen zu schauen vermögen,
Ohne doch deutlich die Stöße zu sehn, die Bewegung erregen.

ATOMGESCHWINDIGKEIT

Welche Beweglichkeit liegt in den stofflichen Urelementen,
Siehst du, mein Memmius, leicht aus folgenden wenigen Worten:
Breitet zuerst Aurora das Frührot über die Lande,
Fliegt dann buntes Gevögel durch einsam liegende Wälder
Und läßt hoch in der Luft die flüssige Stimme erschallen,
Dann liegt allen vor Augen und ist mit Händen zu greifen,
Wie in diesem Momente die neuerwachende Sonne
Alles im Nu umkleidet mit leuchtendem Strahlengewande.
Aber das heitere Licht und die Wärmestrahlen der Sonne
Dringen doch nicht durch das Leere. Drum muß sich ihr Gang noch verzögern.
Denn sie haben da gleichsam die Wellen der Luft zu zerteilen;
Auch erfüllen die Bahn nicht vereinzelt die Wärmeatome,
Sondern zusammengeballt und eng miteinander verflochten;
So wird eins durch das andre gehemmt und zugleich auch von außen
Aufgehalten, so daß sich ihr Gang notwendig verlangsamt.
Doch wenn die Urelemente, die einfach sind und solide,
Schweifen im stofflosen Leeren und nichts sie von außen zurückhält,
Und sie selbst mit den eig'nen zur Einheit verbundenen Teilchen
Auf ein einziges Ziel die begonnene Richtung verfolgen,
Müssen (das ist kein Wunder) an Schnelle sie alles besiegen
Und weit schneller vollenden den Weg als die Strahlen der Sonne;
Ja, viel größere Räume durcheilen sie ebenso hurtig
Als die Blitze des Himmels durchmessen die Räume des Himmels.

* * *

Hiervon genug! Denn es scheint nicht nötig, noch Weitres zu sagen,

Noch auf der Bahn zu verfolgen die einzelnen Urelemente,
Um zu erspähn, auf welcherlei Art sich ein jegliches reget.

ABLEHNUNG GÖTTLICHER SCHÖPFUNG

Aber dagegen behaupten etwelche, die stoffliches Wesen
Wenig verstehn, die Natur sei ohne das Walten der Götter
Nicht im Stande, so gut dem Bedürfnis der Menschen entsprechend
Wechsel der Jahreszeiten und Fruchterzeugung zu regeln
Und die übrigen Dinge, nach denen zu trachten die Menschen
Göttliche Wollust selbst als Lebensführerin anreizt,
Und die schmeichelnd durch Liebe zur Zeugung neuer Geschlechter
Führt, um das Menschengeschlecht zu erhalten. Wenn darum sie meinen,
Dies sei alles von Göttern erfunden, so scheinen sie völlig,
Weit von der Wahrheit Weg sich verirrend, in allem zu straucheln.
Denn selbst wenn ich das Wesen der Urelemente nicht kennte,
Wagt' ich doch dies zu behaupten, gerad' auf die Forschung des Himmels
Und viel andere Gründe mich stützend: Mit nichten, so sag' ich,
Ist dies Wesen der Welt für uns von den Göttern erschaffen.
Allzu sehr ist sie doch mit großen Gebrechen behaftet.
Doch das will ich dir später, mein Memmius, deutlicher zeigen.
Jetzt laß uns, was noch übrig bleibt, die Bewegung betrachten.

RICHTUNG DER ATOMBEWEGUNG

Hier nun scheint mir der Ort, bei dieser Gelegenheit gleichfalls
Dieses Gesetz zu beweisen, daß nichts durch eigenen Antrieb

Sich in die Höhe zu heben und aufzufahren imstand ist.
Laß dich dabei nicht täuschen durch brennender Körper Verhalten!
Aufwärts schlagen die Flammen und nähren sich immer nach oben.
Aufwärts wächst auch die schimmernde Frucht und die Bäume des Gartens,
Während das Schwere doch sämtlich an sich nach unten hin neiget.
Wenn zu den Dächern der Häuser das lodernde Feuer hinaufspringt
Und mit rasender Flamme beleckt das Gebälk und die Sparren,
Denke nur nicht, dies wäre sein eig'ner natürlicher Auftrieb.
   Ähnlich springt auch das Blut aus geöffneter Ader im Bogen
Hoch aufschießend und spritzt nach allen Seiten den Blutstrahl.
Siehst du nicht auch, wie des Wassers Natur die Balken und Latten
Immer nach oben hin speit? je mehr du zur Tiefe sie drückest
Senkrecht hinab und mit aller Gewalt sie mühsam hinabtauchst,
Um so begieriger speit es sie aus und schnellt sie nach oben,
Daß sie sich mehr als zur Hälfte im Schuß aus dem Wasser erheben.
   Trotzdem, denk' ich, bezweifeln wir nie, daß im Reiche des Leeren
All dies an und für sich nur nach unten hin müßte sich senken.
So muß also auch Feuer nach oben zu schlagen vermögen,
Wenn es der Luftdruck treibt, und doch ist die Schwere dagegen
An und für sich wohl bemüht, die Flamme nach unten zu ziehen.
Siehst du nicht, wie die Kometen den nächtlichen Himmel durchfliegen
Und weithin in die Länge die funkelnden Schweife sich nachziehn
Dahin, wohin die Natur sie die Bahn zu richten geheißen?
Siehst du zur Erde gesenkt Meteore und Sterne nicht fallen?
Hoch von dem Scheitel des Himmels herab zerstreuet die Sonne
Überallhin und sät ringsum auf den Fluren ihr Licht aus;

Folglich wenden sich auch zur Erde die Gluten der Sonne.
Auch wie der Blitz durch die Wolken sich quer durchschlängelt, beachte.
Hierher und dorther stoßen von Wolken sich lösend die Flammen
Wider einander, doch meist fällt nieder zur Erde der Blitzstrahl.

DEKLINATION DER ATOME

Dies noch wünsch' ich hierbei dir recht zur Kenntnis zu bringen:
Wenn sich die Körper im Leeren mit senkrechtem Falle bewegen,
Durch ihr eigen Gewicht, so werden sie wohl in der Regel
Irgendwo und -wann ein wenig zur Seite getrieben,
Doch nur so, daß man sprechen kann von geänderter Richtung.
Wichen sie nicht so ab, dann würden wie Tropfen des Regens
Gradaus alle hinab in die Tiefen des Leeren versinken.
Keine Begegnung und Stoß erführen alsdann die Atome,
Niemals hätte daher die Natur mit der Schöpfung begonnen.
Wer nun etwa vermeint, die schwereren Körper, die senkrecht
Rascher im Leeren versinken, vermöchten von oben zu fallen
Auf die leichteren Körper und dadurch die Stöße bewirken;
Die zu erregen vermögen die schöpferisch tätigen Kräfte:
Der entfernt sich gar weit von dem richtigen Wege der Wahrheit.
Denn was immer im Wasser herabfällt oder im Luftreich,
Muß, je schwerer es ist, umsomehr sein Fallen beeilen,
Deshalb, weil die Natur des Gewässers und leichteren Luftreichs
Nicht in der nämlichen Weise den Fall zu verzögern imstand ist,
Sondern im Kampfe besiegt vor dem Schwereren schneller zurückweicht:
Dahingegen vermöchte das Leere sich niemals und nirgends
Wider irgendein Ding als Halt entgegenzustellen,
Sondern es weicht ihm beständig, wie seine Natur es erfordert.

Deshalb müssen die Körper mit gleicher Geschwindigkeit alle
Trotz ungleichem Gewicht durch das ruhende Leere sich stürzen.
Darum können auch nie die schwereren Körper von oben
Auf die leichteren fallen und ihrerseits Stöße bewirken,
Die zum Betrieb der Natur die verschiednen Bewegungen stiften.
Deshalb (ich schärf' es dir ein) muß etwas zur Seite sich neigen
Jeder fallende Körper, doch nur um ein Allerkleinstes,
Um nicht der Wahrheit zuwider zu reden von Schiefe der Fallbahn.
Denn das liegt doch vor Augen und ist mit den Händen zu greifen:
Wenn sich gewichtige Körper von oben nach unten bewegen,
Fallen sie nie von sich selbst aus schief, soweit man es sehn kann.
Doch wie könnte man je mit den Sinnen bemerken, ob niemals
Etwas vom richtigen Weg auch nur um ein Tüttelchen abweicht?

WILLENSFREIHEIT

Endlich, wenn immer sich schließt die Kette der ganzen Bewegung
Und an den früheren Ring sich der neue unweigerlich anreiht,
Wenn die Atome nicht weichen vom Lote und dadurch bewirken
Jener Bewegung Beginn, die des Schicksals Bande zertrümmert,
Das sonst lückenlos schließt die unendliche Ursachenkette:
Woher, frag ich dich, stammt die Freiheit der Willensbestimmung,
Die uns lebenden Wesen auf Erden hier überall zusteht,
Und die jedem zu gehen gestattet, wohin er nur Lust hat,
Die uns Bewegungsändrung erlaubt und weder dem Orte
Noch auch der Zeit nach beschränkt ist, vielmehr dem Verstand es anheimstellt?
Denn unzweifelhaft bietet zu diesen Dingen den Anstoß

Jedem sein eigener Wille, ihm folgt die Bewegung der Glieder.
Siehst du nicht auch, daß, sobald sich die Schranken gesenkt in die Rennbahn,
Nicht sofort im Moment der gewaltige Eifer der Rosse
Vorwärts zu stürmen vermag so schnell, wie sie selber wohl möchten?
Denn erst muß die Erregung die Masse des Stoffes erfassen
In dem Ganzen des Körpers, damit die erregten Gelenke
Sämtlich dem Drange des Geistes mithelfend zu folgen vermögen.
Daraus kannst du ersehn, daß vom Herzen aus gehe der Anstoß,
Daß aus dem Willen des Geistes zuerst er entspringe und dann erst
Weiter und weiter sich leite durch sämtliche Glieder des Leibes.
Ganz verschieden davon ist der Anstoß, den wir zum Gehen
Durch die Übergewalt und den Machtzwang andrer erleiden.
Denn hier wird offenbar die vereinigte Masse des Körpers
Unserem Willen entgegen zum Fortgehn weiter gerissen,
Bis sie dann wieder dem Willen gehorcht, der die Glieder zurücklenkt.
Siehst du nunmehr, daß, ob viele sich auch durch äußeren Einfluß
Treiben und nötigen lassen zu unfreiwilligem Fortgehn
Und zu haltlosem Stürzen, doch immer in unserem Busen
Etwas bleibt, was dagegen sich sträubt und das Fremde zurückweist?
Seinem entscheidenden Willen gelingt's, die Massen des Stoffes
Jeweils dazu zu zwingen, die Glieder des Leibes zu beugen,
Ihrem Sturze zu steuern und rückwärts Ruhe zu finden.
Ebenso mußt du daher auch bei den Atomen gestehen,
Daß noch ein anderer Grund zur Bewegung, außer den Stößen
Und dem Gewichte, besteht, woraus die uns eigene Kraft stammt.
Denn aus Nichts kann nie (dies sehen wir) Etwas entstehen.
Nämlich die Schwere verhindert, daß alles durch Stöße bewirkt wird

Gleichsam durch äußre Gewalt; doch daß den Geist in uns selber
Nicht ein innerer Zwang bei allen Geschäften behindert,
Und er als Opferlamm nicht zum Dulden und Leiden verdammt ist,
Dies ist der Lotabweichung der Urelemente zu danken,
Die, so klein sie auch ist, durch den Ort und die Zeit nicht beschränkt wird.

EWIGKEIT DER ATOMBEWEGUNG

Nie war des Urstoffs Masse zu dichteren Klumpen geballet
Oder durch weiteren Abstand der einzelnen Teilchen gelockert;
Denn nichts mehrt sich darin und nichts geht hiervon verloren.
Deshalb waren die Körper der Urelemente von jeher
Stets in derselben Bewegung wie jetzt und sie werden wohl immer
Auch in künftiger Zeit auf die nämliche Art sich bewegen,
Und was gewöhnlich entsteht, das wird auch künftig entstehen
Unter derselben Bedingung und leben, erwachsen und blühen,
Je nachdem das Gesetz der Natur es für jedes bestimmt hat.
Auch kann keine Gewalt die Welt im ganzen verändern;
Denn da ist ja kein Ort, wohin sich ein Teilchen des Urstoffs
Aus dem Bereiche des Alls zu entfernen vermöchte, noch gibt es
Orte, woher in das All sich neue Gewalten ergössen,
Um die Natur der Wesen und ihre Bewegung zu ändern.
Hierbei ist es jedoch nicht verwunderlich, daß uns das Weltall,
Während sich alle Atome in steter Bewegung befinden,
Dennoch den Eindruck macht, zu verharren in völliger Ruhe,
Außer wann irgendein Ding mit dem eigenen Körper sich rühret.
Denn der Atome Natur liegt weitab unter der Schwelle
Unserer Sinne verborgen. Drum muß sich dir, da die Atome
Selber nicht sichtbar sind, auch ihre Bewegung verbergen.
Hehlen doch oft schon Dinge, die wir mit den Augen erblicken,
Ihre Bewegungen uns, wenn sie allzu entfernt von uns stehen.

Auf dem Gebirg geht öfter die wollerzeugende Herde
Grasend langsam vor, wohin just jedes der Schafe
Lockt die im Morgentau wie Demant glitzernde Matte,
Während gesättigte Lämmer zum Scherz mit den Hörnern sich stoßen;
Aber von weitem erscheint dies alles uns gänzlich verworren,
Nur wie ein weißlicher Fleck, der ruhig auf grünender Alp steht.
Ferner wenn starke Legionen im Sturmschritt füllen die Ebne
Und im Gefilde beginnen ein kriegnachahmendes Schauspiel,
Dann zuckt's dort wie ein Blitz zum Himmel empor, und die Erde
Schimmert von Erz ringsum, und unter dem Schritte der Männer
Stöhnt sie gewaltig auf, und der Kriegslärm hallt zum Gebirge,
Das zu des Himmels Gestirnen das Stimmengebrause zurückwirft;
Dazu schwärmen die Reiter umher; die brechen dann plötzlich
Mitten hindurch im gewaltigen Sturm und erschüttern das Blachfeld:
Und doch gibts in dem hohen Gebirg manch' Plätzchen, von wo aus
Alles stille zu stehn und der Glanz im Gefilde zu ruhn scheint.

FORM DER ATOME

Doch jetzt höre von mir, wie die Grundelemente der Dinge
Alle sich mannigfaltig in ihren Gestalten erweisen.
Nicht als ob gar viele zu wenig sich ähneln im Aussehn:
Nein, in der Regel ist alles von allem in allem verschieden.
Dies darf Wunder nicht nehmen. Die Fülle der Urelemente
Ist ja so groß, wie gesagt, daß sie zahllos scheint und unendlich;
Denn nicht sämtlich dürfen sie sämtlichen ähnlich gezwirnt sein,
Noch auch selbstverständlich in ähnlichen Formen erscheinen.

* * *

334 = III 32

Sieh' auch das Menschengeschlecht und die schwimmenden, schuppigen, stummen
Tiere des Meers und das Wild und die fröhlichen Rinder der Herde,
Ferner das bunte Gevögel, das bald die erfrischenden Küsten
Um die Buchten des Meeres, bald Quellen und Seen bevölkert
Oder die einsamen Haine in dichtem Geschwader durchflieget:
Nimm dir nach Gattungen einzeln sie vor, stets wirst du erkennen,
Daß sie in ihrer Gestalt doch sehr voneinander sich scheiden.
Anders könnten ja auch die Kinder die Mutter nicht kennen,
Oder die Mutter die Kinder. Das können sie aber bekanntlich.
Denn so gut wie die Menschen erkennen einander die Tiere.

Vor dem Tempel der Götter, dem festlich geschmückten, wird oftmals
Wohl ein Kälbchen geschlachtet, am weihrauchduftenden Altar,
Wo aus röchelnder Brust sich ergießt sein glühender Blutstrom.
Aber die Mutter durchwandert verwaist die ergrünenden Täler,
Sie erkennt auf dem Boden die Spur der gespaltenen Füße
Und durchsucht ringsum das Gefild, ob sie irgendwo könnte
Ihr verlorenes Junges erblicken. Sie füllt mit Gejammer
Ständig den grünenden Hain und kehrt dann wieder und wieder
Zu dem Stalle zurück, von der Liebe zum Kinde getrieben;
Weder die Schossen der Weide, noch taufrisch lockender Rasen,
Noch der vertraute Strom, der in ragenden Ufern dahinfließt,
Können das Herz ihr erfreun und den nagenden Kummer ihr bannen;
Auch die heiteren Sprünge der übrigen Kälber im Grase
Können den Sinn ihr nicht wenden, nicht ihre Bekümmernis heben:
So sehr sehnt sich das Tier nach etwas Bekanntem und Eignem.

Auch die Böckchen erkennen die hörnertragenden Mütter
Jung schon mit zitternden Stimmen, nicht minder die stößigen Lämmer
Ihre blökenden Mütter. So eilt denn ein jedes der Jungen,
Wie die Natur es verlangt, zu der Mutter milchenden Eutern.

Endlich wirst du wohl nie bei der Feldfrucht jegliches Körnchen
Untereinander so ähnlich erblicken in jeglicher Gattung,
Daß sich nicht Unterschiede der Formen dazwischen ergäben.
Auch das Muschelgeschlecht malt so mit bunten Gestalten
Unseren Erdenschoß, wo das Meer mit dem weichen Gewoge
An dem gewundenen Strande den gierig schlürfenden Sand schlägt.
Deshalb müssen genau so (ich sag' es dir wieder und wieder)
Alle die Urelemente gewisse Verschiedenheit zeigen
Untereinander in ihrer Gestalt, da sie Werk der Natur sind,
Nicht nach einer Schablone von Menschenhänden gebildet.

ATOMFORM UND QUALITÄT

Leicht auch läßt sich in ähnlicher Art dies Rätsel erklären,
Daß sich das Feuer des Blitzes viel wirkungsvoller erweiset,
Als es das unsrige ist, das von irdischen Fackeln entflammt wird.
Denn du kannst hier sagen: »Das himmlische Feuer des Blitzes,
Weil es aus kleineren Formen und feinerem Stoffe geformt ist,
Drängt sich darum noch in Löcher, die unserem Feuer nicht offen
Stehn, das aus Kloben von Holz und aus kienigen Fackeln entfacht wird.«
Ferner das Horn läßt Licht zwar durch, doch dem Regen verschließt sich's.
Wie stimmt dies? Doch wohl so, daß jene Atome des Lichtes
Kleiner sind als die Atome des lebenspendenden Wassers.
Oder warum fließt wunderbar rasch durch die Seihe der Wein ab,
Aber das Baumöl tropft nur zaudernd hinab in die Kufe?
Offenbar bildet sich Öl aus größeren Urelementen
Oder sie sind auch verhäkelt und mehr miteinander verflochten;
Und so kommt's, daß nur langsam die einzelnen Urelemente

Sich voneinander zu scheiden vermögen und winzige Tröpfchen
Einzeln durch einzelne Löcher der Seihe versickernd hindurchgehn.

Hierzu kommt, daß die Milch und der Honigseim in dem Munde
Stets nur süßen Geschmack auf der prüfenden Zunge hervorruft;
Doch wie verzieht hingegen des Wermuts widriges Wesen
Oder ein Enziantrank durch eklen Geschmack uns die Lippen!

Daraus schließt man mit Recht, daß aus glatten und runden Atomen
Alles besteht, was unseren Sinn wohltuend berühret:
Alles, was bitter hingegen und rauh scheint, muß durch Atome,
Die mehr Haken besitzen, genau miteinander verknüpft sein.
Dehalb pflegen sie auch die Wege zu unseren Sinnen
Aufzuritzen und so den Eingang zum Körper zu brechen.

GEFÜHLSDIFFERENZEN

Endlich bekämpft einander, was gut und was schlecht auf den Sinn wirkt,
Da ja beides besteht aus ganz unähnlichen Formen.
Oder vermeinst du vielleicht, der schaudererregende Mißklang
Einer knirschenden Säge erkläre sich ähnlich aus glattem
Urstoff wie Melodien, die musenbegnadete Künstler
Mit der gelenkigen Hand aus den Saiten zu locken verstehen?
Niemals wirst du auch glauben, daß ähnlich geformte Atome
Uns in die Nase gelangen, wenn ekle Kadaver verbrennen
Oder wenn frisch das Theater Cilicischer Safran durchduftet
Und vom Altare davor sich erhebt Panchäischer Weihrauch.
Auch bei den Farbelementen ist keinerlei Ähnlichkeit denkbar
Zwischen den guten, die uns zur Augenweide gereichen,
Und den schlimmen, die stechen den Blick und zu Tränen uns reizen,
Oder die scheußlich und gräßlich zu sehn und abscheulich erscheinen.
Denn jedwede Gestalt, die der Sinnlichkeit irgendwie schmeichelt,

Ist mit ursprünglicher Glätte der Urelemente behaftet;
Alles jedoch, was rauh und lästig in seinem Bestand ist,
Findet sich immer verknüpft mit scheußlicher Bildung des Urstoffs.
Auch gibt's Stoff, der nicht mehr mit Recht als glatt wird erfunden,
Aber auch wiederum nicht mit gebogenen Spitzen gekrümmt ist,
Sondern der mehr ist mit Ecken versehn, die ein wenig hervorstehn,
Und der unsere Sinne mehr kitzeln als schädigen könnte.
Der Art wirkt wohl das Weinsteinsalz und der Saft der Alantwurz.
  Daß nun endlich die Hitze des Feuers und Kälte des Eises
Durch verschiedene Zähnung des Stoffs auch die Sinne des Körpers
Beide verschieden verletzen, beweist schon beider Berührung.
Nur durch Berührung, Berührung! entsteht (bei den Mächten des Himmels)
Jedes Empfinden des Körpers, sowohl wenn von außen her etwas
Eindringt als auch dann, wenn ein innerer Schmerz uns verletzet
Oder wenn etwas beim Liebesgenuß in Wonne sich loslöst.
Oder wenn feindliche Keime sogar sich im Innern des Körpers
Treffen, verwirrt uns den Sinn ihr gegenseitiges Streiten;
Wie wenn du selbst mit der Hand an ein Glied des eigenen Körpers
Etwa durch Zufall rührst und die Wirkung selber erprobest.
Darum müssen mithin die Gestalten der Urelemente
Völlig verschieden sein, um verschiedne Gefühle zu wecken.
  Schließlich, was dicht und erhärtet uns scheint, muß untereinander
Enger sich schließen zusammen durch hakenförmige Formen,
Welche sich tief verzweigend die festeste Fügung ergeben.
Hierbei ragen vor allem hervor die Felsenbasalte,
Die Trotz bieten den Schlägen, in erster Reihe, sodann auch

Kräftiges Kieselgestein und des Eisens mächtige Härte
Oder die Riegel von Erz, die kreischend dem Schluß widerstreben.
Aber der flüssige Stoff, der aus fließendem Körper bestehet,
Muß sich doch mehr aus glatten und rundlichen Formen gestalten.
Denn es ist ebenso leicht Mohnkörner zu schlucken wie Wasser,
Da sich einander nicht hemmen die einzelnen runden Atome
Und der Sturz in die Tiefe mit gleicher Beweglichkeit abrollt.
Alle die Dinge zuletzt, die im Nu auseinander zerfließen,
Wie man es sieht beim Nebelgewölk, beim Rauch und beim Feuer,
Dürfen, obgleich sie nicht völlig nur glatte und runde Atome
Bilden, auf keinen Fall durch verwickelte Formen gehemmt sein,
Daß sie den Körper wohl stechen und ein in die Öffnungen dringen,
Doch nicht selber sich hemmen, was oft, wie wir sehen, bei Disteln
Vorkommt. Also man kann leicht sehen, daß jene Gebilde
Nicht aus verwickelten Formen geschaffen sind, sondern aus spitzen.
Doch daß du Bitteres siehst, das zugleich auch flüssig erscheinet,
Wie bei dem Meere, dem Schweiße der Erde, das darf dich nicht wundern,
Wenn du die wahre Erklärung mit deinem Verstande erfaßt hast.
Denn da es flüssig erscheint, so besteht es aus glatten und runden
Formen, *zu denen sich rauhe gesellen,* die Schmerzen uns bringen.
Aber sie brauchen deshalb nicht hakenförmig zu bleiben;
Denn es versteht sich, daß, wenn sie auch rauh, so doch kugelig aussehn,
Daß sie zu rollen zugleich und die Sinne zu schmerzen vermögen.

Daß du nun besser verstehst, wie rauhe mit glatten Atomen
Einen sich können, woraus sich das Bittre des Meeres erkläret,
Gibt es ein Mittel, sie beide zu trennen und einzeln zu sehen:
Denn ganz oben verbleiben die widrigen Salzelemente

474 Und das Wasser wird süß, wenn es öfters durch Schichten der Erde
475 Durchrinnt, um in ein Becken zu fließen und trinkbar zu werden;
477 Dadurch vermag sich das Rauhe auch mehr an die Erde zu hängen.

BEGRENZTE ZAHL DER ATOMFORMEN

Nun ich dich dieses gelehrt, verbind' ich damit noch ein weitres,
Was sich aus diesem bewährt, daß die Urelemente der Dinge
480 Nur in begrenzter Zahl die Gestalten zu ändern vermögen.
Denn sonst müßten auch wieder gewisse Atome sich finden,
Die endloser Vergrößrung des Körpers sich fähig erwiesen.
Nämlich die Kleinheit des Stoffs, die für jedes Atom ist dieselbe,
Hindert, daß gar zu viel voneinander verschiedne Gestalten
485 Sich entwickeln. Es seien zum Beispiel kleinste Partikeln
Dreie vereint in dem Einen Atom, ja noch einige weiter:
Stellst du nun diese Partikeln des Einen Atomes auch sämtlich
Um, daß Oben und Unten und Linkes und Rechtes vertauscht wird,
Und versuchst du auf jegliche Art, wie jegliche Ordnung
490 Form und Gestalt des ganzen erwähnten Atomes beeinflußt,
Mußt du doch endlich noch andre Partikeln den übrigen zutun,
Wenn du noch weiter die Formen zu ändern wünschest. Es folgt nun,
Daß in ähnlicher Weise noch andre Partikeln die Ordnung
Weiter verlangt, wenn du weiter die Formenveränderung wünschest.
495 So wird Körpervergrößerung die Folge der neuen Gestaltung.
Deshalb ist es unmöglich erlaubt, sich die Meinung zu bilden,
Unsre Atome besäßen unendlich verschiedne Gestalten.
Denn sonst müßtest du ja etwelche von riesiger Größe
Denken dir können, was, wie ich schon oben erklärt, doch nicht angeht.
500 Ferner würdest du sonst auch die orientalischen Stoffe

Und Meliboeas Glanz, den die Purpurmuschel Thessaliens
Färbt, und das goldene Pfauengeschlecht mit dem strahlenden Reize
Nicht mehr achten, sobald neufarbige Stoffe sie drückten;
Wertlos würde der Myrrhen Geruch und Süße des Honigs,
Und es verstummte der Schwanengesang und die Lieder, die kunstvoll
Phoebus der Leier entlockt, verdrängt aus ähnlichem Grunde;
Denn dann würde wohl eins stets trefflicher werden als andres.
Ebenso könnte natürlich auch alles zum Schlechteren rückwärts
Wieder sich wenden, wie just zu dem Bessern wir eben es sagten.
Denn auch zurück sich verwandeln vermöcht' eins immer noch ekler
Als das andre zu werden für Mund, Ohr, Augen und Nase.
Da dem nicht so ist, vielmehr durch sichere Schranken
Hüben und drüben das Ganze umzirkt ist, mußt du gestehen,
Daß auch im Urstoff nicht sind unendlich verschiedene Formen.
Kurzum der Weg ist begrenzt vom Feuer zur eisigen Kälte,
Und auch zurück ist die Bahn in der nämlichen Weise bemessen.
Denn wie Hitze so Kälte und mittlere Temperaturen
Liegen inmitten der Grenzen und füllen in Graden den Raum aus.
Also begrenzt ist die Weise, durch die das Geschaffne sich scheidet,
Da an den beiden Grenzen ein doppelter Punkt sie bezeichnet,
Hier von den Flammen bedrängt und dort von dem starrenden Eise.

UNBEGRENZTE ZAHL DER ÄHNLICHEN ATOME

Nun ich dich dieses gelehrt, verbind' ich damit noch ein weitres,
Was sich aus diesem bewährt, daß die Urelemente der Dinge,
Deren Gestalten einander in ähnlicher Weise geformt sind,

Selbst in unendlicher Zahl vorhanden sind. Da der Gestalten
Unterschiede begrenzt sind, so muß entweder die Anzahl
Derer, die ähnlich sind, unendlich sein, oder der Urstoff
Wäre im ganzen begrenzt, was oben als nichtig erwiesen.
Was nun die richtige Lehre ermittelt hat, sollten dir jetzo
Dartun *wenige* Verse: Die Urelemente des Stoffes
Schöpfen der Dinge Bestand aus nimmer erschöpfbarem Vorrat,
Da sich beständig erhält der Zustrom treibender Stöße.
Denn wenn du siehst, wie manche Geschöpfe sich seltener finden
Und die Natur sich bei ihnen auch weniger fruchtbar erweiset:
Nun, an anderem Ort und in Gegenden fernerer Länder
Können sich mehr der Art vorfinden und füllen die Vollzahl.
Also sieht man zumal im Geschlecht vierfüßiger Tiere
Tausend und abertausend der schlangenhändigen Bestien
Indiens Grenze beschützen mit elfenbeinernem Walle,
Welcher den Eintritt völlig versperrt. So groß ist die Menge
Jener Geschöpfe, von denen bei uns nur wen'ge zu sehn sind.
Aber ich will auch dies einräumen, es geb' ein bestimmtes
Einziges Ding, deß Körper nur einmal so sei geschaffen,
Dem kein anderes gleiche im ganzen Bezirke der Erde:
Liegt dafür nicht bereit unendliche Fülle des Stoffes,
Aus dem jenes den Keim und das Leben empfängt, nun, so kann es
Nimmer entstehn und weiter und weiter sich nähren und wachsen.
Nimm doch einmal die Menge der Urelemente beschränkt an,
Die, um ein einziges Ding zu erzeugen, im All sich bewegen:
Wie und wo und woher, durch welcherlei Kraft sich bewegend
Sollen zusammen sie gehn in des Stoffmeers fremdem Getümmel?
Nein, ein vernünftiger Grund zur Vereinigung fehlt, wie ich glaube,
Sondern es geht, wie so oft beim Schiffbruch mächtiger Flotten:
Weit zerstreut wildbrausend die Woge Verdeck und Kajüte,
Rahen, Masten und Bug und überall schwimmende Riemen
Und an die Küsten der Länder umher antreibende Heckzier,

Daß es den Sterblichen rings als Warnungszeichen erscheine,
Macht und List und Tücke des treulosen Meeres zu meiden,
Und ihm nie zu vertrauen, auch wenn die spiegelnde Fläche
Noch so verräterisch lockt und die lächelnde Stille des Meeres.
So erging' es auch dir. Sobald du beschränkst der Atome
Zahl, dann müssen die Fluten verschieden gerichteten Stoffes
Sie auseinander zerstreun und in alle Ewigkeit trennen.
Deshalb würden sie nie zur Vereinigung treiben sich lassen,
Noch im Vereine verharren noch Wachstum finden durch Mehrung.
Aber beides geschieht ja vor unseren Augen. Erfahrung
Lehrt, daß Wesen entstehn und daß das Entstandne heranwächst.
Also ist klar, daß für jegliche Art in unzähliger Menge
Urelemente sich finden, woraus dann Alles beschafft wird.

WECHSEL VON LEBEN UND TOD

Niemals können daher die Zerstörung wirkenden Kräfte
Ständig erringen den Sieg und das Leben auf ewig vernichten,
Noch auch können die Kräfte, die alles erschaffen und mehren,
Alles Geschaffne auf ewige Zeit am Leben erhalten.
Also waltet der Krieg in unentschiedenem Wettstreit
Seit undenklicher Zeit in den Reihen der Urelemente.
Denn bald hier, bald dort sind die Lebenskräfte im Vorteil,
Ähnlich erliegen sie auch, und die Totenklage vermischt sich
Mit dem Gewimmer der Kindlein, die eben das Licht erst erblicken.
Niemals folgt dem Tage die Nacht und der Nacht dann der Morgen,
Der nicht Kindergewimmer vernähme vermischt mit dem Jammer,
Der schrilltönend den Tod und das schwarze Begräbnis begleitet.

MISCHUNG DER ATOME

Hierbei muß man auch dies als festversiegelt betrachten
Und in die Seele geprägt mit zähem Gedächtnis bewahren,
Daß kein einziges Ding, deß Wesen sich offen bekundet,
Nur aus einerlei Art der Urelemente bestehe,
Keines auch sei, das nicht stets aus gemischten Atomen sich bildet;
Ja, je mehr es in sich an Kräften und Wirkungen herbergt,
Desto größere Menge von Arten der Urelemente
Zeigt sich hierin vereint und desto verschiednere Formung.
So zum ersten die Erde. So birgt Elemente im Schoße,
Die in den eisigen Quellen hinab zu dem Meere sich wälzen
Und es beständig erneuern. Sie hat auch Feueratome;
Vielfach nämlich erglüht der entzündete Boden der Erde,
Aber am mächtigsten rast die Feuergarbe des Ätna.
Ferner besitzt sie Atome, aus denen sie schimmernde Feldfrucht
Und die labenden Bäume den Menschengeschlechtern emporschickt
Und woraus sie auch Wasser und Laub und labendes Futter
Darzubieten vermag dem Wilde, das schweift im Gebirge.

POETISCHE EINLAGE.
DIE PHRYGISCHE GÖTTERMUTTER

Deshalb nennt man die Erde die große Mutter der Götter,
Mutter des Wilds und zugleich auch die Schöpferin unseres Leibes.
Diese Göttin, so singen gelehrte hellenische Dichter,
600a *Komme aus Phrygiens Bergen und luftigen Sitzen hernieder*
601 Hoch zu Wagen und lenke die Löwen im Doppelgespanne.
Damit lehren sie uns, daß die mächtige Erde im Luftraum
Schwebe. Denn Erde vermag sich nicht wieder zu stützen auf Erde.
Bestien fügten sie zu, weil selbst der verwildertste Nachwuchs
Sanfterem Dienste sich weiht, wenn Mutterliebe ihn zügelt.

Auch umgaben sie ihr mit der Mauerkrone den Scheitel,
Weil mit dem Schutze der ragenden Höh'n sie die Städte beschirmet.
Drum schmückt dies Diadem ihr Haupt, wenn der göttlichen Mutter
Bildnis zieht durch die Lande und überall schaudernde Scheu weckt.
Als Idäische Mutter verehren sie mancherlei Völker
Heiligem, altem Gebrauche getreu, und die phrygischen Diener
Geben sie ihr zum Geleit, weil dort auf jenen Gefilden
Wie man berichtet, der Weizen zuerst auf Erden gebaut ward.
Auch die verschnittenen Gallen, erklärt man uns, seien ihr Anhang,
Weil die Verächter der Mutter und die sich den Eltern nicht immer
Dankbar hätten erzeigt, nicht wert mehr seien zu achten,
Lebende Nachkommenschaft in des Lichtes Gefilde zu führen.
Donnernd erdröhnt in den Händen die Pauke, die Cymbeln erschallen
Hohl, und mit rauhem Getön schallt drohend das schmetternde Hifthorn,
Während das flötende Rohr durch phrygische Rhythmen den Sinn peitscht.
Schwerter stürmen hervor als Zeichen wildesten Wahnsinns,
Die in den undankbaren und gottlosen Herzen des Volkes
Schrecken erregen und Angst vor der Göttin geheiligtem Namen.
Wenn nun die Göttin so in die größeren Städte den Einzug
Hält und mit stummem Gruß die Sterblichen schweigend beglücket,
Decken sie ihren Weg ganz zu mit dem Silber und Kupfer,
Das sie in reichlichen Spenden ihr weihn, und schneen mit Rosen
Völlig sie ein, daß die Mutter mit ihren Begleitern verhüllt ist.
Hier erscheinen bisweilen Gewappnete, welche Kureten
Griechische Zunge benennt, die, wenn sie im phrygischen Haufen

Scheinkampf spielen und blutüberströmt im Takte sich schwingen,
Während vom Haupt ihr Helmbusch nickt, ein schrecklicher Anblick,
Uns in Erinnerung rufen die kretischen Dikte-Kureten,
Die einst kindliches Wimmern des Zeus nach der Sage verbargen,
Denn in hurtigem Reigen umgaben die Knaben das Knäblein,
Während sie waffenbewehrt nach dem Takte das Erz mit dem Erze
Schlugen, damit nicht Saturn den Ertappten zum Rachen befördre
Und dem Herzen der Mutter die ewige Wunde nicht schlage.
Drum sind gewappnete Scharen der großen Göttin Begleiter,
Oder sie deuten darauf, daß die Göttin befehle, mit Waffen
Und mit tapferem Mut das Vaterland zu beschützen,
Wie sie bereit sein sollen zum Schutz und zur Zierde der Eltern.
All dies, mag es auch noch so schön und trefflich erdacht sein,
Weicht doch weit, weit ab von dem richtigen Wege der Wahrheit.

PHILOSOPHISCHE ERKLÄRUNG DES GÖTTLICHEN WESENS

Denn es versteht sich von selbst, das ganze Wesen der Götter
Muß sich vollkommnen Friedens erfreun und unsterblichen Lebens,
Weit entfernt und geschieden von unseren Leiden und Sorgen;
Frei von jeglichen Schmerzen und frei von allen Gefahren,
Selbst gestützt auf die eigene Macht, nie unser bedürfend,
Wird es durch unser Verdienst nicht gelockt noch vom Zorne bezwungen.
Und die Erde nun erst! Sie besaß nie irgend Empfindung,
Aber dieweil sie die Fülle besitzt von Urelementen,
Bringt sie ans Sonnenlicht gar vieles auf vielerlei Weise.
Ist nun mancher geneigt, das Meer Neptun und die Feldfrucht

636 = 635. 637

Ceres zu nennen und lieber des Bacchus Namen zu brauchen
Als mit der eigentlich wahren Benennung vom Weine zu sprechen,
Mag's auch gestattet ihm sein, den Erdkreis Mutter der Götter
659 Weiterzunennen, sofern er nur wirklich die innere Seele
680 Rein sich erhält von der Schmach religiöser Glaubensbefleckung.

FORTSETZUNG ÜBER ATOMMISCHUNG

Häufig grasen daher aus demselben Gefilde das Gras ab
Wolletragendes Vieh und die kriegrische Jugend der Rosse
Und die Gehörnten, die unter demselbigen Himmelsdome
Und aus demselbigen Strome die durstigen Kehlen erquicken:
Aber sie leben verschieden und wahren das Wesen der Eltern,
Deren Gebräuchen sie folgen, ein jedes nach seinem Geschlechte.
So verschieden sind also, bei jeder beliebigen Grasart,
Ihre Grundelemente, und so auch bei jeglichem Wasser.
Saft, Blut, Knochen, Gedärme, die Venen, Nerven und Wärme
Bilden zwar alle zusammen ein einziges lebendes Wesen,
Aber sie sind doch weit in der Form voneinander geschieden,
Da sie der Urelemente verschiedne Gestalt hat erschaffen.
Ferner muß alles, was immer durch Feuers Flammen verzehrt wird,
Wenn nichts weiter, doch die Elemente im Körper bewahren,
Die es zum Flammensprühen und Lichtverbreiten benötigt
Oder zum Funkenwurf und zu weiter Zerstreuung der Asche.
Gehst du das übrige durch in entsprechender Geistesverfassung,
Wirst du demnach erkennen: die Körper enthalten die Keime
Mannigfaltiger Dinge und fassen gar mancherlei Formen.
679 Endlich siehst du auch vieles, bei dem mit Geruch und Geschmack sich
681 Auch noch die Farbe vereint, wie vor allem bei zahlreichem Obste.
Diese Atome bestehen daher aus verschiednen Gestalten.
Denn ihr Brodem dringt in die Glieder, wohin nicht die Farbe

Reicht, und die Farbe nun wieder wird anders den Sinnen vermittelt
Als der Geschmack. Du erkennst, wie verschieden die Form des Atoms ist.
Also vereinigen sich die verschiednen Gestalten zu einem
Knäuel und somit formt sich ein Ding aus der Mischung der Keime.

Ja, auch in unseren Versen (du kannst es ja sehen)erscheinen
Vielfach dieselbigen Lettern verschiedenen Wörtern gemeinsam;
Und doch mußt du gestehen, die Verse sind gleichwie die Worte
Ganz von einander verschieden entsprechend den Grundelementen.
Nicht als ob nicht auch häufig gemeinsame Lettern sich fänden
Oder als ob nicht auch zwei aus ganz denselben bestehen
Könnten: jedoch sind gewöhnlich nicht alle mit allen identisch.

So sind auch in der übrigen Welt bei vielen der Dinge
Viele der Urelemente gemeinsam, aber als Ganzes
Sind sie in ihrem Bestande doch sehr von einander verschieden.
Darum darf man mit Recht verschiedne Atome erschließen
Für das Menschengeschlecht, für Frucht und die labenden Bäume.

GRENZEN DER ATOMMISCHUNG

Trotzdem darf man nicht wähnen, es könne sich alles mit allem
Gatten. Denn sonst gewahrte man überall Aftergeburten
Bald halb Mensch, halb Tier entstehn, bald riesige Äste
Hier und da aus lebendigem Leib in die Höhe erwachsen,
Bald auch Glieder sich einen, gemischt aus See- und aus Landtier;

Ekle Chimären sogar mit dem feuerschnaubenden Rachen
Ließe Natur erstehn auf der alleserzeugenden Erde.
Aber dergleichen entsteht doch nichts, wie deutlich erkennbar.
Alles, was wächst, kann stets, wie man sieht, sein Geschlecht sich bewahren,
Da es besonderen Keimen besonderer Mutter entstammet.
Und dies muß, wie man weiß, nach bestimmten Gesetzen geschehen.
Denn aus allen den Speisen entnimmt ein jedes das Seine
Und verteilt es den Gliedern im Innern. So wirkt es vereint dort
Angemeßne Bewegung. Das Fremde dagegen (man sieht es)
Wirft die Natur auf die Erde zurück; viel flieht aus dem Körper,
Wenn ihn die Stöße erschüttern, mit unsichtbaren Atomen,
Was sich nicht irgendwohin vereinigen konnte noch innen
Sich zur Lebenserregung verstehn und den übrigen folgen.

Glaube nicht etwa, daß dieses Gesetz nur beseelte Geschöpfe
Binde. Vielmehr ist die Schranke der Norm für alles dieselbe.
Denn so wie nach der ganzen Natur die geschaffenen Dinge
Sind von einander verschieden, so muß ein jedes sich bilden
Aus der Verschiedenheit schon der Gestalten der Urelemente.
Nicht als ob nicht auch häufig bei ihnen sich ähnliche Formen
Fänden, jedoch ist gewöhnlich nicht alles mit allem identisch.
Sind nun die Keime verschieden, so müssen nicht minder sich scheiden
Ihre Verflechtung und Bahn, ihr Abstand, Schwere und Anprall,
Ihre Bewegung, ihr Stoß. Dies alles nun scheidet die Körper
Nicht nur beseelter Geschöpfe, nein Meer und Land voneinander,
Ja sie scheiden sogar das Irdische ganz von dem Himmel.

ATOME SIND FARBLOS

Nunmehr hör' auch die Verse, die mir in erfreulicher Arbeit
Reiften, damit du nicht glaubst, was in unseren Augen als weiß glänzt,
Dieses Weiße entstamme von weißen Atomen des Urstoffs,
Oder was schwarz aussieht, sei schwärzlichem Samen entsprossen,
Oder damit du nicht meinest, was irgendwie anders gefärbt ist,
Trage die Farbe nur darum, weil auch die Atome des Urstoffs
Mit ganz ähnlicher Farbe von Haus aus seien umkleidet.
Denn die Atome des Stoffs entbehren noch völlig der Farbe:
Weder gleich ist die Farbe des Stoffs dem Erzeugnis noch ungleich.
Wenn du nun aber vermeinst, die Atome seien wohl darum
Unserem Geist unfaßbar, so irrst du weit von dem Weg ab.
Die von Geburt blind sind und nie die Strahlen der Sonne
Haben geschaut, erkennen die Körper doch nur mit dem Tastsinn,
Da sie von Kindheit an entbehren der Farbenempfindung;
Also (merk' es dir wohl) kann ebenso unsre Erkenntnis
Körper begrifflich erfassen, auch wenn sie der Farbe entbehren.
Endlich haben wir selbst auch ohne die Farben Empfindung
Sämtlicher Dinge, die wir im lichtlosen Dunkel berühren.
Da ich nun siegreich dies erwiesen, so will ich dir nunmehr
Dartun, *daß die Atome auch selber der Farbe entbehren.*
Jegliche Farbe vermag sich in jegliche andre zu wandeln,
Aber das dürfen ja doch die Atome sich nimmer gestatten.
Etwas muß doch am Ende verbleiben, was nimmer sich ändert,
Soll nicht alles zuletzt in das Nichts vollständig versinken.
Denn was nur irgend sich ändert und seinen bisherigen Wohnsitz
Wechselt, erfährt sofort die Vernichtung des früheren Zustands.
Also hüte dich wohl, den Atomen die Farbe zu leihen,
Daß dir nicht alles zuletzt in das Nichts vollständig versinke.

ENTSTEHUNG DER FARBE

Wenn sodann die Natur der Atome als farblos erwiesen,
Aber zugleich die verschiedene Form der Gestalten erkannt ist,
Die erst allerhand Dinge mit wechselnden Farben entstehn läßt,
Wenn es sodann gar wichtig erscheint, in welcher Verbindung
Diese Körperchen stehen und wie die wechselnde Lage
Sich zueinander gestaltet und gegenseit'ge Bewegung,
Kannst du sofort auch leicht die Erklärung geben, warum sich
Das, was kurz vordem noch schwarz ist gewesen, nun plötzlich
Glänzend weiß wie ein Marmorblock zu zeigen imstand ist,
Wie sich das Meer, wenn die Fläche durch mächtige Stürme gepeitscht wird,
Wandelt in weißliche Flut von der glänzenden Farbe des Marmors.
Folgendes kannst du sagen: was wir so gewöhnlich als schwarz sehn,
Wird, sobald sich sein Urstoff mischt und die Ordnung sich ändert
In den Atomen, und dies noch hinzukommt, jenes davongeht,
Alsbald sich wandeln, so daß es zum glänzenden Weiß wird.
  Wenn hingegen die Fluten des Meeres aus blauen Atomen
Wären zusammengesetzt, dann könnten sie nimmer sich hellen.
Bläuliche Stoffe, du magst sie auch noch so sehr rütteln und schütteln,
Können sich nimmermehr in des Marmors Weiße verfärben.
Wären dagegen in Farbe verschieden die Urelemente,
Welche dem Meere verleihen den einheitlich reinen Gesamtton,
Wie man wohl oft ein Quadrat aus andern verschiednen Figuren
So kann bilden, daß draus ein einheitlich Ganzes entstehe:
Ja, dann müßten wir wohl, wie wir jene verschiednen Figuren

Im Quadrate erkennen, so auch in den Fluten des Meeres
Oder in sonstigen Dingen von einheitlich reinem Gesamtton
Mannigfache und grell abstechende Farben erkennen.
Übrigens ist die verschiedene Form kein hinderndes Hemmnis
Für die Figur, um von außen trotzdem als Quadrat zu erscheinen;
Aber verschiedener Ton in der Färbung der einzelnen Dinge
Wirkt so hemmend ein, daß die Einheit fehlt im Gesamtton.

Nichtig ist auch noch der weitere Grund, der uns öfter verleitet,
Färbung zuzuerkennen den Urelementen der Dinge.
Denn aus Weißem entsteht nicht etwa wiederum Weißes
Noch aus Schwarzem das Schwarze, vielmehr aus verschiedenen Farben.
Ist es denn nicht viel leichter, das Weiße gebildet zu denken
Aus farbloser Materie, als wenn es aus schwarzer entstünde
Oder aus anderen Farben, die völlig entgegengesetzt sind?
Außerdem, da die Farben nicht ohne das Licht sind zu denken,
Während die Grundelemente doch stets sich dem Lichte entziehen,
Lernt man daraus, daß sie nicht mit der Hülle der Farben bedeckt sind.
Denn was könnte die Farbe in lichtlosem Dunkel bedeuten?
Ändert sie doch in dem Lichte sich selbst, da sie anders zurückstrahlt,
Je nachdem sie das Licht schräg oder gerade von vorn trifft.
Wie buntschillernd erglänzt in der Sonne das Taubengefieder,
Das um den Nacken sich legt und den Hals im Kranze umsäumet!
Bald erstrahlt es wie heller Rubin in rotem Gefunkel,
Bald bei bestimmtem Blicke erscheint uns der Glanz des Gefieders,
Wie wenn blauer Azur sich vermische mit grünen Smaragden.
Auch in dem Schweife des Pfauen erblickt man, sobald er dem vollen

Licht entgegen ihn wendet, den ähnlichen Wechsel der Farben.
Da nun diese entstehn durch gewisse Bestrahlung des Lichtes,
Lernt man daraus, daß sie ohne das Licht zu entstehn nicht vermögen.
Und in der Tat empfängt die Pupille, die, wie man sich ausdrückt,
Weiße Farbe empfindet, ganz andersartige Reize,
Als dann, wenn sie die schwarze empfindet und sonstige Farben.
Auch beim Betasten der Dinge verschlägt nichts, wie sie gerade
Sind mit Farbe versehn, doch sehr, wie ihre Gestalt ist.
Also lernt man: Atome bedürfen durchaus nicht der Farbe,
Sondern verschiedner Gestalt, die verschieden wirkt auf den Tastsinn.
Da nun ferner nicht immer das Wesen der Farbe sich bindet
An die bestimmten Gestalten und alle Atomengebilde
Können vorhanden sein in jedem beliebigen Farbton,
Weshalb sind nicht in jeglicher Gattung des Urstoffs Geschöpfe
Allüberall überzogen mit Farben von allerlei Arten?
Denn sonst müßten wohl auch bisweilen die fliegenden Raben
Weißlichen Farbenschein aus weißem Gefieder verbreiten,
Müßten aus schwärzlichem Keime auch schwärzliche Schwäne entstehen
Oder sonstwie getönt, bunt oder von einerlei Farbton.
Ja auch ein jegliches Ding, je mehr du in winzige Stückchen
Solches zerspaltest, verblaßt, wie du deutlich zu sehen imstand bist,
Und es erlöscht allmählich die frühere Farbenerscheinung.
So beim Purpurgewand. Zerfasert man dieses in kleine
Fädchen, verliert sich der Purpur (auch selbst bei der glänzendsten Marke,
Die Phönizien schickt), sobald nur die Fäden zerzupft sind.
Daraus kannst du ersehn, daß längst die vereinzelten Fäden
Jegliche Farbe verlieren, bevor sie zergehn in Atome.
Endlich gestehst du wohl zu, daß nicht sämtliche Körper Gerüche

Oder Töne entsenden. Drum wirst du nimmer geneigt sein,
Durchweg sämtlichen Körpern Gerüche und Töne zu leihen.
Also lernt man daraus, da nicht alles zu sehn uns vergönnt ist,
Daß es auch einiges gibt, was ohne die Farbe bestehn kann,
Wie es ja anderes gibt, was tonlos oder geruchlos.
Aber ein spürsamer Geist kann dies nicht minder erkennen
Als er das andre begreift, deß andere Dinge ermangeln.

ATOME SIND ÜBERHAUPT QUALITÄTLOS

Aber vermeine nur nicht, es fehle den Urelementen
Nur die Farbe. Sie sind vielmehr auch von Wärme und Kälte
Und von der dampfenden Hitze vollständig für immer geschieden,
Wie sie des Tones entbehren, geschmacklos und nüchtern erscheinen
Und aus den Körpern auch nie selbsteig'ne Gerüche verbreiten.
Willst du aus Myrrhenessenz, Majoran und Blüte der Narde,
Die nektarischen Odem für unsere Nase verhauchet,
Köstlichen Balsam bereiten, da heißt es vor allem bedacht sein,
Sich, soweit es nur möglich erscheint, des geruchlosen Öles
Reine Natur zu verschaffen, das keinerlei Dünste verbreitet,
Daß es so wenig als möglich durch Eigengerüche berühre
Jener Düfte Gemisch und Gebräu und sie dadurch verderbe.
Aus demselbigen Grunde versagen die Urelemente,
Den zu erschaffenden Dingen von sich aus Ton und Gerüche
Mitzuteilen (sie haben ja nichts derart zu vergeben).
Ebensowenig verleihen Geschmack sie oder auch Kälte
Oder dampfende Hitze und lauliche Wärme und vieles
Andre; denn alles das ist aus ganz vergänglichem Stoffe
(Biegsames weich, Zerbrechliches morsch und Hohles durchlöchert),
Und deshalb notwendig getrennt von den Urelementen,
Wenn wir gedenken die Welt auf ewigem Grunde zu bauen,
Welcher die sichere Stütze gewährt für das Heil der Gesamtheit,
Soll dir nicht alles zumal in das Nichts vollständig versinken.

ATOME SIND EMPFINDUNGSLOS

Nunmehr gibst du gewiß mir auch zu, daß das, was Empfindung
Zeigt, wie wir sehn, doch alles empfindungslosen Atomen
Seine Entstehung verdankt. Damit stimmt völlig, was klar liegt,
Und nicht streitet damit, was männiglich jedem bekannt ist,
Sondern es führt uns vielmehr an der Hand und erzwingt das Bekenntnis,
Daß, wie gesagt, das Lebend'ge entsteht aus Empfindungslosem.
Sehn wir ja doch, wie lebendig Gewürm aus widrigem Kote
Seine Entstehung nimmt, sobald unzeitiger Regen
Fäulnisstoff erzeugt in der reichlich befeuchteten Erde.
Weiter sehn wir, wie alles sich ebenso untereinander
Wandelt, wie Wasser und Laub und labendes Futter in Schlachtvieh
Sich verwandelt und wieder das Vieh in die menschlichen Leiber
Seine Natur umändert, wie oft mit unserem Leibe
Tiere der Wildnis sich stärken und flügelgewaltige Vögel.
Also verwandelt Natur in lebendige Körper die Nahrung
Allen und schafft hieraus die Empfindung allen Geschöpfen,
Ebenso wie sie das trockene Holz zur Flamme entwickelt
Und die sämtlichen Scheite in loderndes Feuer verwandelt.
Siehst du nun ein, wie wichtig es ist, wie die Urelemente
Zu einander sich ordnen und wie sie gemischt und gelagert
Sind und wie sich verhält die wechselseit'ge Bewegung?

ENTSTEHUNG DER EMPFINDUNG

Ferner, so frag' ich, was ist's, das den Geist in dem Glauben erschüttert,
Daß aus Empfindungslosem empfindendes Wesen sich bilde,
Das ihn selbst doch erregt und ihn zwingt zu verschiedenem Fühlen?

Selbstverständlich weil niemals die Erde, die Hölzer und Steine,
Wenn auch gemischt, ein Lebensgefühl zu wecken vermögen.
Aber man darf hierbei nicht diese Beschränkung vergessen,
Daß ich nicht ausnahmslos aus allen erzeugenden Stoffen
Lasse sofort auch die Sinne und sinnenbegabten Geschöpfe
Leben gewinnen. Vielmehr kommt viel auf die Kleinheit der Körper
An, die Empfindung wecken, und welche Gestalt sie besitzen,
Endlich auch, welche Bewegung und Ordnung und Lage sie haben.
Davon sehn wir wohl nichts bei den Hölzern und Schollen der Erde,
Und doch bringen auch diese, sobald sie der Regen durchfeuchtet,
Lebende Würmer hervor, weil des Grundstoffs Urelemente
Aus den bisherigen Bahnen durch neue Gewalten gerissen
Sich, wie es nötig, vereinen zur Schöpfung lebender Wesen.

Wenn dann Einige, die das Empfindende lassen entstehen
903 Nur aus Empfindendem, weiter aus andern empfindenden *Teilchen*
903a *Dies herleiten, so nehmen sie einen vergänglichen Urstoff*
904 *An,* da sie weich ihn sich denken. Der Sinn bleibt immer gebunden
An die Geweide, die Adern und Nerven, die alle vergänglich,
Da sie ja doch, wie man sieht, aus weichen Gebilden bestehen.
Aber gesetzt auch den Fall, sie könnten von ew'gem Bestand sein,
Müßten sie doch entweder den Sinn des Organes behalten
Oder es müßten die Teile wie ganze Geschöpfe empfinden.
Doch kein Einzelorgan besitzt selbständiges Fühlen;
Denn auf die andern muß achten ein jedes der Einzelgefühle,
Und unmöglich vermag getrennt von dem übrigen Körper
Weder die Hand noch ein anderes Glied für sich zu empfinden.
914 So bleibt übrig allein, daß die Glieder dem ganzen Geschöpfe
923 Gleichen und gleiches Gefühl wie wir selbst notwendig entwickeln,

Um zusammenzustimmen in gleichem Lebensgefühle.
  Also wie können Gebilde, wie diese, Prinzipien heißen?
Wie als lebende Wesen die Pfade des Todes vermeiden,
Da lebendiges Wesen soviel wie sterblich bedeutet?
Ja, entrännen sie ihm, so würde durch ihre Verbindung
Nur ein gemeines Gewirre von zahllosen Wesen entstehen,
Wie ja auch klärlich, wenn Menschen mit Zugvieh oder mit Bestien
Umgang pflögen, kein Wesen aus dieser Verbindung entstünde.
  Wenn nun jene Gebilde die eig'ne Empfindung verlören
Und sie andre bekämen, wozu denn gibt man dem einen,
Um es dem andern zu rauben? Zudem läßt, was ich schon angab,
(Insofern wir ja sehen, wie Eier in lebende Küken
Sich verwandeln, wie Würmer dem Boden entwimmeln, sobald er
Durch unzeitigen Regen die nötige Fäulnis erhalten)
Jetzt sich wirklich erkennen, daß Sinne sich bilden aus Nichtsinn.
Sollte nun einer behaupten, allein die Veränderung könne
Aus Empfindungslosem empfindende Wesen erzeugen
Oder auch gleichsam ein Akt der Geburt, durch den man hervortritt:
Wird es genügen, ihm dies zu beweisen und deutlich zu machen,
Daß nur nach der Vereinigung erst die Geburten erfolgen,
Und daß auch die Verändrung nur nach Vereinigung statthat.
  Erstlich kann es bei keinem der Körper Empfindungen geben,
Ehe das lebende Wesen noch selber ins Leben getreten.
Denn zerstreut ist der Bildungsstoff (dies ist ja kein Wunder)
Über die Luft und das Wasser, die Erd' und der Erde Gewächse,
Und er vereinigt noch nicht zusammengeschart zueinander
Passende Lebenskräfte, von deren Strahlen entzündet
Jedes Geschöpf sich erhält durch die alles gewahrenden Sinne.

KRANKHEIT UND TOD

Ferner sobald ein beliebig Geschöpf ein stärkerer Schlag trifft,
Als die Natur ihn verträgt, so stürzt er es plötzlich zu Boden
Und verwirrt ihm das ganze Gefühl im Leib und der Seele.
Denn dann lösen sich auf die Lagen der Urelemente
Und die Lebensregung erfährt vollständige Hemmung,
Bis der in sämtlichen Gliedern von Grund aus erschütterte Urstoff
Zwischen Körper und Seele die Bande des Lebens zerschneidet,
Hierauf die Seele zerstreut und durch alle Kanäle hinauspreßt.
Denn wie sollten wir anders die Wirkung des Schlages uns denken,
Als daß er alles zerschmettert und alle Verbindungen auflöst?
Freilich es kommt auch vor, daß bei minder gefährlichem Schlage
Sich noch siegreich behaupten die Reste der Lebensbewegung,
Siegend zu bannen verstehn die gewaltigen Wirren des Schlages,
Jegliches wieder in seine gewöhnlichen Bahnen geleiten,
Die in dem Leib schon herrschende Macht des Todes verscheuchen
Und die bereits fast erloschene Glut der Empfindungen wecken.
Denn wie anders vermöchten sie just von der Schwelle des Todes
Wieder zum Leben zu kehren und ihre Besinnung zu sammeln,
Statt zu dem Ziele den Lauf, den sie fast schon vollendet, zu richten?

FREUDE UND SCHMERZ

Ferner entsteht wohl der Schmerz, wenn des Urstoffs Grundelemente
In dem lebendigen Fleisch und den Gliedern gewaltsam erschüttert
Hin und her sich bewegen im eigensten, innersten Sitze;
Wonne dagegen, sobald in die vorige Lage sie kehren.

Daher weiß man, daß nimmer den Schmerz die Grundelemente,
Nie auch das Wonnegefühl von sich aus können empfinden,
Da sie doch selber nicht wieder aus Urstoffkörpern bestehen,
Deren erneute Bewegung sie schmerzhaft müßten empfinden
Oder auch hieraus gewinnen die lebenspendende Wonne.
Also dürfen Atome mit keiner Empfindung begabt sein.

SCHLUSSBEWEIS

Endlich wenn alle Geschöpfe nur dann Empfindung besäßen,
Falls man sie auch den Atomen, daraus sie gebildet sind, gäbe,
Welche besondren bekäme das Menschengeschlecht dann zu eigen?
Offenbar würden dann diese bald schütterndes Lachen erheben,
Bald mit der Tränen Tau die Wimpern und Wangen benetzen,
Würden auch viel zu reden verstehn von der Mischung der Stoffe
Und dann weiter zu forschen nach ihren ureignen Atomen!
Denn da sie ähnlich so wären wie sterbliche Menschen als Ganzes,
Müßten auch solche Atome nun wieder aus andern bestehen,
Diese dann wieder aus andern, so daß kein Ende zu sehn ist.
Daraus folgte, daß alles, was redet und lacht und Verstand hat,
Aus Atomen bestünde (so meinst du), die ebenso täten!
Aber wir sahen ja doch, dies ist blödsinniger Wahnwitz:
Lachen kann doch auch das, was aus lachendem Stoff nicht erwachsen;
Was Verstand hat und weiß mit Beweisen gelehrt zu verfahren,
Braucht nicht hervorzugehn aus beredten, verständigen Keimen.
Warum sollten demnach die sinnenbegabten Geschöpfe
Nicht aus Keimen bestehn, die völlig der Sinne entbehren?
Schließlich wir sind doch alle von himmlischem Samen entsprossen,
Und Ein Vater erzeugte uns alle. Sobald nur die Tropfen
Seines befruchtenden Regens empfängt die befruchtete Mutter
Erde, gebiert sie die schimmernde Frucht und die labenden Bäume
Und das Menschengeschlecht mit sämtlichen Sippen der Tiere.

Dann reicht Nahrung sie dar, mit der sie den Körper ernähren,
Ihres Lebens genießen und zeugend sorgen für Nachwuchs.
Darum hat sie mit Fug auch den Mutternamen erhalten.
Ebenso kehrt, was der Erde vorher entstammt ist, zur Erde
Wieder zurück, und es steigt, was aus Äthers Höhen herabkam,
Wieder empor und zurück empfängt es das Himmelsgewölbe.
Denn es vernichtet der Tod nichts derart, daß er des Stoffes
Urelemente zerstörte. Er trennt nur ihre Verbindung;
Dann verbindet er weiter das ein' und andre und wirkt so,
Daß er bei allen die Formen verkehrt und die Farben verändert,
Daß sie Empfindung erhalten und plötzlich dann wieder verlieren.
Daraus lernst du, wie wichtig es ist, mit welchen Atomen,
Ferner in welchem Gefüge die Grundelemente verkehren,
Und wie sich endlich gestalte die gegenseit'ge Bewegung.
Glaub' auch ja nicht, es ruhe im Grunde der ew'gen Atome,
Was wir so hin und her auf der Oberfläche der Dinge
Flutend und bald entstehend, dann plötzlich vergehend erblicken.
Ist es doch selbst bei unserm Gedicht recht wichtig, wie jede
Letter in Reihe sich stellt und mit anderen Lettern verbindet.
Denn dieselbigen Lettern bezeichnen ja Himmel und Erde,
Meer und Ströme und Sonne, wie Korn, Obst, lebende Wesen;
Wenn auch nicht alle sich gleichen, so ist doch bei weitem die Mehrzahl
Ähnlich; erst Ordnung und Lage bewirkt die Scheidung der Sachen.
Mit den Dingen nun selbst steht's ebenso: wenn sich des Urstoffs
Ordnung, Lage, Gestaltung, Zusammenstoß und Bewegung
Ändern, dann müssen zugleich die Dinge sich selber verändern.

1020 = II 726; V 441

ÜBERGANG ZUM KOSMISCHEN

Doch nun wende den Geist zur weiteren Wahrheitsforschung.
Denn ein neues Problem strebt heftig dein Ohr zu gewinnen,
Und die Erscheinung der Welt will neu sich den Blicken enthüllen.
Doch kein Ding ist so faßlich und leicht, daß es nicht für den Glauben
Größere Schwierigkeit böte zu Anfang; aber hinwieder
Gibt es auch nichts so Großes und nichts so Bewundernswertes,
Daß nicht uns allen gemach die Bewunderung wieder verschwände.
Vorerst nenn' ich die reine und strahlende Bläue des Himmels
Und was er rings umschließt, die schweifenden Wandelgestirne
Samt dem Mond und des Sonnenlichts helleuchtendem Glanze:
Wenn dies alles erst jetzt zum ersten Male urplötzlich,
Unversehens sich böte den Blicken der sterblichen Menschen,
Was verdiente wohl eher als dies die Bezeichnung des Wunders,
Oder was konnte vordem wohl die Menschheit weniger glauben?
Nichts, wie mich dünkt. Solch Wunder erschien' uns der himmlische Anblick.
Trotzdem hält jetzt Niemand für wert, da man satt ist des Schauspiels,
Seinen Blick zu erheben zum leuchtenden Himmelsgewölbe.
Drum wenn grade die Neuheit dich schreckt, verwirf nicht im Geiste
Vorschnell unsere Forschung; vielmehr mit der Wage des Urteils
Wäge sie desto genauer und, scheint sie dir wahr, so ergib dich!
Scheint sie dir aber verkehrt, so rüste dich sie zu bekämpfen.

Denn die Frage bedrängt uns den Geist: da der äußere Raum sich
In das Unendliche dehnt weit über die Mauern des Weltalls,
Was gibt's dort noch zu schauen, was unser Verstand zu erfassen
Wünscht und wohin sich der freiere Flug des Gedankens emporschwingt?

UNENDLICHKEIT DES WELTALLS

Erstlich gibt es für uns nach allen beliebigen Seiten
Weder nach rechts noch nach links noch nach oben hin oder nach unten
Irgendein Ende. So hab' ich's gelehrt, wie die Sache auch selber
Für sich spricht; so wird die Natur des Unendlichen deutlich.
Also muß wohl auch dies ganz unwahrscheinlich erscheinen,
Daß, da leer sich der Raum in das Unermeßliche dehnet,
Und unzählige Keime in endlose Tiefe des Weltraums
Mannigfach schwirren umher, von der ew'gen Bewegung ergriffen,
Dieser einzige Himmel entstünd' und ein einziger Erdkreis,
Während soviele Atome des Urstoffs außerhalb feiern!
Überdies ist die Schöpfung der Welt ein natürlicher Vorgang,
Da sich die Keime der Welt von selbst und durch Zufall begegnen.
Vielfach trieben sie völlig vergeblich und fruchtlos zusammen,
Bis sich dann endlich die plötzlich geeinigten Teilchen verschmolzen
Und dann jedesmal wurden zum Anfang großer Gebilde,
Wie von der Erde, vom Meere, vom Himmel und lebenden Wesen.
So mußt immer aufs neue du dies mir bestätigen, daß sich
Anderswo andre Verbindung des Urstoffs bildet wie unsre
Welt, die der Äther so fest mit brünstigen Armen umklammert.

UNENDLICH VIELE WELTEN

Wenn zudem noch der Stoff in gewaltiger Menge sich findet,
Wenn auch der Raum zureicht, kein Ding und kein Grund sich entgegen
Stellt, dann muß doch entstehn ein Weben und Leben der Wesen.
Wenn nun die Menge der Keime so groß ist, daß sie zu zählen
All die Lebenszeit der lebenden Wesen nicht reichte,
Und darin die Natur sich erhält, die in ähnlicher Weise
Überallhin zu verbringen vermag die Keime der Dinge,
Wie sie sie hierher brachte, so mußt du wieder bekennen,
Daß noch andere Erden in anderen Welten bestehen
Mit verschiedenen Rassen von Menschen und Sippen der Tiere.
Hierzu kommt, daß im Ganzen kein einziges Wesen sich findet,
Das als einz'ges entstünd' und allein und einzig erwüchse,
Ohne zu einem Geschlecht zu gehören, in welchem noch viele
Gleicher Gattung sich fänden. Die lebenden Wesen vor allem
Sind zu beachten. Da findest du bergebewohnende Tiere,
Ferner der Menschen erzeugtes Geschlecht und endlich die stumme,
Schuppige Herde der Fische und alle die Vogelgestalten.
Darum darf man behaupten, daß ähnlich wie diese der Himmel,
Erde und Meer, auch Sonne und Mond und die übrigen Dinge
Nicht in der Einzahl dürfen vorhanden sein, sondern in Unzahl,
Da ihr Leben nicht minder der grundtief ruhende Markstein
Abgrenzt und sie nicht minder aus sterblichem Körper bestehen
Als das gesamte Geschlecht, das hienieden nach Arten gedeihet.

KEIN GÖTTERREGIMENT

Hast du nun dies wohl inne, so siehst du, wie stets die Natur sich
Unabhängig erhält von der Laune tyrannischer Herrscher

Und selbständig in Allem sich ohne die Götter betätigt.
Denn bei dem heiligen Geist und dem seligen Frieden der Götter,
Die ein geruhiges Leben und heiteres Dasein führen:
Wer von ihnen vermag das unendliche All zu regieren,
Wer kann kräftig die Zügel der unermeßlichen Tiefe
Halten in leitender Hand, wer alle die Himmel im Gleichmaß
Drehn und fruchtbar die Erde mit Flammen des Äthers erwärmen,
Gegenwärtig zu jeglicher Zeit und an jeglichem Orte,
Um bald Dunkel durch Wolken zu schaffen und Donner erregend
Heiteren Himmel zu trüben, bald Blitze zu senden und häufig
Selbst die eigenen Tempel zu schädigen oder im Wüten
Selbst auf Wüsten Geschosse zu richten, die harmlose Leute
Und unschuldige töten, dagegen die Schuldigen meiden?

ENTSTEHEN UND VERGEHEN DER WELT

Auch nach dem Weltenbeginne und nach dem Entstehungstage,
Als mit der Sonne zugleich auch das Meer und die Erde sich hoben,
Setzten sich Körper von außen her an, und es kamen noch ringsum
Keime dazu, die das endlose All ausschleudernd entsandte,
Draus sich das Meer wie die Länder zu mehren vermöchten, daraus auch
Raum noch gewänne des Himmels Palast, um ein hohes Gewölbe
Fern von der Erde zu spannen, zugleich auch die Luft sich erhöbe.
  Denn von überallher wird jedem sein eigener Urstoff
Sämtlich durch Stöße vermittelt und trifft auf die eignen Geschlechter.
So kommt Wasser zu Wasser, die Erde vermehrt sich durch Erdstoff,
Feuer vergrößert das Feuer und Äther wiederum Äther,

Bis dann endlich Natur, die Schöpferin, alle Geschöpfe
Als Vollenderin führt zu dem äußersten Ende des Wachstums.
Dies tritt ein, wo der Stoff, der neu in die Lebensgefäße
Kommt, nicht stärker mehr strömt als jener, der weicht und zurückströmt.
So ist allen Geschöpfen ihr Lebensfaden bemessen,
So hemmt Mutter Natur durch eigene Kräfte das Wachstum.
Alles, was wachsen du siehst in fröhlich gedeihendem Auftrieb
Und was mählich erklimmt die Stufen der reifenden Jahre,
Eignet sich mehr von dem Urstoff an, als was ihm entschwindet,
Da sich die Nahrung leicht in die sämtlichen Adern verbreitet,
Diese auch selbst nicht so weit sind gedehnt, um viel zu verlieren
Und mehr Stoff zu vertun, als das Leben zur Nahrung verbrauchet.
Denn daß viel aus den Dingen entweicht und wieder zurückströmt,
Darf man gewiß nicht leugnen. Doch stärker muß immer der Zufluß
Sein, bis sie endlich erreichen den äußersten Gipfel des Wachstums.
Dann zerbricht uns das Leben die Kraft und gewonnene Stärke
Stückweis wieder und schwindet dahin nach der schlechteren Seite.
Denn natürlich je größer und breiter ein Ding ist geworden,
Wenn es den Zuwachs erhalten, zerstreut es auch größere Mengen
Überallhin von Atomen und schleudert sie ab von dem Körper.
Auch verteilt sich nicht leicht die Nahrung in alle die Adern,
Und sie genügt nicht mehr, um jetzt für den reichlichen Abfluß
Soviel Neues zu liefern und vollen Ersatz zu beschaffen.
So stirbt alles mit Fug, wenn es durch der Atome Verschwinden
Löcher erhält und den Stößen von außen her preis ist gegeben.
Denn dem höheren Alter muß endlich an Nahrung es fehlen,
Und nie rasten die Stoffe, durch heftigen äußeren Ansturm

Alles dem Tode zu weihn und durch feindlichen Stoß zu bezwingen.
Also werden dereinst auch die mächtigen Mauern des Weltrunds
Endlich erliegen dem Sturm und in Schutt und Moder zerfallen.
Denn nur die Nahrung ist's, die alles verjüngen, ergänzen,
Kräftigen müßte, die Nahrung! um alles im Stand zu erhalten:
Leider umsonst. Denn weder vermögen die Adern genügend
Dienste zu tun noch kann die Natur das Benötigte liefern.
Unsere Zeit ist so sehr schon gebrochen; erschöpft kann die Erde
Kaum noch kleinre Geschöpfe gebären, obgleich sie doch alle
Arten geschaffen und Tiere von riesigem Körper erzeugt hat.
Denn nicht senkte (so dünkt mich) an goldener Kette der Himmel
Einst die vergänglichen Wesen in unsre Gefilde hernieder,
Noch erschuf sie das Meer und die felsumtosende Brandung,
Sondern die Erde gebar sie, die jetzt auch selbst noch sie nähret.
Sie ist's auch, die das schimmernde Korn und die labende Rebe
Aus selbsteignem Entschlusse zuerst aus Sterblichen pflanzte;
Sie gab selbst uns das trauliche Vieh und das labende Futter,
Was jetzt kaum noch gedeiht trotz unseren Mühen und Sorgen.
Ach, wir ermatten die Kräfte der Rinder und Ackerbebauer,
Kaum gibt's Eisen genug, um unseren Boden zu pflügen.
So karg gibt er Ertrag und verdoppelt nur unsere Mühe.
Ja, jetzt schüttelt schon öfter sein Haupt der gealterte Bauer
Und seufzt drob, daß zu nichte ihm ward die unendliche Arbeit,
Und mit der Gegenwart die vergangenen Zeiten vergleichend,
Preist er wohl häufig das Glück, das seinem Erzeuger noch hold war.
Traurig beschwert sich der Pflanzer der alten, vertrockneten Rebe

Über veränderte Zeiten und schickt zu dem Himmel die Klagen.
»Wahrlich, das alte Geschlecht«, so schilt er, »das Frömmigkeit übte,
Konnte mit leichtester Mühe auf kleineren Hufen sich nähren,
Wenn auch des Ackers Maß viel schmäler war jedem bemessen.«
Ach, er begreift nicht, wie alles vergeht und mählich dem Grabe
Zuwankt, müde geworden im langen Laufe der Jahre.

DRITTES BUCH

PREIS EPIKURS

Der du zuerst aus der Finsternis Nacht so leuchtend die Fackel
Hoch zu erheben vermocht und die Güter des Lebens zu zeigen,
Dir, o Zier des hellenischen Volks, dir folg' ich und setze
Fest den Fuß in die Spuren, die du in den Boden gedrückt hast.
Nicht Wetteifer, dir gleich es zu tun, nur glühende Liebe
Drängt mich, dir nachzustreben. Wie möchte dem Schwane die Schwalbe
Je sich vergleichen? Wie könnte denn auch mit zitternden Gliedern
Jemals das Böcklein im Lauf mit dem sehnigen Rosse sich messen?
Du, mein Vater, du bist der Entdecker der Wahrheit, du gibst uns
Väterlich Rat. Wie die Bienen auf blumiger Halde den Blüten
Allen Honig entsaugen, so schlürfen auch wir aus den Rollen,
Die du, Gepriesener, schriebst, nun alle die goldenen Worte,
Goldene Worte und wert, bis in Ewigkeit weiter zu leben!
Denn sobald dein System, das Erzeugnis göttlichen Geistes,
Über das Wesen der Dinge die laute Verkündigung anhebt,
Scheucht es die Angst von der Seele. Da weichen die Mauern des Weltalls,
Und ich erblick' im unendlichen Raum das Getriebe der Dinge.
Da enthüllt sich der Gottheit Macht und die friedlichen Sitze,
Die kein Sturmwind peitscht, kein Regengewölbe benetzet,
Die kein Schneesturm schädigt, wo nie bei starrendem Froste
Weißlich die Flocken sich senken; wo immerdar heiter der Äther
Lacht, und überallhin sich die Ströme des Lichtes ergießen.
Allen Bedarf reicht ferner von selbst die Natur, und es stört nie
Irgendein Wesen die Gottheit im seligen Frieden des Geistes.
Nirgend erscheinen hingegen des finsteren Acheron Räume,

Nirgend auch hindert die Erde zu schauen, was alles umherschwirrt
Unterhalb unserer Füße im Raum des unendlichen Leeren.
Hier ergreift es mein Herz mit wahrhaft göttlicher Wollust
Und mit Schauer zugleich, daß so die Natur sich erschlossen
Deiner Gedankengewalt und jetzt allseitig enthüllt ist.

INHALT DES BUCHES: PSYCHOLOGIE

Da ich nun also gezeigt, wie beschaffen die Grundelemente
Sind bei sämtlichen Wesen und wie an Gestalten verschieden
Diese durch eigenen Trieb in beständ'gen Bewegungen schwirren,
Und wie sämtliche Wesen im einzeln sich hieraus entwickeln:
Scheint mir nun hiernach das Nächste, des Geistes Natur und der Seele
Dir in ein klareres Licht durch meine Gedichte zu setzen
Und dir aus deinem Gemüt kopfüber den Schrecken der Hölle
Auszutreiben, der gründlich das menschliche Leben zerrüttet,
Alles von unten befleckt mit des Todes Schwärze und nimmer
Lauter und rein uns gestattet des Lebens Lust zu genießen.

TODESANGST DER MENSCHEN

Denn wenn häufig die Leute ein sieches und ehrloses Leben
Noch viel furchtbarer nennen als Tod in des Tartarus Reiche
43 Und das Wesen des Geistes als Blut zu erkennen vermeinen
46 Oder als Luft, falls ihnen beliebt auch dies zu behaupten,
44 Und man brauche dazu nicht im mindesten unsere Weisheit:
45 All dies, wirst du bemerken, verrät mehr prahlerisch Wesen,
47 Wie du aus folgendem siehst, als wirkliche Lebensbewährung.
Denn die nämlichen Leute, sobald sie verbannt aus der Heimat,
Aus der Gesellschaft gestoßen, mit schimpflichem Makel behaftet
Und von jeglichem Kummer bedrückt sind, leben doch weiter,
Schlachten, wohin sie auch immer im Elend gelangen, den Ahnen

Schwärzliche Schafe zum Opfer und senden den seligen Toten
Weihegüsse ins Grab und wenden den Sinn in dem Unglück
Noch viel eifriger jetzt zu den religiösen Gebräuchen.
Drum empfiehlt es sich mehr, den wahren Charakter des Menschen
Zu erproben in widriger Zeit und in schweren Gefahren.
Dann erst hört man von ihnen die wirklichen Töne des Herzens
Aus der Tiefe sich ringen, es fallen die Masken: der Kern bleibt.
Endlich die blinde Begierde nach Ehrenstellen und Reichtum
Treibt die erbärmlichen Menschen, sich über die Grenzen des Rechtes
Wegzusetzen, so daß sie als Helfer und Diener der Frevel
Oft bei Tag und bei Nacht mit erheblicher Mühsal streben,
Aufzusteigen zum Gipfel der Macht; das sind Wunden des Lebens,
Die von der Angst vor dem Tode zum größeren Teile sich nähren.
Denn die bittere Not und der Schimpf der Verachtung erscheinen
Unvereinbar zumeist mit behaglichem, sicherem Dasein,
Ja, sie scheinen bereits vor den Pforten des Todes zu lauern.
Darum wollen die Leute, die eingebildete Angst treibt,
Solchen Geschicken entfliehen und weit sich von ihnen zurückziehn.
So vergießen sie Bürgerblut, um sich Geld zu erraffen,
Doppeln den Reichtum mit Gier und begehen Morde auf Morde,
Freuen sich bar des Gefühls am Trauersarge des Bruders,
Und sie betrachten mit Haß und mit Angst den Tisch der Verwandten.
Diese Angst ist nun häufig in ähnlicher Weise die Quelle
Quälenden Neides: sie klagen, dort jenen allmächtig zu sehen,
Jenen beachtet, dieweil er im Glanze der Würden einhergeht,
Während sie selber verachtet im Kot und im Dunkel sich wälzen.
Mancher auch stürzt in den Tod im Rennen nach Namen und Denkmal.

Häufig sogar faßt Ekel am Leben und Wandeln im Lichte
Just aus bebender Angst vor dem Tode die Menschen, so daß sie
Selber im Jammer des Herzens mit eigener Hand sich entleiben,
Ohne zu denken, daß grade der Angst ihr Jammer entquelle.
Angst verleugnet die Scham, bricht Bande innigster Freundschaft,
Angst verletzt die heiligste Pflicht in krasser Gemeinheit.
Haben doch oft schon die Menschen, die Acherons Schlund zu entgehen
Suchten, ihr Vaterland und die teuren Eltern verraten.
Denn wie in dunkeler Nacht die Kindlein zittern und beben
Und vor allem sich graulen, so ängstigen wir uns bisweilen
Selbst am Tage vor Dingen, die wahrlich nicht mehr sind zu fürchten,
Als was im Dunkel die Kinder befürchten und künftig erwarten.
Jene Gemütsangst nun und die lastende Geistesverfinstrung
Kann nicht der Sonnenstrahl und des Tages leuchtende Helle
Scheuchen, sondern allein der Natur grundtiefe Betrachtung.

GEIST EIN KÖRPERTEIL

Erstlich behaupt' ich, der Geist (wir nennen ihn öfter Verstand auch),
In dem unseres Lebens Beratung und Leitung den Sitz hat,
Ist nur ein Teil von dem Menschen, so gut wie die Hand und der Fuß ist
97 Oder das Auge ein Teil des ganzen lebendigen Wesens.
97a *Freilich nun haben dagegen sich einige leichthin geäußert,*
98 Geistiges Wesen sei nicht an bestimmte Organe gebunden,
Sondern als Lebenskraft in dem ganzen Körper verbreitet
(Harmonie ist das griechische Wort), die Leben uns wirke
Und Empfindung zugleich, doch an keinem besonderen Ort sei.
Spricht man ja oft ganz ähnlich von unseres Körpers Gesundheit,
Die doch gewiß nicht als einzelner Teil des Gesunden sich darstellt.

Ebenso wohne der Geist nicht in einem bestimmten Organe.
Damit scheinen sie mir gar sehr auf den Abweg geraten.
Fühlt doch Krankheit bisweilen der sichtbare Körper, indessen
Wir voll Heiterkeit sind in anderen, innern Organen.
Aber auch andererseits begegnet das Gegenteil häufig:
Krank im Gemüt strahlt mancher trotzdem in Gesundheit des Körpers.
Ebenso bleibt vielleicht, wenn der Fuß uns Schmerzen bereitet,
Währenddessen das Haupt von jeglichem Leiden verschonet.
Ferner sobald uns der Schlummer mit weicher Umarmung genaht ist,
Ausgegossen die Glieder und fühllos dumpf uns der Leib liegt,
Lebt doch in unserer Brust noch ein anderes Etwas, das vielfach
Währenddessen sich regt, das alle die heitern Gedanken
Ebenso treulich erfaßt wie des Herzens nichtige Sorgen.

AUCH DIE SEELE EIN KÖRPERTEIL

Nicht nur der Geist, auch die Seele verweilt in den Gliedern, und Fühlen
Wirkt in dem Leib nicht die Harmonie. Dies kannst du ersehen
Daraus vor Allem, daß oft trotz erheblichen Körperverlusten
Doch noch das Leben sich kann in unseren Gliedern erhalten;
Wiederum weicht es sofort aus unseren Adern und Knochen,
Wenn aus dem Körper entflohn auch nur wenige Wärmeatome
Und aus dem Munde der Odem hinaus in die Lüfte verhauchte.
Hieraus magst du erkennen, daß keineswegs alle Atome
Gleich in der Wirkung sind und gleich in der Lebenserhaltung;
Sondern daß die Elemente, die Luft und erwärmende Hitze
Schaffen, vornehmlich im Leibe für Lebenserhaltung besorgt sind.
Deshalb ist's auch die Lebensluft und die Wärme im Körper,
Die in der Stunde des Todes aus unseren Gliedern entweichen.
Also wir haben gefunden, das Wesen von Geist und von Seele
Sei wie ein Teil vom Menschen. Drum gib den Musikern wieder
Ihr Wort Harmonie, das von Helikons Höhen herabkam,
Oder woher man sonst es entlieh und auf jenen Begriff dann

Übertrug, der früher des eigenen Namens entbehrte:
Wie es auch sei, laß ihnen das Wort und höre das weitre!

GEIST UND SEELE EINE EINHEIT

Geist und Seele (behaupt' ich nun weiter) sind innig verbunden
Untereinander und bilden aus sich nur ein einziges Wesen
Doch ist von beiden der Herrscher und gleichsam das Haupt in dem ganzen
Körper die denkende Kraft, die Geist und Verstand wir benennen,
Und die nur in der Mitte der Brust den beständigen Sitz hat.
Hier rast Schrecken und Angst, hier quillt auch beruhigend nieder
Fröhlicher Heiterkeit Born. So sitzt auch Geist und Verstand hier.
Über den ganzen Körper jedoch ist die übrige Seele
Ausgebreitet. Sie regt sich gehorsam dem Winke des Geistes.
Dieser allein denkt frei, nur er fühlt eigene Freuden,
Während zur selbigen Zeit in Körper und Seele sich nichts regt.
Wie wir, sobald wir am Haupte verletzt sind oder am Auge,
Doch nicht im Ganzen des Körpers die Qual mitleidend empfinden,
Also erfährt auch bisweilen der Geist selbst schmerzliches Leiden
Oder erhebende Freude, dagegen empfindet der Seele
Übriger Teil nichts weiter in Gliedern oder Gelenken.
Wird hingegen der Geist von stärkerem Schrecken ergriffen,
Leidet das Ganze der Seele (man sieht's an den Gliedern) zugleich mit:
So bricht Angstschweiß aus, es erblaßt uns die Haut auf dem Körper,
Unsere Sprache wird lallend, die Stimme versagt und das Ohr saust,
Dunkel umflort sich das Auge, es knicken die Kniee zusammen;
Ja wir bemerken wohl oft, wie ein plötzlich Erschrecken des Geistes

Menschen zu Boden stürzt. Leicht kann da ein jeder erkennen,
Seele sei innig verbunden mit Geist. Wenn dieser die Seele
Anstößt, lenkt sie den Stoß auf den Körper und streckt ihn zu Boden.

KÖRPERLICHKEIT VON GEIST UND SEELE

Eben derselbe Beweis lehrt klar, daß ein körperlich Wesen
Geist wie Seele besitzen. Sie geben den Gliedern Bewegung,
Wecken den Körper vom Schlaf und verändern die Züge im Antlitz,
Ja man sieht, daß sie gänzlich den Menschen regieren und lenken.
Da sich nun, wie wir erkennen, nichts hiervon ohne Berührung
Kann vollziehn und Berührung nicht ohne den Körper, so muß man
Auch für den Geist und die Seele ein körperhaft Wesen behaupten.
Weiter siehst du des Geistes und Körpers gemeinsames Wirken,
Und wie sympathisch sie beide in unserem Körper empfinden.
Dringt ein schrecklich Geschoß mit Gewalt in die Knochen und Nerven,
Daß es das Innre entblößt, so verschont es vielleicht noch das Leben,
Aber es stellt sich doch Ohnmacht ein und der Drang, auf die Erde
Sachte zu gleiten, und dort entwickelt sich Wallung im Geiste
Und bisweilen ein dumpfes Gefühl, sich erheben zu wollen.
Also das Wesen des Geistes ergibt sich als körperhaft hiernach;
Denn das Geschoß wie der Schuß, die ihn schmerzen, sind körperhaft beide.

DIE ATOME DES GEISTES

Welcherlei Körper der Geist nun besitzt und aus welchen Atomen
Dieser besteht, soll weiter mein Vers dir näher erläutern.
Erstlich behaupt' ich, er sei aus den allerfeinsten und kleinsten
Urelementen gebildet. Daß dieses sich also verhalte,
Magst du aus folgendem lernen; so daß es dir völlig gewiß wird.
Nichts in der Welt scheint wohl an Geschwindigkeit irgend zu gleichen
Unserem Geist, der im selben Moment, was er denkt, auch schon anfängt.
Also bewegt sich der Geist viel schneller als irgendwas andres
Aus dem Bereiche der Dinge, die unserem Auge sind sichtbar.
Aber nun kann doch ein Ding, das so leicht sich bewegt, nur bestehen
Aus ganz kugelig runden und allerkleinsten Atomen,
Die beim leichtesten Stoß sofort in Bewegung sich setzen.
Denn auch das Wasser bewegt sich und wogt beim leisesten Anstoß,
Da es sein Dasein dankt leicht rollenden kleinen Figuren.
Andererseits hat der Honig die ungleich festere Fügung:
Zäher fließen die Tropfen und zögernder ist die Bewegung.
Denn das Gefüge des Stoffs hängt hier viel fester zusammen
Untereinander. Natürlich; es hat ja weniger glatte,
Weniger feine und auch viel weniger runde Atome.
Nimm nun die Körner des Mohns: das leiseste, schwebende Lüftchen
Läßt auch den stattlichsten Haufen von oben herunter zerrinnen;
Aber bei einem Gehäufe von Steinen oder von Ähren
Ist das unmöglich. Mithin je kleiner und glatter die Körper
Sind von Natur, um so mehr wird ihre Beweglichkeit wirksam.
Alle jedoch, die im Gegenteil recht wuchtig erscheinen,
Und nicht minder die rauhen, sind um so besser gefestigt.

Nunmehr, wo wir erkannt die Beweglichkeit äußersten Grades
Als das Wesen des Geistes, ergibt sich unweigerlich, daß er
Aus ganz winzigen, glatten und runden Atomen bestehe.
Diese Erkenntnis, mein Bester, die nun du gewonnen, sie wird sich
Dir noch in mancher Beziehung als nützlich und förderlich zeigen.

DIE ATOME DER SEELE

Auch das folgende wird dir das Wesen der Seele erläutern,
Wie so fein ihr Gewebe und wie sie mit winzigem Raume
Auskommt, falls ein Zusammenschluß sich nur irgend ermöglicht.
Nämlich sobald nur den Menschen die friedliche Ruhe des Todes
Überwältigt, sobald mit dem Geiste die Seele geschieden,
Siehst du doch keinen Verlust an der ganzen Gestaltung des Körpers
Weder nach Form noch Gewicht. Der Tod zeigt alles wie vordem,
Nur fehlt jetzt ihm das Lebensgefühl und die feurige Wärme.
Also muß doch die Seele in Adern, Geweiden und Sehnen
Nur durch die kleinsten Atome sich ganz mit dem Leibe verknüpfen.
Denn selbst wenn sie vom Körper nun ganz und gar sich getrennt hat,
Bleibt ihm doch völlig erhalten der äußere Umriß der Glieder,
Und an dem alten Gewicht fehlt auch kein einziges Quentchen.
Ähnlich verflüchtigt sich auch die Blume des Weines, und wenn sich
Lieblicher Duft in die Lüfte dem Salbölfläschchen entwindet,
Oder wenn irgendein Saft aus unserem Körper entweichet,
Ohne daß dieser nun selbst deswegen für unsere Augen
Kleiner erschien' und ohne daß irgendwas fehlt' am Gewichte.
Wunderbar ist dies nicht. Denn viele winzige Keime

Bilden den Saft und Geruch in dem ganzen Körper der Dinge.
Darum präge dir ein (ich verkünd' es dir wieder und wieder),
Daß die Natur wie den Geist so die Seele aus winzigen Keimen
Schuf, weil, wenn sie entweichen, sich nichts im Gewichte verändert.

VIER ARTEN VON SEELENATOMEN

Aber man darf sich nun doch dies Wesen zu einfach nicht denken.
Denn aus des Sterbenden Munde entweicht ein dunstiger Windhauch
Allerfeinster Natur, und der Dunst zieht wieder die Luft mit.
Wärme zudem ist immer vermischt mit jeglicher Luftart:
Denn da der Wärme Gefüge stets locker ist, müssen darinnen
Grundelemente der Luft in erheblicher Zahl sich bewegen.
So hat sich dreifach bereits das Wesen des Geistes enthüllet;
Doch dies alles genügt nicht, um Sinnesempfindung zu wecken.
Traut sich doch keins von den dreien die Fähigkeit zu, auf die Sinne
Einzuwirken, geschweige Verstandesgedanken zu wecken!

VIERTER SEELENBESTANDTEIL

Ihnen müssen wir also ein viertes Wesen gesellen;
Doch ward dieses bisher noch mit keinerlei Namen bezeichnet.
Ihm vergleicht sich wohl nichts an Beweglichkeit oder an Feinheit,
Denn nichts reicht an die Glätte und Kleinheit seiner Atome.
Dieses erzeugt in den Gliedern zuerst die Erregung der Sinne,
Da es zuerst wird gereizt infolge der Kleinheit der Keime;
Dann empfängt auch die Wärme den Stoß, und das Wirken des Windes,
Den man nicht sieht, dann die Luft, bis alles gerät in Bewegung:
Blut wallt auf, dann dringt das Gefühl auch in alle die innern
Teile, dann teilt es zuletzt auch den Knochen sich mit und dem Marke,

Sei es die Lust, sei's Glut der entgegengesetzten Empfindung.
Übrigens dringt kein Schmerz, kein heftiges Übel so leichthin
Tief bis ins Mark. Sonst würde am Ende ja alles in Aufruhr
Kommen, so daß kein Raum für das Leben mehr bliebe und alle
Stücke der Seele entwichen durch sämtliche Poren des Körpers.
Sondern zumeist hört schon an der Oberfläche des Leibes
Alle Bewegung auf. So können das Leben wir retten.

EINHEITLICHKEIT DER VIER SEELENTEILE

Nunmehr möcht' ich wohl gern dir erörtern, wie diese Vermögen
Untereinander gemischt und geordnet sind, aber den Vorsatz
Auszuführen versagt mir die Armut unserer Sprache.
Aber ich will, so gut ich's vermag, doch das Wichtigste streifen.

Siehe, da schwingen beständig die Urelemente der Dinge
Hin und her miteinander, so daß kein einziges jemals
Los sich trennen und räumlich geschiedene Wirkung entstehn kann;
Sondern die vielerlei Kräfte des Körpers wirken als Einheit.
Wie sich Geruch und Geschmack und besondere Farbe im Fleische
Aller belebten Geschöpfe der Regel nach überall findet,
Und doch allen erwächst vollkommene Einheit des Leibes,
So wird ein einziges Wesen durch Luft und Wärme gebildet
Und durch des Windes Gewalt, die nicht sichtbar ist, endlich durch jene
Leichtestbewegliche Kraft, die den andern vermittelt den Anstoß
Und so zuerst in dem Fleisch die Sinneserregung hervorruft.
Denn dies Seelenvermögen verbirgt sich als innerster Urgrund,
Und es ist nichts in unserem Leib, was tiefer versteckt sei,
Ja von der ganzen Seele ist dieses just wieder die Seele.
Gleichwie vermischt mit dem Leib in den Gliedern sowohl wie im Ganzen
Unseres Geistes Kraft und der Seele Vermögen sich bergen,

Da sie aus wenigen nur und kleinen Atomen sich bilden,
So versteckt sich auch dies aus den kleinsten Atomen erschaffne
Namenlose Vermögen, das gleichsam wieder die Seele
Bildet der Seele im Ganzen und überall herrscht in dem Körper.
Ähnlich müssen auch Wärme und Luft mit dem Winde sich mischen
Untereinander und so in den Gliedern betätigen, freilich
Eins wird mehr vor den andern hervorstehn oder zurückstehn,
Aber doch so, daß aus allem ein einheitlich Ganzes sich bildet,
Und nicht der Wind und die Wärme sich sondern vom Wirken des Lufthauchs;
Denn sonst würde die Trennung vernichten die Sinnesempfindung.

SEELENAFFEKTE

Wärme entfaltet der Geist, wenn die Flamme des Zorns in ihm lodert
Und die Glut der Empörung ihm heftiger blitzt aus den Augen,
Während zumeist der Genosse der Furcht, der erkältende Windhauch,
Schauder erregt in den Gliedern und Schüttern in allen Gelenken;
Endlich die Luft wirkt jene beruhigte Seelenverfassung,
Die sich im heiteren Blick und im Frieden des Herzens bekundet.
Doch mehr Wärme besitzen die heftigen Temperamente,
Deren erregbares Herz gar leicht im Zorne emporwallt.
So ist vor allem geartet der grimmig wütende Löwe,
Dessen Gebrüll und Gestöhn die Brust ihm droht zu zersprengen,
Da sein Herz nicht vermag die Fluten des Zornes zu fassen.
Doch in der Seele des Hirsches regiert die Kälte des Windes;
Der bringt schnell den erkältenden Hauch in dem Leibe zur Herrschaft,
Wo er ein Zittern und Beben in sämtlichen Gliedern hervorruft.
Doch in des Ochsen Natur herrscht mehr die ruhige Luft vor,

Nie erregt ihn zu stark des Zorns aufsprühende Fackel
Und verbreitet in ihm die Schatten verdüsternden Qualmes;
Doch auch die eisigen Pfeile des Schreckens bewirken kein Starrsein:
Seine Natur liegt zwischen dem grausamen Leu und dem Hirsche.
So steht's auch mit dem Menschengeschlecht. Denn wenn auch die Bildung
Einzelne gleich abschleift, so läßt sie bei jedem doch Spuren
Seiner ureignen Natur in seinem Geiste bestehen.
Niemals lassen sich Laster so ganz mit den Wurzeln entfernen:
Stets wird dieser geneigter zu heftigem Zorne sich zeigen,
Jener wird allzurasch von der Angst ergriffen, ein Dritter
Endlich läßt sich mitunter zuviel von den andern gefallen.
Auch sonst müssen sich vielfach der Menschen verschiedne Naturen
Mannigfach unterscheiden wie ihre entsprechenden Sitten;
Doch die verborgenen Gründe dafür kann jetzt ich nicht sagen,
Noch die Benennungen finden für alle die mancherlei Formen
Jener Atome, die diese Verschiedenheit geben den Dingen.
Nur dies glaub' ich dabei als sicher vertreten zu können,
Daß es nur wenige Reste des angeborenen Wesens
Gibt, die sich nicht durch Vernunft vollständig beseitigen ließen.
So steht nichts uns im Wege, ein göttliches Leben zu führen.

GEMEINSAMES LEBEN VON LEIB UND SEELE

Dies ist also das Wesen, das gänzlich vom Körper gehalten
Wieder den Körper bewahrt und der Grund ist seiner Erhaltung.
Denn durch gemeinsame Wurzeln ist Seele und Körper verbunden;
Trennung erscheint für beide nicht ohne den Untergang denkbar.
Wie es nur schwer uns gelingt den Geruch aus den Körnern des Weihrauchs

Ganz zu beseitigen, ohne sein Wesen zugleich zu vernichten,
So ist's schwierig den Geist und die Seele vom Körper zu lösen,
Ohne daß alles zusammen dadurch der Vernichtung verfiele.
Da sie von Uranfang durch die Grundelemente verwoben
Sind miteinander, so führen sie auch ein gemeinsames Leben;
Auch daß das eine der beiden, der Körper nur oder die Seele,
Ohne die Hilfe des andern empfinde, erscheint mir undenkbar.
Nein, der Empfindung Flamme wird nur durch vereinte Bewegung
Jener beiden gemeinsam in unserem Innern entzündet.
Überdies wird der Körper auch nie selbständig geschaffen,
Nimmt auch allein nie zu, noch dauert er fort nach dem Tode.
Denn es ist nicht wie beim Wasser, das häufig die Wärme verlieret,
Die es besaß, und doch nicht deshalb auch selber zerstört wird,
Sondern es bleibt wie es war. So, sag' ich, ist's nicht bei der Seele.
Ihr Abscheiden vermag der zurückgebliebene Körper
Nicht zu ertragen. Sofort zerfällt und verfaulet er gänzlich.
So vom Beginne des Lebens, verborgen im Schoße der Mutter,
Lernen Seele und Körper durch innige Wechselberührung
Sich an des Lebens Regung in solchem Maße gewöhnen,
Daß sich nicht ohne Vernichtung die Trennung der beiden vollziehn kann.
Daraus kannst du ersehn, daß ihr Wesen aufs engste verknüpft bleibt,
Da auch der Grund der Erhaltung für beide so innig verknüpft ist.

IST EMPFINDUNG NUR DER SEELE EIGEN?

Falls im übrigen jemand versucht, des Körpers Empfindung
Dadurch abzutun, daß er meint, nur unsere Seele
Fühle im Körper verbreitet den Reiz, den Sinn wir benennen,
Der bestreitet damit die offenkundigste Wahrheit.

Wer kann je uns erklären, was körperlich Fühlen bedeutet,
Wenn die Erfahrung nicht selbst Tatsachen uns liefernd belehret?
»Aber«, so heißt es, »der Leib, wenn die Seele entflohen, ist fühllos.«
Ja, denn er büßt nur ein, was im Leben nicht ganz ihm gehörte,
Und noch vieles dazu, sobald ihn das Leben verlassen.

SIEHT DAS AUGE ODER DER GEIST?

Ferner zu sagen, die Augen vermöchten nicht selber zu sehen,
Sondern der Geist nur sehe durch sie wie durch offene Türen,
Ist recht schwer; denn ihr eignes Gefühl spricht heftig dagegen:
Leitet uns doch das Gefühl und verweist auf das Sehen der Augen
Selber, zumal wir ja oft hellglänzende Dinge nicht sehen,
Weil uns das Augenlicht durch das äußere Licht wird geblendet.
Anders steht's mit den Türen. Denn wenn man sie öffnet, so trifft doch
Keinerlei Schade die Öffnung, durch die wir selber hindurchsehn.
Übrigens wenn man für Türen erklären will unsere Augen,
Müßte dann um so mehr bei herausgenommenen Augen,
Wie bei beseitigten Türen, der Geist von den Dingen erschauen.

GEGEN DEMOKRIT

Hierbei hüte dich wohl, der Ansicht Beifall zu zollen,
Die ein erhabener Geist, Demokritos, hatte begründet,
Nämlich: die Urelemente des Geistes mit denen des Körpers
Einzeln zusammengefügt abwechselnd verbänden die Glieder.
Denn die Atome der Seele sind erstens geringer an Größe
Als die, welche den Körper und dessen Inneres bilden,
Dann auch geringer an Zahl. Auch sind sie nur sparsam verteilet
Hier und da durch die Glieder, so daß sich nur dieses behaupten
Läßt: wie klein nur eben ein einzelner Körper noch sein kann,
Um die Sinneserregung in unserem Körper zu wecken,

Soviel Zwischenraum bleibt auch für die Seelenatome.
Denn wir fühlen's bisweilen auch nicht, wenn Staub an den Körper
Anfliegt, oder wenn Tünche auf unsere Glieder herabfällt,
Spüren auch nicht Nachtnebel und zarte Gewebe der Spinne,
Die auf dem Weg uns begegnen und uns beim Gehen umstricken,
Oder wenn uns ihr vermodertes Kleid auf die Haut ist gefallen,
Fühlen auch Vogelfedern und fliegende Samen der Pflanzen,
Die nur langsam meist infolge der Leichtigkeit fallen,
Ebensowenig wie irgendein Tier, das auf uns herumschleicht,
Oder die einzelnen Tritte der Mücken und andren Geschmeißes,
390 Das auf unseren Körper die kriechenden Füße gesetzt hat.
391 Also müssen zuerst gar viele der Körperatome
393 In die Bewegung geraten, bis dann die unserem Körper
392 Beigemischten Atome der Seele Erschütterung spüren
394 Und durch Stöße getrennt in bedeutenden Zwischenräumen
395 Wechselseitig verkehren durch Anprall, Einigung, Abprall.

DER GEIST LEBENSWICHTIGER ALS DIE SEELE

Und in der Tat ist der Geist der Torwart unseres Lebens
Und übt mehr als die Seele die Herrschaft über das Leben.
Denn wenn Geist und Bewußtsein entflohn, da vermag in den Gliedern
Kein Teil unserer Seele auch nur ein Momentchen zu weilen,
Sondern sie folgt als Genossin ihm bald, entweicht in die Lüfte
Und läßt unsere Glieder im Todesfroste erstarren.
Aber am Leben verbleibt, wem Geist und Bewußtsein geblieben,
Ob er auch rings an den Gliedern verstümmelt und Krüppel geworden;
Ob ihm auch Seele entzogen und rings aus den Gliedern gewichen,
Dennoch lebt er und atmet ätherischen Lebensodem;
Ja, der Seele beraubt, wenn nicht ganz, doch zum größeren Teile,
Zögert er dennoch zu sterben und hängt noch immer am Leben.
Auch das Auge behält bei Verletzungen, wenn die Pupille
Nur nicht gelitten hat, weiter die alte, lebendige Sehkraft;

Aber man darf nur nicht gänzlich den Apfel des Auges zerstören
Oder die Haut um den Stern rings lösen und ihn nur erhalten;
Denn auch dies wird dem Ganzen unzweifelhaft Untergang bringen.
Doch wenn auch nur ein winzigster Teil aus dem mittleren Stücke
Wäre zerfressen, erlösche das Licht und Finsternis folgte,
Selbst wenn der Umkreis sonst untadelig wäre erhalten.
Solch ein ewiges Bündnis verknüpft auch den Geist und die Seele.

GEIST UND SEELE SIND STERBLICH

Aber wohlan, auf daß du erkennst, daß in lebenden Wesen
Geist und flüchtige Seelen entstehen und wieder vergehen,
Will ich die Verse, die mir in der langen, erfreulichen Arbeit
Reiften, dir jetzt vortragen: sie seien des Memmius würdig!
Fasse dabei nur die beiden Begriffe in eine Bezeichnung!
Wenn ich zum Beispiel nun von der »Seele« zu sprechen beginne
Und sie als sterblich erweise, so gilt dasselbe vom Geiste,
Da dies beides nur eins und eng miteinander verknüpft ist.

KLEINHEIT DER SEELENATOME

Erstlich zeigt' ich ja schon, daß das feine Gebilde der Seele
Nur aus den kleinsten Atomen besteht, die kleiner bei weitem
Sind als die Urelemente der flüssigen Wassermaterie
Oder des Rauchs und des Nebels. Denn ihre Beweglichkeit steht ja
Weit voraus, und sie setzt sich beim leisesten Stoß in Bewegung,
Da sie doch schon von den Bildern des Rauchs und des Nebels erregt wird.
So erblicken wir oft im Schlummer, wie Dampf vom Altare
Hoch in die Lüfte sich hebt und weithin der Rauch sich verbreitet.

Denn unzweifelhaft schweben uns Bilder von dort vor den Augen.
Da du nun also siehst, wie rasch aus zersprungnen Gefäßen
Naß auseinander fließt und Wasser ins Weite entweichet,
Da sich auch ebenso Nebel und Rauch in die Lüfte verbreitet,
Glaube mir, daß auch die Seele noch schneller sich teilt auseinander
Und noch rascher vergeht und in ihre Atome sich auflöst,
Ist sie einmal den Gliedern des Menschen entflohn und entwichen.
Denn wenn der Körper bereits, der gleichsam der Seele Gefäß ist,
Nicht mehr die Seele zu halten vermag, wenn irgendein Stoß ihn
Trifft und ein Leck entsteht, so daß aus den Adern das Blut rinnt,
Wie soll dann wohl die Luft, wie du wähnst, sie zu halten vermögen,
Die doch viel weniger dicht als der Leib ist und weniger festhält?

GLEICHZEITIGES WERDEN UND VERGEHEN VON LEIB UND SEELE

Übrigens fühlen wir selbst, wie der Geist mit dem Körper zusammen
Wird und zugleich auch wächst und zugleich auch wiederum altert.
Denn wie die Kinder noch schwanken mit ihrem noch schwachen und zarten
Körper, so ist entsprechend ihr Geistesgedanke noch unfest.
Kommt dann das männliche Alter mit stärkeren Kräften zur Reife,
Wächst auch der kluge Verstand und es mehrt sich die Stärke des Geistes.
Doch wenn später den Leib in den nervigen Lebenskräften
Irgendein Stoß erschüttert, wenn stumpf und kraftlos der Körper

Sinkt, dann erlahmt uns das Denken, es faselt die Zunge, der Geist wankt.
Alles wird schadhaft, und endlich da mangelt uns alles auf einmal.
Also muß auch entsprechend das Wesen der Seele sich endlich
Ganz auflösen wie Rauch in die hohen Regionen des Luftreichs,
Da wir sie sehn mit dem Körper zugleich entstehen und wachsen
Und, wie ich zeigte, zugleich vom Alter ermattet zerfallen.

GLEICHZEITIGES LEIDEN VON LEIB UND SEELE

Fernerhin sehen wir auch, ganz ebenso wie in dem Körper
Unerträgliche Leiden und heftige Schmerzen uns treffen,
Also befällt auch den Geist Angst, Trauer und nagende Sorgen.
Und so teilt er natürlich mit jenem das Schicksal des Todes.
Ja, bei Leiden des Körpers verfällt auch der Geist oft in Irrsinn;
Denn er verliert das Bewußtsein und schwatzt wahnschaffene Dinge.
Und bisweilen verfällt er bei schwerer lethargischer Starre
Tiefem und dauerndem Schlaf: es sinkt ihm das Haupt und die Augen;
So vernimmt er die Stimme nicht mehr, er erkennt nicht die Züge
Seiner Verwandten, die um ihn stehn und ins Leben zurücke
Ihn zu rufen sich mühn, das Gesicht und die Wangen voll Tränen.
Darum mußt du gestehn, daß auch der Geist sich zersetze,
Da auch in ihn sich drängen ansteckende Krankheitskeime.
Sind doch beide, wie Krankheit so Schmerz, Vollstrecker des Todes,
Wie uns dies schon seit lange der Untergang vieler gelehrt hat.
|| Sieht man nun auch, daß der Geist wie der kranke Körper geheilt wird,
Und daß der Geist wie der Leib durch Senfteig Heilung kann finden ... ||

WIRKUNG DES WEINS

Endlich, warum nur folgt, wenn die Wirkung des Weines das Innre
Trifft und die feurige Glut sich in unseren Adern verbreitet,
Gliederschwere? Wir schwanken daher, es schlingern die Beine,
Stotternd lallet die Zunge, der Geist wird umnebelt, die Augen
Schwimmen, es hebt sich allmählich das Lärmen und Schluchzen und Zanksucht
Und was sonst noch für Folgen in ähnlicher Weise sich zeigen.
Wie ist nur all dies möglich, wenn nicht die gewaltige Wirkung,
Die von dem Wein ausgeht, in dem Leib selbst Wirrnis dem Geist bringt?
Aber was immer imstand ist, Verwirrung und Hindrung zu leiden,
Zeigt hierdurch, daß, wenn sich noch steigert die Kraft, die da einwirkt,
Alles dem Tode verfällt und künftigen Lebens beraubt ist.

WIRKUNG DER EPILEPSIE

Ja, oft stürzt urplötzlich ein Mensch wie vom Blitze getroffen,
Wenn ihn die Krankheit packt, vor unseren Augen zu Boden;
Schaum tritt ihm vor den Mund, tief stöhnt er, ihm zittern die Glieder;
Ohne Bewußtsein, die Muskeln gespannt wie gefoltert, so keucht er
Ungleichmäßig und schleudert die Glieder, bis daß er ermattet.
Weil durch der Krankheit Kraft sich die Seele zerstreut in den Gliedern,
Wird sie in Aufruhr versetzt und schäumet empor wie die Wogen,
Die in dem salzigen Meere des Sturmwinds Wüten emporpeitscht.
Ferner das Stöhnen entringt sich der Brust, weil die Glieder von Schmerzen

Werden ergriffen und dann überhaupt, weil die Stimmelemente
Ausgepreßt und im Munde geballt sind nach außen entladen,
Wo ihr Weg ist gebahnt und wo sie es gleichsam gewöhnt sind.
Ferner, Bewußtsein fehlt, weil die Kraft des Geists und der Seele
In Verwirrung gerät und weit auseinander gerissen
Durch das nämliche Gift, wie ich zeigte, vertrackt und getrennt wird.
Sind dann der Krankheit Quellen versiegt und die ätzenden Säfte,
Welche den Körper verseuchten, zurück in den Winkel gekrochen,
Dann erhebt sich der Kranke zuerst wie im Taumel, und mählich
Kehrt die Besinnung ihm wieder zurück und die volle Beseelung.
Wenn nun im Körper bereits solch Leiden die Kräfte der Seele
Zur Erschütterung bringt und erbärmlich zersplittert und abquält,
Weshalb soll sie denn ohne den Leib und frei in den Lüften
Mit den gewaltigen Winden ihr Leben zu fristen vermögen?

HEILUNG VON LEIBES- UND SEELENERKRANKUNG

Sieht man nun auch, wie der Geist aus dem Siechtum wieder genesen
Und durch ärztliche Kunst wie der Leib kann Beßrung erfahren,
Deutet auch dies nur hin auf das sterbliche Wesen der Seele.
Denn wer irgend den Geist zu verändern versucht und sich anschickt,
Oder auch irgendein anderes Ding zu verwandeln bestrebt ist,
Muß da Teile dem Ganzen hinzutun oder versetzen
Oder ein Stückchen vom Ganzen, so wenig es sein mag, hinwegtun.
Doch das Unsterbliche duldet nicht Zusatz oder Versetzung

Seiner einzelnen Teile noch Abfluß auch des Geringsten.
Denn was immer sich ändert und seine bisherigen Sitze
Wechselt, erleidet sofort die Vernichtung des früheren Zustands.
Somit verrät, wie gesagt, die Seele, sie mag nun erkranken
Oder sich bessern durch ärztliche Kunst, ihr sterbliches Wesen.
So tritt hier dem erlogenen Wahn tatsächliche Wahrheit
Augenscheinlich entgegen, versperrt ihm den Weg zum Entkommen
Und widerlegt den gefälschten Beweis durch den Zwang des Dilemmas.

ALLMÄHLICHES ABSTERBEN

Endlich sehen wir oft, wie ein Mensch allmählich davongeht
Und wie Glied um Glied das Lebensgefühl in ihm abstirbt.
Bleifarb werden zunächst an den Füßen die Nägel und Zehen,
Dann ersterben die Füße und Beine, dann zeigen allmählich
Auch die übrigen Glieder die Spuren des eisigen Todes.
Also es teilt sich des Geistes Natur, und er tritt nicht auf einmal
Voll und ganz in das Freie. So muß man für sterblich ihn halten.
Nimmst du etwa nun an, die Seele vermög' in dem Innern
Selbst sich zusammenzuziehn und an einem Punkte zu sammeln
Ihre Atome und so die Empfindung den Gliedern zu nehmen,
Müßte man diesen Vereinigungspunkt, wo riesige Massen
Seelenstoffes sich sammeln, an stärkrer Empfindung erkennen.
Doch der findet sich nirgends, was klar ist und früher bemerkt ward,
Sondern in Stücke zerrissen entfliegt sie; so geht sie denn unter.
Ja, selbst wollt' ich einmal dir die falsche Behauptung gestatten,
Daß sich die Seele im Körper vermöge zusammenzuballen,
Wenn die Sterbenden nach und nach von dem Leben sich scheiden,
Müßtest du dennoch gestehn, daß die Seele sterblicher Art ist.
Denn es ist gleich, ob sie untergeht, in die Lüfte zerstiebend
Oder gefühllos wird, sobald die Verästelung aufhört,

Da ja mehr und mehr aus dem Ganzen des Menschen Empfindung
Schwindet und weniger stets und weniger Leben zurückbleibt.

UNTRENNBARKEIT VON LEIB UND SEELE

Da nun der Geist nur ein Teil ist des Menschen und stets an derselben
Festbestimmten Stelle verbleibt wie die Augen und Ohren
Und was für andere Sinne das Leben sonst noch regieren,
Da nun ferner die Hand und das Aug' und die Nase gesondert
Oder geschieden von uns nicht Empfindung haben noch Dasein,
Sondern, wenn schon, in der kürzesten Frist in Moder zerfließen,
Also kann auch der Geist nicht ohne den Leib und den Menschen
Selbst sich des Daseins freun, da der Körper des Geistes Gefäß ist
Oder was sonst von noch engerer Form der Verbindung der beiden
Denken sich läßt; denn es hängt ja der Leib untrennbar am Geiste.
Kurz, wenn Körper und Geist zu lebendiger Wirkung sich innig
Untereinander verbinden, erfreun sie sich kräftigen Lebens.
Weder der Geist allein kann jemals ohne den Körper
Lebensregung bewirken noch kann ein entseelter Körper
Längere Zeit fortdauern und seine Sinne gebrauchen.
Gleichwie das Auge bekanntlich, sobald es den Wurzeln entrissen,
Und von dem übrigen Körper gelöst ist, nichts mehr erblicket,
So kann Geist und Seele allein nichts selber verrichten,
Wie es natürlich erscheint. Denn überall sind sie im Körper
Fest verbunden mit Fleisch, mit den Adern und Sehnen und Knochen.
Ihren Atomen ist auch, da ihr Abstand äußerst gering ist,

Freierer Sprung in die Weite versagt. Drum ist auch der Umkreis
Ihrer Sinneserregung beschränkt und, entfliehn sie im Tode
In die Luft aus dem Körper, ist keine Erregung mehr möglich;
Denn sie sind dann nicht mehr in der gleichen Weise gebunden.
Würde die Luft doch selber zum Körper und lebenden Wesen,
Könnte sie fassen die Seele und so die Erregungssphäre
Ihr umzirken, wie früher in Nerven und Leib sie sich regte.
Darum (ich sag' es noch einmal, du mußt notwendig mir glauben):
Hat sich die Hülle des Körpers gelöst und der Odem verflüchtigt,
Muß auch die Sinnesempfindung des Geistes sofort mit der Seele
Schwinden; denn enge verknüpft ist für beide die Lebensbedingung.

TRENNUNG VON LEIB UND SEELE

Da nun endlich der Körper die Trennung der Seele nicht aushält,
Ohne in Fäulnis zu fallen mit widrigem Leichengeruche,
Warum zweifelst du noch, daß die Seele den innersten Tiefen
Unseres Leibes entströmt und verfliegt wie der Rauch aus der Esse?
Und daß der Körper so völlig vermorscht und verwandelt in Trümmer
Sinkt, weil die Fundamente des Baus von der Stelle gerückt sind
Und sich die Seele durch alle die Glieder, die Windungen alle,
Die sich im Körper befinden, durch alle die Poren verflüchtigt?
So ist der Schluß wohl erlaubt, daß durch alle die Glieder des Leibes
Vielfach sich teilte der Seele Natur, noch ehe sie austrat,
Ja, daß im Körper sogar die Seele schon in sich zersetzt war,
Eh' sie nach außen entwich und hinausschwamm frei in das Luftmeer.

OHNMACHTSANFÄLLE

Selbst solange sie noch von des Lebens Schrecken umzirkt ist,
Scheint doch öfter die Seele durch irgend welche Erschüttrung
Schwankend zu werden und ganz von dem Körper sich lösen zu wollen:
Schlaff schon werden die Züge, als nahe die Todesstunde,
Und an dem blutlosen Körper ermatten und sinken die Glieder.
Solches geschieht, wenn, wie man wohl sagt, es jemandem schlecht wird
Oder die Ohnmacht naht. Da zittert man schon, und ein jeder
Sucht noch zu haschen das Ende des schwindenden Lebensfadens.
Denn es erleidet alsdann wie der Geist so die Seele im ganzen
Einen erschütternden Stoß; so schwanken sie selbst wie der Körper;
So tritt leicht die Vernichtung ein, wenn ein stärkerer Stoß trifft.

WIE SCHEIDET DIE SEELE VOM LEIBE

Endlich, was zweifelst du noch, daß die Seele hinaus aus dem Körper
Hilflos ausgestoßen, im Freien und ledig der Hülle
Nicht nur nicht dauern könne durch endlos ewige Zeiten,
Sondern nicht eine Sekunde sogar sich zu halten vermöge?

Auch hat Niemand (so scheint es) im Sterben noch selbst die Empfindung,
Daß sich die Seele als Ganzes dem ganzen Körper entringe,
Oder als steige sie erst bis zur Kehle und über den Schlund auf;
Sondern sie geht an der Stelle zugrund, die als Sitz ihr bestimmt ist,
Wie man ja auch bie den Sinnen es weiß, daß jeder verschwindet
Nur in seinem Bereich. Drum, wär' unsterblich die Seele,
Klagte sie nicht beim Sterben so sehr, nun scheiden zu müssen;
Nein, sie freute sich wohl aus der Haut wie die Schlange zu schlüpfen.

DIE BRUST SITZ DES GEISTES

Endlich warum wird nie der Verstand und die Einsicht des Geistes
Weder im Haupte erzeugt noch in Händen und Füßen, warum bleibt
Ihm nur ein einziger Sitz und begrenzter Bereich in uns allen,
Wenn nicht für jedes Organ ein bestimmter Bezirk der Entstehung
Wäre gegeben, wo jedes Erschaffne zu dauern vermöchte,
Und so vielfache Teilung für alle Gelenke entstünde,
Die bei den einzelnen Gliedern die Störung der Ordnung verhindert?
So folgt eins aus dem andern; denn nie pflegt Feuer im Wasser
Sich zu erzeugen und nie kann Eis in dem Feuer erstehen.

DIE FÜNF SINNE OHNE KÖRPER UNDENKBAR

Ferner gesetzt, es wäre die Seele nun wirklich unsterblich
Und vermöchte gesondert von unserem Körper zu fühlen,
Müßten wir ihr doch auch, wie mich dünkt, fünf Sinne gewähren.
Denn wir können ja sonst auf keinerlei Weise uns denken,
Wie da unten die Seelen am Acheron sollen verkehren.
Deshalb haben die Maler und älteren Dichtergeschlechter
Also mit Sinnen begabt uns die Seelen der Toten geschildert.
Aber das Auge, die Nase, die Hand selbst kann nicht gesondert
Nur für die Seele bestehn, noch gesondert Zunge und Ohren.
Also können auch Seelen für sich nicht bestehn und empfinden.

TEILBARKEIT DER SEELE

Wir empfinden auch stets, daß überall unsere Körper
Lebensgefühle durchströmen, und sehen, wie ganz er belebt ist.
Spaltete nun in der Mitte urplötzlich ein rascher Gewaltstreich
Unseren Körper so, daß jede der Hälften getrennt liegt,

Würde wohl sicherlich auch die seelische Kraft sich verteilen
Und mit dem Körper zugleich auseinander gerissen zerstieben.
Doch was sich spaltbar zeigt und in Teile beliebig zerlegbar,
Muß natürlich verzichten, als ewiges Wesen zu gelten.

Sichelwagen, so heißt es, bespritzt von rauchendem Mordblut
Schneiden bisweilen so überaus rasch die Glieder vom Rumpf ab,
Daß man das aus den Gelenken geschnittene Stück auf den Boden
Fallend und dort noch zappelnd erblickt, obgleich doch des Menschen
Geistige Kraft von dem Schmerz nichts spürt, da so plötzlich das Unheil
Kommt und der Geist sich zugleich in die Kampfwut gänzlich verrannt hat.
Noch mit dem Körperstumpfe begehrt er den Kampf und das Blutbad
Und er bemerkt oft nicht, daß die Räder und reißenden Sicheln
Seine Linke zugleich mit dem Schild vor die Rosse geschleudert.

Einer, der Mauern erklimmt, fühlt seiner Rechten Verlust nicht;
Aufstehn möchte ein andrer trotz abgehauenem Beine,
Während daneben sein Fuß noch sterbend zuckt mit den Zehen;
Auch wenn das Haupt von dem warmen und lebenden Rumpfe getrennt ist,
Zeigt es im Sand noch lebendigen Blick und geöffnete Augen,
Bis es die Reste der Seele hat allesamt von sich gegeben.

Ja, wenn du Lust hast, der Schlange, die naht mit züngelnder Zunge,
Drohend erhobenem Schwanz und sich langhin rollendem Leibe,
Beides, den Leib wie die Seele, durch Schwertstreich vielfach zu trennen,
Siehst du, wie alle die Stücke zerschnitten mit frischer Verwundung
Einzeln sich winden und eitriges Blut auf dem Boden zerstreuen,

Wie sie sich selbst abmüht, mit dem Maul ihr Ende zu fassen,
Um durch den Biß sich den brennenden Schmerz der Zerfleischung zu lindern.
Sollen wir demnach sagen, ein jedes der Stücke besitze
Seine Seele für sich? Dann würde sich hieraus ergeben,
Daß ein einzig Geschöpf viel Seelen im Leibe behauste.
Folglich ward nur die eine, die vordem da war, zerteilet
Mit dem Körper zugleich; drum muß man doch beide für sterblich
Halten, da Seele wie Leib gleichmäßig sich vielfach zerteilen.

GIBT ES EINE PRAEEXISTENZ DER SEELE?

Weiter, besäße die Seele unsterbliches Wesen und fände
Sie erst bei der Geburt in den Leib der Geschöpfe den Eingang,
Weshalb können wir uns nicht des früheren Lebens erinnern?
Weshalb haften bei uns nicht auch Spuren früherer Taten?
Denn wenn sich wirklich so sehr die Kraft hat der Seele geändert,
Daß ihr gänzlich entfiel das Gedächtnis an frühere Dinge,
Dann ist der Zustand, dünkt mich, vom Tod nicht beträchtlich verschieden.
Deshalb mußt du gestehen, daß jene Seele, die einst war,
Untergegangen und diese, die jetzt lebt, neu ist erschaffen.

GEGEN DEN CREATIONISMUS

Weiter, wenn erst nach Vollendung des Körpers unserer Seele
Lebenskraft für gewöhnlich in unsere Leiblichkeit eindringt
Bei dem Akt der Geburt, sobald wir die Schwelle des Lebens
Überschreiten, dann könnt' es sich nie und nimmer begeben,
Daß sie mit Leib und mit Gliedern zugleich im Blute erwüchse,
Sondern sie müßte dann wohl für sich selbst wie im Käfige leben;

Trotzdem müßte der Leib mit Empfindung völlig gefüllt sein.
Also (ich sag' es noch einmal): die Seelen sind nicht der Entstehung
Unteilhaft, wie man wähnt, noch befreit vom Gesetz der Vernichtung.
Denn sie hätten wohl nie sich so innig an unsere Körper
Anzuschmiegen vermocht, wenn von außen sie ein sich geschlichen.
Aber es liegt ja vor Augen, daß grade das Gegenteil wahr ist.
Denn in den Adern und Nerven, dem Fleisch und den Knochen ist jene
Bindung so innig, daß selbst die Zähne Empfindung besitzen,
Wie uns das Zahnweh lehrt und der Schauder vor eisigem Wasser,
Oder wenn plötzlich erknirscht ein härtlicher Stein aus dem Brote.
Da nun die Seelen so innig verwoben sind, können sie nimmer
Heil aus dem Körper entweichen und ungefährdet sich lösen
Aus dem Verbande mit allen den Nerven und Knochen und Gliedern.
Wenn du nun etwa glaubst, von außen her schlüpfe gewöhnlich
Unsere Seele hinein und ströme von hier in die Glieder:
Nun, dann muß um so mehr sie zugleich mit dem Körper vergehen.
Denn was strömt, das löst sich auch auf; so geht es auch unter;
Denn sie verteilt sich im Körper durch alle seine Kanäle.
Wie die Speise vergeht, die in alle Gelenke und Glieder
Fein sich verteilt, und aus ihr sich ein anderes Wesen entwickelt,
So wird Seele und Geist, selbst wenn sie heil in den Körper
Treten, sich doch im Zerfließen von selbst auflösen, indessen
Wie durch Kanäle hindurch sich in sämtliche Glieder verteilten
Jene Atome, aus denen sich bildet das Wesen der Seele,
Die zwar in unserem Leib jetzt herrschen wird, aber erzeugt ist
Aus *der* Seele, die bei der Geburt durch Verteilung zugrund ging.

Hieraus kann man erseh'n, daß dem Wesen nach unserer Seele
Nicht der Geburtstag fehlt noch die traurige Todesstunde.

LEBT DIE SEELE IM LEICHNAM TEILWEISE FORT?

Bleiben, so fragt man weiter, im Leichnam Reste der Seele
Oder verbleiben sie nicht? Sind wirklich solche vorhanden,
Kann man nicht wohl mit Recht Unsterblichkeit leihen der Seele;
Denn sie verließ ja den Leib durch Verlust von Teilen gemindert.
Hat sie jedoch aus den Gliedern des Leibs sich restlos geflüchtet,
Ohne daß Teile von ihr in dem Körper zurück sind geblieben,
Woher kommt's, daß die Leiche Gewürm aus dem faulenden Fleische
Ausspeit, ferner woher, daß solch ein gewaltig Gewimmel
Bein- und blutloser Maden durchströmt die geschwollenen Glieder?
Wenn du vielleicht dir denkst, daß die Seelen von außen her schlupfen
In das Gewürm und allmählich die einzelnen Körper besetzen,
Ohne dabei zu erwägen, warum viel tausende Seelen
Da, wo nur eine verschwand, sich bildeten, bleibt doch auch hierbei
Folgende Frage noch übrig und muß zur Entscheidung gelangen:
Jagen denn wirklich die Seelen den einzelnen Keimen der Würmer
Nach und erbauen sich selber aus diesen ihre Behausung?
Oder schlüpfen sie erst in die Körper, wenn fertig ihr Bau ist?
Aber man könnte nicht sagen, warum sie es tun und sich selber
Also sollten bemühen; denn da sie doch körperlos schwirren,
Sind sie ja frei von Hunger und Kälte und allerlei Krankheit.

Denn mehr leidet der Körper an diesen ihm eigenen Mängeln,
Und nur seine Berührung verschafft viel Leiden dem Geiste.
Aber gesetzt, auch den Seelen sei förderlich, wenn sie zur Wohnung
Körper sich bauen: man sieht doch den Weg nicht, wie das geschehn soll.
Also die Seelen erbauen sich niemals Körper und Glieder.
Aber sie schlüpfen auch nicht in die irgendwie fertigen Körper;
Denn dann könnten sie nicht sich so eng miteinander verbinden,
Und die Berührung würde nicht gleich zur Sinnesempfindung.

VERERBUNG GEISTIGER EIGENSCHAFTEN

Weshalb endlich ist stets bei dem grimmigen Löwengeschlechte
Wilde Gewalttat erblich, beim Fuchse die List, bei den Hirschen
Flucht von den Vätern vererbt und der Schreck, der die Glieder beflügelt?
Ähnlich die übrigen Sippen; warum nur arten sie alle
Von dem Beginn des Lebens in Gliedern und Geist dem Geschlecht nach?
Doch nur aus dem Grund, weil die besondere seelische Kraft wächst
Stets aus dem eigenen Samen und Stamm mit dem Körper zusammen.
Wäre die Seele unsterblich und wechselte öfter die Leiber,
Müßte bei allen Geschöpfen sich auch der Charakter vermischen.
Dann ergriffe wohl oft ein Hund Hyrkanischer Rasse
Vor dem Hirsche die Flucht, wenn mit seinem Geweih er ihn anrennt,
Scheu entflöhe der Falk in die Luft vor der nahenden Taube,
Tiere bekämen Vernunft und vernunftlos würden die Menschen.
Denn wenn man sagt, es verändre sich auch die unsterbliche Seele,
Wie sich der Leib umwandelt, so ist die Erklärung nicht richtig.
Denn was sich wandelt, das löst sich auch auf, geht also zugrunde.

Da sich die Teile verschieben und nicht in der Reihe verbleiben,
Müssen sie auch in den Gliedern bequem auseinander sich lösen
Können, um alle zuletzt mit dem Körper zugleich zu verscheiden.
760 Wenn sie dann aber behaupten, die Seelenwanderung gehe
Immer durch menschliche Körper, so frag' ich, weshalb wohl die klügsten
762 Geister bisweilen verdummen, warum kein Kind schon verständig
764 Und kein Füllen gelehrig schon ist wie ein kräftiger Renner?
765 Weil natürlich im zarteren Leib auch der zartere Geist wohnt',
Lautet die Ausflucht jener. Doch ist's so, mußt du der Seele
Sterbliches Wesen bejahn; denn wenn sie im Körper sich so sehr
Ändert, büßt sie doch ein das frühere Leben und Fühlen.
Und wie soll denn die geistige Kraft mit dem Körper erstarken
770 Und zur willkommenen Reife des Lebens gemeinsam erblühen,
Wenn sie nicht schon vom Lebensbeginn sein treuer Genosse?
Oder was will sie für sich, daß sie flieht aus den alternden Gliedern?
Fürchtet sie etwa verhaftet im modernden Körper zu bleiben
Und von den Trümmern verschüttet der altersschwachen Behausung
775 Unterzugehen, obwohl der Unsterblichen keine Gefahr droht?

TORHEIT DER SEELENWANDERUNGSLEHRE

Endlich, wie lächerlich ist's, sich die Seelen gerüstet zu denken,
Um bei der Paarung der Tiere und ihrer Geburt zu erscheinen!
Sollen sie warten unendlich an Zahl auf die sterblichen Glieder
Sie, die Unsterblichen? Sollen sie untereinander sich streiten
780 Um die Wette, wer allen zuvor soll haben den Zutritt?
Oder es müßten denn etwa die Seelen vertraglich beschlossen
Haben, daß, wer nur zuerst sich im Fluge genaht, auch als Erster
Dürfe hinein, wodurch sich erübrige weiterer Wettstreit.

DIE SEELE IST AN DEN LEIB ÖRTLICH GEBUNDEN

Übrigens kann in dem Himmel kein Baum, kein Gewölk in des Meeres
Tiefe sich bilden, es kann kein Fisch im Trockenen leben,
Kann kein Blut aus dem Holz, kein Saft aus den Steinen erfließen.
Fest umzirkt ist für jedes der Ort, wo es wachsen und sein darf.
So kann nie sich alleine und ohne den Körper die Seele
Ihrem Wesen nach bilden entfernt von dem Blut und den Nerven.
Könnte sie das, dann würde wohl eher die geistige Kraft sich
Sammeln im Haupte, den Schultern, sogar ganz unten im Fuße
Oder auch sonst an beliebigem Ort einwachsen, sie würde
Immer doch bleiben im selben Gefäß, das heißt, in dem Menschen.
Weil wir nun sehn, wie dieses Gesetz auch in unserem Körper
Feststeht und auch der Ort für das Sein und Wachsen gesondert
Wie für den Geist so die Seele bestimmt ist, muß man noch schärfer
Leugnen, daß außer dem Körper sie könnten entstehen und dauern.

Drum wenn der Körper zerfällt, dann geht notwendig zugleich auch
Die durch den ganzen Leib hin verbreitete Seele zunichte.
Drum wer ein sterbliches Wesen mit einem unsterblichen gattet
Und sie zu einem Gefühl und zur Wechselwirkung vereinen
Will, ist ein Narr. Was läßt sich denn auch Verschiedneres denken
Oder entgegengesetzter und weiter getrennt voneinander
Als ein sterbliches Wesen unsterblichem, ew'gem vermählet,
Um aneinandergebunden den widrigen Stürmen zu trotzen?

763 = 746

BEGRIFF DER EWIGKEIT UNVEREINBAR MIT DER SEELE

|| Ferner muß alles, was ewig besteht, Trotz bieten den Stößen,
Weil entweder sein Körper durchaus massiv und solid ist
Und nicht duldet, daß irgendein fremdes Wesen sich eindrängt,
Welches die enge Verbindung der Teile zu lockern vermöchte
(Der Art sind, wie ich früher gezeigt, die Atome des Urstoffs),
Oder es kann auch etwas in alle die Ewigkeit dauern,
Weil es kein Schlag je trifft (so steht's mit dem stofflosen Leeren,
Das kein Stoß je trifft, das unantastbar verharret),
Oder es gibt auch ein Etwas, das ringsum ohne den Raum ist,
In den sonst sich der Dinge Bestand verflüchtigt und auflöst.
So ist das ewige All; denn es dehnt sich da weder nach außen
Irgendein Raum zum Entweichen der Dinge, noch gibt es da Körper,
Die es durch kräftigen Schlag beim Hineinfall könnten zertrümmern.
Wollte man aber vielleicht die unsterbliche Seele noch retten,
Dadurch, daß man sich stützt auf die schützenden Lebenskräfte,
Weil entweder, was schadet dem Leben, sich gar nicht heranwagt
Oder weil das, was sich etwa genaht, noch bevor wir den Schaden
823 Fühlen, schon irgendwie sich nach rückwärts wendet und abprallt,
823a *Läßt sich doch nichts hieraus für das Wesen der Seele gewinnen.*

824 Spricht doch außer den Leiden des Körpers, an denen sie teilnimmt,
Auch die marternde Angst vor der Zukunft kräftig dagegen,
Welche die Seele bedrängt und durch nagende Sorgen ermattet,
Wie die Gewissensbisse ob früherer Sündenverstrickung.
Hierzu kommen noch weiter die eigentlich seelischen Leiden:
Tollheit, Gedächtnisschwund und die dunkle Woge der Schlafsucht. ||

DER TOD BERÜHRT UNS NICHT

Nichts geht also der Tod uns an, nichts kann er bedeuten,
Da ja das Wesen des Geistes nunmehr als sterblich erkannt ist.
Wie kein Leid *wir* litten in jenen vergangenen Zeiten,
Als die Punier kamen mit kampfgerüsteten Heeren,
Als von dem Lärme des Krieges erschüttert der schaudernde Erdball
Unter den hohen Gefilden des himmlischen Äthers erdröhnte,
Als es noch zweifelhaft war, an welche von beiden Nationen
Fiele das Amt, zu Wasser und Land ob der Menschheit zu herrschen,
So wird dann, wenn wir nicht mehr sind, wenn Körper und Seele
Reinlich sich schieden, die jetzt sich in uns zur Einheit verbanden,
Sicherlich uns, die wir nicht mehr sind, nichts künftig mehr treffen,
Nichts auf der Welt mehr unser Gefühl zu erregen imstand sein,
Selbst wenn das Land mit dem Meer und das Meer mit dem Himmel sich mischte.
Ja, wenn des Geistes Natur und die Kraft der Seele noch irgend
Etwas empfände, sobald sie aus unserem Körper geschieden,
Geht es uns doch nichts an. Denn wir, wir bestehn ja als Einheit
Nur durch den innigen Bund, den Körper und Seele geschlossen.
Selbst wenn die Zeit nach unserem Tod die gesamten Atome
Unseres Daseins wieder vereinigte so, wie sie jetzt sind,
Und wir das Lebenslicht zum anderen Male erblickten,
Würde auch dieses Ereignis mit nichten uns irgend berühren,
Da an das frühere Leben uns fehlte die Wiedererinnrung.
Wie es uns jetzt nicht berührt, was wir früher einmal sind gewesen:
So trifft nie uns die Angst um unser künftiges Leben.

Wenn du bedenkst, wie unendlich sich dehnt der Vergangenheit ganzer
855 Zeitraum, ferner wie mannigfach auch die Bewegung des Urstoffs
Sich gestaltet, so kannst du wohl leicht zum Glauben gelangen,
857 Daß schon früher die Keime, aus denen wir jetzo bestehen,
865 Oft in derselbigen Ordnung gestanden sind, wie sie auch jetzt stehn.
858 Doch wir können uns nimmer zurück dies rufen im Geiste,
Da sich dazwischen ergab ein Stillstand unseres Lebens
860 Und der Atomenstrom von Empfindungen gänzlich sich fern hielt.
Denn wenn es einem vielleicht in der Zukunft schlecht soll ergehen,
Müßt' er doch selbst in eigner Person, der es übel ergehn soll,
Dasein. Da nun der Tod dies aufhebt und die Person nicht
864 Existieren mehr kann, die Übel zu treffen vermöchten,
866 Lernt man daraus, daß im Tode wir nichts mehr haben zu fürchten,
Ferner daß wer nicht lebt, auch niemals elend kann werden,
Ja, daß es grade so ist, als wären wir nimmer geboren,
Wenn der unsterbliche Tod uns das sterbliche Leben genommen.

WAHNGEDANKEN ÜBER DEN TOD

870 Siehst du daher, daß ein Mensch sich entrüsten will über sich selber,
Modern zu müssen im Grab, wo der Leib nach dem Tode soll ruhen,
Oder von Flammen, ja gar von Bestien gefressen zu werden,
Glaub' mir, da klingt's nicht rein, da liegt ein verborgener Stachel
Noch in dem Herzen versteckt, so sehr es jener auch leugnet,
875 Selber an Fortempfindung im Todesfalle zu glauben;
Denn, wie mich dünkt, erfüllt er nicht recht sein Versprechen und dessen

Tieferen Grund und er kann sich nicht ganz vom Leben noch scheiden,
Sondern er läßt noch ein Restchen vom Ich auch jenseits bestehen,
Ohn' es zu merken. Denn wer als Lebend'ger einmal es sich vorstellt,
Wie im Tode den Körper die Vögel und Bestien zerfleischen,
Wird sich selber bejammern. Er kann sich von jenem nicht trennen,
Kann sich nicht recht noch scheiden von seinem leblosen Körper,
Wähnet, er sei es noch selber und leiht ihm seine Empfindung.
Drum entrüstet er sich ob seines sterblichen Ursprungs,
Ohne zu sehn, daß beim wirklichen Tod er nicht selbst noch als Fremder
Dastehn werde, um lebend den eigenen Tod zu bejammern
Und zu bedauern, ein Raub von Flammen und Tieren zu werden.
Denn wenn es schlimm ist, im Tod von dem Biß und den Kiefern der Bestien
Übel mißhandelt zu werden, so find' ich es ebenso bitter,
Auf das Feuer gelegt und in glühenden Flammen gebraten
Oder gebettet zu sein in erstickende Honigklumpen
Oder im Frost zu erstarren auf eisiger Marmorplatte
Oder von oben zerdrückt durch der Erde Gewicht sich zu fühlen.

NICHTIGE TRAUERGEDANKEN

»Nimmermehr wird dich dein Heim willkommen heißen und nimmer
Dir dein treffliches Weib und die lieblichen Kinder entgegen
Eilen mit Küssen, dein Herz mit inniger Wonne erfüllend;
Nimmermehr kannst du ein Mehrer des Ruhms und den Deinen ein Hort sein;
Ein unseliger Tag entriß ohn' alles Erbarmen
Alles dir Armen, was einst dein Leben so herrlich beglückte.«

Also klagt man, doch fügt man nicht zu: »Und du selber, du bist jetzt
Aller Sehnsucht ledig nach all dergleichen Genüssen.«
Sähen sie dies recht ein im Gemüt und liehen ihm Worte,
Könnten sie leicht ihr Herz von gewaltigen Ängsten erleichtern:
»*Du* wirst so, wie du jetzt im Tode entschlummert, auch künftig
Ruhen, erlöst von allen dich kränkenden Schmerzen und Nöten;
Doch *wir* standen dabei, als du auf dem schaurigen Holzstoß
Wurdest zu Asche verbrannt. Wir beweinten dich bitterlich; nie wird
Kommen der Tag, der den ewigen Gram aus den Herzen uns nähme.«
Hier nun darf man wohl fragen: »Was ist denn so Bittres geschehen?
Wenn doch die Sache auf Schlaf und auf ewige Ruhe hinausläuft,
Warum soll sich denn jemand in ewiger Trauer verzehren?«
Öfter begegnet es auch, daß sich Leute beim Mahle beklagen,
Wenn sie, von Kränzen umschattet die Stirn, die Pokale erheben,
Recht so aus Herzensgrund: »Wie kurz, ach, dauert uns Menschlein
Dieser Genuß! Bald ist er dahin; nie kehrt er uns wieder.«
Gleichsam als ob in dem Tod dies wäre das gräßlichste Unglück,
Daß austrocknender Durst die Verstorbenen brenne und dörre
Oder nach andern Genüssen noch stehe ihr heißes Begehren.
Aber wenn Seele und Leib gleichmäßig im Schlummer sich ausruhn,
Dann sorgt wahrlich doch niemand um seine Person und sein Leben.
Denn wir wären's zufrieden, auch ewig so weiter zu schlummern,
Und persönliche Wünsche berühren uns nimmer im Schlafe;
Und doch halten sich dann die Atome in unseren Gliedern

Noch durchaus nicht so weit entfernt von Erregung der Sinne;
Kann ja der Mensch doch von selbst, aus dem Schlummer erwacht, sich ermannen!
Also berührt uns der Tod weit weniger noch als wir glauben,
Wenn es ein Weniger gibt als das, was offenbar Nichts ist;
Denn es folgt auf den Tod stets größre Verwirrung des Stoffes
Und Zerstreuung. Noch nie ist Jemand wieder erstanden,
Hat ihn erst einmal umfangen des Lebens eisiges Ende.

DIE STIMME DER NATUR

Wenn die Natur nun plötzlich erhöbe die Stimme und zornig
Also in eigner Person zu einem der unsrigen spräche:
»Sterblicher, sage, was ist dir? Was gibst du so über die Maßen
Kläglichem Trauern dich hin? Was beklagst und beweinst du das Sterben?
War dir dein Leben erfreulich, das hinter dir liegt und vollendet,
Sind dir alle Genüsse nicht etwa kläglich zerronnen
Wie durch ein leckes Gefäß und ohne Genuß dir entschwunden,
Warum scheidest du nicht als gesättigter Gast von des Lebens
Tafel, du Tor, und genießest die sichere Ruhe mit Gleichmut?
Sind hingegen die Quellen der Freude dir gänzlich zerflossen,
Ist dir das Leben zum Ekel, was willst du denn weiter hinzutun,
Was doch wieder verschwindet und ohne Genuß dir zerrinnet?
Warum machst du nicht lieber ein Ende der Qual und dem Leben?
Denn was könnt' ich noch weiter ersinnen dir oder erfinden,
Was dich zu freuen vermöchte? Es bleibt ja doch immer beim Alten.
Auch wenn die Jahre noch nicht dir den Körper völlig entnervten
Oder die Glieder dir lähmten, so bleibt doch alles wie vorher,
Magst du auch alle Geschlechter an Lebensdauer besiegen,
Ja, selbst wenn du für immer dem Tod zu entfliehen vermöchtest.«
Was entgegnen wir denn der Natur? Doch wohl, daß mit Recht sie

951 Uns vor Gericht hat gezogen und nur die Wahrheit gesprochen.
955 Wenn nun vollends ein alter, gebrechlicher Greis sich beklagte
952 Und zu kläglich begänne den nahenden Tod zu bejammern,
Müßte sie da nicht noch lauter und schärfer die Schelte erheben?
954 »Weg mit den Tränen, du Narr, und laß dein Klagen und Jammern!
956 Alles, was schön ist im Leben, das hattest du: nun bist du fertig;
Doch weil du immer verschmähst, was du hast, und begehrst, was du nicht hast,
So entschwand dir dein Leben in unerfreulicher Halbheit,
Bis sich der Tod urplötzlich zu Häupten dir stellte, bevor du
960 Scheiden konntest gesättigt und voll von den Gütern des Lebens.
Jetzt laß alles im Stich, was sich nicht mehr schickt für dein Alter,
Mach' den Klügeren Platz, schnell! ohne zu murren: es muß sein!«
Klagte nun so die Natur, sie hätte ein Recht so zu schelten.
Wird doch das Alte beständig verdrängt von dem Neuen: es muß ihm
965 Weichen und immer sich eins aus dem anderen wieder ergänzen.
Niemand kann in dem Schlund und des Tartarus Dunkel versinken;
Denn man bedarf ja des Stoffs zur Bildung der nächsten Geschlechter,
Die dir alle jedoch einst folgen werden am Ende:
Vor dir nicht minder wie nach dir verfallen sie alle dem Tode.
970 So wird unaufhörlich das eine entstehn aus dem andern,
Keinem gehört ja das Leben zum Eigentum, allen zur Nutzung.
Blick nur zurück! Was können für uns die vergangenen Jahre
Jener unendlichen Zeit vor unsrer Geburt noch bedeuten!
Dies ist also der Spiegel, den uns die Natur von der Zukunft
975 Vorhält, welche dereinst wird sein nach unserem Tode.
Ist das ein Schreckensbild? Erscheint da was Düsteres? Oder
Ist man nicht besser im Tod als im ruhigsten Schlafe gesichert?

DEUTUNG DER UNTERWELTSFABELN

Nun erst die Fabelgestalten, die da in des Acheron Tiefen
Hausen! Du findest natürlich sie alle in unserem Leben:
Tantalus braucht nicht zu fürchten den über ihm schwebenden Felsblock
Hoch in der Luft, wie man fabelt (der Schrecken des Armen ist nichtig),
Sondern die grundlose Angst vor den Göttern bedrücket die Menschheit
Während des Lebens schon jetzt und die Furcht vor den Tücken des Zufalls.
Auch in des Tityos Leib, der am Strande des Acheron daliegt,
Wühlen nicht Geier; sie können in Ewigkeit sicherlich nimmer
Etwas entdecken, was unter der mächtigen Brust sie erwühlen.
Wenn auch sein Riesenkörper unendlich an Größe sich dehnte,
Daß er nicht nur neun Jucherte bloß das Gelände bedeckte,
Sondern den Erdkreis ganz mit der Spanne der Glieder umfaßte,
Trotzdem könnte er nimmer die ewigen Qualen erdulden
Oder vom eigenen Fleisch stets Nahrung den Vögeln gewähren.
Aber der Tityos lebt ja in uns: wer in Liebe verstrickt ist,
Wem die quälende Angst, wem andre Begierden und Sorgen
Ständig verzehren das Herz, die alle zerreißen die Geier.
Auch das Sisyphos Bild steht uns aus dem Leben vor Augen:
Der vom Volke die Beile und Rutenbündel erbettelt
Und nach dem Wahldurchfall stets traurig vom Markte zurückkommt.
Denn nach der Herrschaft streben (ein eitel, unmöglich Begehren)
Und in dem Streben danach stets härteste Mühen erdulden,
Das heißt aufwärts stets anstemmend den Felsblock wälzen,
Der von dem obersten Gipfel doch wieder und wieder herabrollt
Und mit beflügelter Hast sich hinab in die Ebene stürzet.
Weiter: im Herzen beständig ein undankbares Gemüte
Hegen und nie sich an Gütern ersättigen oder genugtun,

Was uns die Zeiten des Jahres bescheren im wechselnden Kreislauf,
Wenn sie uns Frucht darbieten und mancherlei andere Gaben,
Ohne daß je wir genug von des Lebens Früchten bekämen –
Dies heißt meines Bedünkens das Naß in durchlöcherten Eimer
Schütten, den trotz der Bemühung man niemals zu füllen imstand ist,
Wie dies Fabeln berichten von Danaos' blühenden Töchtern.
Nun gar Cerberus erst und die Furien, endlich der dunkle
Tartarus, der entsetzlichen Qualm aus dem Schlunde herausstößt,
All dies gibt es ja nicht und kann es auch wirklich nicht geben.
Aber im Leben schon folgt auf gräßliche Taten des Frevels
Gräßliche Angst vor den Strafen: der Kerker, als Sühne der Schandtat,
Oder der schaurige Sturz von den Felsen hinab in die Tiefe,
Henker und Geißel, der Block, Pech, Fackeln, glühendes Eisen!
Selbst wenn die Strafe nicht folgt, so stachelt das Sündenbewußtsein,
Das sie ahnt, das Gemüt und peitscht es mit brennenden Hieben.
Und doch sieht es nicht ab, wie ein Ende soll werden der Übel
Oder wie endlich sich schließe der Kreis der drohenden Strafen;
Ja, es befürchtet sogar noch ihre Verschlimmrung im Tode.
So wird schließlich schon hier zur Hölle das Leben der Toren.

KEIN HEROS ENTRANN DEM TODE

Nimm auch das folgende Wort bisweilen dir ernstlich zu Herzen:
»Auch der vortreffliche Ancus hat einst sein Auge geschlossen,
Der doch in vielem ein besserer Mann als du Arger gewesen;
Nach ihm sind noch viele der Fürsten und Herrscher gestorben,
Welche vor Zeiten die Reiche gewaltiger Völker regierten.
Selbst der Perser, der über die See einst bahnte die Straße,
Der Legionen geführt durch die wogenden Fluten des Meeres,
Der sein Fußvolk lehrte das salzige Naß zu beschreiten

Und es mit Rossen durchstampfte den brausenden Wogen zum Trotze,
Auch er schied aus dem Lichte und hauchte den Odem im Tod aus.
Scipios Sprosse, der Blitz in der Schlacht, der Schrecken Karthagos,
Gab die Gebeine der Erde, als wär' er der niedrigste Diener!
Füge hinzu noch die Schöpfer der Wissenschaften und Künste
Und die Genossen der Musen, von denen Homer sich den Szepter
Einzig errang: auch er ruht schlummernd im Grab wie die andern!
Endlich wie ging's Demokrit? Als ihn die Gebrechen des Alters
Mahnten, daß matter nun werde des regen Gedächtnisses Pulsschlag,
Trug er von selbst sein Haupt freiwillig dem Tode entgegen.
Selbst Epikuros verschied, als des Lebens Fackel sich senkte,
Er, der mit seinem Genie das Menschengeschlecht überstrahlte
Wie die erwachende Sonne am Himmel das Sternengeflimmer.
Und du wolltest noch murren und heimzugehn dich bedenken?
Du, der lebendigen Leibes und sehenden Auges schon tot ist,
Der im Schlafe verbringt die größere Hälfte des Lebens,
Der selbst wachend noch schnarcht und Träume zu spinnen nicht aufhört,
Der sich beständig den Geist mit den nichtigsten Ängsten erreget,
Der auch häufig nicht weiß, was ihm fehlt, der in trunkenem Taumel
Elend sich überallher von tausend Sorgen bedrückt fühlt
Und unsicheren Schrittes im Irrsinn schweifend umherschwankt?

ERKENNTNIS DES IRRTUMS BRINGT HEILUNG

Könnten die Menschen sich doch, wie sie selbst die Last auf der Seele
Scheinen zu fühlen, die schwer sie bedrückt und gänzlich ermattet,
Über den Grund der Belastung zur Klarheit kommen, woher nur
Soviel Leids wie ein Stein auf der Brust sich bei ihnen gelagert:
Anders führten ihr Leben sie dann, als jetzt man es meistens
Sieht. Was er eigentlich will, weiß Niemand so recht, und so sucht er
Immer die Stelle zu wechseln, als könnt' er sich dadurch entlasten.
Oft eilt jener hinaus aus seinem geräumigen Hause,
Dem sein Heim ist verleidet. Doch plötzlich wendet er heimwärts,
Da er gemerkt, auf den Straßen ist's auch nicht besser als drinnen.
Dann kutschiert er in sausendem Trab mit den Ponys zum Landgut,
Wie wenn es gälte sein brennendes Dach vor dem Feuer zu retten.
Kaum ist die Schwelle der Villa erreicht, gleich fällt er ins Gähnen
Oder in Schlaf. So sucht er bedrückt sich selbst zu vergessen;
Oder er wendet zurück und sucht stracks wieder die Stadt auf.
So will jeder sich selber entfliehn. Doch, wie es zu gehn pflegt,
Sich entrinnt er gewiß nicht. Unwillig stockt er und wird nun
Ärgerlich, weil er als Kranker der Krankheit Grund nicht erkannt hat.
Sähe er ihn, dann würde wohl jeder das übrige lassen
Und versuchen zuerst die Natur recht kennen zu lernen;
Denn hier handelt sich's nicht um den Zustand einiger Stunden,
Sondern der Ewigkeiten, in dem sich der Sterblichen Dasein
Abspielt, das nach dem Tode uns bleibt und jeden erwartet.

VERWERFLICHE LEBENSGIER

Endlich die Gier nach dem Leben! Wie maßlos beherrscht sie und zwingt uns,
Stets in Gefahren und Zweifeln mit Zittern und Zagen zu leben!
Sicher, ein Ende des Lebens erwartet uns Sterbliche alle,
Flucht vor dem Tod ist nicht möglich, es rettet uns nichts vor dem Sterben.
Außerdem drehn wir uns stets und verharren im selbigen Kreise;
Und kein neues Vergnügen ersprießt aus der Lebensverlängrung,
Sondern, so lange uns fehlt, was wir wünschen, erscheint uns just dieses
Besser als alles, und haben wir dies, dann wünschen wir andres.
Also lechzen wir stets, nie stillt sich der Durst nach dem Leben.
Auch welch' Los uns die Zukunft bringt, was der Zufall uns zuwirft,
Was uns erwartet am Schluß: dies alles muß zweifelhaft scheinen.
Mag man das Leben verlängern, vom Zeitraum unseres Todes
Rauben wir keine Sekunde. Wir können ja niemals bewirken,
Daß wir geringere Zeit in dem Reiche des Todes verweilen.
Könnten wir also das Leben selbst auf Jahrhunderte dehnen,
Ewig würde doch währen der Tod, und für jenen, der heute
Schied aus dem Tageslicht, wird das Nichtsein kürzer nicht dauern
Als für den, der schon Monde zuvor und Jahre verstorben.

VIERTES BUCH

DICHTERBEKENNTNIS

Unwegsame, von Niemand betretene Musengefilde
Will ich durchwandern. Da freut's, jungfräuliche Quellen zu finden,
Draus ich schöpfe, da freut's, frischsprießende Blumen zu pflücken,
Um sie zum herrlichen Kranz um das Haupt mir zu winden, wie solchen
Keinem der Früheren je um die Schläfen gewunden die Musen.
Denn mein Gesang gilt erstlich erhabenen Dingen: ich strebe,
Weiter den Geist aus den Banden der Religion zu befreien.
Ferner erleuchtet mein Dichten die Dunkelheit dieses Gebietes
Hell, weil über das Ganze der Zauber der Musen sich breitet.
Denn auch der Versschmuck wurde mit vollem Bedachte gewählet.
Wie, wenn die Ärzte den Kindern die widrigen Wermutstropfen
Reichen, sie erst ringsum die Ränder des Bechers bestreichen
Mit süßschmeckendem Seime des goldigfarbenen Honigs,
Um die Jugend des Kindes, die ahnungslose, zu täuschen:
Während die Lippen ihn kosten, verschluckt es indessen den bittern
Wermutstropfen. So wird es getäuscht wohl, doch nicht betrogen,
Da es vielmehr nur so sich erholt und Genesung ermöglicht.
So nun wollt' ich auch selber, weil unsere Lehre den Meisten,

IV 1–25 = I 926–950. Das Proömium gehörte ursprünglich dem als drittes Buch gedachten vierten an. Dann, als dieses an seine jetzige Stelle gesetzt wurde, ward 26–44 als Dublette zu 45–53 gedichtet, um das jetzt vierte Buch an das vorgeschobene jetzt dritte Buch anzuknüpfen. Dagegen hatte 45 ff. die Aufgabe, das alte dritte Buch mit dem zweiten zu verknüpfen.

Die noch nie sie gehört, zu trocken erscheint und der Pöbel
Schaudernd von ihr sich kehrt, mit der Dichtung süßestem Wohlklang
Unsere Philosophie dir künden und faßlich erläutern
Und sie gleichsam versüßen mit lieblichem Honig der Musen,
Ob es mir so wohl gelingt, dein Denken bei unseren Versen
Solang fesseln zu können, bis endlich die ganze Natur sich
Deinen Sinnen erschließt und ihr Nutzen sich fühlbar gemacht hat.

INHALT DES IV. BUCHES, SPÄTERE FASSUNG

Und nachdem ich des Geistes Natur und sein Wesen geschildert
Und aus welcherlei Stoff er zusammengefügt mit dem Körper
Wirkt und von diesem getrennt in die Urelemente zurückkehrt,
Will ich dir jetzo die Lehre beginnen, die eng sich daranschließt,
Über die Bilder der Dinge: so nennen wir diese Gebilde,
Die von der Oberfläche der Körper wie Häutchen sich schälen
Und bald hierhin bald dorthin umher in den Lüften sich treiben.
Dies sind dieselben Gebilde, die nachts im Traum wie im Wachen
Uns begegnen und schrecken. Da sehen wir öfter Gestalten
Wunderlich anzuschauen und Bilder dem Lichte Entrückter,
Die aus dem festesten Schlummer empor mit Entsetzen uns wecken.
Aber man bilde nicht etwa sich ein, die Seelen der Toten
Könnten dem Orcus entfliehn und als Schattengespenster umflattern
Uns Lebendige, oder es bliebe von uns noch was übrig
Nach dem Tod, wenn der Körper zugleich und die Seele geschieden
Und sich ein jedes von ihnen in seine Atome getrennt hat.
Also, behaupt' ich, es senden die Oberflächen der Dinge
Stets Abbilder der Dinge hinaus und dünne Figuren,
Was selbst der wohl begreift, deß Geisteskräfte nur stumpf sind.

DASSELBE, ÄLTERE FASSUNG

Aber nachdem ich gelehrt, wie beschaffen die Urelemente
Sämtlicher Dinge und wie sie verschieden durch mancherlei Formen
Eigenem Triebe gehorchend in ew'ger Bewegung sich tummeln
Und wie hieraus sich alles im einzelnen könne gestalten,
Will ich dir jetzo die Lehre beginnen, die eng sich daranschließt,
Über die Bilder der Dinge: so nennen wir diese Gebilde,
Die man als Häutchen und Rinde am füglichsten könnte bezeichnen,
Weil an Gestalt und an Form solch Abbild ähnelt dem Körper
Aus dem dieses erfließt, wie man sagt, und ins Weite davonfliegt.

BILDERLEHRE

Erstens entsenden die Dinge gar oft, wie der Augenschein lehret,
Körper, die teils zerfließen und so sich im Raume verbreiten,
Wie sich der Rauch aus dem Holze, die Glut aus dem Feuer entwickelt,
Teils auch mehr sich verdichten und fester verweben, wie manchmal
Ihrem Puppengewand die Zikaden im Sommer entschlüpfen
Und wie das Kalb beim Akt der Geburt sich löst von der Harnhaut,
Oder auch so wie sich ähnlich die schlüpfrige Schlange am Dornstrauch
Ihrer Hülle entledigt. So sehen wir öfter an Hecken
Prangen von Schlangenleibern die flatternden Siegestrophäen.
Steht nun dies so fest, so kann auch ein dünneres Abbild
Aus den Dingen entsteigen der Oberfläche der Körper.
Denn was wäre der Grund, daß solcherlei Hüllen sich eher
Sondern als dünnere Häutchen? Dafür fehlt jede Erklärung.
Namentlich finden sich doch auf der äußeren Fläche der Körper
Viele Atome, die just in der früheren Ordnung verbleiben

Und sich die Form und Gestalt, sobald sie sich sondern, bewahren.
Und das geschieht um so schneller, je weniger Hinderung eintritt,
Wo nur wenige sind in der vordersten Linie gelagert.
Denn wir sehen ja deutlich, wieviel da sprudelt und aufschießt
Nicht nur vom Innersten her aus der Tiefe, wie früher gesagt ward,
Sondern vom Äußeren auch, wie sogar die Farbe sich ablöst.
Überall kommt dies vor bei den gelblichen, roten und blauen
Segeln, die über die weiten Theatergebäude verbreiten
Mittelst der Masten und Sparren die flimmernden Wogen der Farbe.
Denn sie durchfluten die Sitze dort unten, das Ganze der Bühne,
Wie auch den stattlichen Kreis der Herren und Damen im Festschmuck:
All dies zwingen sie so in gefärbtem Licht zu erstrahlen.
Und je enger die Mauern den Raum des Theaters umzirken,
Um so wärmerer Reiz durchströmet das Innere; alles
Glänzt im selbigen Ton, da die Tageshelle gedämpft ist.
Wie von der Oberfläche die linnenen Segel die Farbe
Senden, so muß es auch sonst dünnhäutige Bilder von allem
Geben, da hier wie dort die oberste Schicht sich verflüchtigt.
Damit haben wir jetzt ganz sichere Spuren der Formen,
Die aus dem feinsten Gespinste bestehend wohl allerwärts fliegen,
Die wir jedoch nicht einzeln, sobald sie sich lösen, erblicken.
Jeder Geruch, Rauch, Glut und andere ähnliche Dinge
Quellen zudem nur vereinzelt hervor aus der Mitte der Stoffe,
Weil sie im Innern erzeugt beim Weg aus der Tiefe sich spalten
Wegen der Krümmung der Bahn und weil auch die Öffnung nicht grade,
Wo sie nach ihrer Entstehung den Ausgang suchen, hinausführt.
Wird hingegen ein Häutchen der oberflächlichen Farbe

Abgeschleudert, so kann, so dünn es ist, nichts es zerreißen;
Denn dies steht schon bereit und lagert in vorderster Reihe.

SPIEGELBILDER

Endlich nun alle die Bilder, die sei es im Spiegel, im Wasser
Oder auch sonst auf glänzendem Stoff uns erscheinen, sie müssen,
Da sie den wirklichen Dingen im Aussehn völlig entsprechen,
Aus den Bildern bestehen, die jenen Dingen entströmen.
Also es gibt in der Tat dünnhäutige Formen der Dinge
Und entsprechende Bilder, die niemand einzeln erblicken
Kann, die trotzdem aber bei häufigem, dauerndem Anprall
Sichtbar werden, sobald sie die spiegelnde Fläche zurückwirft.
Auch vermöchten sie wohl auf keinerlei andere Weise
So sich erhalten, daß immer das Abbild gliche dem Urbild.

DÜNNHEIT DER BILDFILME

Laß dir nun jetzt verkünden, wie dünn die Beschaffenheit sein muß
Solchen Bildes. Vor allem beherzige, daß die Atome
Soweit unter der Schwelle der Sinnesempfindung und soviel
Kleiner noch sind als alles, was eben das Auge noch sehn kann.
Nun hör' einige Worte, die dir es bestätigen sollen,
Wie gar fein sind gebildet die sämtlichen Urelemente.

KLEINSTE TIERCHEN. DUFTATOME

Da gibts erstlich schon Tierchen von solch verschwindender Kleinheit,
Daß man ein Drittel von ihnen auf keinerlei Weise mehr sehn kann.
Wie klein muß nun erst jeder der inneren Teile erscheinen?
Wie ihr rundliches Herz? Und die Augen, die Glieder, Gelenke?

102.103 = 65.66

120 Ach, wie winzig sind diese! Nun gar die Atome im einzeln,
Welche den Geist und die Seele dem Wesen nach müssen begründen,
Siehst du nicht, wie dies alles so klein und so fein ist zu denken?
Alles nun außerdem, was scharfen Geruch von sich aushaucht,
So wie die Allheilwurzel, der widrig riechende Wermut,
125 Ferner des Enzians Herbe, der Stabwurz scharfes Gedüfte.
126 Rührst du bei diesen Gewächsen auch nur an ein einziges Blättlein
126a *Mit zwei Fingern, dann wird dir der Duft noch lange verbleiben fehlt ein Blatt.)*

* * *

127 Ja, du erkennst vielmehr, daß vielerlei Bilder der Dinge
Vielfach umher sich tummeln, doch sind sie unfühlbar und kraftlos.

WOLKENÄHNLICHE ORIGINALFILME AUS URATOMEN

Aber damit du nicht wähnst, nur die aus den Dingen sich lösen,
130 Seien die einzigen Bilder der Dinge, die so uns umschwärmen,
Siehe, da gibt's noch die andere Art selbständigen Ursprungs,
132 Die an dem Himmel entsteht, in dem Luftkreis, wie wir ihn nennen.
135 Mannigfach sind die Bilder geformt, die droben sich regen.
133 So erblicken wir oft, wie leicht sich die Wolken im Luftraum
134 Ballen und Finsternis bringend der Welt die Heiterkeit rauben,
136 Wenn sie in stürmischem Sausen das Luftmeer peitschen. Da sehen
Oft wir als Riesen sie fliegen und weithin werfen den Schatten,
Oft als gewaltige Berge und abgerissene Blöcke
Bald vor die Sonne sich schieben, bald neben ihr her sich verziehen;
140 Sehn sie auch anderes Regengewölk als Schäfchen herbeiziehn.
Doch im Zerfließen verändern sie unaufhörlich ihr Aussehn
Und verwandeln sich so in beliebig umrissene Formen.

BESTÄNDIGER ZU- UND ABFLUSS DER BILDERFILME

Doch jetzt höre, wie leicht und wie rasch sich die Bilder entwickeln
Und wie beständig ihr Strom von den Dingen her fließt und sich ablöst,
Daß du nicht etwa beginnst an unserer Lehre zu zweifeln.
Immer ist reichlicher Stoff an der Oberfläche der Dinge,
Den sie entsenden können, vorhanden. Und trifft er auf andre
Dinge, so geht er hindurch, wie durch Schleier; doch trifft er auf Rauhes,
Etwa auf Felsstein oder auf Holz: dann spaltet der Strom sich,
Und so kann sich dabei kein richtiges Abbild ergeben;
Stellt sich jedoch ein glänzender Stoff, der dicht ist, entgegen,
Wie man besonders beim Spiegel es sieht, dann zeigt sich was andres:
Weder vermögen die Bilder hindurchzugehn wie durch Schleier
Noch sich zu spalten; denn davor bewahrt sie die Glätte der Fläche.
So kommt's, daß uns der Spiegel die Bilder in Fülle zurückwirft.
Stellst du auch jeden Moment ein andres beliebiges Ding hin,
Immer erscheint dir sogleich auf der spiegelnden Fläche das Abbild.
So erkennst du, daß ständig ein Strom von dünnen Geweben
Und von dünnen Figuren der Oberfläche entquelle;
Also entstehn in kürzester Frist so zahllose Bilder,
Daß man wohl hier von schneller Geburt zu sprechen ein Recht hat.
Und wie in kürzester Frist die Sonne unzählige Strahlen
Ausschickt, daß sich beständig die Welt mit dem Lichte erfülle,
Also müssen der Bilder unzählige ähnlich sich lösen
Von den verschiedensten Dingen und in der verschiedensten Weise
Und nach jeglicher Richtung in einem Moment sich bewegen.
Stellen wir nämlich den Spiegel beliebigen Räumen entgegen,
Wirft er die Dinge zurück mit ähnlichen Formen und Farben.

|| Ferner, wenn eben noch herrschte die heiterste Himmelsbläue,
Bricht oft plötzlich herein so scheußlich stürmisches Wetter,
Daß man vermeint, aus dem Acheron sei die Finsternis alle
Aufgestiegen und fülle die riesigen Himmelsgewölbe.
So schlimm droht uns von oben ein schwärzliches Schreckensgesichte,
Wenn sich des Regengewölks abscheuliche Nacht hat erhoben.
Welch ein winziger Teil nun von diesen Dingen das Bild sei,
Das kann niemand uns sagen noch auch mit Zahlen erklären. ||

SCHNELLIGKEIT DES BILDERSTROMS

Wie nun die Bilder sich ferner mit großer Geschwindigkeit regen,
Welche Beweglichkeit ihnen, indem sie die Lüfte durchschwimmen,
Zukommt, daß sie im Nu die weitesten Strecken durchmessen,
Jedes, wohin ein verschiedener Trieb es gerade mag lenken,
Dies will ich jetzt nicht in vielen, doch lieblichen Versen dir künden;
Kurz ist der Schwanengesang, doch er klingt weit besser als jenes
Kranichgeschrei, das den Äther erfüllt, aus den Wolken des Südwinds.
Erstens sieht man, daß leichte, aus kleinen Atomen geschaffne
Körper sich trotzdem öfter mit großer Geschwindigkeit regen.
Dazu zählt man vor allem das Licht und die Wärme der Sonne,
Da sie ja beide bestehn aus den winzigsten Urelementen,
Die wie mit Hämmern geschlagen vom folgenden Stoße getrieben
Ohne Verweilen die Luft, die dazwischen ist, eilends durchsausen.
Strahl auf Strahl ersetzt sich sofort und es wird, wie am Leitseil

* Dieser verstellte Teil 168–175 schloß vielleicht an Vers 142 an.

Ochse auf Ochse sich reiht, so der Blitz vom Blitze gestachelt.
Deshalb müssen auf ähnliche Art auch die Bilder imstand sein,
Unaussprechbare Räume in einem Moment zu durchfliegen,
Erstens, weil ununterbrochen von hinten ein freilich nur kleiner
Antrieb stets die Bilder nach vorne hin stößt und sie vortreibt,
Wo sie zudem sich so rasch mit beflügelter Leichtigkeit tummeln
Können, sodann weil im Fliegen ihr überaus zartes Gewebe
Leicht sich zu drängen vermag durch alle beliebigen Dinge
Und durch die Räume der Luft, die dazwischen sind, gleichsam zu fließen.
Sieht man doch auch Stoffkörperchen, die aus der innersten Tiefe
Rasch nach außen hin dringen, wie Licht und Wärme der Sonne
Augenblicklich, sobald sie entbunden sind, über den ganzen
Himmelsraum sich ergießen und über die Länder und Meere
Fliegen und so mit Strömen des Lichts den Himmel erfüllen.
Wie nun vollends die Bilder, die schon in der vordersten Reihe
Stehen zur Trennung bereit und durch nichts sind behindert beim Ausflug?
Siehst du nicht, wie viel schneller und weiter sie müssen die Bahnen
Ziehn und wie vielfach größer der Raum ist, den sie durchfliegen,
Als in derselbigen Zeit die Sonnenstrahlen den Himmel?
Auch dies scheint mir vor allem ein wahrer Erweis der Erkenntnis,
Welche geschwinde Bewegung die Bilder der Dinge entwickeln:
Stellst du ins Freie zur Nacht ein Gefäß mit spiegelndem Wasser,
Siehst du, sobald nur am Himmel die heiteren Sterne erglänzen,
Wie die Gestirne der Welt in dem Wasser sich allsobald spiegeln.
Hieraus sieht man nunmehr, wie augenblicklich das Abbild
Hoch aus dem Äthergefilde zu unserer Erde herabfällt.

WAHRNEHMBARKEIT DER BILDER UND AUSFLÜSSE

Also mußt du gestehen, beständig lösen sich Körper
Ab, die ins Auge uns dringen und unseren Sehnerv reizen.
Unaufhörlich entströmen gewissen Stoffen Gerüche,
Wie von den Flüssen die Kühle, die Glut von der Sonne, die Brandung
Sprüht von den Wogen des Meers, das Gemäuer der Küste zerfressend;
Unaufhörlich durchfliegen verschiedene Töne die Lüfte;
Oft auch dringt in den Mund, sobald in der Nähe des Meeres
Wir uns ergehn, der salzige Gischt, und wenn man nur zusieht,
Wie man den Wermut löset zum Mischtrank, schmeckt man das Bittre.
So fließt allenthalben aus allerhand Stoffen der Stoffe
Ständiger Strom und verteilt sich sodann nach jeglicher Seite.
Nirgends gibt es da Ruhe noch Rast im beständigen Flusse.
Denn stets wach ist je unser Gefühl und wir können beständig
Alles erblicken und riechen und alle Geräusche vernehmen.

WIRKUNG DER BILDER AUF DAS AUGE

Weiter erkennen wir stets: sobald wir im Dunkel betasten
Eine Figur mit der Hand, so ist sie die nämliche, die wir
Auch bei Tag und bei strahlendem Licht besehen. So muß wohl
Tast- und Gesichtsempfindung auf ähnlichen Gründen beruhen.
Wenn wir nun also bei Nacht mit der Hand abtasten ein Viereck
Und wir als solches es fühlen, was kann denn da anders bei Tage
In viereckiger Form uns erscheinen, es sei denn sein Abbild?
Also man sieht hieraus, daß das Sehen durch Bilder verursacht
Wird und daß nichts auf der Welt ist ohne die Bilder zu sehen.

FORM, FARBE, ABSTAND DER OBJEKTE

Freilich strömen ja nun die erwähnten Bilder der Dinge
Überallher und verteilen sich dann nach jeglicher Richtung.
Aber dieweil wir allein mit den Augen zu sehen vermögen,
Kommt es, daß Form und Farbe nur da von sämtlichen Dingen
Unserem Blicke sich zeigt, wohin er gerade gewandt ist.
Weiterhin läßt uns das Bild auch den Abstand sehen und schätzen,
Der uns jedesmal trennt von dem Gegenstande des Bildes.
Denn sobald es von ihm sich gelöst, da stößt es und treibt es
Alle Luft vor sich her, die zwischen ihm liegt und dem Auge.
Und so dringt denn diese durch unsere Augen ins Innre
249 Und durchstreicht die Pupille und geht so durch bis ans Ende.
251 Daher kommt's, daß wir wissen den Abstand jeglichen Urbilds
250 Einzuschätzen. Je größer die vor uns erschütterte Luftschicht,
252 Und je länger ihr Strom durch unsere Augen hindurchstreicht,
Desto weiter entfernt erscheint uns ein jegliches Urbild.
Doch dies alles vollzieht sich natürlich so wunderbar schnelle,
Daß wir mit *einem* Blick die Beschaffenheit sehn und den Abstand.

TOTALITÄT DER BILDERSCHEINUNG

Hierbei darf uns jedoch der Umstand nimmer befremden,
Daß zwar alle die Bilder, die unseren Augen sich nahen,
Einzeln nicht sichtbar sind, wohl aber das Urbild selber.
Denn auch beim Wind, wenn er strichweis bläst, und wenn schneidende Kälte
261 Uns umströmt, dann pflegen wir nie das einzelne Teilchen
260 Wind und Kälte für sich zu empfinden; wir fühlen vielmehr sie
262 Mehr als Einheit und merken die einzelnen Schläge des Windes,
Welche der Körper erleidet, nur so wie ein anderes Ding uns
Schlägt und die Körperlichkeit hierdurch von außen her aufweist.
Wenn wir weiter Gestein mit dem Finger beklopfen, berühren

Wohl wir die Oberfläche des Steins und die äußere Farbschicht,
Aber wir fühlen sie nicht beim Betasten; wir fühlen vielmehr nur
Die sich zur innersten Tiefe erstreckende Härte des Steines.

JENSEITIGE SPIEGELBILDER

Aber wohlan, nun höre, weshalb in dem Spiegel das Abbild
Jenseits immer sich zeigt. Denn es scheint ja gänzlich entrückt uns.
Ähnlich erkennen wir wohl, was draußen ist, wirklich im Durchblick,
Wenn uns die offene Türe nach außen gestattet das Durchsehn;
So wird vieles, was draußen geschieht, vom Hause aus sichtbar.
Denn auch hier ermöglicht das Sehn die gedoppelte Luftschicht.
Denn wir erblicken zuerst diesseitige Luft vor der Türe,
Danach kommen zur Rechten und Linken die doppelten Pfosten,
Dann durchstreichet die Augen das äußere Licht und die zweite
Luft, und alles, was draußen im Durchblick wirklich zu sehn ist.
So ist's auch mit dem Bilde des Spiegels. Sobald er es ausschickt,
Bis es zu unseren Augen gelangt, treibt dieses die Luftschicht,
Welche sich zwischen ihm selbst und dem Blicke befindet, nach vorne
Und bringt diese noch eher zu unserer Sinnesempfindung
Als den Spiegel. Indessen, sobald wir auch diesen erblicken,
Langt dies Bild, das im Nu zu dem Spiegel wieder zurückkehrt,
An und von dort wird es wieder zurück zu den Augen geworfen,
Und so stößt es und wälzt es von neuem weitere Luft vor.
So kommt's, daß wir noch früher die Luft als den Spiegel erblicken
Und dadurch das gespiegelte Bild so weit uns entfernt scheint.
Also (ich sag' es noch einmal) man soll sich mitnichten verwundern,
289a *Daß sich die Bilder, die draußen und hinter der Türe erscheinen,*

290 Ähnlich erklären wie die, so die spiegelnde Fläche zurückwirft.
Denn durch die doppelte Luft entsteht bei beiden die Wirkung.

UMKEHRUNG DER SPIEGELBILDER

Daß nun im Spiegel verkehrt, was rechts ist bei unseren Gliedern,
Dort zur Linken erscheint, erklärt sich folgendermaßen:
Trifft das entstehende Bild auf die Fläche des Spiegels, so kehrt es
295 Keineswegs ohne Veränderung um, nein, gradezu rückwärts
Wird es nach außen geworfen; wie wenn man die Maske aus Ton formt,
Die man, solange sie feucht, auf die Wand drückt oder auf Balken,
298 Und wenn dann sie sogleich sich von vorn in der richtigen Form hält
323 Und infolge des Drucks sich rückwärts selber dort abdrückt:
Dann kommt's, daß sich das Auge, das früher das rechte war, nunmehr
325 Links zeigt, während das linke hinwiederum rechts uns erscheinet.

VERVIELFACHUNG DER SPIEGELBILDER

Ähnlich geschieht's, daß ein Bild von Spiegel zu Spiegel sich fortpflanzt
Und daß fünf, ja sechs Abbilder gewöhnlich sich bilden.
Alles, was rückwärts liegt im Innern des Hauses verborgen,
Mag es auch noch so entfernt und der Weg verwickelt erscheinen,
330 Läßt sich ans Licht doch ziehn durch gewundene Gänge, sobald man
Mehrere Spiegel verwendet und dadurch Sichtbarkeit herstellt;
So hell leuchtet das Bild von Spiegel zu Spiegel hinüber,
Und was links ist gewesen, das wird nun wiederum rechts sein,
Dann kehrt's wieder zurück und dreht sich dann wiederum rechtsum.

FLANKENSPIEGELUNG

Ja, wenn die Spiegel sogar versehn sind mit seitlichen Flanken,
Ähnlich wie unsere Körper an beiden Seiten gekrümmt sind,
Werfen sie uns die Bilder zurück in richtiger Ansicht,
Weil entweder das Bild von Spiegel zu Spiegel sich umdreht
Und so doppelt gebrochen uns zufliegt, oder auch darum,
Weil sich das Bild nach beendetem Lauf selbst völlig herumdreht,
Da ja die Rundung des Spiegels es lehrt sich nach uns hin zu wenden.

BEWEGUNG DER SPIEGELBILDER

Glaube mir ferner: die Bilder bewegen sich stets in dem gleichen
Schritt und Tritt wie wir selbst und machen dieselben Gebärden
Darum, weil von dem Punkte des Spiegels, den selbst du verlassen,
Auch gleich keinerlei Bilder zu uns mehr zu kommen vermögen.
Denn ein Gesetz der Natur heißt: alles, was irgendwo abprallt,
Muß in dem nämlichen Winkel zum Anlauf nehmen den Rücklauf.

BLENDUNG DES AUGES

Glänzenden Dingen entzieht sich das Auge und meidet den Anblick.
Blendet die Sonne doch auch, wenn man unaufhörlich hineinstarrt.
Denn sie selbst hat gewaltige Kraft, und von oben her stürzen
Ihre Bilder mit Wucht sich herab durch den heiteren Luftraum,
Treffen das Augenpaar und zerrütten sein innres Gewebe.

Aller Glanz, der zu grell ist, entzündet auch darum das Auge
Häufig, weil er so reich ist mit Feueratomen versehen,
Die, wenn ins Auge sie dringen, dort heftige Schmerzen erregen.
Ferner erscheint, was sie sehen, Gelbsüchtigen alles als gelblich,
Weil aus dem Körper der Kranken gar viele Atome des Gelbstoffs
Fließen, die dann in der Luft auf die Bilder der Dinge sich setzen.
Auch mischt sonst sich noch mancherlei bei in dem Auge des Kranken,
Was mit dem bläßlichen Ton all das, was sie sehen, bemalet.

AUS DEM DUNKEL INS HELLE

Aus der Finsternis ferner erblicken wir das, was im Licht ist,
Weil, nachdem sich zuerst die schwärzliche Luft in dem Dunkel
Eingang hatte verschafft in die offenen Augen und dort sich
Niedergelassen, sofort die glänzend erleuchtete Luft folgt,
Welche die Augen uns klärt und die schwärzlichen Schatten der Nachtluft
Aus dem Verstecke verscheucht. Denn beweglicher, feiner und stärker
Ist doch die hellere Luft bei weitem als finstere Nachtluft.
Kaum hat jene mit Licht die Gänge des Auges erfüllet
Und die Bahn sich gebrochen, wo früher die dunkele Nachtluft
Hatte gelagert, da folgen sofort auch die Bilder der Dinge,
322 Die von dem Licht sind getroffen, und reizen das Auge zum Sehen.
348 Umgekehrt aus dem Licht in die Finsternis sehn ist unmöglich
Darum, weil ja die dickere Luft der Verfinsterung später
Folgt, die alle Kanäle verstopft und die Gänge des Auges
So verrammelt, daß keines von allen den Bildern der Dinge,
Die an das Auge geraten, sich dort kann weiter bewegen.

GESICHTSTÄUSCHUNG

Daß viereckige Türme der Stadt oft rund uns erscheinen,
Wenn wir sie nur aus der Ferne besehn, liegt darin begründet,
Daß ein jeglicher Winkel von fern als stumpfer gesehn wird
Oder auch nicht mehr gesehn. Es verliert sich gänzlich die Stoßkraft
Und kein Reiz dringt mehr von dem Winkel an unsere Augen;
Denn da die Bilder durch Massen von Luft sich weiterbewegen,
Stumpft sie den Reiz unweigerlich ab durch den häufigen Anstoß.
Da sich nun hierdurch dem Sehen entzieht ein jeglicher Winkel,
Sieht man das Quaderngefüge gleichwie mit dem Zirkel gerundet,
Freilich nicht derart rund, wie ein wirkliches Rund in der Nähe,
Sondern nur ähnlich geformt mit ein wenig verschwommenem Umriß.

SCHATTENBEWEGUNG

Ebenso scheint in der Sonne der Schatten uns treu zu begleiten,
Da er dem Schritt nachfolgt und unsre Bewegungen nachahmt,
Wenn man nur wirklich glaubt, die lichtlose Luft sei imstande
Schritte zu tun und Bewegung, Gebärde des Menschen zu folgen.
Denn in der Tat, was wir Schatten nach unsrer Gewohnheit benennen,
Kann doch nichts anderes sein als Luft, die des Lichtes beraubt ist.
Weil natürlich der Boden der Reihe nach lichtlos gemacht wird
Überall da, wo wir wandeln und hierdurch die Sonnenbestrahlung
Hemmen, während er dort, wo wir weggehn, gleich sich mit Licht füllt:
So kommt's, daß wir vermeinen, es folge noch immer derselbe
Schatten uns gradwegs nach, den vorher der Körper geworfen.

Unaufhörlich ergießen sich neu die Strahlen des Lichtes,
Während die alten verschwinden, als ziehe man Wolle durchs Feuer.
Drum verliert auch der Boden so leicht die Sonnenbestrahlung,
Wie er sie wieder erhält und die schwärzlichen Schatten sich abwäscht.

THEORIE DER GESICHTSTÄUSCHUNGEN

Aber ich räume nicht ein, daß ein Irrtum der Augen hier vorliegt.
Denn ihr einzig Geschäft ist, den Ort, wo Schatten und Licht sich
Findet, zu sehen; jedoch ob das Licht auch immer dasselbe,
Ob der Schatten, der hier sich befand, jetzt anderswo hingeht
Oder die Sache vielmehr wie oben gesagt sich verhalte,
Dies zu entscheiden befugt ist allein des Verstandes Erwägung.
Denn zum Wesen der Dinge vermag kein Auge zu dringen;
Deshalb bürde dem Auge nicht auf des Verstandes Verirrung.
Fährt man im segelnden Schiffe, so scheint dies stille zu stehen,
Jenes jedoch, das ankert im Port, vorüber zu fahren,
Auch die Hügel und Felder uns heckwärts rasch zu entfliehen,
Während mit Rudern und Segeln an ihnen vorüber wir fliegen.
Scheinen die Sterne uns nicht an das Himmelsgewölbe geheftet
Sämtlich stille zu stehn? Und sie sind doch in steter Bewegung.
Denn sie steigen empor, und wenn sie mit leuchtendem Körper
Über den Himmel gezogen, verschwinden sie fern beim Hinabgang.
Ebenso bleiben Sonne und Mond an derselbigen Stelle,
Wie es uns scheint, doch die Wirklichkeit lehrt, daß sich beide bewegen.
Fern aus dem Strudel des Meers zwei Klippen sich heben. Dazwischen
Dehnt sich für Flotten sogar frei aus die geräumige Durchfahrt;
Und doch scheinen sie beide vereint ein Eiland zu bilden.

Wirbeln sich Knaben herum, so scheinen danach, wenn sie stillstehn,
Ihnen die Säulen des Hofs sich im Kreise zu drehn und zu tanzen,
Ja, kaum können sie's fassen, daß ihnen nicht über den Häuptern
Auch noch drohe das Dach ringsum zusammenzustürzen.

Wenn die Natur nun beginnt mit flimmerndem Lichte das Frührot
Über die Berge empor und hoch zum Himmel zu heben,
Ist das Gebirg, deß Gipfel die Sonne dir scheint zu erklimmen
Und ganz nahe erglimmend mit feuriger Glut zu umlodern,
Kaum doch entfernt von uns zweitausend Schüsse des Pfeiles
Oder bisweilen auch nur fünfhundert Würfe des Speeres.
Nun liegt zwischen dem Berg und der Sonne das riesige Weltmeer,
Dessen Spiegel bestrahlt das unendliche Äthergefilde;
Und da liegen zudem viel tausend Länder dazwischen,
Die gar mannigfach Volk und Geschlechter der Tiere bevölkern.
Doch in der Wasserlache, die kaum in der Höhe des Fingers
Stehn bleibt zwischen den Steinen im Straßenpflaster, gewinnt man
Ebenso tief in die Erde hinab unermeßlichen Einblick,
Wie die unendliche Kluft von der Erde zum Himmel sich dehnet;
Wolken glaubst du darin und die Himmelskörper zu sehen,
Unter der Erde versteckt wie in einem verzauberten Himmel.
Wenn uns mitten im Strome das feurige Roß nicht vorankommt
Und wir hinab dann sehn in die reißenden Wogen des Flusses,
Scheint uns der Körper des Tiers, obwohl es doch steht, durch die Strömung
In die Quere gestellt und dem Strom entgegen getrieben.
Und wohin wir den Blick nun spähend werfen, erscheint uns
Alles auf ähnliche Weise in strömendem Flusse begriffen.

Weiter, der Säulengang zeigt zwar gleichmäßige Führung,
Da er ja beiderseits fortlaufend auf Säulen sich stützet,
Aber sobald man von oben die Länge des Ganzen hinabschaut,
Zieht er zur Kegelspitze sich mählich verengend zusammen;
Eins wird die Linie des Dachs und des Bodens, die linke und rechte
Bis sie am Ende verläuft in des Kegels verschwommenen Endpunkt.

Auf dem Ozean scheinet den Schiffern die Sonn' aus den Wogen
Aufzusteigen und dann in den Wogen auch unterzugehen.
Freilich sie sehen ja dort nichts andres als Himmel und Wasser.
Hüte dich drum leichtfertig an Sinnestäuschung zu glauben.
Ja, wer der See nicht kundig, wird glauben, die Schiffe im Hafen
Hätten den Steven gebrochen und kämpften schwer mit den Wellen.
Denn an den Rudern erscheint, was oberhalb liegt von der Salzflut,
Alles gerade zu sein wie die oberen Teile des Steuers;
Was dagegen hinab in die Flut taucht, scheint wie gebrochen
Alles verkehrt und nach oben gedreht die Flächen zu wenden,
Ja, durch die Beugung fast auf dem Spiegel des Wassers zu schwimmen.

Führen zur nächtlichen Stunde die Winde zerrissene Wolken
Über den Himmel dahin, dann scheinen die funkelnden Sterne
Gegen die Wolken zu laufen und ganz verschiedene Bahnen
Dort in der Höhe zu ziehen als wie sie sich wirklich bewegen.

Wenn wir vielleicht mit der Hand ein Auge von unten nach oben
Drücken, so haben wir hier ein Gefühl, als sähen wir doppelt
Alle die Gegenstände, die unserem Blicke begegnen:
Doppelt erscheint uns das Licht, das hell aus den Leuchtern erblühet,
Doppelt auch sonstig Gerät, das überall steht in dem Hause,
Doppelt der Menschen Gesicht und doppelt auch ihre Gestalten.

TRAUMTÄUSCHUNG

Und zum Schluß noch die Träume! Obwohl uns in lieblichem Schlummer
Fesselt der Schlaf und der Leib in völlige Ruhe versenkt ist,
Glauben wir dennoch zu wachen und unsere Glieder zu regen,
Glauben auch trotz stockfinsterer Nacht die Sonne zu schauen
Und das erleuchtende Licht des Tages; es deucht' uns, obwohl wir
Uns im geschlossenen Raume befinden, als ob wir durchflögen
Himmel und Erde, die Ströme, das Meer, und die Felder durchwandern;
Ja, wir vernehmen da Töne, obgleich doch nächtliche Stille
Ringsum herrscht, und wir geben mit schweigendem Munde die Antwort.
Der Art können wir vieles und wundersames erleben,
Was uns alles versucht, das Vertraun zu den Sinnen zu rauben.
Freilich umsonst! Denn die Täuschung entspringt in den meisten der Fälle
Erst dem Denken des Geistes, das wir doch selber hinzutun,
Das uns erblicken läßt, was das Auge doch gar nicht erblickt hat.
Ist doch nichts so schwierig als Scheidung des deutlich Erkannten
Von dem Bezweifelbaren, das unser Verstand noch hinzutut.

GEGEN DIE SKEPTIKER

Endlich wer meint, man wisse doch nichts, der weiß ja auch dies nicht,
Ob man was wissen kann, da sein eigenes Wissen er leugnet.
Nun mit solchem Sophisten verzicht' ich den Streit zu beginnen;
Steht er ja doch mit dem Kopfe in seiner eigenen Fußspur.
Aber gesetzt auch, ich gäb' es ihm zu, so frag' ich ihn einfach:
Da er vorher in der Welt nichts Wahres gesehn hat, woher denn

Weiß er, was Wissen bedeutet und was Nichtwissen; und weiter:
Was verschaffte ihm denn die Erkenntnis des Wahren und Falschen?
Welchen Probierstein hat er, das Sichre vom Zweifel zu scheiden?

EPIKURS KANON

Du wirst folgenden finden: die Sinne verschaffen vor allem
Uns die Erkenntnis des Wahren, die Sinne sind unwiderleglich.
Denn viel größres Vertrauen muß immer erwecken, was selber
Unabhängig von andrem den Irrtum schlägt mit der Wahrheit.
Was kann also vertrauenerweckender sein als die Sinne?
Oder wie darf ein falsch aus der Sinnesempfindung gezogner
Schluß, der doch ganz aus den Sinnen geboren ist, gegen sie gelten?
Sind die Sinne nicht wahr, dann täuschen auch sämtliche Schlüsse.
Oder vermöchte das Auge den Fehler des Ohrs zu bekritteln,
Oder das Ohr des Gefühls? Soll dies der Geschmack überführen?
Dies die Nase bestreiten, das Auge dagegen sich wenden?
Nein, so ist es wohl nicht. Denn ein jeglicher Sinn hat sein eigen
Reich und sein eigen Vermögen, und deshalb muß jeder, was weich ist
Oder was kalt, was warm, mit besonderem Sinne empfinden
Und die verschiedenen Farben und Formen und alles, was sonst sich
Diesen vereinet, gesondert mit anderem Sinne bemerken.
Ebenso wirkt der Geschmack mit besonderer Kraft, und gesondert
Kommen Geruch und Gehör zur Empfindung. So ist es unmöglich,
Daß ein Sinn durch den andern zur Widerlegung gebracht wird.
Niemals können nun gar die Sinne sich selber bekritteln;
Denn ein jeder verdient allzeit das gleiche Vertrauen.

Folglich ist jedesmal wahr, was den Sinnen so jedesmal dünket.
Und wenn gleich der Verstand nicht vermöchte die Frage zu lösen,
Weshalb, was in der Nähe ein Viereck war, aus der Ferne
rund uns erschien, empfiehlt es sich doch, wenn uns mangelt die Einsicht,
Lieber falsch zu erklären die doppelte Form der Gestaltung
Als Handgreifliches je aus der Hand sich entwischen zu lassen
Und an dem Grundvertrauen zu rütteln und niederzureißen
Unseres Lebens und Heils grundlegende Fundamente.
Nicht nur jedes System zerfiele sofort, auch das Leben
Bräche dann selber zusammen, wofern du den Sinnen nicht trautest,
Oder des Wahns Abgründe nicht miedest und sonst'ge Versuchung,
Und nicht zu folgen wagtest entgegengesetzten Maximen.
Alles mithin, was gehäuft wird, gegen die Sinne zu sprechen,
Darf dir nichts weiter bedeuten als inhaltloses Gerede.
Wie ja auch schließlich beim Bau, wenn das Grundlineal nicht gerade,
Wenn auch das Richtmaß falsch und mit schiefen Winkeln gebaut ist
Oder das Bleilot endlich auch nur um ein Tüttelchen abweicht,
Da muß alles vertrackt und windschief werden am Hause,
Alles verpfuscht und vorn wie hinten zum Dache nicht passend,
Daß schon einzelne Teile mit Einsturz drohen, ja wirklich
Stürzen; verfehlt war eben von Grund aus die ganze Berechnung.
So müßt' auch jedwedes System verpfuscht und verkehrt sein,
Falls dir die Sinne, auf die du gebaut, sich als irrig erwiesen.

Jetzt bleibt nur noch zu sagen (das ist kein schwindelnder Weg mehr),
Wie von den übrigen Sinnen ein jeder was andres empfindet.

THEORIE DES GEHÖRS

Erstlich der Schall und jeglicher Ton wird hörbar, sobald er
Eindringt bis in das Ohr und körperlich dessen Gefühl weckt.
Denn daß der Ton wie der Schall ein körperlich Wesen hat, darf man
Wohl nicht füglich bestreiten: sie können die Sinne ja reizen.
Scheuert doch öfter die Stimme schon selber den Schlund, und es macht ihn
Heiserer noch, wenn Geschrei durch die Gurgel hinaus in die Luft dringt.
Denn wenn größere Haufen von Stimmelementen auf einmal
Durch die Enge der Kehle hinaus sich zu stürzen beginnen,
Wird durch die Überfülle die Pforte des Mundes gescheuert.
  Sonach besteht kein Zweifel, daß körperbegabte Atome
Bilden die Laute und Worte, sonst wäre die Reizung nicht möglich.
Weißt du doch selbst, was ein Mensch an seinem Körper verlieret,
Was ihm an Nervenkraft muß rauben beständiges Sprechen,
Wenn er versucht von den ersten erglänzenden Strahlen des Frührots
Bis zu den dunkelen Schatten der Nacht als Redner zu wirken,
Namentlich wenn es geschieht mit der höchsten Entfaltung der Stimmkraft.
Also es muß doch die Stimme ein körperlich Wesen besitzen,
541 Da wir durch längeres Reden an unserem Körper verlieren.
551   Ferner die Rauhheit der Stimme entsteht aus der Rauhheit des Urstoffs,
552 Ebenso glätterer Ton aus glätteren Urelementen.
542 Denn verschieden geformt ist der Urstoff, der uns ins Ohr dringt,
Läßt die Drommete mit Wucht ihr dumpfes Gedröhne erschallen
Und hallt Phrygierland dumpf wider von Flötengetute,
Oder wenn nächtens herab aus des Helikon kühlen Revieren
Schmelzender Trauergesang der gefiederten Sänger erschallet.

STIMMBILDUNG

Alle die Töne nun weiter, die tief aus dem Innern uns kommen
Und die wir grade hinaus aus der Öffnung des Mundes entsenden,
Gliedert beweglich die Zunge, die Wörterbildnerin, während
Auch die Formung der Lippe zum Teil sie weiter gestaltet.
Ist nun gering die Entfernung, aus der uns die einzelnen Laute
Zugehn, müssen wir auch notwendigerweise die Wörter
Selbst mit Bestimmtheit hören und deutlich gegliedert vernehmen;
Denn sie behalten die Form, sie behalten die weitre Gestaltung.
Doch wenn ein allzu beträchtlicher Raum in der Mitte dazwischen
Liegt, muß Wörtervermengung und Stimmverwirrung entstehen,
Da ja der Ton durch die Masse von Luft nur mühsam hindurchdringt.
So kommt's, daß man den Schall wohl zu hören vermag, doch die Worte
Selbst nicht mehr nach dem Sinn voneinander zu scheiden imstand ist.
So kommt vielfach gehemmt und verwirrt ein Laut uns zu Ohren.

Andererseits dringt öfter das einzelne Wort, das verkündet
Wird aus des Herolds Mund, in das Ohr der gesamten Gemeinde.
So zerflattert mithin im Momente die einzelne Stimme
In viel tausende Stimmen und teilt sich dem einzelnen Ohr mit,
Wenn sie dem Worte Gestalt aufprägt und deutliche Lautung.
Was von den Lauten jedoch nicht ins Ohr kann richtig gelangen,
Fliegt vorbei und vergeht umsonst in die Lüfte verschwebend,
Während ein anderer Teil, der an festeren Körpern zurückprallt,
Widerhallt und bisweilen mit äffenden Worten uns täuschet.

ECHO

Faßt du nun dies recht auf, so kannst du dir selber und andern
Rechenschaft geben, warum die Felsen an einsamen Orten
Gleiche Formen der Wörter der Reihe nach richtig erwidern,
Wenn die Gefährten wir suchen, die irrend im schattigen Bergwald
Sich verliefen und die wir mit lautem Gerufe herbeiziehn.
Sechs-, ja siebenfach hab' ich das Echo des Wortes vernommen,
Das man nur einmal rief: so warf ein Hügel dem andern
Stets es von neuem zurück; so fanden die Wörter die Rückkehr.
Dieses Gelände bevölkert die Schar bocksfüßiger Satyrn
Samt den Nymphen, so raunt der benachbarte Bauer; und Faune,
Heißt es im Munde des Volks, verführen dort nächtliches Lärmen;
Durch ihr Geschäker und Scherz wird die schweigende Stille gestöret:
Saitengeklimper erklingt, süßklagende Weisen ertönen,
Welche der Flöte entströmen, die spielende Finger bemeistern.
Weithin lausche dem Pan das Landvolk, wenn er zu Zeiten
Sein halbtierisches Haupt, das die Fichte bekränzt, hin und herwiegt
Und mit gebogener Lippe die Pfeifenmündungen anbläst.
Pans Rohr sorge, daß nie die Musik in dem Walde verstumme.
Auch noch andere Märchen und Wunder, wie diese, erzählt man,
Um nicht den Glauben zu wecken, die einsame Gegend der Heimat
Sei auch von Göttern verlassen; drum fabeln sie Wundergeschichten.
Oder man hat noch anderen Grund zu solcher Erfindung;
Denn nur allzu geneigt ist die Menschheit, solches zu hören.

REICHWEITE DER TÖNE

Wundern darf man sich übrigens nicht, weshalb durch die Orte,
Welche dem Auge verwehren den ungehinderten Durchblick,
Doch noch die Stimme gelangt und unserem Ohre sich kundgibt;
Hört man doch oft ein Gespräch sogar bei verschlossener Türe!
Wundre dich nicht! Denn die Bilder vermögen nicht heil wie die Stimme
Durch die gewundenen Poren der Gegenstände zu dringen;
Sie zerreißen vielmehr, sofern nicht wie etwa beim Glase
Gradaus laufen die Poren, wo jede Erscheinung hindurchstreicht.
Außerdem auch zerteilt sich der Schall nach jeglicher Seite,
Da ein Ton aus dem andern entsteht. Sobald er sich bildet,
Teilt er sofort sich in viele. So kann man auch sehen beim Feuer,
Wie ein Funke davon zerstiebt in unzählige Funken.
Also füllt auch der Raum sich mit Tönen, und selbst die verborgnen
Hinteren Räume durchdringet der Lärm, durchwogen die Töne.
Bilder hingegen verfolgen, sobald sie erst einmal entsandt sind,
Alle den gradesten Weg. Drum kann auch über den Zaun weg
Niemand sehn, wohl aber von außen die Stimmen vernehmen.
Doch auch die Stimme erfährt, wenn sie durch die verschlossenen Räume
Durchdringt, Dämpfung und kommt nur verworren ins Innre des Ohres,
Daß wir mehr ein Geräusch als Worte zu hören vermeinen.

THEORIE DES GESCHMACKES

Etwas mehr tut Einsicht not und mehr Überlegung,
Wenn wir zu Zunge und Gaumen, mit denen wir schmecken, uns wenden.

Erstlich schmecken im Munde den Saft wir, wenn wir beim Kauen
Unsere Speise zerdrücken, wie wenn man den Schwamm, der mit Wasser
Voll ist gefüllt, mit der Hand fest ausdrückt, um ihn zu trocken.
Was wir nun so auspressen, verbreitet sich ganz durch des Gaumens
Gänge hindurch und das Porengewirr in der schwammigen Zunge.
Wo nun glatt sind die Stoffe des rinnenden Saftes, da gibt es
Milde Berührung, und milde behandeln sie alle die Räume,
Welche mit wäßrigen Säften gefüllt die Zunge behausen;
Während im Gegenteil sie den Sinn mehr stechen und reizen
Beim Entstehen, je mehr die Atome von rauher Gestalt sind.
Nur bis zum Ende des Gaumens jedoch reicht unser Geschmackssinn;
Wenn hingegen noch weiter der Saft durch die Kehle hinabrinnt
Und sich in alle Gelenke verteilt, dann hört der Geschmack auf.
Ohne Belang ist's ferner, womit sich der Körper ernähre,
Wenn man nur, was man gegessen, auch richtig verdaut an die Glieder
Weiter verteilt und den Magensaft weiß feucht zu erhalten.

GESCHMACKSVERSCHIEDENHEIT

Jetzt nun will ich erklären, warum uns die Speise verschieden
Vorkommt oder warum den einen abscheulich und bitter
Schmeckt, was den andern durchaus nur lieblich möchte erscheinen.
Und da zeigt die Verschiedenheit sich so groß und der Abstand,
Daß, was dem einen zur Nahrung, dem andern zum Gifte gereichet.
So ist's wie bei der Schlange, die, wenn sie der menschliche Speichel
Trifft, dem Tode verfällt und sich selbst durch Bisse vernichtet.
So ist die Nieswurz auch für uns scharf wirkendes Giftkraut,
Doch für die Böcke und Wachteln ein fettansetzender Nährstoff.

Aber damit du erkennest, wodurch dergleichen geschehn kann,
Mußt du vor allem an das, was ich früher gesagt, dich erinnern,
Daß Keimstoffe sich finden in allem, die vielfach gemischt sind,
Ferner daß alles, was lebt und von Speise sich nährt, schon von außen
Große Verschiedenheit zeigt und daß gattungsweise gesondert
Äußere Körperform in begrenzende Schranken sie einschließt.
Somit bestehen sie auch aus Keimen verschiedener Bildung.
Da nun ferner die Keime verschieden sind, müssen auch jene
Zwischenräume und Gänge, die wir als die Poren bezeichnen,
Ungleich sein in den Gliedern und so in dem Mund und im Gaumen.
Folglich muß es auch hier bald größre, bald kleinere geben,
Manche in Dreiecksform und andre gestaltet als Viereck,
Viele sind rund und manche in vielerlei Weisen ein Vieleck.
Denn wie die Art der Gestalten und ihre Bewegung es fordern,
Danach müssen sich auch die Figuren der Poren verschieben
Und sich die Gänge verändern je nach des Gewebes Umhüllung.
So kann bitter den einen erscheinen, was anderen süß schmeckt.
Wem's süß schmeckt, dem müssen die glattesten Stoffelemente
Gleichsam zärtlich kosend die Höhlen des Gaumens betreten;
Doch wem bitter im Munde es schmeckt, was dem anderen süß dünkt,
Dessen Kehle betreten nur rauhere Hakenatome.
Hieraus ist's nun leicht auch das Einzelne kennen zu lernen.
So wenn einer das Fieber bekommt, weil er Galle zuviel hat,
Oder aus anderem Grund ein Leiden mit Macht ihn gepackt hat,
Dann wird der Körper sofort von oben bis unten zerrüttet
Und es ändert sich völlig die Lage der Urelemente.
So kommt's, daß *die* Stoffe, die früher den Sinnen gefielen,
Jetzt mißfallen und andre nun mehr willkommen erscheinen,
Welche den bittern Geschmack im Mund zu erzeugen imstand sind.

Denn in dem Honiggeschmack ist beides zusammen vereinigt,
Was ich dir oben schon öfter des Näheren habe bewiesen.

THEORIE DES GERUCHES

Jetzt nun will ich die Frage behandeln: wie kommt der Geruch denn
Hin zur Nase? Zum ersten, man muß viel Dinge sich denken,
Denen der Strom verschiedenen Dufts sich wälzend entströmet,
Dessen stetiger Fluß und Verbreitung sich überallhin lenkt;
Doch die verschiedenen Formen bewirken verschiednen Geschöpfen
Ganz verschiednen Geruch. Drum zieht durch die Lüfte die Immen
Honiggeruch schon von weitem herbei, und verwesendes As lockt
Selbst aus der Ferne die Geier. Es leitet die Meute der Rüden
Uns zu der Fährte des Wilds, die sein Spalthuf drückt in den Boden.
Auch die weißliche Gans, der Retter der römischen Felsburg,
Merkt schon lange vorher den Geruch des nahenden Menschen.
So wird jedes Geschöpf von einem besonderen Dufte
Hin zu dem Futter geführt und verscheucht vom widrigen Giftkraut.
So erhalten sich weiter der Tiere Geschlechter am Leben.

LANGSAMKEIT DER DUFTATOME

|| Diese Gerüche nun alle, soweit sie die Nase uns reizen,
Reichen in ihrer Verbreitung die einen weiter als andre,
Doch kein einziger dringt darunter in solche Entfernung
Wie das Geräusch und die Stimme – ich will von den Bildern nicht sprechen,
Welche das Auge berühren und unsern Gesichtssinn reizen.
Langsam naht sich der Duft auf irrender Bahn, und vorher oft
Schwindet er allzu leicht, in das Luftreich mählich zerfließend.
Erstlich löst sich nur schwer der Geruch aus dem Innern der Stoffe.

Denn daß er wirklich den Tiefen entströmt und den Dingen entweichet,
Dafür gibt den Beweis, daß alles Zerbrochene stärker
Riecht und Zerriebenes und vom Feuer gründlich Zerstörtes.
Ferner ersieht man auch leicht, daß der Duft aus größren Atomen
Als die Stimme besteht. Denn er dringt nicht durch steinerne Wände,
Wo der Schall und die Stimme sich allenthalben den Weg bahnt.
Deshalb wirst du auch sehn, wie schwierig es ist, bei den Düften
Aufzufinden den Ort, wo der Ursprung ist des Geruches.
Während der Duft in den Lüften verschwebt, erkaltet der Auftrieb,
Und so langet der Bote nicht warm mehr am Sitz des Gefühls an.
Darum irren die Hunde auch oft, wenn die Fährte sie suchen. ||

THEORIE DER ANTIPATHIE

Doch dies zeigt sich nicht nur im Gebiet des Geruchs und Geschmackes,
Sondern auch in dem Bereich der Gestalten und Farben der Dinge:
Auch hier wecket nicht alles die gleichen Gefühle bei allen,
Sondern manches berührt *den* greller als jenen beim Sehen.
Ja, den Hahn, der die Nacht mit schlagenden Flügeln verscheuchet
Und uns täglich den Morgen mit schmetternder Stimme herbeiruft,
Können die grimmigen Löwen nicht anschaun oder entgegen
Sich ihm stellen. Sie suchen vielmehr ihm rasch zu entrinnen.
Nämlich im Körper der Hähne befinden sich manche Atome,
Welche, sobald sie dem Löwen ins Auge sich bohren und dorten
In die Pupille sich graben, ihm heftige Schmerzen erregen:
So ist ein Widerstehen dem trotzigen Tiere nicht möglich.
Aber für unser Auge sind jene Atome gefahrlos,

Weil es den Durchgang wehrt und, falls sie wirklich hindurchgehn,
Freien Ausgang verstattet, so daß sie bei ihrem Verweilen
Nicht im geringsten das Auge im Innern beschädigen können.

THEORIE DER GEISTIGEN TÄTIGKEIT

Nun vernimm noch in Kürze, wodurch in Bewegung gesetzt wird
Unser Geist und woher der Gedanke zum Denken gebracht wird.
Erstlich behaupte ich dies: es bewegen sich Bilder der Dinge
Viele auf vielfache Art nach allen möglichen Seiten.
Zart ist ihr Wesen; drum bleiben sie leicht in der Luft aneinander
Bei der Begegnung hängen wie Spinnengewebe und Blattgold.
Sind ja doch solcherlei Bilder viel feiner in ihrem Gewebe,
Als was sonst uns die Blicke ergreift und das Auge kann reizen.
Denn durch die Maschen des Leibes gelangen uns solche ins Innre,
Wecken den duftigen Geist und reizen die Sinnesempfindung.
So erblicken wir denn Centauren und Glieder der Scylla,
Fratzen des Höllenhunds und Bilder von lange Entschlafnen,
Deren Gebein in der Todesnacht umschließet die Erde.
Überall schwärmen ja Bilder herum von allerlei Arten,
Die teils erst in den Lüften sich ganz selbständig entwickeln,
Teils auch irgendwie aus verschiedenen Dingen sich lösen,
Und aus deren Gestalten sich formt ein neues Gesamtbild.
Denn das Centaurenbild kann gewiß nicht vom Lebenden stammen,
Weil es ja nie in der Welt solch lebendes Wesen gegeben;
Doch wenn der Zufall eint die Bilder vom Roß und vom Menschen,
Hängen sie leicht aneinander, da, wie schon früher gesagt ward,
Sie gar feine Natur und zartes Gewebe besitzen.
Ebenso bilden sich auch noch sonst gleichartige Bilder.
Dringen nun diese beweglich mit äußerster Leichtigkeit weiter,

Kann, wie ich früher gezeigt, ein beliebiges einziges Bildchen
Auch schon durch *einen* Stoß, da es fein ist, den Geist uns erregen.
Denn auch dieser ist selbst gar wundersam zart und beweglich.
Daß dies so, wie ich sage, geschieht, kannst leicht du begreifen;
Denn da das geistige Schauen dem leiblichen ganz analog ist,
Muß sich auch jenes natürlich auf ähnliche Weise vollziehen.

Da ich nun oben gelehrt, daß wenn ich den Löwen, zum Beispiel,
Sehe, mein Auge einmal durch Bilder des Löwen gereizt wird,
Gilt auch der Schluß, daß der Geist auf ähnliche Weise erregt wird,
Nämlich durch Bilder von Löwen und anderem, was er so wahrnimmt
Grad wie das Auge, nur daß er noch zartere Bilder kann schauen.

Eben darum bleibt, wenn auch die Glieder im Schlummer sich strecken,
Wach noch die geistige Kraft. Nur daß dieselbigen Bilder
Wie im Wachen, so jetzt auch im Traume die Seele uns reizen,
Aber so stark, daß wir glauben noch lebend manchen zu schauen,
Den schon das Leben verlassen und Tod und Erde verschluckt hat.
Dieses bewirkt der Zwang der Natur, weil während des Schlafes
Sämtliche Sinne des Körpers gehemmt fest ruhn in den Gliedern;
Und sie können daher nicht den Wahn durch die Wirklichkeit abtun.
Auch das Gedächtnis versagt und leidet infolge des Schlummers
Deshalb befremdet es nicht, daß jener schon längst von dem Tode
Wurde gepackt, den der Geist noch lebendig zu schauen vermeinet.

Übrigens nimmt es nicht wunder zu sehn, wie die Bilder sich regen,
Wie sie die Arme im Takt und die übrigen Glieder bewegen.

Glauben wir doch im Schlafe bisweilen dergleichen zu sehen.
Denn wenn das frühere Bild uns verschwand und ein neues mit andrer
Stellung entstand, so scheint uns das erste die Haltung zu ändern.
Dies vollzieht sich natürlich im Nu, was wohl zu beachten.
So beweglich und zahlreich erscheint uns die Menge der Dinge
Wie auch der Teilchen, die ständig in jedem nur meßbaren Zeitraum
Ihnen entquellen, daß nie ihr Nachschub könnte versagen.

ÜBER WILLE UND AUFMERKSAMKEIT

|| Viel ist auf diesem Gebiet noch zu fragen und viel noch zu klären,
Wenn wir dieses Problem vollständig erledigen wollen.
Da ist die wichtigste Frage: Weshalb denkt unser Verstand just
Das alsbald, was zu denken ihm grade die Lust ist gekommen?
So beweglich und zahlreich erscheint uns die Menge der Dinge
Schauen die Bilder vielleicht auf unseren Willen und stellt sich
Uns, wenn wir wollen, sofort das entsprechende Bild zur Verfügung?
Mag sich der Wunsch auf das Meer, auf die Erde, den Himmel uns richten,
Oder Versammlung des Volks, Aufzüge, Bankette und Schlachten,
Schafft das etwa aufs Wort die Natur und liefert uns alles?
Aber es denkt doch der Geist an der nämlichen Stelle und Gegend
Bei verschiednen Personen auch ganz verschiedene Dinge.
Sehen wir ferner im Takt die Bilder des Traumes marschieren,
Sehn wir sie wie im Tanz die gelenkigen Glieder bewegen,
Wenn sie gelenkig die Arme zur Wechselbewegung erheben
Und das Spiel mit dem Fuße dazu harmonisch begleiten,
Sind da die Bilder nicht gar kunststrotzende Tanzvirtuosen,
Daß sie zur nächtlichen Zeit so zierlich zu spielen imstand sind?
Oder ist folgender Grund wohl richtiger? Weil in dem einen

Zeitraum, wo wir empfinden, das heißt wo ein Wörtchen wir sprechen,
Viele Momente versteckt sind, die nur die Berechnung ermittelt,
Daher kommt's, daß in jedem Moment und von jeglicher Art uns
Bilder an jeglichem Orte bereit zur Verfügung sich stellen.
So beweglich und zahlreich erscheint uns die Menge der Dinge.
Denn wenn das frühere Bild uns verschwand und ein neues mit andrer
Stellung entstand, so scheint uns das erste die Haltung zu ändern.
  Da sie nun ferner so zart sind, erscheinen dem Geiste genau nur
Die, worauf er sich spannt; drum schwinden ihm sämtliche Bilder
Außer denen, auf die er sich selber schon innerlich einstellt:
Darauf stellt er nun fürder sich ein in der Hoffnung, die Bilder,
Die aus jeglichem Dinge sich bilden, zu sehn: so geschieht's auch.
807 Siehst du nicht auch, wie das Auge sich spannt und den Willen darauf lenkt,
809 Wenn es begonnen den Blick auf zarte Gebilde zu richten?
Ohn' ein solches Bemühn ist deutliches Sehen nicht möglich.
Kann man doch selbst erfahren, daß deutlich erkennbare Dinge,
Wenn sie der Geist nicht beachtet, so gut wie dem Blicke entrückt sind
Während der ganzen Zeit und in weiteste Ferne verschlagen.
  Weshalb soll es nun wunderbar sein, daß dem Geiste das andre
Alles verloren geht, nur das nicht, worauf er sich einstellt?
Ferner fügen wir oft den kleinsten Erscheinungen größte
Wahnvorstellungen zu und verstricken uns selbst so in Täuschung. ||

808 = 804

WECHSEL DER TRAUMBILDER

Manchmal geschieht's im Traum, daß ein andersartiges Bild sich
Unterschiebt dem vorherigen Bild. So scheint, was ein Weib war,
820 Unter den Händen uns oft in ein männliches Wesen verwandelt;
821 Oder es folgt ein verändert Gesicht und verändertes Alter.
826 Aber wir wundern uns nicht: so wirkt das Vergessen im Schlafe.

DIE ORGANE SIND FRÜHER ALS IHR GEBRAUCH

822 || Hierauf soll man nun nicht, nach *meinem entschiedenen Urteil,*
822[a] Folgenden Fehler begründen, *und diesen* Irrtum *vor allem*
823 *Sollst du, so lautet mein Wunsch,* vorsorglich verhüten und meiden:
Daß du nicht meinst, es seien der Augen leuchtende Lichter
825 Uns zum Sehen gegeben; und daß auf die Füße sich stützend
828 Waden wie Schenkel sich oben am Ende zu falten vermögen,
827 Um es uns möglich zu machen ausschreitende Schritte zu setzen;
829 Oder daß ferner die Arme an kräftigen Muskeln befestigt
830 Und zwei Hände uns seien als Dienerinnen gegeben,
Um uns damit zu beschaffen, was alles wir brauchen zum Leben;
Und was man sonst sich noch alles in ähnlicher Weise zurechtlegt.
Dies ist alles verkehrt und nach falscher Methode ersonnen.
Denn zu unserm Gebrauche ist nichts in dem Körper erschaffen,
835 Sondern es schafft sich vielmehr das Geschaffene seinen Gebrauch erst.
Ehe das Augenpaar war geschaffen, bestand noch kein Sehen,
Und kein Sprechen war möglich, solange die Zunge nicht da war,

Sondern die Schöpfung der Zunge war früher als jene der Sprache,
Und die Entstehung des Ohrs fällt auch weit früher, als jemand
Töne vernahm; kurzum, für sämtliche Glieder, so mein' ich,
Gilt's, daß sie früher vorhanden, bevor ihr Gebrauch ward gefunden.
Folglich konnten sie nicht dem Gebrauche zuliebe erwachsen.
  Aber die Hand zu erheben zum feindlichen Streite des Faustrechts
Und zu zerfleischen den Leib und die Glieder mit Blut zu beflecken,
Dies gab's lange, bevor noch flogen die blitzenden Pfeile,
Und sich vor Wunden zu hüten erzwang die Natur bereits früher,
Ehe die Linke die Kunst noch gelernt, mit dem Schild sich zu decken.
Auch den ermüdeten Leib zur Ruhe zu bringen erfand man
Selbstverständlich schon früher als weichlich gepolsterte Betten,
Und man löschte den Durst, noch bevor man den Becher erfunden.
  All dies darf man mithin als zum Nutzen des Menschen erfunden
Ansehn, da der Gebrauch des täglichen Lebens es lehrte.
Aber verschieden davon ist alles, was selbst schon vorher war,
Was, nachdem es entstanden, die Kenntnis des Nutzens erst hergab.
Dazu gehören vor allem die Sinne und sämtliche Glieder.
Also (ich sag' es noch einmal), es bleibe dir fern der Gedanke,
Daß die Organe uns seien zu nützlichem Dienst erst erschaffen. ||

HUNGER- UND DURSTGEFÜHLE

Auch dies darf uns nicht wundern, daß jedes Geschöpf sich die Nahrung,
Die sein Körper bedarf, von selbst nach dem Trieb der Natur sucht.
Nämlich ich lehrte bereits, daß aus sämtlichen Dingen Atome
Zahlreich auf mancherlei Weise entströmen, doch kommen die meisten
Aus den belebten Geschöpfen. Sie sind ja in steter Bewegung.
So verduftet schon viel durch den Mund, wenn ermattet sie keuchen,
Viel wird auch durch den Schweiß aus der Tiefe nach oben befördert.
Hierdurch entleert sich der Körper, die ganze Natur wird von Grund aus
Unterwühlt und es stellt sich ein schmerzendes Hungergefühl ein.
Darum greift man zur Speise, um unsere Glieder zu stützen,
Um durch ihre Verteilung im Körper die Kraft zu ersetzen
Und in den Gliedern und Adern zu stillen die gähnende Eßlust.
Auch die flüssigen Stoffe zerstreun sich an alle die Stellen,
Wo man das Flüssige braucht, und die zahlreichen Hitzelemente,
Die sich im Magen gehäuft und dort Entzündung erregen,
Werden zerstreut durch genossenes Naß und gelöscht wie das Feuer.
Dann kann dörrende Hitze nicht länger die Glieder verbrennen.
So wird also (du siehst es) der lechzende Durst aus dem Körper
Weggespült und gestillt die nüchternen Hungergefühle.

THEORIE DES GEHENS

Nun erklär' ich auch dies, weshalb wir, sobald wir nur wollen,
Schritte zu machen vermögen und unsere Glieder zu regen,
Was uns sodann die Fähigkeit gab, die so große Gewichtslast
Unseres Körpers voran zu bewegen: vernimm nun die Lehre!

Also ich sage: Zuerst erscheinen uns Bilder des Gehens
Vor dem Geist, und sie geben, wie früher gelehrt, ihm den Anstoß.
Dann wird der Wille zum Gehen erweckt; denn Niemand beginnt doch
Etwas zu tun, wenn der Geist was er will nicht voraussieht;
Was er voraus nun sieht, deß Bild steht ihm vor der Seele.
Regt sich nun also im Geiste der Wille zum Gehen und Schreiten,
Trifft er sofort auf die seelische Kraft, die im Körper verteilet
Überall hin ist zerstreut durch alle Gelenke und Glieder.
Leicht vollzieht sich auch dies; denn der Geist ist der Seele verbunden.
So gibt diese den Stoß an den Körper dann weiter; so schiebt sich
Und so bewegt sich allmählich die Last im Ganzen nach vorwärts.
Dann wird locker des Körpers Gewebe; die Lücken durchflutet
Selbstverständlich die Luft, wie sie muß; denn immer beweglich
Dringt sie reichlich herein und gelangt durch die Poren ins Innre.
Und so verteilt sie sich weiter von da zu den feinsten Atomen
Unseres Leibes. So kommt's durch beiderseitige Hilfe,
Daß sich der Körper bewegt wie ein Schiff mit Riemen und Segeln.
Hierbei darf es jedoch nicht weiter uns wunderbar scheinen,
Daß so kleine Atome den mächtigen Körper zu drehen
Und die menschliche Last vollständig zu lenken imstand sind.
Treibt doch der Wind, deß Leib so zarte und feine Atome
Bilden, ein mächtiges Schiff mit gewaltigem Wehen nach vorwärts,
Das auch bei raschester Fahrt nur lenkt ein einziger Handgriff;
Und *ein* Steuer genügt es nach allen Seiten zu drehen.
Ähnlich bewegt und lüftet der Kran mit leichtester Mühe
Viele gewichtige Lasten vermittelst der Winden und Trommeln.

THEORIE DES SCHLAFES

Wie uns nun ferner der Schlaf in die Glieder die heilsame Ruhe
Träufelt und unsere Brust von den seelischen Sorgen erlöset,
Dies will ich jetzt dir in kurzen, doch lieblichen Worten verkünden;
Kurz ist der Schwanengesang, doch er klingt weit besser als jenes
Kranichgeschrei, das den Äther erfüllt, aus den Wolken des Südwinds.
Leih mir nur weiter ein feines Gehör und witternden Spürsinn,
Daß du nicht das für unmöglich erklärst, was ich sage, und rückwärts
Schreitest, indem du mit trotzigem Sinn dich der Wahrheit verschließest,
Wenn du durch eigene Schuld dir selber die Augen verbindest.
Schlaf entstehet zum ersten, wenn die in den Gliedern zerstreute
Seelische Kraft sich zum Teil nach außen getrieben entfernte,
Teils auch zusammengedrückt sich mehr in das Innre zurückzog.
Dann erst lösen sich nämlich die Glieder und fallen in Schlaffheit.
Denn unzweifelhaft ist es der Seele allein zu verdanken,
Daß wir Empfindung besitzen. Und wenn nun der Schlaf sie verhindert,
Dann ist die Seele in uns als verwirrt und nach außen vertrieben
Anzusehn, doch nicht ganz; sonst läge der menschliche Körper
Leblos da und auf ewig vom Froste des Todes umfangen.
Denn wenn im Körper versteckt nicht zum Teile die Seele verbliebe,
Wie sich noch glimmendes Feuer verbirgt in dem Haufen der Asche:
Woher könnte denn sonst die Empfindung plötzlich im Körper
Wieder erstehn wie die Flamme aus heimlichen Gluten emporschlägt?

Aber wodurch dem Gefühl nun diese Erneurung zuteil wird,
Wie der Seele Verwirrung entsteht und die Schlaffheit des Körpers,
Will ich erklären. Doch laß mir mein Wort nicht im Winde zerflattern!
Erstlich, da rings den Körper umspült ein beständiger Luftstrom,
Müssen wir ganz notwendig auch Stöße von außen empfangen
Und durch häufige Schläge der Luft Erschütterung leiden.
Drum ist zum Schutze der Körper fast aller Geschöpfe mit Leder
Oder mit Schalen und Schwarten gepanzert oder mit Rinde.
Auch die inneren Teile bestreicht beim Atmen der Luftstrom,
Zieht man ihn ein in die Brust und stößt man ihn wieder nach außen.
Da nun von beiden Seiten der Körper erleidet den Ansturm
Und da die Stöße so weit durch die winzigen Poren gelangen,
Daß sie den Grundstoff treffen und dessen Urelemente,
Tritt allmählich Zerfall fast überall auf in den Gliedern.
Denn es verwirrt sich die Lage der Urelemente im Körper
Wie in der Seele. So kommt's, daß diese zum Teil wird nach außen
Ausgestoßen, zum Teil sich versteckt und nach innen zurückweicht,
Während der übrige Teil, durch die Glieder zerstreut, nicht imstand ist,
Einig in sich mit anderm in Wechselwirkung zu treten.
Denn die Verbindungswege versperrt die Natur ihm im Schlafe.
Drum mit veränderter Richtung verzieht das Gefühl sich nach innen.
Weil es fast nichts mehr gibt, was unsre Gelenke noch stützet,
Wird auch der Körper nun schwach, es erschlaffen sämtliche Glieder,
Arme und Lider, sie sinken, ja häufig schon knicken die Kniee
Trotz dem Liegen uns ein, da die Kraft der Bänder sich lockert.
Ferner erfolget der Schlaf auf die Mahlzeit; denn wie die Luft wirkt,

Wirkt auch die Speise, sobald sie in sämtliche Adern verteilt wird.
Und in der Tat bei weitem der allerfesteste Schlaf ist,
Der uns satt und ermattet befällt. Denn groß ist die Arbeit,
Die dann Erschöpfung und Wirrung erzeugt bei den meisten Atomen.
Eben deshalb verzieht sich ein Teil der Seele ins Innre,
Reichlicher noch ist der Teil, der hinaus aus dem Körper gedrängt wird,
Und was im Innern verbleibt, zerstreut sich noch mehr und verteilt sich.

THEORIE DES TRAUMS

Welchem Beruf nun ein jeder sich widmet und eifriger hingibt
Oder womit man auch sonst sich vorher lange beschäftigt
Oder auf welchem Geleise man mehr den Verstand hat getummelt,
Damit scheinen wir auch in dem Schlaf uns meist zu beschäft'gen:
Rechtsanwälte verfassen Gesetze und führen Prozesse,
Feldherrn kämpfen im Traum und ziehen ins Schlachtengetümmel,
Schiffer leben zur See im ewigen Kampf mit den Winden,
Mein Traum aber betrifft dies Werk: die Natur zu erforschen
Und, was ich fand, zu beschreiben in Dichtungen heimischer Sprache.

So nun scheinen im Schlaf auch die übrigen Studien und Künste
Meist das Gemüt der Menschen noch weiter täuschend zu fesseln:
Allen, die hintereinander an vielen Tagen die Spiele
Immer beharrlich verfolgen, verbleiben (wie oft schon zu sehn war),
Wenn auch der Anblick längst aus der Sphäre der Sinne geschwunden,
Doch noch offen gewisse noch übrige Gänge des Geistes,

Durch die immer noch strömen die nämlichen Bilder der Dinge.
Und so schweben noch lange alltäglich dieselben Gestalten
Ihnen vor Augen, so daß sie sogar im Wachen noch immer
Schauen die Tänzer, wie rasch und geschmeidig die Glieder sie regen,
Und in dem Ohr tönt lange noch nach hellklingend der Zither
Lied und die Sprache der Saiten; sie schauen noch immer denselben
Zuschauerraum und den glänzenden Schmuck der wechselnden Bühne.

So sehr kommt's dabei an auf den Eifer und Willen des Menschen
Und womit man sich grade gewohnheitsmäßig beschäftigt.
Doch dies trifft nicht den Menschen allein, nein alle Geschöpfe.
Sieht man doch mutige Rosse, die abends die Glieder zur Ruhe
Legen, im Schlaf trotzdem stark schwitzen und immerfort keuchen,
Jegliche Muskel gespannt, als gelt' es die Palme des Sieges,
Oder als wollten sie starten, nachdem sich die Schranke geöffnet.

999 Häufig bewegt sich auch plötzlich im wohligsten Schlafe der Jagdhund
991 Heftig mit seinen Beinen; er fängt auf einmal zu bellen
An und er zieht durch die Nase mit häufigem Schnuppern die Luft ein,
Gleichsam als sei er nunmehr auf die Fährte des Wildes gestoßen.
Wenn er darüber erwacht, setzt oft er dem nichtigen Trugbild
Nach, als säh' er die Hirsche in eiligem Flüchten begriffen,
Bis er dann zu sich kommt, wenn der Irrtum endlich verscheucht ist, –
Während das trauliche Rudel, des Haushunds niedliche Jungen,
Sich zu schütteln beginnen und rasch vom Boden sich reißen,
1004 Grade als ob sie Gestalt und Gesicht von Fremden erblickten.
Und je wilder geartet die Brut ist der einzelnen Tiere,

1000–1003 = 991–994

Um so wütender müssen sie auch sich im Schlafe gebärden.
Aber die Scharen der Vögel, sie flüchten sich plötzlich zur Nachtzeit,
Und ihr Fittig versetzt die Haine der Götter in Aufruhr,
Wenn sie im Schlummer, der leis sie umfängt, den Habicht erblicken,
Wie er sie fliegend verfolgt, um Schlacht und Kampf zu entfachen.
Ferner, dem Geiste der Helden, die Großes nach großen Entschlüssen
Leisten, erscheint im Schlafe das nämliche Wirken und Handeln:
Könige sehn sich im Traum als Erobrer, als Lenker der Schlachten,
Auch als Gefangne, wobei sie schrein, als ging's an die Kehle.
Viele auch kämpfen auf Leben und Tod. Sie stöhnen vor Schmerzen
1017 Und erfüllen das ganze Gemach mit lautem Gebrülle,
1016 Als ob grausiger Löwen und Panther Gebiß sie zerfleischte.
Viele plaudern wohl auch die wichtigsten Dinge im Traum aus,
Und gar mancher verriet, was er selber schon Böses getan hat.
Viele auch wähnen den Tod zu erleiden, und andre erschrecken
Plötzlich, als ob sie vom Gipfel des Bergs mit der Schwere des Körpers
Auf den Boden hin schlügen: ihr Körper erglüht wie im Fieber
Und ihr Geist ist betäubt: mit Mühe nur kommen sie zu sich.
Leidet man Durst, so glaubt man an lieblicher Quelle zu sitzen
Oder am Strom und das Wasser schier ganz mit dem Schlund zu erschöpfen.
Kinder glauben bisweilen vom Schlafe befangen am Weiher
Oder am Töpfchen zu stehn und das Kleid in die Höhe zu heben:
Dann ergießt sich das Naß, das im Leibe sich hatte gesammelt,
Und überschwemmt die glänzende Pracht der persischen Decke.

THEORIE DER POLLUTION

Dann, wenn der Same zuerst in der Jugend Brandung sich einstellt
Und ihn das reifende Alter von selbst in den Gliedern erzeugt hat,
Treten von außen dem Jüngling die Bilder von allerlei Körpern
Nahe, die schönes Gesicht und blühende Farbe verraten.
Diese nun reizen die Adern, die reichlicher Samen geschwellt hat,
Daß wie beim Liebesgenuß sich oftmals starke Ergüsse
Stromweis manchen entladen und ihre Gewandung beflecken.
Wie ich gesagt, wird erweckt in unseren Körpern der Samen,
Erst wenn das reifende Alter die Glieder gehörig gekräftigt.
Denn die Dinge bewirken verschiedne Erregung und Reizung.

ÜBER DIE LIEBE

Doch nur ein menschliches Bild kann den Samen des Menschen erregen.
Wird nun dieser vertrieben aus seinem Ursprungssitze,
Läuft er von überall her durch sämtliche Glieder des Leibes
In die bestimmten Gefäße der Samenstränge, von wo er
Alsobald auch erregt die Zeugungsglieder des Körpers.
Diese nun schwellen vom Samen gereizt, es entsteht das Verlangen,
1046 Ihn dort auszuspritzen, wohin ein gewaltiger Trieb strebt,
1048 Und *der* Leib ist sein Ziel, der die Herzenswunde geschlagen.
Denn wir fallen gewöhnlich auf unsre verwundete Stelle;
Dorthin schießt uns das Blut, von wo wir die Hiebe empfangen;
Ist in der Nähe der Feind, trifft diesen der rötliche Blutstrahl.
Wem nun die Pfeile der Liebe die Herzenswunde geschossen,
Mag sie ein Knabe versenden, der weibliche Reize zur Schau stellt,

1047 = 1034

Oder ein Weib, das die Liebe aus allen Gliedern des Leibes
Ausstrahlt, der geht los auf den Schützen und sucht die Verbindung,
Sucht aus dem eigenen Leibe den Saft in den andern zu schleudern;
Denn sein stilles Begehren verheißt ihm Wonne der Wollust.

WARNUNG VOR DER LIEBESLEIDENSCHAFT

Dies heißt Venus bei uns; daher hat Amor den Namen;
Daher ward uns zuerst der süßeste Tropfen der Liebe
Eingeträufelt ins Herz; dann kam die erkältende Sorge.
Denn ist dir fern, was du liebst, so sind doch die Bilder der Liebe
Immer dir nah, und lieblich ans Ohr klingt immer ihr Name.
Aber man sollte die Bilder verbannen, man sollte der Liebe
Jegliche Nahrung entziehen, den Sinn auf anderes richten
Und den gesammelten Saft auf beliebige Leiber verschleudern,
Statt ihn aufzubewahren, um *einer* Liebe zu frönen
Und sich nur sichere Sorge und Schmerzen dadurch zu bereiten.
Nährt man ein solches Geschwür, so wirds nur schlimmer, je älter;
Ärger wird täglich dein Rasen und drückender lastet dein Kummer,
Wenn du nicht immer betäubst mit neueren Reizen den Wundschmerz
Oder ihn vorher gleich bei den Liebchen der Gasse kurierest
Oder die Triebe der Seele nach anderen Richtungen ablenkst.

LIEBESWAHN

Wer die Leidenschaft flieht, verzichtet darum nicht auf jeden
Liebesgenuß, nur sucht er vielmehr die straflosen Freuden.
Denn ein Gesunder erfreut sich doch offenbar reinerer Wollust,
Als wer krank ist vor Liebe. Denn selbst bei dem Akt der Umarmung
Schwanket der Liebenden Brunst in taumelnder Irrnis. Sie wissen

Kaum, wo zuerst sich ersättigen soll der Blick und die Hände.
Was sie ergreifen, erdrücken sie fast; sie mißhandeln den Körper
Schmerzhaft, ja sie zerbeißen sich oft mit den Zähnen die Lippen,
Pressen sie Küsse darauf. Sie leitet nicht reiner Genußtrieb,
Sondern ein heimlicher Stachel, den Gegenstand selbst zu verletzen,
Wer es auch sei, der die rasende Wut in dem Herzen entfacht hat.
Freilich im Liebesgenuß weiß Venus die Qualen zu lindern,
Und die schmeichelnde Lust hemmt leicht die gefährlichen Bisse.
Denn es betört sie die Hoffnung, die brünstige Flamme zu löschen
Habe nur *der* Leib wirklich die Kraft, dem die Glut ist entglommen.
Doch dies wäre fürwahr der Natur vollkommen zuwider.
Das ist das einzige Ding, von welchem das glühende Herz will
Immer noch mehr sich gewinnen, je mehr wir davon schon besitzen.
Speise und Trank nimmt auf das Innere unseres Körpers
Und, da sie hierin erfüllen bestimmte Reviere, so kann man
Damit leicht das Verlangen nach Trank und Speise befried'gen.
Doch von dem schönen Gesicht und der blühenden Farbe des Menschen
Bleibt dem Leib zum Genuß nichts übrig als zarteste Bilder.
Ach, ein schwächlicher Trost, den ein Windstoß oft noch davonführt!
Wie in dem Traum dem Dürstenden oft das Getränke versagt bleibt,
Das ihm die brennende Glut in den Gliedern zu löschen vermöchte,
Und statt dessen nur Bilder des Wassers ihn täuschend umgaukeln,
Daß er beim Trinken inmitten des reißenden Stromes verdurstet,

So äfft Venus die Liebenden oft mit den Bildern der Liebe,
Da sie sich selbst in der Nähe am Sehn nicht ersättigen können
Und kein Stück mit der Hand von dem Reize der Glieder erhaschen,
Wenn sie den Leib auch ganz im Liebestaumel durchirren.
Endlich wenn Glied sich dem Gliede geeint, um die Blüte der Jugend
Auszukosten, im ersten Gefühle der kommenden Wonne,
Wenn sich Venus bereitet, das weibliche Feld zu besamen,
Pressen mit Gier sie die Brust an die Brust; es vermischt sich des Mundes
Speichel, sie pressen den Zahn in die Lippen mit keuchendem Atem:
Doch umsonst, sie können ja nichts dem Körper entreißen
Oder mit ihrem Leib sich ganz in den andern versenken,
Was sie wirklich bisweilen zu tun um die Wette bemüht sind;
So fest hängen sie beide in Venus' Banden zusammen,
Bis sich die Kraft der Wollust bricht und die Glieder sich lösen.
Hat sich nun so die gesammelte Lust aus den Adern entladen,
Tritt in der heftigen Brunst wohl ein Stillstand ein für ein Weilchen,
Dann kehrt wieder von neuem zurück die wütende Tollheit,
Wieder versuchen sie endlich zum Ziele der Wünsche zu kommen:
Doch da gibt es kein Mittel, die Krankheit wirklich zu heilen.
Hilflos gehen sie so an der heimlichen Wunde zu Grunde.

FOLGEN DER LIEBESLEIDENSCHAFT

Dazu kommt noch der Kräfteverfall und vernichtende Mühsal,
Kommt noch ferner die Knechtschaft hinzu im Banne des andern,
1124 Und die Versäumnis der Pflicht; das Ansehn wanket und kranket.
1123 Unterdessen zerrinnt das Vermögen. Aus Persien kauft man
1125 Decken, am Fuß muß ein niedlicher Schuh aus Sikyon glänzen,
Große Smaragde, natürlich! mit grün durchscheinendem Lichte

Werden in Gold nun gefaßt, der Purpur wird ständiges Hauskleid,
Und der mißhandelte Stoff saugt voll sich vom Schweiße der Liebe.
Was die Väter erwarben, verwandelt sich in Diademe
Oder in Mäntel und Kleider aus Chios oder Alinda.
Prächtige Decken und Speisen erscheinen bei Tafel und Würfel;
Becher wechseln und Salben und Blumengewinde und Kränze:
Alles umsonst. Denn mitten vom Strudel der Freuden erhebt sich
Plötzlich ein Wermutstropfen, der unter den Blumen ihn ängstet,
Sei es, daß etwa er selbst von Gewissensbissen getroffen
Sieht, wie er müßig die Tage verlebt und im Schmutze versinket,
Oder daß sie ein bedenkliches Wort ließ fallen, das tief sich
Ihm in sein liebendes Herz wie brennendes Feuer gefressen,
Oder er meint, sie werfe die Augen und äugle nach andern
Allzuviel, und entdeckt noch Spuren des Lächelns im Antlitz.

SCHWER IST DIE FLUCHT VOR DER LIEBE

Das sind die Leiden, die selbst in der treuesten, glücklichsten Liebe
Stets sich finden: doch sind sie nun gar im Falle des Unglücks
Zahllos, daß man sogar bei geschlossenen Augen sie sehn muß.
Drum ist's besser vorher, wie ich lehrte, darüber zu wachen
Und sich bei Zeiten zu hüten, damit man dem Netze entgehe.
Denn es ist weniger schwer, die Schlingen der Liebe zu meiden
Als, wenn man einmal gefangen im Netz, daraus zu entkommen
Und zu zerreißen die Knoten, die Venus so kräftig geknüpft hat.
Gleichwohl kannst du vielleicht, obgleich schon verstrickt und gefesselt,
Doch noch dem Feinde entfliehn, wenn du dir nicht selber im Wege
Stehst und wofern du nicht Nachsicht übst bei Fehlern der Seele
Oder auch Fehlern des Leibes, die bei der Geliebten sich finden.

Denn so machen's die Leute zumeist, wenn die Liebe sie blind macht,
Daß sie den Lieblingen Reize, die gar nicht vorhanden sind, leihen.
Vielfach sehen wir so, daß verwachsene, häßliche Mädchen
Doch noch Gefallen erwecken und höchlichst werden gepriesen.
Da lacht einer des andern, man rät, sie sollten der Venus
Zorn versöhnen, dieweil an so scheußlicher Liebe sie kranken.
Und doch sehen die Ärmsten oft nicht *ihr* schwereres Unglück!
Ist sie schwarz, dann heißt sie »brünett« und die schmutzige »einfach«,
Die grauäugige »Pallas«, »Gazelle« die knochige, trockne;
Ist sie von zwerghaftem Wuchs, heißt »zierlich« sie, »eine der Grazien«,
Aber ein Riesenweib hat »majestätische Würde«,
Redet sie stammelnd, so »lispelt sie süß«, die Stumme ist »schüchtern«,
Ist sie heftig, gehässig und schwatzhaft, nennt man sie »feurig«,
»Zart ist das liebe Geschöpf«, das vor Magerkeit kaum mehr kann leben,
»Schlank gewachsen« ist jene, die fast schon am Husten gestorben,
»Ceres, Iakchos nährend« ist eine von vollerem Busen,
»Satyra« heißt Stumpfnase, und »Küßchen«, die wulstigen Mund hat.
Wollt' ich noch mehr dergleichen erwähnen, es wäre unendlich.
Aber gesetzt auch, es gäbe die Maid mit dem herrlichsten Antlitz,
Deren sämtlichen Gliedern entströmte der göttlichste Liebreiz,
Neben ihr gibt's auch noch andre, nicht wahr? Wir lebten ja früher
Ohne sie und – wir wissen, sie macht, was die Häßliche auch tut:
Räuchert sich selbst, die Arme! den Schoß mit widrigen Düften,
Daß die Zofen sie fliehn und verstohlener Weise verlachen.
Doch der Liebende steht an verschlossener Türe oft weinend,

Schmückt sie mit Blumengewinden und sprengt an die Pfosten der Spröden
Majoranöl und bedeckt die Pforte mit Küssen, der Arme!
Läßt sie ihn ein und trifft ihn ein einziges Lüftchen beim Eintritt,
Sucht er gewiß bald wieder zum Abschied schicklichen Vorwand.
Sein so langüberlegtes, dem Herzen entsprungenes Klaglied
Fällt nun ins Wasser. Er zeiht sich der Torheit, weil er nun einsieht,
Mehr ihr gehuldigt zu haben, als sterblichen Menschen gebühret.
Das ist auch unseren Schönen bekannt. Drum suchen sie eifrig
Alles, was hinter der Szene geschieht, vor denen zu bergen,
Die sie länger noch wünschen in Liebesbanden zu halten.
Doch umsonst. Du vermagst ja gewiß mit den Augen des Geistes
Alles ans Licht zu ziehn und hinter die Schliche zu kommen,
Und, wenn sie sonst nur braven Gemüts und nicht zänkisch ist, mag man
Wiederum Nachsicht üben und menschlicher Schwäche verzeihen.

GEMEINSAMKEIT DER LIEBESEMPFINDUNG

Aber das Weib ist nicht immer nur Heuchlerin, wenn sie nach Liebe
Schmachtet und in der Umarmung des Manns den Leib an den Leib preßt,
Während sie saftige Küsse mit saugender Lippe ihm darreicht;
Denn oft tut sie's von Herzen so gern, und sie sucht im Genusse
Wechselwirkung und reizt zum Ziele des Rennens zu kommen.
Ebenso können die Hühner, die Kühe, die Stuten und Schafe
Samt dem wilden Getier von den Männchen besprungen nicht werden,
Wenn nicht auch ihre Natur von überschwellender Brunst glüht,

1200 Daß sie mit Freuden erwidern die Liebeserregung der Gatten.
Siehst du nicht oft, wenn gemeinsame Lust die Gepaarten zusammen
Koppelt, wie beide die Qual des gemeinsamen Bandes erdulden?
1203 Wenn auf den Plätzen so oft sich die Hunde zu trennen bemüht sind
1210 Und mit aller Gewalt auseinander zu kommen; doch leider
1204 Hängen sie innig verknüpft durch der Liebe gewaltige Bande.
1205 Niemals täten sie dies, wenn sie nie die gemeinsame Wollust
Kennen gelernt, die sie lockt und fest in den Banden zurückhält.
Drum wie ich sage, so ist's: die Lust ist beiden gemeinsam.

VERERBUNGSFRAGEN

Wenn sich der Same nun mischt und das Weib durch die Stärke der Inbrunst
1209 Überwältigt die männliche Kraft und im Schoße sie aufnimmt,
1211 Gleichen der Mutter sodann die Sprossen vom Samen der Mutter,
Wie sie dem Vater gleichen, wenn *er* siegt. Zeigen sich beider
Formen und Züge der Eltern vereint und vermischt in den Kindern,
Dann erwachsen sie so aus Vater- und Muttergeblüte,
1215 Wenn sich vom Stachel der Liebe gereizt in den Gliedern ihr Samen
Trifft und zusammenschlagen die gegenseitigen Flammen,
Ohne daß einer von beiden hier Sieger sei oder Besiegter.
Auch kommt's häufiger vor, daß die Kinder den Eltern der Eltern
Gleichen und oft an die Ahnen in ihrer Gestaltung erinnern.
1220 Dies kommt daher, daß häufig die Eltern im Körper verborgen
Mit sich führen so viele und vielfach gemischte Atome,
Welche vom Urstamm her die Väter den Vätern vererben.
Draus bringt Venus hervor gar mannigfach wechselnde Formen,
Und nun bildet sie neu Haar, Stimme und Züge der Ahnen.

Denn auch dies nicht minder als Antlitz, Körper und Glieder
Muß bei uns allen entstehn aus bestimmtem Samen der Sippe.
Und wie aus Vaters Samen ein weiblich Geschlecht sich entwickelt,
Also gehen auch Knaben hervor aus dem weiblichen Stoffe.
Denn aus dem doppelten Samen muß jede Geburt sich entwickeln,
Und wenn mit einem von beiden das Kind mehr Ähnlichkeit aufweist,
Dann hat es ungleich mehr von diesem, wie deutlich zu sehn ist,
Mag es nun männlichen Sproß, mag weiblich Geschlecht es betreffen.

UNFRUCHTBARKEIT

Aber durch göttliche Mächte wird Niemand am Zeugen gehindert
So, daß ihm nie aus dem Munde von süßen Geschöpfen der Name
»Vater« entgegenscholl und der Erbe ihm dauernd versagt blieb.
Und doch glauben's die meisten und sprengen in ihrer Betrübnis
Auf den Altar viel Blut und bringen ihm rauchende Opfer,
Daß mit reichlichem Samen der Gattinnen Schoß er befruchte.
Doch sie bestürmen umsonst die Macht und Orakel der Götter.
Denn Unfruchtbarkeit gibt's nur dann, wenn der Same zu dick ist
Oder im Gegenteil zu flüssig und dünner als gut ist.
Wenn er zu dünn ist, so kann er im Mutterschoße nicht haften,
Denn er verflüssigt sich rasch und fließt dann ohne Erfolg ab;
Ist er bei andern zu dick, weil in festerer Form er, als gut ist,
Abgeht, spritzt er entweder mit unzureichender Triebkraft
Oder er kann nicht so recht in das Innere dringen, und wenn es
Wirklich gelingt, so mischt er sich kaum mit dem weiblichen Samen.
Denn auch die Harmonie scheint sehr verschieden im Lieben.
Einer befruchtet wohl die, der andere jene Genossin;

Dies Weib wird auch leichter von diesem als anderen schwanger.
Mancher der Frauen erblühte in mehreren Ehen kein Sprößling,
Aber sie fand doch später den Mann, der Kinder ihr zeugte
Und mit süßen Geschöpfen ihr Dasein konnte bereichern.
Männer, die früher daheim bei den Gattinnen fruchtbaren Nachwuchs
Nicht erzielten, gelang's, nachdem sich ein passendes Wesen
Ihnen gesellt, ihr Alter mit liebenden Kindern zu schützen.
Drum hat's solche Bedeutung, daß Samen mit Samen sich mische,
Der zum Zwecke der Zeugung besonders geeignet erscheine,
Daß sich dem flüssigen dicker und flüssiger paare dem dicken.
Hierbei kommt's auf die Nahrung auch an, die das Leben ermöglicht;
Denn durch manche verdickt sich der Samen in unserem Innern,
Andre verdünnt ihn im Gegenteil und macht ihn zu flüssig.

ARTEN DES LIEBESGENUSSES

Auch ist dies recht wichtig, auf welcherlei Arten man übet
Kosenden Liebesgenuß. Die meisten vermeinen, die Frauen
Könnten bequem empfangen nach Art vierfüßiger Tiere,
Weil der Samen dann leichter die inneren Stellen erreiche,
Wenn sie die Brust auflegen und höher die Schenkel erheben.
Ferner nützen der Frau die geilen Bewegungen garnichts,
Denn sie hindert nur so die Empfängnis und wirkt ihr entgegen,
Wenn sie mit Wiegen der Hüften die Liebe des Gatten erwidert
Und den gelenkigen Rumpf in wogenden Windungen wirbelt;
Wirft sie doch so aus der Bahn und der richtigen Furche die Pflugschar
Und lenkt ab von dem Ziele die Richtung des männlichen Samens.
Solche Bewegungen üben die Dirnen zum eigenen Vorteil,
Um nicht zu oft zu empfangen und schwanger darnieder zu liegen,

Und zugleich, um den Männern die Liebe bequemer zu machen,
Was doch wohl überflüssig für unsere Gattinnen sein wird.

LOB DER LIEBENSWÜRDIGEN, WENN AUCH MINDER SCHÖNEN GATTIN

Auch wenn öfter ein Weibchen von minderer Schönheit uns fesselt,
Hat sie das Göttern wohl nicht, nicht den Pfeilen der Venus zu danken;
Denn oft wirkt ihr eigenes Tun, die gefällige Anmut
Ihrer Sitten, dazu ihr sauberes Äußere, daß man
Leicht daran sich gewöhnt, das Leben mit ihr zu verbringen.
Übrigens wird auch die Liebe noch mehr durch Gewohnheit gemodelt.
Denn was ein häufiger Stoß, und sei's ein gelinder, erschüttert,
Das wird besiegt und zum Wanken gebracht im Verlaufe der Zeiten.
Siehst du nicht auch, wie die Tropfen des Wassers, durch stetiges Fallen
Auf das Gestein, im Verlaufe der Zeit auch den Felsen durchfressen?

FÜNFTES BUCH

PREIS EPIKURS

Wer vermöchte ein Lied so gewaltigen Tones zu singen,
Daß es des herrliches Stoffs und unsrer Entdeckungen wert sei?
Wo ist der redegewaltige Mann, der würdig mit Worten
Feiern könnte den Meister, der soviel Gold aus dem Schachte
Seines Verstandes geschürft und der Forschung Lohn uns vererbt hat?
Keiner aus sterblichem Blut wird, dünkt mich, sich dessen vermessen.
Wenn sein erhabnes System uns die Wahrheit heißt zu bekennen,
War er ein Gott, ja ein Gott, erlauchtester Memmius, der uns
Jene Betrachtung des Lebens erfand als erster und einz'ger,
Welche wir jetzo gewöhnlich als Weltanschauung bezeichnen,
Der aus den Stürmen des Lebens in ruhiges Wasser uns führte
Und in das strahlende Licht aus den schrecklichen Finsternissen.
Nimm nur einmal zum Vergleich, was die Götter vor alters erfanden!
Ceres ließ, wie es heißt, das Getreide den Menschen erwachsen,
Bacchus schenkte die Labe des rebengeborenen Saftes,
Trotzdem kann man doch leben auch ohne die beiden Genüsse,
Wie man von etlichen Völkern auch jetzt noch solches berichtet:
Doch ist der Geist nicht geläutert, vermag man nicht glücklich zu leben.
Um so mehr wird mit Recht als Gott uns jener erscheinen,
Dessen Lehre auch jetzt noch des Lebens heitere Tröstung
Weithin unter den Völkern gemüterquickend verbreitet.
Achtest du aber vielleicht des Herkules Taten für höher,
Wirst du dich nur noch weiter vom Wege der Wahrheit verirren.
Denn was sollte noch jetzt mit dem riesigen Rachen uns schaden
Jener nemeische Leu und Arkadiens borstiger Eber?
Oder was kann uns der kretische Stier und der Drache von Lerna,

Jene mit giftigen Nattern umpanzerte Hydra, noch antun?
28 Oder was kümmern uns jetzt des Geryones dreifache Leiber,
31 Oder wenn fern am bistonischen See und am Ismarosberge
29 Feuer den Nüstern entsprüht Diomeds wutschnaubenden Rossen,
30 Was soll uns das schaden? Nun erst die stymphalischen Vögel
33 Oder der schuppige Drachen mit stechendem Blicke, der Hüter
32 Golden erstrahlender Äpfel im Garten der Hesperiden,
Der mit riesigen Ringeln die Stämme des Baumes umwindet,
Wie soll der uns bedrohn an des grausigen Ozeans Küste,
Wo kein Römer verkehrt und selbst ein Barbar sich nicht hinwagt?
Und nun die übrige Schar der getöteten Wundergestalten,
Hätte sie jener verschont, was könnten sie lebend uns schaden?
Nichts, wie mich deucht. Denn es wimmelt von wildem Getier zur Genüge
Heute noch unsere Erde, das banges Entsetzen verbreitet,
Überall hoch in den Bergen, im Hain und im Dickicht des Waldes.
Aber es steht ja doch meistens bei uns, die Orte zu meiden.
Doch ist der Geist nicht geläutert, was müssen wir dann für Gefahren,
Was für Kämpfe bestehn, auch wenn wir selbst es nicht wollen!
Was für fressende Sorgen zerfleischen die menschlichen Herzen,
Wenn die Begierde sie reizt, und ebenso quälende Ängste!
Wie kommt Hochmut zu Fall, wie Geiz und freches Gebaren,
Welcher Ruin entsteht durch üppiges Protzen und Nichtstun!
Wer nun alle die Laster bezwungen und unsere Herzen
Nur mit dem Wort, nicht mit Waffengewalt von den Übeln befreit hat,
Ist nicht ein solcher Mensch in die Reihe der Götter zu stellen?
Da er zudem auch häufig so schön voll göttlichen Geistes
Von den unsterblichen Göttern in seinen Werken geredet
Und dort unserem Blicke die ganze Natur hat erschlossen.

Seiner erleuchtenden Spur nun folg' ich, indem ich die Gründe
Weiter verfolge und lehre, daß jedes nach jenem Gesetze,
Dem es Entstehung verdankt, auch weiter zu sein ist gezwungen
Und die gewaltigen Schranken der Zeit nicht zu brechen imstand ist.

VERGÄNGLICHKEIT DER SEELE

Hierbei ward nun vor allem entdeckt das Wesen der Seele.
Erstlich besteht sie aus sterblichem Stoff. Da sie also geschaffen,
Kann sie nicht unverletzt durch längere Zeit sich halten.
Wenn wir mithin im Traume Gestorbene glauben zu sehen,
Sind das gewöhnlich nur Bilder, die unsere Seele berücken.

VERGÄNGLICHKEIT DER WELT. INHALT DES BUCHES

Weiter ergibt sich die Folge (so heischt es die Ordnung der Lehre),
Daß ich nun auch den Beweis muß liefern, die Welt sei geschaffen,
Und zugleich, sie bestehe aus einem vergänglichen Körper.
Ferner auf welcherlei Art die Vereinigung dieser Materie
Erd' und Himmel gegründet, das Meer, die Sonn' und die Sterne
Samt der Kugel des Mondes; was ferner hervor aus der Erde
Kroch von lebendigen Wesen, und welche es nie hat gegeben;
Auch wie das Menschengeschlecht durch Benennung der Dinge die Sprache
Mannigfaltig geschaffen zum gegenseit'gen Verkehre,
Und wie sich endlich die Furcht vor den Göttern ins menschliche Herz schlich,
Jene Furcht, die als Heiligtum schützt rings über die Erde
Haine und Tempel und Seen, Altäre und Bilder der Götter.

BEWEGUNG DER GESTIRNE

Weiter erklär' ich die Bahnen der Sonne, den Wandel des Mondes,
Ferner die Kraft, mit der die Natur sie im Kreise herumlenkt.
Denn wir vermeinen doch nicht, daß diese Gestirne von sich aus
Frei und beständig sich drehen inmitten von Himmel und Erde,
Nur um gefällig die Früchte und lebenden Wesen zu fördern,
Oder daß irgendwie gar die Götter die Drehung besorgten.
Auch wer richtig gelernt, daß die Götter ein sorgloses Dasein
Führen, der wundert sich wohl, wie sich alles im einzelnen abspielt,
Namentlich auch bei jenen Erscheinungen, welche dem Blicke
Über unserem Haupte im Äthergefilde sich zeigen.
Dann fällt mancher wohl wieder zurück in den früheren Glauben
Und bekennt sich als Sklaven von grausamen Herren, an deren
Allmacht leider er glaubt. Er weiß nicht, der Arme, was sein kann
Und was nicht kann sein und wie jedwedem umzirkt ist
Seine wirkende Kraft und der grundtief ruhende Markstein.

WELTUNTERGANG

Übrigens will ich nicht länger bei bloßen Versprechungen weilen.
Lenke zuerst nur den Blick auf das Meer, auf Himmel und Erde.
Dreifach erscheint ihr Wesen, o Memmius, dreifach ihr Urstoff,
Dreifach verschieden die Form und dreifach ihr inneres Wesen,
Und doch schlägt ein einziger Tag dies alles in Trümmer:
Hinstürzt, was Jahrtausende hielt, die Masse des Weltbaus.
Zwar ich verhehle mir nicht, wie neu, wie wundersam vorkommt
Unserm Verstand die Vernichtung, die Himmel und Erde bedrohe,

Und wie schwer es mir wird, den Beweis durch Worte zu führen:
Wie dies stets ja so ist, wenn nimmer Erhörtes man vorbringt,
Ohne dem Blicke des Auges zur Prüfung es geben zu können
Oder dem Drucke der Hand; denn das ist der nächste gebahnte
Weg, der zum menschlichen Herzen und Tempel des Geistes hineinführt.
Trotzdem sprech' ich es aus. Vielleicht wird bald das Erlebnis
Selbst mein Wort noch bewähren, vielleicht wirst selbst du noch sehen,
Wie durch ein Beben der Erde im Augenblick alles in Staub stürzt.
Möge jedoch Fortuna, die Lenkerin, uns es ersparen,
Möge uns mehr die Vernunft als das eigne Erlebnis belehren,
Daß auch die Welt zugrunde kann gehn in klirrendem Einsturz.

UNTERSCHIED DES LEBENDEN UND LEBLOSEN

|| Eh' ich jedoch nun beginne, hierüber Orakel zu spenden,
Die viel sichrer begründet und heiliger sind als die Sprüche,
Welche die Pythia spricht von Apollos Dreifuß und Lorbeer,
Will ich dir menschlichen Trost aus dem Munde der Wissenschaft bieten,
Daß du nicht etwa geschreckt durch religiöse Bedenken
Wähnest, Himmel und Erde und Meer, Mond, Sonne und Sterne
Müßten als göttliche Körper deswegen in Ewigkeit dauern,
Und du nicht meinest, es müßten nun alle nach Art der Giganten
Schreckliche Strafen erleiden für unausdenkbaren Frevel,
Welche mit ihrer Vernunft die Weltenmauern zu stürzen
Und an dem Himmel versuchten die leuchtende Sonne zu löschen,
Sie, die mit sterblichem Munde Unsterbliches wagten zu schwärzen!
Sind doch Körper wie diese so ferne von göttlichem Wesen

Und verdienen so wenig zum Kreise der Götter zu zählen,
Daß sie vielmehr den Begriff von Stoffen uns können vermitteln,
Welche der Lebensregung und Sinnesempfindung entbehren.
Denn es ist ganz unmöglich zu glauben, daß geistiges Wesen
Oder Vernunft sich verbinde mit jedem beliebigen Stoffe:
Wie in dem Äther kein Baum, kein Gewölk in der salzigen Meerflut
Sein kann, wie auf den Feldern kein Fisch sein Leben mag fristen,
Wie kein Blut aus dem Holz, kein Saft aus dem Steine kann fließen,
Sondern für jedes der Ort ist bestimmt, wo es wachsen und sein darf.

VERBINDUNG VON LEIB UND SEELE

So kann nie sich allein und ohne den Körper die Seele
Ihrem Wesen nach bilden entfernt von dem Blut und den Nerven.
Könnte sie das, dann würde wohl eher die geistige Kraft sich
Sammeln im Haupte, den Schultern, sogar ganz unten im Fuße
Oder auch sonst an beliebigem Ort einwachsen, sie würde
Immer doch bleiben im selben Gefäß, das heißt, in dem Menschen.
Weil wir nun sehn, wie dieses Gesetz auch in unserem Körper
Feststeht, und auch der Ort für das Sein und Wachsen getrennt ist
Wie für den Geist so die Seele, so muß man noch schärfer es leugnen,
Daß sie als Ganzes entfernt von beseelten Gestalten und Körpern
Weiter zu leben vermöge in faulenden Schollen der Erde
Oder im Feuer der Sonne, im Äther oder im Wasser.
Also sind die Gestirne nicht teilhaft göttlichen Sinnes;
Denn sie können ja nicht mit lebendigem Odem begabt sein.

WOHNSITZ DER GÖTTER

Irrwahn ist auch dies, die heiligen Sitze der Götter
Fänden sich irgendwo in unserem Weltengebäude.
Denn gar zart ist der Götter Natur; von unseren Sinnen
Ist sie gar weit entfernt: kaum sieht sie das Auge des Geistes.
Denn da sie flieht vor der Hände Berührung und rauherem Zugriff,
Darf sie auch nichts berühren, was wir zu berühren imstand sind.
Was nicht berührbar ist, kann auch nicht selber berühren.
Deshalb ist auch ihr Sitz nicht vergleichbar unserem Wohnsitz,
Sondern er muß entsprechen dem zarteren Körper der Götter.
Doch dies will ich dir noch ausführlicher später erweisen.

DIE WELT KEIN GÖTTERWERK

Ferner behaupten zu wollen, es sei nur den Menschen zu Liebe
Diese vortreffliche Welt von den Göttern einstens erschaffen;
Drum sei dies hochpreisliche Werk als göttlich zu rühmen,
Sei für ewig bestehend und unzerstörbar zu halten,
Sündhaft sei es daher, die Welt, die den Menschengeschlechtern
Nach uraltem Beschlusse der Götter für ewig erbaut ward,
Irgendwann und -wo aus den Fundamenten zu reißen
Und sie mit Worten zu stürmen, das Oberste kehrend zu unterst, –
Und noch weitere Lügen nach gleicher Methode zu brauen:
Wahnsinn ist dies alles, mein Memmius. Welcherlei Vorteil
Könnte denn unsere Gunst den seligen Göttern verschaffen,
Daß sie um unseretwillen sich irgend betätigen sollten?
|| Welches Ereignis verlockte die vordem ruhigen Götter
Noch so spät zu dem Wunsche, ihr früheres Leben zu ändern?
Denn mich dünket, nur dem kann ein Wechsel der Lage genehm sein,
Welchem die alte mißfällt. Doch wer nichts Schlimmes erfahren
In der vergangenen Zeit, wo er glücklich sein Leben verbrachte,

173 Was nur konnte in *dem* das Gelüst der Neuerung wecken?
175 Oder war etwa vorher ihr Leben voll Dunkel und Trübsal,
176 Ehe die Schöpfungsstunde das Licht in der Welt hat entzündet? ||
174 Oder was brächte denn uns, nicht geschaffen zu werden, für Übel?
177 Freilich wer einmal geboren, der wird auch im Leben noch bleiben
Wollen, solang' er behält des Daseins wonnige Freude.
Doch wer nimmer gekostet des Lebens Freude, wer nie ward
Mitgezählt, was schadet es dem, wenn er nie ward geboren?

DIE WELT EIN WERK DER NATUR

Ferner woher nur stammt das Modell für die Schöpfung der Dinge
Und der Begriff von der Menschheit selbst in der Seele der Götter,
Daß sie erschauten und wußten im Geist, was sie wollten erschaffen?
Oder wie lernten sie nur die Kräfte der Urelemente
Kennen und was bei ihnen der Wechsel der Lage bedeute,
Wenn die Natur nicht selbst die Idee der Schöpfung gegeben?
Denn seit undenklicher Zeit schon haben die vielen Atome
Auf gar mancherlei Weise getrieben durch äußere Stöße
Und durch ihr eigen Gewicht durcheinander zu schwirren begonnen
Und sich auf allerlei Arten zu einigen, alles versuchend,
Was sie nur immer vermöchten durch ihre Verbindung zu schaffen.
So ist's doch kein Wunder, wenn diese Atome mitunter
In derartige Lagen und solche Bahnen geraten,
Durch die immer aufs neue die Welt sich bis heute im Gang hält.

UNVOLLKOMMENHEIT DER WELT

Denn selbst wenn ich das Wesen der Urelemente nicht kennte,
Wagt' ich doch dies zu behaupten, gerad' auf die Forschung des Himmels
Und viel andere Gründe mich stützend: Mitnichten, so sag' ich,
Ist dies Wesen der Welt für uns von den Göttern erschaffen;
Allzu sehr ist sie doch mit gewaltigen Mängeln behaftet.
Erstens soviel von der Erde des Himmels gewaltiger Umschwung
Deckt, ist der einzige Teil, der bewohnbar ist, teils von Gebirgen
Teils auch von Wäldern mit Wild, von Felsen und weiten Morästen
Oder vom Meere besetzt, das die Säume der Länder getrennt hält.
Ferner entzieht beinah zwei Drittel den sterblichen Menschen
Hier die versengende Glut und dort der beständige Schneefall.
Was dann übrig verbleibt vom Ackerland, würde von selbst sich
Rasch wohl mit Disteln bedecken, wenn menschliche Kraft nicht dagegen
Kämpfte. Sie hat sich bequemt, um des Lebens willen zu stöhnen
Über dem wuchtigen Karst und das Land mit dem Pflug zu bestellen.
Was wir an Keimen zum Lichte befördern, indem mit der Pflugschar
Fruchtbare Schollen wir wenden und furchen den Boden der Erde,
Könnte sich nicht von selbst in die flüssigen Lüfte erheben.
Und doch, wenn nun auch alles, was mühsame Arbeit erstrebt hat,
Rings in den Landen ergrünet und herrlich erblühet, versengt oft
Übermäßige Hitze der feurigen Sonne die Saaten
Oder ein plötzlicher Regen verdirbt sie und eisiger Nachtfrost

Oder im Wirbelsturme zerstört sie das Wehen der Winde.
Ferner wozu nur nährt die Natur auf dem Land wie im Meere
Und vermehrt die entsetzliche Brut der gefährlichen Tiere,
Welche den Menschen bedrohn? Warum führt herbstliche Jahrzeit
Seuchen herbei? Und weshalb tritt oft vorzeitiger Tod ein?
Ferner das Kind! Wie der Schiffer, den wütende Wellen ans Ufer
Werfen, so liegt am Boden der Säugling, nackt und zum Leben
Jeglicher Hilfe entbehrend. Sobald die Natur aus der Mutter
Wehenerschüttertem Schoß ihn bringt in des Lichtes Gefilde,
Füllt er mit kläglichem Wimmern den Raum; das ist ja natürlich:
Hat er doch soviel Leids in dem Leben dereinst zu erwarten.
Anders hingegen das bunte Geschlecht der Schafe und Rinder
Und das wilde Getier. Sie wachsen und brauchen nicht Klappern
Noch auch der nährenden Amme gebrochenes Lallen und Kosen,
Brauchen kein Wechselgewand je nach der verschiedenen Jahrzeit,
Endlich der Waffen bedürfen sie nicht noch der ragenden Mauern,
Um den Besitz zu beschützen: denn allen erzeuget ja alles
Reichlich die Erde von selbst und der findige Trieb der Naturkraft. ||

VERGÄNGLICHKEIT DER TEILE BEDINGT DEN UNTERGANG DES GANZEN

Erstlich behaupte ich nun: da der Erdstoff hier und das Wasser
Wie der bewegliche Odem der Luft und die feurigen Gluten,
Die dies ganze Gebäude der Welt, wie man sehen kann, bilden,
Alle bestehen aus Stoff, der entsteht und wieder vergehet,
Muß auch das Weltall ganz aus demselbigen Stoffe bestehen.
Denn das Ganze natürlich, da dessen Glieder und Teile
Aus erschaffenem Stoffe und sterblichen Formen bestehen,

Stellt in der Regel dem Blicke sich ebenso dar als erschaffen
Und zugleich als vergänglich. Drum wenn ich mit Augen erblicke,
Wie so gewaltige Teile der Welt der Vernichtung verfallen
Und aufs neue erstehen, dann weiß ich, daß Himmel und Erde
Einst ihren Anfang hatten und einmal ihr Ende erwarten.

BEWEISE FÜR DIE VERGÄNGLICHKEIT DER VIER ELEMENTE

Glaube nur ja nicht, ich habe mir diese Behauptung erschlichen,
Wenn ich so Erde wie Feuer als sterbliche Wesen betrachte,
Und die Vergänglichkeit auch von Wasser und Luft nicht bezweifle,
Denen Wiedergeburt und Wiedervermehrung ich zusprach.

ERDE

Erster Beweis! Ein beträchtlicher Teil von der Erde wird ständig
Unter den Gluten der Sonne und unter den Tritten der Menschen
Aufgewirbelt als Nebel von Staub und als fliegende Wolken,
Die weithin in die Lüfte gewaltige Winde zerstreuen.
Ein Teil löst sich auch auf, wenn der Regenguß in den Fluten
Führt die Schollen hinweg und die Flüsse die Ufer benagen.
Doch der Erde wird das, wodurch sie nähret und mehret,
Je nach Verhältnis ersetzt; und weil die gemeinsame Mutter
Zweifelsohne zugleich auch das allen gemeinsame Grab ist,
Mindert sie also sich hier, um dort durch Vermehrung zu wachsen.

WASSER

Übrigens füllt sich das Meer und die Ströme und Quellen durch Zufluß
Frischen Wassers beständig, und dauernd rinnen die Bäche.
Was bedarf es der Worte? Beweis sind die Ströme, die talwärts

Überall fließen. Doch dampfen die obersten Schichten des Wassers
Wieder empor, und das Naß läuft niemals über als Ganzes.
Denn teils fegen die Winde gewaltig die Flächen des Meeres;
Dadurch nehmen sie weg, was die himmlische Sonne dann aufsaugt,
Teils verläuft sich das Wasser auch weiterhin unter die Erde
Wie durch ein Sieb, und der Stoff der Feuchtigkeit fließet nun rückwärts
Wieder zur Quelle der Flüsse. Da kommt dann alles zusammen
Und ergießt sich von da im munteren Lauf, wo die Welle
Einmal ihr Bett sich geschnitten und flüchtigen Fußes hinabhüpft.

LUFT

Nun zur Luft noch ein Wort! Sie ändert sich Stunde für Stunde
Wohl unzählige Male in ihrem gesamten Bestande.
Denn was den Dingen entströmt, das nimmt das gewaltige Luftmeer
Alles in seinen Besitz. Wenn dieses nun nicht zum Ersatze
Gäbe den Dingen die Stoffe zurück und ergänzte, was abfloß,
Hätte wohl alles schon längst sich zersetzt und in Luft sich verwandelt.
Unablässig erzeugt sich die Luft aus anderen Stoffen
Und fällt wieder in diese zurück: denn es fließt ja doch alles.

FEUER

Auch die ätherische Sonne, die unerschöpfliche Quelle
Flüssigen Lichtes, ergießt stets frischen Glanz in den Himmel,
Und das verschwindende Licht ersetzt sie sofort durch das neue.
Denn wohin er auch trifft, geht immer die Spitze des Strahles
Ihr verloren; du kannst es aus folgendem Vorgang erkennen:
Kaum, daß Wolken beginnen sich unter die Sonne zu schieben
Und hierdurch die Strahlung des Lichts Unterbrechung erleidet,
Schwindet im Augenblick der untere Teil der Bestrahlung

Ganz, und die Erde wird dunkel, wohin sich die Wolken auch wenden.
Hieraus lernst du, man braucht den immer erneuerten Lichtglanz,
Und die Spitze des Strahls geht jedesmal wieder verloren.
Nur wenn die Quelle des Lichts fortwährend Ersatz des Verlornen
Liefert, vermag man die Dinge zu sehn in der Sonnenbeleuchtung.
Ja, selbst hier auf der Erde sind unsere nächtlichen Lichter,
Hängende Lampen und reichlich mit Harz versehene Fackeln,
Die mit flackernder Flamme aus Dunst hell leuchtend erstrahlen,
Ähnlicherweise geschäftig, mit Hilfe des Brandes uns immer
Neues Licht zu entsenden. Die Flammen erzittern beständig,
Ja sie erzittern beständig, und nie unterbricht sich der Lichtstrom:
So sind sämtliche Feuer bestrebt, die Vernichtung des Lichtes
Durch die geschwinde Erzeugung von neuer Lohe zu decken.
Ebenso muß man mithin auch bei Sonne und Mond und Gestirnen
Denken, sie finden ihr Licht in immer erneuertem Nachschub,
Da sie die Spitze der Flamme beständig verlieren. Drum glaube
Ja nicht, sie seien vielleicht dem Gesetz der Vernichtung entzogen.

STEINE

Endlich bemerkst du nicht auch, daß die Zeit selbst Steine besieget?
Daß hochragende Türme zerfallen und Felsen verwittern,
Daß die Tempel und Bilder der Götter zermürben und bersten,
Daß nie göttlicher Spruch des Schicksals Grenzen erweitern,
Nie das verbriefte Gesetz der Natur vergewaltigen könne?
Sehen wir endlich nicht auch, wie Heroengräber zerfallen
Und uns fragen, ob einmal nicht doch ihr Altern gewiß sei?
Stürzen nicht Blöcke Granits von Bergesgipfeln herunter,

Statt dem allmächtigen Zahne der Zeit auf ewig zu trotzen?
Denn sie rissen nicht plötzlich sich los von dem Gipfel und stürzten,
Wenn sie die Foltern des Alters seit unausmeßbaren Zeiten
Alle schon hätten ertragen und niemals Schaden genommen.

HIMMEL

Schließlich erhebe nun auch zum Himmel den Blick, der den Erdkreis
Rings und von oben umschließt. Wenn er wirklich, was etliche sagen,
Alles, was lebt, aus sich selber erzeugt und das Tote zurücknimmt,
Dann besteht er ja ganz aus geschaffnem, vergänglichem Stoffe.
Alles, was je aus sich selber ein anderes nähret und mehret,
Muß sich ja mindern und diesen Verlust durch Fremdes ersetzen.

JUGEND UNSERER WELT

Nehmen wir weiter nun an, es gäbe für Himmel und Erde
Keinen Entstehungstag und sie wären schon immer und ewig:
Weshalb sangen denn nicht auch andere Dichter von andrem,
Was sich begab vor Trojas Fall und dem Kampfe vor Theben?
Wohin sanken die Toten von soviel Heldengeschlechtern?
Warum blühn sie nicht fort auf den Tafeln ewigen Ruhmes?
Aber, mich dünket, die Welt ist noch jung und vor kurzem entstanden
Und ihr Ursprung reicht nicht hinauf in ältere Zeiten.
Darum verfeinern sich auch erst jetzt gar manche Gewerbe;
Jetzt erst mehren sie sich; jetzt erst ward vieles im Schiffbau
Neu, und der Orgelbau schuf jüngst die melodischen Töne.
Endlich ward unser System der Natur erst kürzlich erfunden,
Und ich selbst bin erst jetzt als allererster entstanden,
Der es in heimischen Lauten gewagt hat wiederzugeben.
Glaubst du jedoch, dies alles sei früher schon einmal gewesen,

Aber das Menschengeschlecht sei untergegangen im Feuer,
Oder es seien die Städte versunken durch mächtige Beben,
Oder es hätten infolge von unaufhörlichem Regen
Übergetretene Flüsse die Siedlungen weithin bedecket,
Mußt du doch jedenfalls um so mehr als besiegt dich ergeben
Und auch für Himmel und Erde an künftigen Untergang glauben.
Wäre die Welt noch jetzt derartigem Leiden und Fährnis
Unterworfen, so würde beim Eintritt schlimmeren Unfalls
Rings sich Zusammensturz und Weltenzertrümmrung ereignen.
Ähnlich betrachten auch wir, im Vergleich, uns als sterbliche Wesen,
Weil an den nämlichen Leiden wir selber erkranken, wie jene,
Welche schon längst die Natur vor uns aus dem Leben gerufen.

DER BAU DER WELT NICHT DAUERHAFT

Ferner muß alles, was ewig besteht, Trotz bieten den Stößen,
Weil entweder sein Körper durchaus massiv und solid ist
Und nicht duldet, daß irgend ein fremdes Wesen sich eindrängt,
Welches die enge Verbindung der Teile zu lockern vermöchte
(Der Art sind, wie ich früher gezeigt, die Atome des Urstoffs),
Oder es kann auch etwas in alle Ewigkeit dauern,
Weil es kein Schlag je trifft (so steht's mit dem stofflosen Leeren,
Das kein Stoß je trifft, das unantastbar verharret),
Oder es gibt auch Etwas, das ringsum ohne den Raum ist,
In den sonst sich der Dinge Bestand verflüchtigt und auflöst.
(So ist das ewige All; denn es dehnt sich dort weder nach außen
Zum Entweichen der Dinge ein Raum, noch gibt es da Körper,
Die es durch kräftigen Schlag beim Hineinfall könnten zertrümmern).
Nun ist, wie ich gelehrt, das Gebäude der Welt nicht solide,
Weil in den Dingen das Leere den Grundelementen sich beimischt.
Aber sie ist auch dem Leeren nicht ähnlich, es fehlt nicht an Körpern,

Die aus unendlichem Raume zu uns durch Zufall verschlagen
Dies Weltganze vermöchten in rasendem Wirbel zu stürzen
Oder auf andere Art in Gefahr der Vernichtung zu bringen.
Ferner gebricht's nicht an weiterem Raum und unendlichen Tiefen,
Welche die Mauern der Welt beim Zerfallen zu fassen vermöchten;
Oder sie gehen zu Grund durch beliebige sonstige Kräfte.
So ist weder dem Himmel die Pforte des Todes verschlossen
Noch der Sonne, der Erde, den tiefen Gewässern des Meeres,
Sondern sie lauert darauf mit gewaltig geöffnetem Rachen.
Danach mußt du gestehn, daß all dies nicht nur vergänglich,
Sondern erschaffen auch ist. Denn alles, was sterblichen Stoff hat,
Wäre nicht schon von Ewigkeit her im Stande gewesen
Jenem gewaltigen Zahne der Zeit auf die Dauer zu trotzen.

WETTKAMPF VON FEUER UND WASSER

Endlich, wenn wechselseitig die mächtigsten Glieder des Weltalls
Heftig sich also bekämpfen in häßlichem Bruderzerwürfnis,
Kannst du doch wohl ein Ende des ewigen Streites für möglich
Halten. So könnte vielleicht die Sonne und sämtlicher Wärmstoff
Alles Gewässer verzehren und so als Sieger hervorgehn.
Freilich erstreben sie dies, doch gelang bis jetzt der Versuch nicht;
Soviel spenden die Flüsse Ersatz, ja sie drohen sogar noch
Tief aus dem Schlunde des Meeres zu bewirken die Weltüberschwemmung.
Aber umsonst. Denn es fegen die Winde die Fläche des Meeres:
Dadurch nehmen sie weg, was die himmlische Sonne dann aufsaugt.
Ja sie vermessen sich, eher noch alles verdunsten zu können,
Als das Gewässer ans Ziel mit seinem Beginnen gelange.

Und so schnauben sie Krieg. Gleich steht noch das Zünglein der Waage,
Während sie untereinander um wichtige Dinge noch kämpfen.

PHAETHONS STURZ

Einmal jedoch hat das Feuer bereits als Sieger geschaltet,
Einmal auch herrschte das Wasser (so fabelt man) über die Lande.
Damals siegte das Feuer, und um sich greifend verbrannt' es
Weites Gefild', als das Sonnengespann im rasenden Irrlauf
Phaethon über den Himmel und alle Länder hin schleifte.
Doch der allmächtige Vater, entflammt in loderndem Zorne,
Schleuderte rasch von dem Wagen herab mit dem flammenden Blitzstrahl
Jenen Verwegnen zur Erde. Da brachte dem fallenden Sohne
Helios Hilfe und nahm ihm die ewige Fackel der Welt ab,
Jochte die schweifenden Rosse, die zitternden, wieder zusammen,
Und dann stellt' er als Lenker der Fahrt auch die Ordnung der Welt her.
Freilich so lautet die Sage der alten hellenischen Dichter,
Doch sie ist weit entfernt von dem richtigen Wege zur Wahrheit.
Denn nur dann wird das Feuer zur Herrschaft gelangen, sobald sich
Aus dem unendlichen Raum mehr Feueratome erheben.
Doch dann sinkt ihm die Kraft, weil andere Kraft ihm den Sieg raubt,
Oder die Welt geht unter, verbrannt durch sengende Dünste.

SINTFLUT

Einstmals stieg auch das Wasser empor, wie die Sage vermeldet,
Und es begrub in den Fluten unzählige Städte der Menschen.
Dann als durch Gegengewalt des Gewässers Ungestüm ebbte,
Das aus unendlichem Raume sich irgendwie hatte erhoben,
Stockte der Regenerguß, und der Ströme Gewalt ward gebrochen.

WELTENTSTEHUNG

Doch nun will ich erklären der Reihe nach, wie die Materie
Durch ihr Zusammengeraten den Himmel, die Erde begründet,
Weiter die Tiefen des Meers und die Bahnen des Monds und der Sonne.
Denn ganz sicherlich haben nicht alle die Urelemente
Planvoll spürsamen Sinns an den passenden Ort sich begeben
Oder sich untereinander vereinbart ihre Bewegung.
Nein, seit undenklicher Zeit schon haben die vielen Atome
Auf gar mancherlei Weise, getrieben durch äußere Stöße
Und durch ihr eigen Gewicht, durcheinander zu schwirren begonnen,
Um sich auf allerlei Art zu vereinigen, alles versuchend,
Was sie nur immer vermöchten, durch ihre Verbindung zu schaffen.
So kommt's, daß sie sich weit in den langen Äonen verbreitend
Jede nur mögliche Art der Bewegung und Bindung versuchen
Und so endlich die plötzlich geeinigten Teilchen verschmelzen,
Was dann oftmals wurde zum Anfang großer Gebilde,
Wie von der Erde, dem Meere, dem Himmel, den lebenden Wesen.

ATOMENWIRBEL

Damals sah man noch nicht der Sonne leuchtenden Radkranz
Hoch in den Lüften sich drehn noch die Sterne im weiteren Weltraum,
Weder das Meer noch der Himmel noch Erde und Luft war zu schauen
435 Noch was irgend entfernt nur unsern Erscheinungen gleiche,
436 Sondern es hob sich empor ein neuer und massiger Ansturm
440 Jeglicher Art aus der Welt der Atome. Ihr haderndes Streiten,
443 Das aus der bunten Gestalt und der Formverschiedenheit folgte,
442 Wirrte in ständigem Kampf durcheinander der Stoffe Verflechtung,

441 Ihre Bewegung und Stoß, ihr Gewicht und Prall und die Lücken,
444 Weil nicht alles vermochte in seiner Verbindung zu bleiben
445 Noch auch sich untereinander in passender Art zu bewegen.
437 Drauf nun begann die Zerstreuung der einzelnen Teile. Es schloß sich
Gleiches an Gleiches jetzt an und es schied sich die Welt voneinander.
439 Glieder sondern sich ab und es bilden sich Hauptelemente;
446 Nämlich es trennt in der Höhe der Himmel sich ab von der Erde,
Hiervon trennt sich das Meer und breitet gesondert sein Naß aus,
Ebenso leuchten gesondert die lauteren Feuer des Äthers.

BILDUNG DER VIER ELEMENTE

Klärlich verbanden zuerst sich die erdigen Einzelatome,
Weil sie verflechtbar waren und schwer. Sie strebten zur Mitte
Und so nahmen sie sämtlich die unterste Stelle der Welt ein.
Aber je fester verfilzt sie sich einigten, desto entschiedner
Preßten die Stoffe sie aus, die Meer, Mond, Sonne und Sterne
Bildeten und an dem Rande die Mauern des mächtigen Weltalls.
Denn dies alles bilden Atome, die glätter und runder
Sind und an Größe beträchtlich geringer als Erdelemente.
Deshalb hob auch zuerst aus vereinzelten Löchern der Erde
Hier und da sich der Äther empor als der Bringer des Feuers,
Der, weil er leicht ist, zugleich viel feurigen Stoff mit hinaufriß.
Dies vollzog sich nicht anders als wir es noch öfter erleben,
Wenn sich im Frührot golden im perlenbetaueten Grase
Widerspiegelt der Strahl der rötlich erglommenen Sonne,
Nebel den Seen entsteigt und den ständig strömenden Flüssen
Und wie die Erde sogar uns manchmal scheinet zu rauchen.
Wenn sich nun alle die Dünste zur Höhe gewandt und gesammelt,
Ballen sie dicht sich zusammen und säumen als Wolken den Himmel.

So hat sich einst umgeben der leichte, zerfließende Äther
Mit der von überallher zusammengeballten Materie
Und dann überallhin von da sich ins Weite ergießend
Alles übrige brünstig in seine Arme geschlossen.

BILDUNG VON SONNE UND MOND

Ihm nun folgte sodann die Bildung des Monds und der Sonne,
Deren Sphären sich drehn in dem Zwischenbereiche der Lüfte,
Ohne der Erde verpflichtet zu sein noch dem mächtigen Äther,
Da sie so schwer nicht waren, um gänzlich zu Boden zu sinken,
Noch so leicht, um die Bahn an dem äußersten Rande zu nehmen.
Und so rollen sie nun in der Mitte als eigene Körper
Und als gewichtige Glieder des ganzen Weltengebäudes,
Grade so wie auch an unserem Leib sich manche der Glieder
Dürfen der Ruhe erfreun, indessen sich andre bewegen.

BILDUNG DES MEERES

Als nun diese Atome der Erde sich hatten entzogen,
Senkte sie plötzlich sich dort, wo jetzt sich die bläuliche Fläche
Weithin dehnt und mit salzigem Gischt die Höhlungen ausfüllt.
Und je stärker von Tag zu Tag des umschließenden Äthers
Glut und die Strahlen der Sonne die Erde noch mehr in die Enge
Rundum drängten mit Übergewalt bis zur äußersten Grenze,
Daß sie noch dichter zusammen zum Mittelpunkt sich zurückzog,
Um so gewaltiger floß der salzige Schweiß, der erquollen
Ihrem Körper, und mehrte das Meer und die schwimmenden Ebnen,
Um so mehr auch entflohen noch viele Atome des Feuers
Und der Luft, die nach außen entwichen und fern von der Erde
Mehr noch halfen verdichten die schimmernden Tempel des Himmels.
Ebenen senkten sich hier, dort stiegen die hohen Gebirge

Steil in die Höhe; die Felsen, sie konnten ja tiefer nicht sacken
Und nicht alles zugleich in dem gleichen Maße sich betten.

ORDNUNG DER VIER ELEMENTE

Also hat sich der Erde Gewicht aus verdichtetem Stoffe
Endlich gesetzt, und es floß hier gleichsam der sämtliche Weltschlamm
Wegen der Schwere zusammen und sank zu Boden wie Hefe.
So vermochten das Meer und der feuertragende Äther
Samt der Luft sich als reine und flüssige Stoffe zu halten.
Eins ist wohl leichter als andres. Der Äther als flüssigstes Wesen
Und als leichtestes fließt noch über dem Hauche der Luft hin,
Und sein flüssiger Stoff mischt nie sich mit Wirren des Luftraums;
Hier in der Luft mag alles in stürmischen Wirbeln sich drehen,
Mag auch die Wut austoben in regellosen Orkanen:
Er führt ruhig sein feuriges Heer die gemessenen Bahnen.
Denn daß der Äther geregelten Gang gleichbleibend im Antrieb
Halten könne, beweist uns des Pontus stetige Strömung,
Der fortwährend bewahrt im ruhigen Fließen die Richtung.

GESTIRNBEWEGUNG

|| Jetzo besinge mein Lied, weshalb sich die Sterne bewegen!
Erstens, sobald sie sich dreht, die mächtige Sphäre des Himmels,
Drückt (so darf man behaupten) die Luft auf den Nord- und den Südpol,
Um sie von außen zu halten und beiderseits zu begrenzen.
Dann strömt drüber ein andrer genau so gerichteter Luftstrom,
Wie die funkelnden Sterne am ewigen Himmel sich drehen.
Oder ein anderer Strom treibt unterschlächtig die Sphäre,
Wie wir ja sehn, daß die Flüsse die Schöpfmaschinen betreiben.
Immerhin ist es auch möglich, das ganze Gewölbe des Himmels
Ruhend zu denken, dagegen die leuchtenden Sterne sich drehend,

Sei es, daß reißende Wellen des eingeschlossenen Äthers
Ausgang suchend sich drehn und dessen feurige Lichter
Mit sich wälzen im Kreis durch die endlosen Räume des Himmels,
Oder daß irgendwoher von außen ein anderer Luftstrom
Jene Gestirne beschwingt. Vielleicht auch können sie selber
Dahin wandeln, wohin sie die Nahrung lockt auf dem Wege,
Um auf der himmlischen Weide die flammenden Leiber zu letzen.
Freilich es ist recht schwer in der Welterklärung das Sichre
Auszumachen; nur das, was möglich im All ist und vorkommt
Bei den verschiedenen Welten und ihrer verschiednen Entstehung,
Lehr' ich, und will in der Folge auch mehrere Ursachen nennen,
Die mir als möglich erscheinen für Sternenbewegung im Weltall.
Freilich muß eine auch hier *die* Ursache sein, die in Wahrheit
Jene Bewegung erregt, doch welche nun unter den vielen,
Dies zu entscheiden verschmäht, wer Schritt für Schritt will vorangehn. ||

SCHWEBEN DER ERDE

Wenn nun die Erde soll ruhn im Mittelpunkte des Weltalls,
Muß sie an ihrem Gewicht allmählich verlieren und schwinden,
Ferner bedarf sie noch anderen Stoffs als Stütze von unten,
Der ihr gesellt ist von Jugend auf und zur Einheit verbunden
Mit den Luftelementen der Welt, in die sie gepflanzt ward.
Drum ist sie ihm nicht zur Last und drückt nicht zu Boden den Luftstoff.
Sind doch auch keinem der Menschen zur Last die eigenen Glieder
Wie auch das Haupt nicht dem Nacken zur Last, und wir fühlen auch niemals,
Daß doch des Körpers ganzes Gewicht nur ruht auf den Füßen;
Aber ein jedes Gewicht, das man später von außen uns auflegt,
Wird, obwohl es oft kleiner denn jenes, als lästig empfunden.

So sehr kommt's drauf an, was möglich im einzelnen Fall ist.
So kam also die Erde nicht plötzlich daher aus der Fremde
Und begegnete hier nicht der Luft, die aus fremdem Gebiet kam,
Sondern sie ward zugleich mit der Weltentstehung geschaffen
Und ist ein Teil von der Welt, wie von uns die Glieder ein Teil sind.
|| Ferner sobald sie erschüttert ein plötzliches starkes Gewitter,
Trifft die Erschütterung alles, was über der Erde ist, gleichfalls;
Doch dies könnte die Erde in keinerlei Weise bewirken,
Wäre sie nicht mit der Luft und dem Himmel aufs engste verbunden:
Denn von Jugend auf sind sie durch ihre gemeinsamen Wurzeln
Eng miteinander verflochten und fest zur Einheit verwachsen. ||
Siehst du nicht auch, wie die Seele, obwohl sie den zartesten Stoff hat,
Kraft hat, den Körper zu tragen mit seinem so schweren Gewichte
Deshalb, weil sie mit ihm so eng ist zur Einheit verbunden?
Endlich was gibt denn dem Körper den Schwung zum hurtigen Sprunge,
Wenn nicht die seelische Kraft, die unsere Glieder regieret?
Siehst du nun ein, was die schwache Natur zu bewirken imstand ist,
Wenn sie vereint mit der Schwere des Körpers ist, wie sich verbindet
Luft mit der Erde Gewicht und die seelische Kraft mit dem Körper?

GRÖSSE DER SONNE

Weder erheblich viel größer, als unserem Sinn es erscheinet;
Noch viel kleiner kann sein das Rad der erglühenden Sonne.
Denn wie groß die Entfernung auch sei, aus der uns ihr Feuer
Licht zuschickt und die wärmende Glut auf die Glieder uns hauchet,

Geht doch nichts von dem flammenden Leib durch diese Entfernung
569 Ihr verloren, ihr Feuer erscheint nicht im mindesten schwächer.
573 Wie sich nun also das Licht und die Wärme der Sonne verbreitet,
570 Unsere Sinne erreicht und die Länder der Erde bestrahlet,
Ebenso muß man von hier auch die Form und die Größe der Sonne,
Wie sie wirklich ist, sehn; man kann nichts streichen noch zutun.

GRÖSSE DES MONDES

575 Also schwebt auch der Mond, sei's daß er den Ländern der Erde
Leuchtet mit eigenem Licht, sei's daß er es borgt von der Sonne,
Wie dem immer auch sei, nicht größer am Himmel der Form nach
Als uns diese erscheint, wenn mit unserem Blick wir sie schauen.
Denn wir erblicken ja alles, was sonst durch die Dicke der Luftschicht
580 Uns wird ferne gerückt, weit mehr in verschwommenem Umriß
Als in verkleinertem Maß. Drum muß auch die Scheibe des Mondes,
Da sie ein deutliches Bild und scharfumgrenzte Gestalt zeigt,
So wie ihr äußerster Rand sich darstellt unserem Blicke
So groß, wie sie nun ist, auch von uns aus am Himmel zu sehn sein.

GRÖSSE DER STERNE

585 Endlich die Feuer im Äther, die wir von der Erde aus sehen,
594 Können natürlich doch auch nur ein weniges kleiner an Umfang
595 Oder ein Strichelchen größer in Wirklichkeit sein als sie scheinen;

574 = 570

586 Denn auch die Feuer auf Erden, soviele wir hier auch erblicken,
Scheinen sich, wenn nur ihr zitterndes Glühn recht deutlich zu sehn ist,
Um ein geringes zuweilen in ihrer Größe zu ändern:
Bald sind sie größer, bald kleiner, zumal wenn sie weiter entfernt sind.

URSPRUNG VON LICHT UND WÄRME

590 Dies auch soll dich nicht wundern, wie soviel Licht uns die Sonne
Auszusenden vermag, die selbst doch so winzig und klein ist.
Füllt sie doch alle die Lande, das Meer und den Himmel mit Lichtflut
593 Und durchströmet die Welt mit ihrer erwärmenden Hitze.
597 Denn hier kann sich allein aus dem Weltall sammeln der Lichtstoff
Und als ergiebige Quelle dann offen sprudelnd ergießen,
Weil aus der ganzen Welt sich die Urelemente der Wärme
600 Überallher so treffen und solche Verbindungen eingehn,
Daß sich die Sonnenglut aus gemeinsamem Haupte ergießet.
Siehst du nicht auch, wie ein spärlicher Born bisweilen die Wiesen
Weithin mit Wasser berieselt und Felder weit überflutet?
So kommt's öfter auch vor, daß bei mäßiger Sonnenbestrahlung
605 Dennoch die Hitze erfaßt mit sengenden Gluten das Luftreich,
Wenn sich gerade die Luft in der passenden Lage befindet,
Daß sie bereits durch schwächere Glut entzündet kann werden.
Derart sehn wir, wie selbst ein einziger Funke zuweilen
Weithin auf Saaten und Stoppeln gewaltige Brände verursacht.
610 Möglich ist auch, daß die Sonne, die oben mit rosiger Fackel
Leuchtet, im Umkreis Feuer in reichlicher Menge bereit hat,

596 ~ 584

Das uns nicht sichtbar wird, da es nicht durch Leuchten sich kundgibt,
Sondern nur gluterzeugend die Wirkung der Strahlen vergrößert.

SONNENWENDE. MONDBAHN

Auch hierüber vermißt man die einfache, wahre Erklärung,
Weshalb im Winter die Sonne, sobald sie die Sommerbezirke
Hinter sich läßt, zu der Wende des Steinbocks geht und von da aus
Wieder zum Ruhepunkt kehrt, zu der Sonnenwende des Krebses,
Und warum denn der Mond durch die nämlichen Strecken im Monat
Läuft, zu welcher die Sonne in ihrer Bewegung ein Jahr braucht.
Hierfür, sag' ich, vermißt man ein einfaches Wort der Erklärung.
Möglich ist zwar vor allen den andern die alte Erklärung,
Die Demokrit einst gab, ein Mann von geheiligtem Ansehn.
Nämlich er sagt: Je näher Gestirne der Erde sich hielten,
Desto weniger könne der himmlische Wirbel sie fassen,
Dessen Schnelle nach unten zu schwinden beginne und dessen
Kräftige Wirkung sich mindre. Drum komme allmählich die Sonne
Gegen die letzten Gestirne der Tierkreisbahn in den Rückstand,
Da sie viel niedriger läuft als die heißen Gestirne der Höhe.

Aber der Mond noch mehr; je tiefer sein Lauf sich hinabsenkt
Fern von dem Himmelsgewölbe und weiter der Erde sich nähert,
Um so weniger kann er die Sterne erreichen im Wettlauf.
Ferner je matter die Kraft, mit der er die eigene Kreisbahn
Unter der Sonne verfolgt, um so schneller erreichen ihn ringsum
Sämtliche Tierkreiszeichen und eilen am Monde vorüber.
Deshalb gewinnt es den Schein, als ob er zu diesen Gestirnen
Rascher zurück sich bewege, weil diese ihn wieder erreichen.
Möglich ist auch die Erklärung, es wechsle ein doppelter Luftstrom

Ab in geregelter Zeit aus entgegengesetzten Bezirken,
Welcher die Sonne vermag aus den Tierkreiszeichen des Sommers
Bis zu der Winterwende und eisigen Kälte zu treiben
Und sie dann wieder zurück von dem eisigen Schatten des Frostes
Bis zu dem Sommerbezirk und den heißen Gestirnen zu führen.
Ähnlich darf man sich denken, der Mond und jene Planeten,
Die in längeren Jahren die längeren Bahnen vollenden,
Könnten im Wechselstrome der Luft vollenden den Kreislauf.
Siehst du nicht schon bei den Wolken die oberen Schichten den untern
Oft mit verschiedenem Wind entgegengesetzt sich bewegen?
Wie vermöchten nicht auch in des Äthers gewaltigen Bahnen
Jene Gestirne zu ziehen, von Wechselströmen getrieben?

NACHT

Aber die Nacht hüllt ein in gewaltiges Dunkel den Erdball,
Wenn entweder die Sonne nach längerem Laufe des Himmels
Äußerste Grenze erreicht und ermattet das Feuer verhauchet,
Das von der Reise geschwächt, von der Masse der Luft schon verbraucht ist,
Oder auch, weil sie die nämliche Kraft, die sie über der Erde
Hieß den Kreis zu beschreiben, nun unter die Erde hinabzwang.

SONNENAUFGANG

Ähnlich streut zu gegebener Zeit durch des Äthers Gefilde
Frührot rosiges Licht und verbreitet den leuchtenden Schimmer,
Sei's daß dieselbige Sonne, die unter der Erde zurückkehrt,
Strahlen im voraus schickt, die den Himmel sollen entzünden,
Oder weil in der gegebenen Zeit viel Feuer sich sammelt
Und viel Glutelemente sich jetzt zu vereinen gewöhnt sind,
Um stets wieder aufs neue das Sonnenlicht zu erzeugen.

Also heißt es, man könne vom Gipfel des Idagebirges
Bei dem erstehenden Licht noch die einzelnen Bündel des Feuers
Unterscheiden, die dann sich zusammenrunden zur Kugel.
Hierbei darf es durchaus nicht wundernehmen, daß diese
Feueratome sich grade zu solcher gegebenen Stunde
Können vereinen, um so zu erneuern das Feuer der Sonne.
Denn wir sehen ja vieles bei allen nur möglichen Dingen
An die gegebenen Zeiten gebunden. So blühen die Bäume
Zu der gegebenen Zeit und ebenso fallen die Blüten;
In der gegebenen Zeit (so will es das Alter) verschwinden
Kindern die Erstlingszähne, den Mannbaren kleidet der weiche
Flaum und ebenso wallt von der Wange des Mannes der Vollbart.
Endlich der Blitz und der Schnee, Platzregen und Wolken und Winde
Sind an ziemlich bestimmte Gezeiten des Jahres gebunden.
Denn wenn die Grundelemente der Ursachen so sind geschaffen
Und von dem ersten Beginne die Dinge sich also gestalten,
Kehren sie folglich auch jetzt nach festen Bestimmungen wieder.

WECHSEL DER TAGESLÄNGEN

Ebenso können die Tage beim Schwinden der Nächte sich längen,
Wie sich das Licht muß mindern, sobald sich die Nächte verlängern,
Weil die Sonne, dieselbe, die unter und über der Erde
Wandelt, das Äthergefild durch Bogen verschiedener Größe
Teilet und ungleichmäßig halbiert die himmlische Kreisbahn.
Was sie entzieht auf der einen, das legt sie, wenn sie zurückkehrt,
Dann wieder zu auf der andern entgegenstehenden Seite,
Bis sie zu jenen Gestirnen des Himmels gelangt, wo des Jahres
Knoten die Schatten der Nacht und des Tages Helligkeit ausgleicht.

Denn auf der Mitte der Bahn, wo der Nordwind bläst und der Südwind,
Hält in gleicher Entfernung der Himmel die Wenden geschieden
Wegen der Lage des ganzen im Tierkreis liegenden Weges,
Den zu durchmessen die Sonne in langsamem Wandel ein Jahr braucht,
Erde und Himmel erleuchtend mit schräg auffallendem Lichte,
Wie es die Rechnung erweist Sternkundiger, welche des Himmels
Örter durch Bilder bestimmt und alle verzeichnet uns haben.
Oder die dickere Luft an gewissen Stellen mag schuld sein,
Daß das zitternde Feuer des Sonnenstrahls unter der Erde
Länger verweilt und nicht leicht durch- und zum Aufgang emporkommt.
Deshalb dauern zur Winterszeit die Nächte so lange,
Bis dann endlich erscheint die strahlende Krone des Tages.
Oder auch, weil in dem Wechsel der Jahreszeiten das Feuer
702 Später und früher sich pflegt aus den Urelementen zu sammeln;
704 Deshalb scheinen mir auch mehr jene die Wahrheit zu treffen,
705 Welche die Sonne sich lassen von einzelnen Stellen erheben,
704a *Wo sie für jeglichen Tag stets neue Strahlen hervorbringt.*

LICHTWECHSEL DES MONDES

Woher leuchtet der Mond? Getroffen vom Strahle der Sonne
Kann er uns bieten sein Licht zum Anschaun, während es täglich
Größer und größer erscheint, je mehr er der Sonne entfliehet,
Bis er dann ihr gegenüber im herrlichsten Vollmondsglanze
Strahlt und versinken sie sieht, wenn er selbst sich erhebend emporsteigt;
Ebenso muß er jedoch allmählich wieder sein Licht uns
Rückwärts wandelnd verbergen, je mehr er dem Feuer der Sonne
Nun von der anderen Seite des himmlischen Kreises sich nähert.
So erklären es manche, die kugelförmig den Mond sich

Denken und unter der Sonne die Bahn ihn lassen durchwandeln.
Aber es läßt sich auch denken, warum er mit eigenem Lichte
Strahlend sich dehnt und doch so verschiedene Formen des Lichts zeigt.
Denn da könnte ja auch noch ein anderer Körper im Spiel sein,
Der sich zugleich mit ihm dreht und auf mancherlei Art in den Weg läuft,
Aber nicht sichtbar ist, weil er lichtlos gleitet im Dunkeln.
Möglich ist auch die Drehung als Kugel. Man nehme zum Beispiel
Einen Ball, der zur Hälfte mit leuchtendem Glanze gefärbt ist;
Und nun dreht sich die Kugel und zeigt verschiedene Formen,
Bis sie unserem Blick und offenen Auge sich darbeut
Von derjenigen Seite, die ganz von dem Feuer erfüllt ist.
Dann dreht langsam der Ball sich wieder zurück und entzieht uns
Jene glänzende Seite des rollenden Kugelgebildes.
So erklärt das System der Chaldäer in Babylon, welche
Widerlegend die Kunst sternkundiger Männer verwarfen,
Gleich als wäre nicht möglich, was jeder von beiden verteidigt,
Oder als dürfe mit Grund man das eine dem anderen vorziehn.
Endlich warum nicht der Mond stets neu zu entstehen vermöchte,
Während bestimmte Gestalten und Phasen des Lichtes sich bilden,
Ferner warum nicht ein Mond alltäglich sollte verschwinden,
Während an seiner Stelle ein anderer wieder erstände,
Das ist mit Worten zu zeigen nicht leicht und mit Grund zu behaupten.
Kann sich ja doch so vieles nach fester Ordnung entwickeln.

DIE VIER JAHRESZEITEN

Lenz und Venus erscheint und ihr Bote, der Knabe mit Flügeln,
Schreitet vorauf, auch Flora, die Mutter, die neben dem Zephyr
Wandelnd die Wege vorher mit den Blüten des Lenzes bestreuet,
Alles mit herrlichen Farben und Wohlgerüchen erfüllend.
Dann folgt trockene Glut und zugleich als Begleiterin Ceres,
Die sich in Staub einhüllt, und die wehenden Nordpassate.
Hierauf naht auch der Herbst und der »Euhoi!« jauchzende Bacchus.
Ihnen folgen im Zuge die anderen Wetter und Winde:
Erst Südost mit dem Donner, dann Blitze versendend der Südwind.
Schnee bringt endlich das Ende des Jahrs, und erstarrende Kälte
Bringt es uns wieder, ihm folgt der zähneklappernde Winter.
Kann sich nun soviel ereignen in festumrissenen Zeiten,
Wird's dich noch weniger wundern, wenn auch in umrissenen Fristen
Unser Mond wird geboren und ebenso wieder vernichtet.

SONNEN- UND MONDFINSTERNISSE

Auch das Verstecken des Monds und der Sonne Verfinsterung läßt sich
Dir aus mehreren Gründen als sehr wohl möglich erweisen.
Denn wenn der Mond es vermag, die Erde vom Lichte der Sonne
Abzusperren, mit seinem erhabenen Haupt sie verdeckend,
Und als dunkele Scheibe den glühenden Strahlen sich vorlegt,
Weshalb könnte zur selbigen Frist nicht ein anderer Körper,
Der stets lichtlos wandert, dieselbe Erscheinung bewirken?
Könnte die Sonne nicht auch erschöpft ihr Feuer verlieren
In den gegebenen Fristen und später es wieder ersetzen?
Wenn sie in Räume gerät, wo die Luft sich den Flammen als feindlich

Ausweist, könnte ihr Feuer nicht plötzlich verlöschen und ausgehn?
Und auf der anderen Seite, warum soll die Erde dem Monde
Sein Licht nehmen und selber dazu noch die Sonne verdecken,
Wenn sich der Neumond stellt in den starrenden Schatten des Kegels?
Kann nicht zur selbigen Zeit ein anderer Körper dazwischen
Sei es unter dem Monde sei's über die Sonne hin ziehen,
Der das strömende Licht und das Strahlen der Sonne verhindert?
Und doch, strahlet der Mond auch selber in eigenem Glanze,
Könnte er dann nicht irgendwo in der Welt sich erschöpfen,
Während er Räume durchläuft, die feindlich dem eigenen Licht sind?

ABSCHLUSS DER KOSMOLOGIE

Nunmehr hab' ich die Fragen gelöst, wie alles am Himmel
In dem geräumigen Blau sich möglicherweise ereignet,
Wie wir den Wandel des Monds und der Sonne verschiedene Bahnen
Aus den bewegenden Kräften und Ursachen können begreifen,
Wie bei gesperrtem Licht sie vorübergehend verschwinden
Und nichts ahnende Länder urplötzlich in Finsternis hüllen.
Ist's doch, als nickten sie ein und öffneten wieder die Lider,
Um mit erleuchtendem Lichte zu nahn den erglänzenden Landen.
Jetzt nun kehr' ich zurück zu der Jugend der Welt und ich schildre,
Welche Geburten zuerst die noch weichen Gefilde der Erde
Wollten ins Licht neu heben und spielenden Winden vertrauen.

771 = 764

ENTSTEHUNG DER PFLANZEN- UND TIERWELT

Anfangs wirkte die Erde den Schimmer grünender Gräser
Rings um alle die Hügel; die blumigen Auen erglänzten
Überall über die Felder gebreitet in grünlicher Färbung.
Dann hob an für der Bäume Geschlecht ein gewaltiger Wettlauf;
Um in die Lüfte zu schießen, ward ihnen der Zügel gelockert.
Gleichwie Federn und Haare einmal und Borsten sich bilden
Beim Vierfüßergeschlecht und am Leib der befiederten Vögel,
So ließ damals zuerst die jugendlich fruchtbare Erde
Gras und Gesträuche zunächst, dann lebende Wesen erstehen,
Die in vielerlei Arten sich zahlreich und mannigfach regten.
Denn es konnten vom Himmel die lebenden Wesen nicht fallen,
Noch auch Bewohner des Landes aus salzigem Meere erstehen.
So bleibt übrig: die Erde erwarb mit Recht sich den Namen
Einer Mutter. Denn alles, was lebt, hat die Erde geschaffen.
Und wenn jetzt noch der Erde unzählige Tiere entschlüpfen,
Welche der Regen erzeugt und der Sonne erwärmende Dünste,
Wundert's uns auch nicht weiter, wenn damals mehr noch und größre
Tiere entstanden, vom Äther genährt und der jüngeren Erde.

Erst kroch jetzt das geflügelte Volk und das bunte Gevögel
Aus den Eiern heraus, die bebrütet waren zur Lenzzeit,
So wie im Sommer Zikaden von selbst aus den rundlichen Larven
Schlüpfen, um Nahrung zu suchen und Lebensfristung zu finden.
So entstanden zuerst auch damals Tiere und Menschen.
Denn viel Wärme und Nässe war noch auf den Fluren vorhanden,
Und so wuchsen denn da, wo der Ort die Gelegenheit darbot,
Schläuche hervor, die zur Erde hinab die Wurzeln versenkten.
Wo nun das Lebensalter der reifenden Jungen die Schläuche
Sprengte, indem sie der Nässe entflohn, nach den Lüften sich reckend,

Dahin lenkte von selbst die Natur die Kanäle der Erde
Und ließ dort milchähnlichen Saft aus der Öffnung der Adern
Fließen, so wie ja auch jetzt bei allen entbundenen Frauen
Süßliche Milch in die Brust sich ergießt, weil hierhin der ganze
Sonstige Nahrungsstrom aus dem weiblichen Körper gelenkt wird.
So gab Speise den Kleinen die Erde und Kleidung die Wärme;
Lagerstätte gewährte des Rasens schwellendes Polster.
Aber die Jugend der Welt verhinderte Strenge des Frostes
Wie unmäßige Hitze und übergewaltige Stürme.
Denn gleichmäßig erwächst und erstarkt dies alles zusammen.
Darum (ich sag es noch einmal) erhielt die Erde den Namen
Mutter und trägt ihn mit Recht. Denn *sie* hat den Menschen geschaffen,
Sie auch alles Getier in fast regelmäßiger Wurfzeit,
Was da überall springt und tobt in den hohen Gebirgen,
Wie auch die bunten Gestalten der flüchtigen Segler der Lüfte.
Doch nun hörte sie auf, wie ein Weib, das vom Alter erschöpft ist,
Da auch bei ihr das Gebären sich einmal endigen mußte.
Denn das Alter verändert die ganze Natur in dem Weltall,
Da notwendig sich stets ein Zustand reiht an den andern.
Nichts bleibt immer sich gleich: es wechselt und wandelt sich alles;
Alles verändert und zwingt die Natur zu steter Verwandlung.
Denn wenn das Eine verfault und vor Altersschwäche dahinsiecht,
Wächst gleich andres empor und entsteigt dem verachteten Dunkel.
Also verändert das Alter die ganze Natur in dem Weltall,
Und auch die Erde, wo stets ein Zustand folgte dem andern,
Schafft, was sie konnte, nicht mehr und erschafft, was sie früher nicht konnte.

ANFÄNGLICHE MISSGEBURTEN

Einstmals schuf auch die Erde noch zahlreiche Wundergestalten
Wie zum Versuch, an Gestalt wie an Gliedern seltsam gebildet:
Hermaphroditen mit Doppelgeschlecht, doch zu keinem gehörig,
Manche der Füße ermangelnd und andere wieder der Hände,
Einige mundlos stumm, blind andere ohne die Augen,
Andere steif, da jegliches Glied mit dem Leib war verwachsen.
Deshalb konnte ein solches Geschöpf nichts tun noch wohingehn
Noch der Gefahr sich entziehn noch das, was es brauchte, beschaffen.
Dieses und derart mehr, Mißbildungen, scheußliche Wunder,
Schuf sie umsonst; die Natur verweigerte ihnen den Nachwuchs;
Denn zur ersehnten Blüte vermochten sie nicht zu gelangen
Noch sich die Nahrung zu schaffen noch gar sich in Liebe zu paaren.
Denn gar vielerlei muß, wie wir sehen, zusammen sich finden,
Soll sich ein sterblich Geschlecht fortpflanzen und weiter vermehren:
Erstens bedarf es der Nahrung und weiter des zeugenden Samens
In Gefäßen, durch die er sich löst aus den Gliedern und ausfließt.
Endlich bedarf es der Glieder, durch die sich die beiden Geschlechter
Können vereinen und tauschen die wechselseitigen Wonnen.

ÜBERLEBEN DER STÄRKEREN UND NÜTZLICHEREN TIERE

Damals mußten wohl viele der lebenden Gattungen ausgehn,
Da sie imstand nicht waren, für Nachwuchs weiter zu sorgen.
Denn die Geschöpfe, die jetzt sich erfreun des belebenden Odems,
Können von Jugend auf nur so das Geschlecht sich erhalten,

Daß sie durch Kraft sich und List und endlich durch Schnelligkeit schützen.
Viele sind auch uns Menschen durch ihren Nutzen empfohlen,
Und so bleiben sie leben, da *wir* sie hegen und pflegen.
Erstlich das wilde Geschlecht und die grausamen Scharen der Löwen
Hielten durch Kraft sich, der Fuchs durch List und der Hirsch durch die Schnelle.
Aber der wachsame Hund mit dem Herzen von goldener Treue
Und das gesamte Geschlecht, das stammt aus dem Samen des Lastviehs,
Ferner die wolligen Schafe und hörnergeschmückten Geschlechter
Sind in dem menschlichen Schutze, mein Memmius, alle verblieben.
Denn sie flohen mit Hast vor dem wilden Getiere und suchten
Frieden und reichliche Nahrung, um die sie sich selbst nicht bemühen;
Denn wir geben sie ihnen als Lohn für nützliche Dienste.
Aber die Tiere, die nichts von solcher natürlichen Mitgift
Mitbekamen, die weder sich selbst zu ernähren vermochten
Noch uns Dienste zu leisten, wofür wir in unserem Schutze
Ihnen zu leben gestatten und ihre Vermehrung zu sichern,
Diese nun freilich verfielen dem Raub und der Beute der andern,
Da sie alle so lange des Schicksals Fessel umstrickte,
Bis die Natur solch schwaches Geschlecht zum Untergang führte.

ES GAB NIEMALS CENTAUREN UND DERGLEICHEN

Aber Centauren hat's nie und nirgend gegeben. Denn niemals
Können aus Doppelnaturen und doppeltem Körper sich Wesen
Bilden, zumal wenn sie Gliedern von fremder Gattung entstammen,
Deren Kräfte doch ungleich sind bei dem zwiefachen Ursprung.

Selbst ein stumpfer Verstand kann dies nach dem Folgenden einsehn.
Erstlich ein rüstiges Pferd wird, wenn drei Jahre vergangen,
Fertig: nicht also das Kind; denn oftmals wird es auch dann noch
Schlafend die Mutterbrust, die Milch ihm spenden soll, suchen.
Dann, wenn mit nahendem Alter dem Rosse versaget die Vollkraft
Und, wo sein Leben sich neigt, ihm längst schon die Glieder erschlafft sind,
Da erst beginnt der Knabe die blühende Jugend des Lebens,
Und mit wolligem Flaum umkleidet sich männlich die Wange.
Glaube drum nicht, es könnten aus tierischem Samen von Pferden
Und aus Menschen Centauren entstehen und weiter so leben,
Oder Geschöpfe wie Scylla mit ihrem von rasenden Hunden
Rings umgürteten Leib und dem Fischschwanz, oder auch andre
Wesen, bei denen die Glieder so ungleichartig erscheinen,
Die nicht erblühen zur selbigen Zeit, nicht die Kräfte der Körper
Alle zugleich sich gewinnen, zugleich auch im Alter verlieren,
Die auch nicht ähnliche Liebe entflammt, noch die gleiche Gewohnheit
Zu einander gesellt, noch die selbigen Speisen erfreuen.
Kann man doch öfter bemerken, daß bärtige Böcke sich mästen,
Wenn sie Schierling fressen, der Menschen ein tödliches Gift ist.
Da doch ferner die Flamme die goldenen Leiber der Löwen
Ebenso dörrt und brennt wie alles, was sonst noch auf Erden
Körper besitzt von Fleisch und Blut, wie war es denn möglich,
Daß die Chimäre sich setzt aus dreifachem Leibe zusammen,
Vorne als Leu, als Drache am Schwanz, in der Mitte als Ziege,
Und bei solcher Gestalt aus dem Munde schnob flammendes Feuer?
Drum wer meint, in der rüstigen Jugend von Himmel und Erde
Könnten wohl auch derart wahnschaffne Gebilde entstehen,

Und sich lediglich stützt auf das nichtige Wörtchen der Jugend,
Der kann ebensogut viel anderes ähnliches faseln.
Damals, so mag er behaupten, da strömten noch goldene Flüsse
Über das Land und den Bäumen entsproßten da Blüten von Demant,
Oder es gab noch Menschen mit derart wuchtigen Gliedern,
Daß sie die Tiefen des Meers mit Riesenschritten durchmaßen
Und mit den Händen den Himmel im Kreise zu drehen vermochten.
  Gab's nun zwar in der Erde zur Zeit, als sie lebende Wesen
Brachte zuerst ans Licht, viel Keime, so fehlt uns doch jedes
Zeichen, daß je Mischformen entstehen konnten von Tieren
Und ein lebendig Geschlecht aus zusammengestoppelten Gliedern.
Mögen auch jetzt noch der Erde in reichlicher Fülle entsprießen
Allerlei Arten von Kräutern und Frucht und die labenden Bäume:
Nimmer können sie doch sich gegenseitig verbinden,
Sondern jegliche Gattung entsteht auf die eigene Weise,
Und das Geetz der Natur hält alle genau auseinander.

ENTWICKLUNG DES MENSCHENGESCHLECHTES

Aber das Menschengeschlecht, das damals noch auf den Feldern
Lebte, war rauher natürlich als Sprößling der rauheren Erde;
Größre und stärkere Knochen befestigten innen den Körper;
Kräftige Sehnen im Fleisch verbanden die einzelnen Glieder;
Hitze und Kälte ergriff sie nicht leicht und die neue Ernährung
Schadete nichts; frei blieben sie auch von jeder Erkrankung;
Während unzähliger Jahre, die unsere Sonne am Himmel
Kreiste, verbrachten sie so wie die Tiere ein schweifendes Leben.
Niemand lenkte mit kräftiger Hand das gebogene Pflugholz,
Niemand kannte die Kunst, mit der Hacke das Feld zu bestellen,
Noch auch neues Gesträuch in die Erde zu senken, noch endlich

Altes Geäst mit der Hippe aus hohen Bäumen zu schneiden.
Nur was Regen und Sonne verlieh, was die Erde von selbst gab,
Ward als Geschenk von den Menschen zufriedenen Herzens empfangen.
Meistens ernährten sie sich in den eicheltragenden Wäldern.
Auch ließ damals die Erde von Erdbeerbäumen die Früchte
Größer noch werden als jetzt, wo zur Winterszeit du die Beeren
Sehn kannst, wie in der Reife sie purpurartig erstrahlen.
Noch viel andres erzeugte die blühende Jugend der Erde,
Gröbliche Kost, doch es war der elenden Sterblichen Reichtum.
Aber zur Löschung des Dursts lud Quell und Bach sie zu Gaste,
Wie noch jetzt in den Bergen ein niederrauschender Sturzbach
Dürstende Scharen von Wild weither zur Tränke herbeiruft.
Schließlich weilten sie gern in Grotten der Nymphen im Walde,
Die sie beim Schweifen entdeckt. Sie wußten, daß hieraus entspringe
Reichlicher Quellenerguß, der die schlüpfrigen, triefenden Felsen
Netzt, ja triefende Felsen, sodann durch das moosige Grün tropft,
Während anderes Naß aus den Ebenen sprudelnd emporspringt.
Sie verstanden noch nicht den Gebrauch des Feuers, noch deckten
Felle, die etwa dem Wild sie geraubt, die Blöße des Körpers,
Sondern sie lebten im Wald und im Hain und in Höhlen der Berge.
Und wenn die Not sie zur Flucht vor dem peitschenden Regen und Winde
Zwang, so verbargen sie wohl die schmutzigen Körper im Dickicht.
Noch vermochten sie nicht dem gemeinsamen Wohl sich zu ordnen,
Keine gemeinsame Sitte verband sie oder Gesetze.
Was ihm der Zufall bot, trug jeder als Beute nach Hause.
Jeder nach eigenem Triebe bedacht auf Leben und Wohlsein.

Und in den Wäldern vereinte die Körper der Liebenden Venus,
Sei's daß das Weib sich verband aus wechselseitiger Neigung,
Oder daß trotzige Kraft und rasende Wollust des Mannes
965 Oder ein Kaufpreis zwang, wie Eicheln und Beeren und Birnen.
Auf die erstaunliche Kraft der Faust und der Füße vertrauend,
967 Stellten sie nach in dem Wald den Geschlechtern des Wildes. Als Waffe
975 Dienten geschleuderte Steine und Keulen von großem Gewichte.
968 Viele erlegten sie so, vor manchen verbarg ein Versteck sie.
Gleichwie die borstigen Schweine, so legten sie nackt sich im Walde
970 Auf den Boden der Erde, sobald sie die Nacht überraschte,
Und umgaben sich dort mit der Hülle von Blättern und Laubwerk.
Nicht mit lautem Geheul durchirrten sie ängstlich die Fluren,
Um in dem Schatten der Nacht nach dem Tag und der Sonne zu suchen,
974 Sondern sie warteten still und in ruhigen Schlummer versunken,
976 Bis die Sonne dem Himmel mit rosiger Fackel das Licht gab.
Denn sie waren gewohnt, von Kindesbeinen an ständig
Dunkel und Helle des Lichts gleichmäßig wechseln zu sehen.
So war gar kein Grund, sich jemals darüber zu wundern
980 Oder zu fürchten, es möchte das Licht sich der Sonne verlieren
Und dann ewige Nacht die Lande für immer bedecken.
Nein, viel eher besorgten sie Angriff reißender Tiere,
Welche den Armen so oft die nächtliche Ruhe verstörten.
985 Wenn ein schäumender Eber, ein mächtiger Löwe sich nahte,
984 Ließen ihr Heim sie im Stich und flohn aus dem Grottengesteine,
986 Tief in der Nacht überließen entsetzt sie ihr ärmliches Lager,
Das sie aus Laub sich im Innern gehäuft, den grausamen Gästen.

TODESARTEN EINST UND JETZT

Damals schieden jedoch aus des Lebens wonnigem Lichte
Jammernd gewiß nicht mehr aus dem Menschengeschlechte als heute.
Freilich der Einzelne ward vordem viel leichter ergriffen
Und ward lebend zum Fraße dem Raubtier, das ihn verschluckte.
Da erfüllt' er den Hain und den Wald und die Berge mit Jammern,
Sah er lebendigen Leibs sich im lebenden Sarge begraben;
Und wer etwa durch Flucht den zerrissenen Körper gerettet,
Hielt dann zitternd die Hand auf die gräßlichen Wunden und flehte
Unter entsetzlichem Wehegeschrei den erlösenden Tod an.
Endlich ließ er sein Leben infolge der schrecklichen Qualen
Hilflos und ohne zu wissen, wie Wunden behandelt sein wollen.
Aber es stürzte noch nicht *ein* Tag viel Tausende Männer,
Welche den Fahnen gefolgt, in den Tod, noch warfen des Meeres
Stürmische Wogen die Schiffe mitsamt der Besatzung auf Klippen.
So war die Wut umsonst, mit welcher die stürmische Meerflut
Anschwoll; leicht auch legte sich ihre vergebliche Drohung.
Lockte doch damals noch keinen die trügende Stille des Meeres,
Niemanden zog ins Verderben das gleißende Lächeln der Wellen.
Schamloser Reedergewinn verführte noch niemand zur Seefahrt.
Damals bracht' es den Tod den verschmachtenden Gliedern, wenn Nahrung
Fehlte, doch heute erdrückt sie die Überfülle der Speisen.
Jene gossen sich selbst oft Gift ein, ohn' es zu ahnen,
Jetzt ist man freilich geschickter: man reicht es nun selber *den Schwiegern*.

GRÜNDUNG DER FAMILIE

Dann erbauten sie Hütten, verschafften sich Felle und Feuer,
Und da schloß nun der Mann mit dem *einen* Weibe den Ehbund.
So ward das heilige Recht des ersten Herdes begründet
Und der Familie, im Kreis der dem Bunde entsprossenen Kinder.
Jetzt erst wandte das Menschengeschlecht sich zu milderen Sitten.
Denn ihr fröstelnder Körper ward nun durch das Feuer verzärtelt;
Unter des Himmels Dach vertrugen sie länger den Frost nicht
So wie sonst. Und die Liebe erweichte die Kraft. Auch die Kinder
Brachen mit Schmeicheln gar leicht unbeugsamen Sinn bei den Eltern.

GRÜNDUNG DER STAMMGENOSSENSCHAFTEN

Jetzt begannen auch Nachbarn sich in Freundschaft zu einen,
Wünschend, sich beiderseits nicht zu schaden noch Schaden zu leiden.
Auch empfahl man dem Schutze die Kinder und Weiber, indem man
Stammelnd durch Wort und Gebärde andeutete, wie es doch billig
Wäre und recht, wenn alle der Schwachen sich hilfreich erbarmten.
Freilich gelang es noch nicht, vollkommen die Eintracht zu schaffen,
Aber ein guter, beträchtlicher Teil hielt treu zu dem Bündnis.
Denn sonst wäre schon damals die Menschheit gänzlich erloschen,
Und es hätte bis jetzt ihr Geschlecht sich schwerlich erhalten.

URSPRUNG DER SPRACHE

Wenn nun der Zwang der Natur verschiedene Laute der Sprache
Bildete und das Bedürfnis die Namen der Dinge hervorrief,
Ging dies gerade so zu, wie wenn sich auch unsere Kleinen
Stummer Gebärden bedienen aus Unvermögen der Sprache
Und mit dem Finger auf das, was sie sehen, zu deuten gewöhnt sind.
Denn ein jedes Geschöpf fühlt wohl, wie weit ihm die Kraft reicht.
Ehe dem Kalbe die Hörner noch sind aus der Stirne erwachsen,
Greift es mit ihnen im Zorn schon an und stößt nach dem Gegner,
Während dagegen die Jungen von Panthern oder von Löwen
Mit den Tatzen und Krallen und Bissen schon heftig sich wehren,
Wenn die Krallen und Zähne noch kaum sich zu bilden begonnen.
  Ferner das Vogelgeschlecht baut ganz, wie man sieht, auf die Flügel
Und sucht Rettung allein in der Fittiche flatterndem Schlage.

SPRACHERFINDER GIBT ES NICHT

Wahnsinn ist es daher, an einen Erfinder zu glauben,
Der einst Namen den Dingen verliehn und den Menschen die ersten
Wörter gelehrt. Weshalb hat denn dieser allein es verstanden,
Alles mit Worten zu nennen und Laute verschieden zu bilden,
Während zur selbigen Zeit dies keiner der andern vermochte?
Wenn zudem nicht auch andre sich untereinander der Sprache
Hätten bedient, wie kam man dazu, den Nutzen der Sprache
Einzusehn, und woher ward diesem zuerst das Vermögen,
Was er gedachte zu tun, im Geiste voraus zu ermessen?
Ebenso war es unmöglich, als einer die vielen zu zwingen,
Daß sie willig sich fügten, die Namen der Dinge zu lernen,

Noch war es irgend leicht, vor tauben Ohren zu lehren
Und ihr Tun zu beraten. Sie würden auch nimmer es dulden
Und durchaus nicht ertragen, wenn einer noch weiter vergeblich
Ihnen das Ohr vollstopfte mit nimmer vernommenen Lauten.

Endlich was ist denn dabei so sehr zu verwundern, wenn wirklich
Unser Menschengeschlecht, deß Stimme und Zunge gesund war,
Nach den verschiednen Gefühlen den Dingen verschiedenen Laut gab.
Läßt doch auch stummes Vieh, ja selbst die Sippen des Wildes
Ganz verschiedene Töne und mancherlei Laute vernehmen,
Wenn bald Furcht, bald Schmerz, bald schwellende Lust sie beweget.
Denn dies läßt sich ja doch aus bekannten Erscheinungen lernen.

Wenn die gewaltige Dogge molossischer Rasse gereizt wird
Und aus dem fleischigen Rachen mit bleckenden Zähnen hervorknurrt,
Klingt ihr Drohn bei verhaltener Wut ganz anders, als wenn sie
Losbellt und schier alles mit ihrem Gebrülle erfüllet.
Oder auch wenn sie die Brut mit der Zunge so zärtlich belecket
Oder sie rollt mit den Pfoten und harmlos beißend sie anfällt
Oder mit achtsamem Zahne die Nestlinge droht zu verschlingen,
Dann ist ihr sanftes Gekläffe doch sehr von dem Belfern verschieden,
Das sie allein vollführt, wenn ihr Herr sie zu Hause gelassen
Oder wenn winselnd dem Schlag sie entflieht mit gekniffenem Leibe.

Scheint nicht ferner das Roß in verschiedenem Tone zu wiehern,
Wenn es als Hengst in der Jugend Kraft rast unter den Stuten,
Mächtig getroffen vom Sporn des geflügelten Gottes der Liebe,
Oder zur Schlacht galoppiert und aus offenen Nüstern voranschnaubt

Oder beim Todesröcheln mit schütternden Gliedern noch wiehert?
Endlich das fliegende Volk und die buntgefiederten Vögel,
Habichte, Adler und Taucher, die über den Wogen des Meeres
Schweben und Nahrung und Leben aus salzigen Fluten gewinnen,
Geben verschiednes Geschrei von sich zu verschiedenen Zeiten,
Und wenn sie streiten ums Fressen und um das Erbeutete kämpfen.
Teilweis ändern sie auch je nach dem verschiedenen Wetter
Ihr rauhklingend Gekrächz. Als Beispiel nenn' ich das alte
Krähen- und Rabengeschlecht. Man sagt, sie schreien nach Wasser
Und nach Regen und rufen bisweilen auch Winde und Stürme.
Wenn demnach schon die Tiere verschiedne Empfindungen zwingen,
Ob sie auch sprachlos sind, verschiedene Stimmen zu äußern,
Wieviel mehr war der Mensch natürlich damals imstande
Mit verschiedenen Lauten bald dies zu bezeichnen, bald jenes.

EINLAGE: FEUERENTDECKUNG

|| Daß nicht etwa im stillen dich etwas beängstige, höre:
Feuer brachte den Menschen zuerst auf die Erde der Blitzstrahl,
Und von da verbreiten sich rasch die Gluten der Flammen.
Sehen wir doch, wie so vieles von himmlischer Lohe entzündet
Aufflammt, wenn ein Gewitterschlag die Entzündung bewirkt hat.
Auch ein verästelter Baum, der im Sturme bewegt hin und her schwankt,
Fängt, wenn er stößt auf die Äste des Nachbarbaumes, zu glühn an,
Und durch der Reibung Kraft wird oft auch die Lohe entbunden.
Manchmal blitzet auch schon ein glühender Büschel von Flammen
Auf, wenn Äste und Stamm im Wind aneinander sich reiben,

Beide Wege vermochten den Sterblichen Feuer zu schaffen;
Speise damit zu bereiten und sie in dem Dampf zu erweichen,
Lehrte die Sonne. Man sah ja, wie viele der Früchte des Feldes
Durch der Sonne Bestrahlung und Glut die Milde erlangten. ||

STÄDTEGRÜNDUNG UND KÖNIGSHERRSCHAFT

|| Täglich zeigten sie so, wie durch Feuer und neue Erfindung
Ihr bisheriges Leben zu bessern sei. So begannen
Männer, die mehr als die andern durch Geist und Verstand sich bewährten,
Städte zu gründen und dort als Könige Burgen zu bauen,
Die sie als Zufluchtsort und als Schutz für sich selber bestimmten;
Und sie verteilten das Vieh und die Äcker und gaben sie jedem,
Wie nach Gestalt und Kraft des Körpers und Geistes ihm zukam.
Denn viel galt noch die äußre Gestalt, und die Stärke regierte.
Später erst kam der eigne Besitz, und das Gold ward gefunden,
Gold, das die Starken und Schönen der früheren Ehre beraubte.
Denn in des reicheren Mannes Gefolgschaft reiht in der Regel
Auch der noch so Starke sich ein und der äußerlich Schöne.
Doch wenn der Mensch nach der Wahrheit wüßte sein Leben zu leiten,
Wäre des Reichtums Gipfel: bescheidenes Leben mit Gleichmut;
Denn der bescheidene Mensch kennt niemals wirkliche Armut.
Aber die Leute erstrebten, berühmt und mächtig zu werden,
Um auf gesichertem Grund ihr Lebensschicksal zu bauen
Und als reiche Besitzer behaglich ihr Dasein zu führen.
Freilich umsonst! Denn im Wettkampf sucht auf den Gipfel der Ehren
Jeder zu kommen und macht sich den Weg dorthin nur gefahrvoll.
Und doch, haben sie's endlich erreicht, so stürzt sie bisweilen
Aus der Höhe der Neid wie ein Blitz in des Tartarus Grauen.

1131 Denn gewöhnlich versengt so der Neid wie der Blitz das Erhabne
1132 Und was irgendwie höher sich über das andre emporhebt.
1127 Wieviel besser ist's doch, zu gehorchen in Ruhe und Frieden,
Als der gebietende Lenker des Staats und sein König zu werden!
Laß sie daher nur umsonst blutschwitzend weiter sich abmühn
1130 Und sich den engen Weg erkämpfen im Ringen der Ehrsucht.
1133 Denn sie richten sich nur nach der anderen Urteil und stecken
Mehr nach der Leute Geschwätz sich das Ziel als der eignen Empfindung,
1135 Und so ist's, wie es immer schon war und auch künftig noch sein wird.

STURZ DES KÖNIGTUMS. VOLKSHERRSCHAFT

Also die Könige fielen! Gestürzt lag ihrer erhabnen
Throne vergangene Pracht und ihr stolzes Szepter am Boden;
Blutig vom Herrscherhaupt ward gerissen die strahlende Krone,
Die zu den Füßen des Pöbels die einstige Ehre betrauert.
1140 Was man so sehr einst gefürchtet, nun tritt man es eifrig mit Füßen.
So kam also der Staat in die Hände der Hefe des Volkes,
Wo ein jeder für sich die Gewalt und Herrschaft erstrebte.
Doch jetzt lehrten auch manche, Beamte zu wählen und Rechte
Festzustellen, damit den Gesetzen man willig gehorche.
1145 Denn das Menschengeschlecht war müde, sein Leben gewaltsam
Und in beständiger Fehde zu führen. So beugt' es von selber
Willig sich unter das Joch der Gesetze und strengeren Rechtszwangs.
Denn weil jeder im Zorn erbitterter frönte der Rachsucht,
Als ein billig Gesetz es zur Zeit dem Einzelnen einräumt,
1150 Ward man es überdrüssig, sein Leben gewaltsam zu führen.
Furcht vor Strafe befleckt seitdem die Freude am Dasein.

Denn die verübte Gewalt und das Unrecht fängt in dem Netze
Jeden und kehret gewöhnlich zurück auf das Haupt des Verbrechers.
Wer durch Verbrechen verletzt die gemeinsamen Friedensverträge,
Dem wird's schwierig, zu führen ein ruhiges, friedliches Leben.
Denn ob zunächst es auch täuscht der Götter und Menschen Geschlechter,
Kann er doch nicht wohl hoffen, sein Tun bleib' ewig verborgen.
Haben nicht viele schon häufig im Schlafe sich übel verplaudert
Oder auch, wie man erzählt, in der Krankheit irre geredet
Und so ihre geheimen *Verbrechen* und Sünden verraten? ||

URSPRUNG DER GOTTESVEREHRUNG

Nunmehr scheint es nicht schwer, den Grund der Götterverehrung
Aufzudecken, wodurch sie sich über gewaltige Völker
Habe erstreckt und die Städte mit Götteraltären erfüllet,
Wie sie die jährliche Ordnung der heiligen Feste geregelt,
Die noch jetzt sind im Schwang in den größten Staaten und Städten,
Ferner woher in den Menschen der heilige Schauer gepflanzt ward,
Der jetzt überall noch auf dem Erdkreis Tempel auf Tempel
Göttern errichtet und zwingt, sie an festlichen Tagen zu feiern.
Nämlich, es waren natürlich schon damals dem menschlichen Geiste
Herrliche Göttergestalten von wundersam riesigem Wuchse
Teils im Wachen erschienen, jedoch noch öfter im Traume.
Diesen Gestalten nun lieh man Gefühl. Denn sie regten die Glieder,
Wie es wenigstens schien, und sprachen erhabene Worte,
Welche der hehren Gestalt und den riesigen Kräften entsprachen.
Ewiges Leben verliehen sie ihnen, weil ständig die Götter

Unter der nämlichen Form und Gestalt den Menschen erschienen,
Und vor allem jedoch, weil solche gewaltigen Wesen
Schwerlich besiegbar erschienen durch irgend andere Kräfte.
Drum schien ihnen ihr Leben vor andern besonders begnadet,
Weil auch nicht einen von ihnen die Furcht vor dem Tode bekümmre.
Sahen sie doch in den Träumen, wie Götter so zahlreiche Wunder
Wirkten, wobei sie doch selbst nicht die mindeste Mühe verrieten.
Dazu gewahrten sie auch die geregelte Ordnung des Himmels,
Und wie die Jahreszeiten in ständigem Wechsel sich drehten,
Ohne daß ihnen der Grund für diese Erscheinungen klar ward.
Und so flüchteten sie zu den Göttern, vertrauten sich ihnen,
Deren Geheiß und Wink, wie sie glaubten, die Welten regiere.
In den Himmel verlegen sie Tempel der Götter und Wohnsitz,
Weil auch Sonne und Mond durch den Himmel schienen zu wandeln,
Mond und Tag und Nacht und der Nacht tiefernste Gestirne
Und die nächtlichen Fackeln des Himmels und fliegenden Flammen,
Wolken und Tau und Regen und Schnee, Wind, Hagel und Blitze,
Rasend heulender Sturm und gewaltig drohender Donner.
O unseliges Menschengeschlecht, das solches den Göttern
Zuschrieb, ja ihnen gar der Zornwut Bitterkeit beigab!
Wieviel Seufzer erschuf es sich selbst, wie gräßliche Wunden
Schlug es auch uns, was kommt noch an Tränen auf unsere Kinder!
|| Frömmigkeit ist es mit nichten, verhüllten Hauptes ein Steinbild
Zu umwandeln und opfernd an alle Altäre zu treten
Oder zur Erde zu fallen der Länge nach oder die Hände
Zu den Tempeln der Götter zu heben und reichliches Tierblut
Ihren Altären zu weihn und Gelübd' an Gelübde zu reihen,

Sondern mit ruhigem Geiste auf alles schauen zu können. ||
Blicken wir nämlich empor zu den Himmelsräumen des Weltalls
Und zu den funkelnden Sternen im Äther, der drüber sich wölbet,
Und wir erwägen im Geiste die Bahnen des Monds und der Sonne,
Dann reckt gegen die Brust, wo sie schlief von den anderen Leiden
Niedergehalten, ihr Haupt, das wiedererwachte, die Sorge,
Ob es nicht doch vielleicht der Götter unendliche Macht sei,
Welche in wechselnden Bahnen die hellen Gestirne herumführt.
Denn es verwirrt den zweifelnden Geist des Versagen der Einsicht,
Ob wohl irgend einmal die Schöpfungsstunde der Welt schlug,
Ob auch ein Ende es gäbe, so lange die Mauern des Weltalls
Und der Gestirne geräuschloser Lauf sich der Mühe nicht weigern,
Oder ob göttliche Huld sie mit ewigem Leben beschenkt hat,
Daß sie, da stets in der Ewigkeit Schwung sie sich drehen, deswegen
Könnten der Übergewalt der unendlichen Ewigkeit trotzen.
Und: wem krampft sich das Herz nicht aus Angst vor den Göttern zusammen,
Wem fährt nicht ein entsetzlicher Schreck in die Glieder, wenn plötzlich
Furchtbarer Blitzeinschlag die vertrocknete Erde erschüttert,
Während des Himmels Gewölbe durchrollt der grollende Donner?
Zittern nicht ganze Völker alsdann? Erfaßt nicht der Schrecken
Stolzer Könige Glieder, so daß sie in Angst vor den Göttern
Fürchten, es nahe die Stunde, in der sie für scheußlichen Frevel
Oder tyrannischen Spruch die Bestrafung müßten erwarten?
Auch, wenn der Winde Gewalt wildwütend über das Meer fährt,
Und den Gebieter der Flotte mit seinen gewalt'gen Legionen
Und Elefanten zumal hin über die Flächen des Meers fegt,

Fleht er die Götter um Gnade nicht an mit Gelübden und bittet
Zitternd und zagend die Winde um Frieden und günstige Brise?
Ach, umsonst! Mit wilder Gewalt erfaßt ihn der Wirbel,
Daß er trotz aller Gebete versinkt in den Fluten des Todes.
So tritt eine geheime Gewalt das Menschentum nieder,
Wirft in den schmutzigen Kot die stattlichen Bündel und Beile
Und treibt Spott, wie es scheint, mit den Zeichen grausamer Herrschaft.
Endlich, wenn unter den Füßen die ganze Erde uns schwanket,
Wenn durch die Stöße die Städte teils stürzen, teils drohen mit Einsturz,
Ist es dann wunderbar, daß die Menschheit selbst sich gering schätzt,
Aber die Götter sich denkt mit der Fülle gewaltiger Stärke
Und mit Wunderkräften, die alles hienieden regieren?

ENTDECKUNG DER METALLE

Schließlich nun wurde das Kupfer entdeckt und das Gold und das Eisen
Und zugleich auch des Silbers Gewicht und die Wirkung des Bleies.
Dies fand statt, als ein Feuer auf hohem Gebirge den Urwald
Hatte verbrannt, sei's daß dort ein Blitz aus dem Himmel gezündet,
Oder daß Menschen das Feuer im Waldkrieg, den miteinander
Sie dort führten, entfacht, um hierdurch die Feinde zu schrecken,
Oder daß andre verlockt durch die Güte des Bodens mit Feuer
Boden und fruchtbaren Acker und Weideland wollten gewinnen

Oder auch Wild erjagen und sich mit der Beute bereichern;
Denn das Jagen mit Feuer und Gruben ward früher erfunden
Als das Umstellen des Forstes mit Netzen und Hetzen mit Hunden.
Was nun auch immer der Grund zur Entstehung des Brandes gewesen,
Der mit schaurigem Prasseln den Wald bis zur untersten Wurzel
Hatte verzehrt und den Boden verbrannt durch die Gluten des Feuers:
Aus den siedenden Adern verfloß in die Mulden der Erde
Ein sich sammelnder Bach von Gold und Silber und Kupfer,
Ebenso auch von Blei. Als später man sah, wie die Massen,
Die sich verhärteten, glänzten mit blitzendem Schein aus dem Boden,
Hob man sie auf, durch die Glätte gelockt und das glänzende Aussehn.
Da bemerkte man nun, sie seien entsprechend gestaltet,
Wie die Höhlung, die jedes gefüllt, nun grade geformt war.
Da kam jetzt der Gedanke, es ließen sich diese Metalle,
Die man durch Hitze verflüssigt, in alle beliebigen Formen
Gießen und dann noch weiter durch Hämmern also verfeinern,
Daß man daraus selbst feinste und schärfste Schneiden gewinne,
Um sich Waffen zu schaffen, um Waldungen roden zu können,
Stämme zum Bau zu behauen und glatt die Bretter zu hobeln
Und mit verschiedenen Bohrern im Holz die Löcher zu bohren.
All dies tat man nicht bloß mit der Kraft des härteren Erzes,
Sondern versuchte zuerst dasselbe mit Gold und mit Silber;
Doch vergeblich; zu weich war bei diesen Metallen die Masse
Und nicht ähnlich geeignet, die härtere Arbeit zu leisten.
Da stand höher im Preise das Erz, und das Gold war als unnütz
Wenig geachtet, da leicht die Schärfe der Schneide sich abstumpft.
Jetzt wird das Erz nicht beachtet, das Gold steht oben im Preise,
So verändert der Wechsel der Zeit auch die Lage der Dinge.
Was vordem ward geschätzt, wird schließlich des Wertes entkleidet;

Dafür steigt dann ein andres empor aus verachtetem Dunkel;
Täglich erstrebt man es mehr, man begrüßt die Entdeckung mit Jubel,
Und die Menschen erweisen ihm unbegreifliche Ehre.

ERZ UND EISEN

Danach kannst du nun leicht, mein Memmius, selber die Kenntnis
Über die Art dir verschaffen, wie einstens das Eisen entdeckt ward.
Hände und Nägel und Zähne, das waren die ältesten Waffen,
Ebenso Steine, auch Äste, die jeder vom Baume sich abbrach,
Endlich Flamme und Feuer, nachdem dies einmal entdeckt war.
Später erst wurde erkannt des Eisens und Erzes Bedeutung.
Und zwar lernte man eher das Erz als das Eisen verwenden,
Da von Natur es geschmeidiger ist und sich häufiger findet.
Erz durchpflügte den Boden, mit Erz erregte man Wogen
Brandenden Schlachtengewühls, Erz säete gräßliche Wunden,
Erz nahm Herden und Äcker hinweg. Denn den ehernen Waffen
Mußte ja alles, was nackt und wehrlos war, sich ergeben.
Dann erst Schritt für Schritt drang weiter das eiserne Schwert vor,
Und man verhöhnte sogar die Erscheinung der ehernen Sichel.
Nun erst begann man mit Eisen den Boden der Erde zu furchen,
Gleiche Bewaffnung führte den Kampf im schwankenden Kriege.

KRIEGSWERKZEUGE

Erst bestieg man bewaffnet die Rippen des Rosses und lenkte
Dies mit der Linken am Zügel, die Rechte war rüstig zum Kampfe.
Dann versuchte man erst mit dem Doppelgespanne das Kriegsglück.
Und zweispännig zu fahren ward eher beliebt als mit Vieren

Und als bewaffnet zu steigen auf sichelbewaffnete Wagen.
Dann erst lehrten die Punier die eklen Lucanischen Ochsen,
Mit dem Turm auf dem Rücken und Schlangenrüsseln, des Krieges
Wunden verachten und Massen des feindlichen Heeres durchbrechen.
So trieb eins aus dem andern hervor die traurige Zwietracht,
Um dem Menschengeschlecht als schaurige Waffe zu dienen,
und tagtäglich vermehrten sich so die Schrecken des Krieges.
Auch versuchte man Stiere im Dienste des Kriegs zu verwenden
Und wildwütende Eber den Feinden entgegen zu schicken.
Ja man sandte dem Heere voraus gar grimmige Löwen,
Welche bewaffnete Wärter und grausame Bändiger führten,
Um sie lenken zu können und fest an der Kette zu halten.
Doch vergeblich! Erhitzt vom beiderseitigen Blutbad
Brachten sie wütend die Reihen von Freund und Feind in Verwirrung,
Hier und da die Mähnen des Haupts, die schrecklichen, schüttelnd.
Vor dem Gebrüll nun scheuten die Rosse, die Reiter vermochten
Nimmer die Tiere zu halten noch gegen die Feinde zu lenken.
Wütend warfen die Löwinnen sich mit gewaltigen Sätzen
In das Gewühl und packten von vorn die begegnenden Krieger.
Andere gar, Nichtsahnende, rissen von hinten sie nieder.
Wo ihr starkes Gebiß und die krallige Tatze sich einschlug,
Hielten die blutigen Leiber sie festumklammert am Boden.
Und in die Lüfte warfen die Stiere die eigenen Leute
Und zertrampelten sie und rissen den Rossen den Bauch auf
Mit dem Gehörn und zerwühlten in drohender Weise den Boden.
Ähnlich die Eber. Sie schlugen mit ihren Hauern die Freunde,
Netzten in Wut den zerbrochenen Speer mit dem eigenem Blute,

|| Den im eigenen Leibe zerbrochenen Speer mit dem Blute, ||
Und so brachten gemeinsamen Tod sie dem Reiter- und Fußvolk.
Denn die Pferde entzogen dem Schlage der Hauer sich seitwärts
Oder sie bäumten sich auf und suchten die Luft mit den Füßen.
Aber vergeblich! Man sah, wie sie stracks mit durchschnittenen Sehnen
Niederstürzten, den Boden mit wuchtigem Falle bedeckend.
Hielt man nun auch wohl die Tiere daheim für genügend gebändigt,
Hier in der Schlacht brach sichtbar hervor die frühere Wildheit
Durch Verwundung, Geschrei, Flucht, Schrecken und Kampfesverwirrung.
Nicht ein einziges Stück der Bestien brachte man wieder,
Denn es verliefen sich alle an Art doch verschiedenen Tiere,
Wie die Kriegselefanten auch jetzt bei verkehrtem Vorantrieb
Fliehen, nachdem in der Wut sie die Ihrigen mächtig geschädigt.
So erkannten die Ärmsten zu spät den Schaden des Tierkampfs,
Wenn sie ihn wirklich erkannten. Doch glaub ich, man konnt' es schon vorher
Sich wohl denken im Geiste und wohl als möglich voraussehn,
Wie hieraus erwüchse gemeinsames, schreckliches Unheil.
|| Eher wohl kannst du behaupten, es wäre geschehen im Weltall
Auf verschiedenen Welten von ganz verschiedner Entstehung
Als auf einem bestimmten, beliebig gegriffenen Erdkreis. ||
Aber sie wollten es tun nicht so sehr in der Hoffnung zu siegen,
Als selbst unterzugehn, doch im Tod noch dem Feinde zu schaden,
Da ihr Heer zu gering an Zahl und von Waffen entblößt war.

WEBEKUNST

Kleider wurden geflochten, bevor es gewebtes Gewand gab.
Weben entstand nach dem Eisen, da Eisen zum Weben gebraucht ward.
Anders konnte man nicht so glattes Geräte gewinnen:
Spindel und Spule und Schiff und die sausenden Bäume des Webstuhls.
Wolle zu spinnen hat Männer zuerst gelehrt der Naturtrieb,
Dann erst das Weibergeschlecht; denn weit überlegen im Handwerk
Ist überhaupt das Männergeschlecht und um vieles geschickter;
Doch die Bauern, die streng das Geschäft für schimpflich erklärten,
Wollten aus diesem Grunde in weiblichen Händen es wissen,
Um selbst härteres Werk mit Arm und mit Bein zu verrichten.

BAUMZUCHT

Aber der Welt Urschöpferin selbst, die Natur, ist es letztlich,
Die uns das Vorbild gab für das Säen und Pfropfen der Bäume.
Denn wo die Beeren und Eicheln herab von den Bäumen gefallen,
Sproßte darunter zur Zeit der Schößlinge Schwarm in die Höhe.
Dann entschloß man sich auch, Pfropfreiser in Äste zu senken
Und auf dem Feld in den Boden die jungen Sprossen zu pflanzen.
Auf der geliebten Scholle versuchte nun jeder den Anbau
Mannigfaltiger Saat. Man sah, wie der Boden veredle
Wildes Gewächse, sobald man mit Fleiß und mit Liebe ihn pflege.
So ward mehr ins Gebirge gedrängt allmählich die Waldung,
Und in der Niederung trat an die Stelle des Waldes der Fruchtbau.
Wiesen, Teiche, Kanäle und Kornfeld, labenden Wingert

1359 ~ 1272

Legten auf Hügeln und Feldern sie an, und der bläuliche Ölbaum
Zog sich zwischen den Feldern entlang als scheidender Grenzrain,
Der die Hügel hinauf- und in Täler und Felder hinabstieg.
Und so siehst du nun jetzt mit dem buntesten Reize geschmücket
Alles Gelände, und köstliches Obst wächst mitten dazwischen,
Während sich rings fruchttragend Gesträuch als Hecke herumzieht.

ERFINDUNG DER MUSIK

Lange schon ahmte der Mensch mit dem Munde das Vogelgezwitscher
Nach, bevor er es lernte, ergötzliche Lieder zu singen
Und durch ihre Verkündung das lauschende Ohr zu entzücken.
Zephyrs Säuseln im Rohr war die erste Belehrung des Landmanns,
Als er zu blasen begann auf dem hohlen Stengel des Schierlings.
Dann erlernte man mählich die süßen Töne der Klage,
Die der Flöte entströmt, wenn des Spielers Finger sie meistert,
Der die Weise gefunden in göttlich begeisterter Muße,
Während er einsam schweifte durch Triften der Hirten und Wälder.
  Solche Musik bezauberte jetzt und ergötzte die Menschen,
Wenn sie den Hunger gestillt; dann freut uns ja allerlei Kurzweil.
Und so lagerten sie miteinander auf schwellendem Rasen
Oft an des Bächleins Rand in dem Schatten ragender Bäume,
Und sie labten vergnügt sich mit ihren bescheidenen Mitteln,
Wenn sie zumal auch das Wetter begünstigte und wenn der Frühling
Grünende Wiesengefilde mit farbigen Blumen bestickte.
  Da gab's scherzhaft Gespräch und heitres Gekicher, wie üblich;
Denn die ländliche Muse war jetzt in der blühenden Vollkraft.
Ausgelassene Lust hieß jetzt sie das Haupt und die Schultern

1388.1389 = 1454.1455

Mit geflochtenen Kränzen aus Blumen und Blättern umwinden,
Trieb sie dazu, nun die Glieder im taktlosen Tanze zu schwingen
Und mit polterndem Fuße die Mutter Erde zu stampfen.
Dies erweckte nun wieder Gelächter und heitres Gekicher,
Weil dies damals noch neu und darum wunderbar wirkte.
Mußte man wachen, so war's ein Ersatz für den fehlenden Schlummer,
Mancherlei Töne zu bilden und Melodien zu singen
Und mit gebogener Lippe die Hirtenflöte zu spielen.
Drum hat sich dies bei den Wächtern noch jetzt im Gebrauche gehalten.
Jetzt erlernte man auch, auf die Einheit des Taktes zu achten;
Jene Urwaldrasse der erdentsprossenen Menschheit
Schöpfte gewiß hieraus nicht mindres Vergnügen als wir jetzt.
Denn was grade im Schwang, das gefällt und wirkt ja besonders,
Wenn man nicht etwa vorher schon Schöneres hatte gesehen.
Wird dann später das Beßre entdeckt, so vernichtet es alles,
Was man früher geliebt: der Geschmack verändert sich eben.
So ward ihnen die Eichel verhaßt, so verließ man die alten
Lagerstätten, die Gräser und Laubwerk hatten gepolstert.
Ebenso fiel in Verachtung die frühere Kleidung aus Tierfell.
Einstmals mußte den Neid, wie mich dünkt, die Erfindung des Fellkleids
Wecken, so daß sein Träger von Meuchelmördern bedroht war.
Und doch mußt' es verschwinden und konnte nicht fürder mehr dienen,
Weil es im Hader des Streits zerrissen und blutüberströmt ward.
Damals war es das Fell, jetzt bringt das Gold und der Purpur
Sorgen dem Leben der Menschen und stiftet bei ihnen den Krieg an.
Doch kommt größere Schuld, wie mich dünkt, auf unsere Rechnung.

Jene Söhne der Erde, die nackt und noch ohne die Felle
Waren, litten vom Frost; doch was schadet es uns, wenn dem Kleide
Fehlet der Purpur, verbrämt mit Gold und mit riesigem Zierat?
Könnte doch auch ein plebejisch Gewand vor der Kälte uns schützen!
So müht also das Menschengeschlecht sich umsonst und vergebens
Immerfort ab und verzehrt in den nichtigsten Sorgen sein Leben.
Leider versteht es ja nicht, der Besitzgier Schranken zu setzen
Und die Grenze, wieweit sich das wahre Vergnügen noch steigert.
Dies ist's, was mit der Zeit das Leben ins offene Meer trieb
Und von Grund aus erregte die mächtigen Wogen des Krieges.

ZEITRECHNUNG

Aber die Wächter der Welt, die den großen, sich drehenden Tempel
Rings als Leuchten umwandeln, die Sonn' und der Mond, sie belehrten
Unser Menschengeschlecht, wie die Zeiten des Jahres sich drehen
Und ein bestimmtes Gesetz und geregelte Ordnung die Welt lenkt.

LETZTE STUFE DER KULTUR

Nunmehr lebte man sicher von mächtigen Türmen umschirmet
Und man bebaute die Erde, die einzeln verteilt und begrenzt ward.
Jetzt erblühte das Meer weithin von den Segeln der Schiffe,
Und durch Verträge gewann man die Hilfe der Bundesgenossen.
Jetzt auch begannen die Dichter die Heldentaten in Liedern

Uns zu verkünden; die Schrift war nicht lange vorher schon erfunden.
Deshalb kann man in unserer Zeit, was noch früher geschehn ist,
Nur erforschen, soweit uns der Schluß des Verstandes die Spur zeigt.
Schiffahrt, Ackerbebauung, Errichtung von Mauern, Gesetze,
Waffen, Straßen, Bekleidung und alles ähnliche Gute,
Ehren, und alles, was irgend zur Lebensverfeinerung beitrug,
Lieder und Bilder und alle die sonstigen bildenden Künste,
Lehrte Erfahrung und Übung den mählich von Stufe zu Stufe
Vorwärts schreitenden Geist, der unverdrossen sich mühte.
So bringt Schritt für Schritt die Zeit jedwedes zum Vorschein,
Und der Verstand hebt alles empor zum Reiche des Lichtes.
Denn man ersah mit dem Geiste, wie eins aus dem andern sich aufhellt,
Bis man in jeglicher Kunst zu dem höchsten Gipfel gelangt ist.

SECHSTES BUCH

PREIS DER PHILOSOPHIE EPIKURS

Weizenerzeugende Saat verteilte der leidenden Menschheit
Einst als erstes Athen, die Stadt mit leuchtendem Namen,
Die uns das Leben von neuem geschenkt, die Gesetze gegeben,
Die auch wieder zuerst dem Leben den süßesten Trost gab,
Als sie den Mann uns gebar, deß Geist sich so mächtig erwiesen,
Daß sein Wahrheitsmund die ganze Natur uns enthüllte.
Ob er auch selbst nicht mehr lebt, sein Ruhm ist längst bei den Völkern
Wegen des göttlichen Werks, das er schuf, bis zum Himmel gedrungen.

Denn als er sah, daß an dem, was die sterblichen Menschen an Nahrung
Brauchen, fast alles schon längst zu unsrer Verfügung bereit steht,
Daß mithin auch das Leben, soweit dies möglich, gesichert
Dasteht, ja daß die Großen in Reichtum, Ehre und Ansehn
Schwimmen und Glanz durch den trefflichen Ruf der Söhne gewinnen,
Und trotzdem kein einziger Mensch die Angst in dem Herzen
Los wird, welche die Seele auch wider Willen beständig
Quält und feindlich bedroht und zu wütenden Klagen veranlaßt:
Da erkannte er wohl, daß der Fehler nur am Gefäß liegt,
Und daß alles durch dessen Schuld verderbt wird im Innern,
Was man auch nur an Genuß von außen her sammelt und eingießt.
Denn teils sah er es gänzlich verleckt und durchlöchert, so daß man
Nimmer durch irgend ein Mittel es wirklich zu füllen vermöchte,

Teilweis aber im Innern von eklem Geschmacke durchzogen,
Daß es dadurch auch alles verstänkerte, was man hineingoß.
Also begann er das Herz durch Wahrheitsworte zu läutern,
Wies die Begierde sowohl wie die Furcht in die richtigen Schranken,
Lehrte uns kennen, worinnen das höchste der Güter bestehe,
Das wir alle erstreben, und zeigte den Weg uns zum Heile,
Jenen Saumpfad, der uns zum Ziel im geradesten Lauf führt,
Zeigt' auch der Übel Geschmeiß, das in allen menschlichen Dingen
Uns gar mannigfaltig umschwirrt aus natürlichen Gründen,
Bald durch Zufall, bald durch Gewalt, so wie die Natur will,
Wies uns dann endlich die Tore, aus denen man gegen sie ausfällt,
Und so legte er dar, wie das Menschengeschlecht in dem Herzen
Unbegründet zumeist das Gewoge der Sorgen herumwälzt.
Denn wie in dunkeler Nacht die Kindlein zittern und beben
Und vor allem sich graulen, so ängstigen wir uns bisweilen
Selbst am Tage vor Dingen, die wahrlich nicht mehr sind zu fürchten,
Als was im Dunkel die Kinder befürchten und künftig erwarten.
Jene Gemütsangst nun und die lastende Geistesverfinstrung
Kann nicht der Sonnenstrahl und des Tages leuchtende Helle
Scheuchen, sondern allein der Natur grundtiefe Betrachtung.
Laßt uns darum das begonnene Werk zu Ende nun weben!

INHALT DES VORIGEN BUCHES

Und da ich früher gelehrt, daß die Weltenräume vergänglich
Seien, der Himmel sogar aus erschaffenem Stoffe bestehe,
Da ich das meiste geklärt, was dort entsteht und entstehn muß:
So vernimm denn auch weiter, was jetzt noch bleibt zu erörtern,
47 (Da ich ja doch nun einmal den erhabenen Wagen *der Musen*
47a Mich zu besteigen *gerüstet), wie Blitz und Donner* entstehen,
47b *Wenn sich in rasender Wut* die Winde *und Wolken bekämpfen,*

Und wie wieder aufs neue sich alles friedlich versöhnet
Und, was *eben noch wild am ganzen Himmel* getobt hat,
Nunmehr wieder zur Ruhe sich kehrt, wenn die Wut sich gemäßigt.

WIRKUNG DER NATURERSCHEINUNGEN AUF DAS MENSCHLICHE GEMÜT

Auch wenn sonstige Schrecken den zagenden Herzen der Menschen
Öfter am Himmel sowohl wie hienieden auf Erden erscheinen,
Da erfaßt in der Tat ihr Gemüt die Angst vor den Göttern,
Die sie zu Boden drückt. Denn leider gebricht es an Einsicht
In die verborgenen Gründe. So sind sie gezwungen den Göttern
Herrschaft über die Welt und Königsmacht zu verleihen.
Denn in diesem Geschehen die Gründe zu fassen, ist ihnen
Rein unmöglich. So schreiben sie alles der göttlichen Macht zu.

ENTSTEHUNG DES GÖTTERWAHNS

Selbst wer richtig gelernt, daß die Götter ein sorgloses Dasein
Führen, bestaunt doch wohl, wie alles im einzeln sich abspielt,
Namentlich auch bei jenen Erscheinungen, welche den Blicken
Über unserem Haupte im Äthergefilde sich zeigen:
Dann fällt mancher wohl wieder zurück in den früheren Glauben
Und bekennt sich als Sklaven von grausamen Herren, an deren
Allmacht leider er glaubt. Er weiß nicht, der Arme, was sein kann
Und was nicht kann sein und wie weit jedwedem umzirkt ist
Seine wirkende Kraft und der grundtief ruhende Markstein.
Blind ist seine Vernunft; drum schweift er noch mehr in die Irre.

Wenn du nicht jene Gedanken mit Abscheu bannst aus dem Herzen
Als nicht der Würde der Götter und ihrem Frieden entsprechend,

Wirst du die heiligen Mächte der Götter verkümmern und oftmals
Kehren wider dich selbst; nicht als ob die göttliche Allmacht
Kränkung erlitte und zornig die strenge Bestrafung verlange,
Sondern vielmehr weil du selber die Götter, die friedlicher Ruhe
Pflegen, erregt dir denkst von den Wogen erschrecklichen Zornes.
So wirst nie du mit ruhigem Geist in die Tempel der Götter
Treten können und nimmer die Bilder göttlichen Leibes,
Wenn in den menschlichen Geist sie als Boten der göttlichen Schönheit
Eintritt fordern, empfangen in ruhigem, friedlichem Herzen.
Daraus ergibt sich von selbst, welch' Leben dich künftig erwartet.

INHALT DES LETZTEN BUCHES

Vielfach hab' ich gesagt, wie solch ein erbärmliches Leben
Weit wir weisen zurück mit den lautersten Wahrheitsgründen;
Aber es bleibt noch viel, was in sauberen Versen mir obliegt
Auszuführen: ich muß System und Erscheinung des Himmels
Fassen, ich muß die Gewitter und flammenden Blitze besingen,
Ihre Gewalt und die Gründe des jedesmaligen Ausbruchs,
Daß du nicht fragst, wahnsinnig vor Angst, nach dem Himmelsbezirke,
Welchem der fliegende Strahl entsprang, und wohin er sich wandte,
Rechtswärts oder nach links, wie ferner er konnte durch Mauern
Dringen, dort schalten nach Lust und wieder von da sich erheben.
Freilich von diesem Geschehen den Grund zu erfassen, ist jenen
Rein unmöglich; drum schreiben sie alles der göttlichen Macht zu.
  Wenn ich den Wettlauf jetzt nach dem letzten glänzenden Ziele
Richte, so weise den Weg, Kalliope, kundige Muse,

Mühsalstillender Trost für die Menschheit, Wonne der Götter,
Leite mich, daß ich erringe die herrliche Krone des Ruhmes!

GEWITTER

Erstens, der Donner erschüttert die heitere Bläue des Himmels,
Weil hochfliegende Wolken im Äther einander sich stoßen,
Wenn in der Mitte sie stehn von entgegengerichteten Winden.
Nie dröhnt Donnergebrüll von der heiteren Seite des Himmels,
Sondern von dort, wo die Wolken in dichterem Zuge sich drängen,
Hört man gewöhnlich den lautesten Schall mit gewaltigem Grollen.
Ferner, es können die Wolken nicht so wie Steine und Holz sein
Aus verdichtetem Stoffe, noch andererseits aus so feinem,
Wie uns die Nebel ihn zeigen und fliegende Wolken des Rauches:
Denn sonst stürzten wie Steine mit plumpem Gewicht sie zu Boden,
Oder sie könnten wie Rauch sich zusammen nicht halten, noch in sich
Starrende Massen von Eis und Hagelschauer verbergen.
Auch hört oft man ein klatschend Geräusch durch die Weiten des Weltalls,
Wie mitunter ein Segel, das über die großen Theater
Von dem Gebälk zu den Masten sich spannt, vom Winde gebläht wird;
Manchmal rast es wie toll, wenn frech es zerrissen ein Windstoß,
Und gibt knatternden *Ton,* als ob man Papiere zerfetze;
(Denn auch solches Geräusch vernimmt man im Rollen des Donners),
Oder als ob die Winde ein aufgehängtes Gewandstück
Oder ein flatternd Papier in den Lüften wirbeln und peitschen.
Manchmal kommt es auch vor, daß die Wolken einander begegnen

Nicht mit der Stirne voran, vielmehr mit der Flanke vorbei sich
Schieben, indem sie entgegengesetzt aneinander sich reiben:
Dann trifft unser Gehör der bekannte langhingezogne,
Knatternde Ton, bis sie endlich heraus aus der Enge sich winden.

Auch auf folgende Art sieht's oft bei schwerem Gewitter
Aus, als ob alles erbebe und plötzlich die mächtigen Mauern
Unseres Weltenbaus auseinandergerissen zerklafften:
Wenn ein gewaltiger Sturm sich mit plötzlich gesammelten Kräften
Einbohrt in das Gewölk und sich drinnen verschlossen im Wirbel
Dreht und hierdurch allmählich ringsum die Wolken veranlaßt,
Eine verdichtete Schicht um die innere Höhlung zu bilden,
Wenn dann seine Gewalt und sein heftiges Ungestüm nachläßt,
Platzt urplötzlich die Wolke mit ohrenbetäubendem Krachen.
Und kein Wunder! So platzt ja doch auch im kleinen die Blase,
Die man mit Luft vollfüllt, gar oft mit gewaltigem Knalle.

Bläst der Wind durch die Wolken, so kann auch aus anderen Gründen
Dann ein Geräusch entstehn. Wir sehn ja, wie oft das Gewölke
Mannigfaltig verästelt und zackig zerrissen daherschwebt.
Deshalb rauscht es natürlich, wie wenn durch ein waldiges Dickicht
Stürme des Nordwinds sausen und Äste und Zweige erkrachen.

Manchmal kommt es auch vor, daß des Windes gewaltige Stoßkraft
Grad auf die Wolke sich lenkt, sie durchbricht und mitten entzweireißt.
Denn was sein Wehen vermag, das lehrt uns ja klar die Erfahrung
Hier auf Erden, wo linder er weht; doch reißt er im Wirbel
Ragende Bäume heraus mit der Wurzel aus tiefester Tiefe.
Auch gibts Wogen im Wolkenmeer, die gegeneinander

Schlagend ein dumpfes Gebrause bewirken, wie wenn sich die Brandung
An dem Gestade des Weltmeers bricht und der mächtigen Ströme.

BLITZERSCHEINUNGEN

Solch ein Getöse entsteht, wenn ein Blitz von Wolke zu Wolke
Überspringt; wenn das Feuer gerade auf reichliches Wasser
Auftrifft, tötet das Naß ihn sofort mit lautem Geprassel,
Wie wenn glühendes Eisen aus lodernder Esse genommen
Aufzischt, wenn man sofort es in eisiges Wasser hineintaucht.
Springt dagegen das Feuer auf trocknere Wolke hinüber,
Lodert sie plötzlich empor und verbrennt mit gewaltigem Prasseln,
Wie wenn die Lorbeerhänge der Berge verwüstet ein Waldbrand,
Der von wirbelnden Winden genährt mit Heftigkeit wütet.
Denn nichts brennt auf der Welt mit so entsetzlichem Prasseln
Wie die Flamme des Baums, der dem delphischen Phöbus geweiht ist.
Oft macht schließlich das Eis, wenn es kracht, und das Fallen des Hagels
In den größeren Wolken ein lautes Gelärm in der Höhe.
Denn wenn der Wind in der Enge zusammen sie drängt, dann zerbrechen
Jene Wolkengebirge aus Eis, das mit Hagel gemischt ist.
Ebenso blitzt's, wenn die Wolken bei ihrer Begegnung in Menge
Feueratome entladen, wie wenn man den Stein mit dem Stahl schlägt
Oder auch Stein auf Stein; auch dann springt plötzlich ein Lichtblitz
Aus ihm heraus und das Feuer verstreut hellsprühende Funken.
Daß man den Donner jedoch meist später vernimmt mit dem Ohre
Als man den Blitz mit dem Auge erschaut, kommt daher, daß alles

Langsamer trifft auf das Ohr, als das Auge die Reizung empfindet.
Dies ersieht man auch hieraus: so oft aus der Ferne du zuschaust,
Wie man ragende Bäume mit doppelschneidiger Axt fällt,
Wirst du den Axthieb früher gewahr, als der Schlag dir zu Ohren
Kommt. So sehen wir auch den Blitzstrahl früher mit Augen,
Als wir den Donner vernehmen, obwohl er zugleich mit dem Feuer
Und aus ähnlichem Grund beim Zusammenstoße erzeugt wird.
Auch auf folgende Art erleuchten mit fliegendem Lichtglanz
Wetterwolken die Räume und zuckendes Wettergeleuchte.
Hat sich der Wind in die Wolken gebohrt und ein sich genistet,
Daß er, wie früher gelehrt, die Wolkenhöhlung verdichtet,
Dann macht diese Bewegung ihn glühend, wie alles Bewegte
Sich durchhitzt und erglüht, wie du siehst. Ja die bleierne Kugel
Schmilzt sogar bei längerem Flug in Folge der Drehung.
So zerreißt der entzündete Wind die dunkele Wolke
Und streut die durch den plötzlichen Druck entladnen Atome
Glühenden Feuers hinaus; sie entflammen die nickenden Blitze;
Dann erst hört man den Donner, der später an unser Gehör schlägt,
Als was von dorten gelangt in unserer Augen Gesichtsfeld.
Freilich erfolgt dies nur, wenn die Wolken sich dichter geschichtet
Und mit erstaunlicher Wucht aufeinander sich haben geschoben.
Laß dich dabei nicht beirren, daß wir von hier unten erblicken
Mehr, wie sie ziehn in die Breite als wie sie nach oben sich türmen.
Schau dir nur an, wenn die Wolken wie mächtige Berge gestaltet
Quer durch die Luft hin jagen, von stürmischen Winden getrieben,
Oder wie Wolkenmassen um hochaufragende Berge
Übereinander sich häufen und dort in Ruhe gelagert
Schwer von oben her drücken, wenn ringsum schlafen die Winde:

Dann erst kannst du ermessen, wie hoch sich die Massen erheben,
Kannst auch die Höhlen erblicken, die gleichsam von hängenden Felsen
Werden gebildet und die, wenn ein Sturm sich erhebt, von den Winden
Werden gefüllt; und diese nun rings, von den Wolken umschlossen,
Grollen mit lautem Geheul wie die wilden Tiere im Käfig,
Lassen bald hier bald dort durch die Wolken ihr Brüllen erschallen,
Wälzen sich hin und her, um die Ausgangspforte zu finden,
Wirbeln dadurch im Gewölk viel Feueratome zusammen,
Und so drehn sie die Flammen herum in der Höhlung des Ofens,
Bis das Gewölke zerplatzt und der Blitzstrahl zuckend herausfährt.
  Auch aus folgendem Grunde mag jener goldengefärbte,
Helle, bewegliche Strahl zur Erde hinunter sich schwingen,
Weil notwendigerweise die Wolken schon selber mit Feuer
Stark geladen sein müssen. Denn wenn sich in ihnen kein Naß mehr
Findet, dann sind sie zumeist von glänzendfeuriger Farbe.
Nämlich vom Lichte der Sonne erhalten sie reichlichen Abglanz,
Daß sie mit Grund rot glänzen und feurige Strahlen entsenden.
Treibt nun ein Windstoß diese an einem Ort aufeinander
Und zwängt hier sie zusammen, dann pressen sie Feueratome
Aus, und diese bewirken das feuerfarbene Blitzlicht.
  Auch wenn dünn das Gewölk nur ist, blitzt's öfter am Himmel.
Denn wenn der Wind nur leise den Zug der Wolken zerschneidet
Und von einander löst, dann fallen von selbst die Atome,
Welche das Blitzen erzeugen, heraus. Dann gibt es ein stilles
Wetterleuchten und ohne den widrigen Schrecken und Aufruhr.

WESEN UND WIRKUNG DES BLITZES

Übrigens zeigen die Blitze ihr wahres Wesen und Wirken
Erst durch den Einschlag an und das Brandmal, das sie erzeugen,
Und durch die Spuren von Schwefel und seinem erstickenden Dunste;
Denn das sind Zeichen von Feuer und nicht von Wind noch von Regen.
Oft entzündet zudem noch der Blitz die Dächer der Häuser
Und in den Wohnungen schaltet die reißende Flamme als Herrscher.
Unter den Feuern der Welt ist das Feuer des Blitzes das feinste,
Denn ihm gab die Natur die beweglichsten, kleinsten Atome,
Denen sich nichts auf der Welt zu widersetzen vermöchte.
Denn der gewaltige Blitz durchbricht das Gemäuer der Häuser,
Wie das Geschrei und die Stimme; er dringt durch Fels und Metalle
Und verflüssigt in einem Moment das Gold und das Kupfer,
Ja er verflüchtigt den Wein im Augenblick, ohne die Krüge
Irgendwie zu verletzen, weil nämlich sein nahender Gluthauch
Alles rings um den Wein auflockert, die Wände des Kruges
Leicht durchlässig gestaltet und dann in das Innre behende
Schlüpfend rasch die Atome des Weins zerlegt und zerstreuet, –
Was wohl die Gluten der Sonne in Menschenaltern nicht leisten
Könnten, so sehr sie auch sonst durch ihr zuckendes Feuer Gewalt hat:
So übertrifft sie die Herrschernatur des beweglichen Blitzes.

WIE ENTSTEHT DER BLITZ?

Nunmehr will ich erklären, um dich mit Versprechen nicht länger
Hinzuhalten, wie Blitze entstehn und so ungestüm wirken,
Daß ihr feuriger Strahl imstande ist, Türme zu spalten,
Wohnungen niederzuwerfen, Gebälk und Sparren zu stürzen,

Grabdenkmäler der Helden zu schädigen und zu erschüttern,
Menschen zu töten und Vieh bald hier bald da zu vernichten:
Worin besteht nur die Kraft, die all dergleichen kann leisten?
Blitze entstehen allein aus dichtem und hochaufeinander
Aufgetürmtem Gewölk. So darf man wohl glauben; denn niemals
Blitzt es aus heiterem Himmel und leichter geschichteten Wolken.
Ganz unzweifelhaft lehrt uns doch dies die Erfahrung der Sinne.
Denn wenn das Wetter beginnt, den Blitz in Bewegung zu setzen,
Ballen die Wolken im ganzen Bereiche der Luft sich zusammen
Also dicht, daß man meint, aus dem Schlunde des Acheron steige
Alle Finsternis auf und fülle das Himmelsgewölbe:
So schlimm droht uns von oben ein schwärzliches Schreckensgesichte,
Wenn sich das Regengewölk mit abscheulicher Nacht hat erhoben.
Oft auch senkt sich herab ein schwarzes Gewölk auf des Meeres
Wogen (als wenn aus dem Himmel ein Pechstrom fließe hernieder),
Das, vom Dunkel geschwollen, von weither nahet und mit sich
Finstres, von Blitzen und Stürmen geschwängertes Wetter heranschleppt,
Während es selbst bis zum Rande mit Winden und Feuern gefüllt ist.
Selbst am Lande erschaudert der Mensch und sucht sich ein Obdach.
Darum darf man wohl glauben, daß über unseren Häuptern
Weit in die Höhe das Wetter sich hebt. Denn es würde die Erde
Nicht so völlig beschatten, wenn schichtweis übereinander
Sich das Gewölk nicht türmte, die Sonnenbestrahlung versperrend.
Nie auch würden Gewitter beim Nahen die Erde mit Regen

So beschütten, daß Ströme und Felder in Seen sich wandeln,
Wäre der Äther nicht voll von hoch sich türmenden Wolken.
Hier ist demnach alles ganz voll von Winden und Feuern.
Drum entlädt sich der Blitz bald hier bald dort, wie der Donner;
Denn, wie ich oben gelehrt, enthält die Höhlung der Wolken
Viele Atome des Feuers, und viele auch müssen sie ferner
Von der Bestrahlung der Sonne und ihrer Hitze empfangen.
Wenn nun der nämliche Wind, der an einem beliebigen Orte
Stößt die Wolken zusammen, auch reichliche Feueratome
Ihnen entpreßt und zugleich sich mit diesem Feuer verbündet,
Schlüpft er ins Innre behend und dreht sich als Wirbel im Engen,
Wo er den Donnerkeil in der glühenden Esse verfertigt.
Denn auf doppelte Weise entzündet der Wind sich: indem er
Durch die eigne Bewegung erglüht, und durch Feuers Berührung.
Ist er nun völlig erglüht und kommt noch der wuchtige Ansturm
Weiteren Feuers hinzu, dann reift so gleichsam die Blitzsaat,
Sprengt urplötzlich die Wolke und fährt als beflügelter Glutstrahl
Aus ihr heraus, rings alles mit zuckenden Lichtern erleuchtend.
Dann folgt dumpfes Getöse, als ob das Gewölbe des Himmels
Krachend berste und alles von obenher plötzlich erschlüge.
Dann erschüttert die Erde ein heftiges Beben, und oben
Rollt des Donners Gebrüll durch den Himmel; denn jetzt ist das ganze
Wetter erregt durch des Donners Gedröhn und in zuckendem Aufruhr.
Ihm folgt dann ein wuchtiger Guß von reichlichem Regen,
Wie wenn der Himmel nun gänzlich in Regen sich wollte verwandeln
Und sich jählings stürzen in eine erneuerte Sintflut;
Sowiel Wasser ergießt sich in Folge der Wolkenzerspaltung

Und des Orkans, sobald nur der Blitz mit dem Donner hervorbricht.
Auch kommt's vor, daß von außen ein Windstoß stürmend hineindringt
In ein gewalt'ges Gewölk, deß Spitze schon reif ist zum Platzen.
Reißt er nun dieses entzwei, dann springt ein feuriger Wirbel
Plötzlich heraus: Blitz heißt er in vaterländischer Zunge.
Ebenso ist's, wenn der Windstoß kommt von beliebiger Seite.
Auch kommt's vor, daß bisweilen ein Windstoß feuerlos anhebt,
Aber im Raum und im weiteren Lauf sich selber entzündet.
Fallen nun während des Laufes vereinzelte größre Atome
Ab, die nicht wie der übrige Stoff die Lüfte durchdringen,
Während er andre gewinnt aus der Luft selbst kleineren Umfangs,
Die sich mit ihm vermischen, so fängt beim Fliegen er Feuer.
Nicht viel anders wie öfter die bleierne Kugel der Schleuder
Während des Laufes ins Glühen gerät, da sie Kälteatome
Zahlreich verliert und Feuer dafür aus der Luft in sich aufnimmt.
Öfters genügt schon des Stoßes Gewalt, um das Feuer zu wecken,
Selbst wenn den Antrieb gibt nur ein feuerlos frostiges Blasen.
Denn wenn irgendwohin mit heftigem Schlage der Wind trifft,
Können natürlich sowohl die eigenen Wärmeatome
Als auch jene sich sammeln, die in dem getroffenen Stoff sind.
So springt Feuer heraus, wie wenn man den Stein mit dem Stahl schlägt.
Ist auch der Stahl gleich kalt von Natur, so sammeln sich gleichwohl
Auch bei ihm auf den Schlag die Atome des sprühenden Funkens.
Also muß sich am Blitz auch der Stoff entzünden, sobald nur
Dieser gerade geeignet und passend erscheint zur Entflammung.
Auch kann doch unmöglich ein Windstoß wirklich so kalt sein,
Der sich mit solcher Gewalt aus den Höhen des Äthers herabstürzt,

Daß er, selbst wenn er im Lauf nicht vom Feuer ergriffen wird, dennoch
Wenigstens etwas erwärmt durch Wärmeberührungen anlangt.

SCHNELLIGKEIT DES BLITZES

Leicht ist der Blitz wohl beweglich, doch schwer trifft dennoch sein Einschlag,
Und in eiligem Gleiten durchschneiden die Blitze den Luftraum,
Weil ja ihre Gewalt, die vorher schon heftig erregt war,
Dann in den Wolken gesammelt zum Losbruch völlig bereit steht;
Wenn sie dann wächst und die Wolke ihr Ungestüm nimmer kann hemmen,
Dann entfährt ihr der Blitz und saust mit erstaunlicher Triebkraft,
Wie sie Geschosse entwickeln, die schweren Geschützen entfliegen.
Dazu kommt, daß den Blitz nur kleine und glatte Atome
Bilden, und solchen Stoff kann nicht leicht ein Hindernis hemmen.
Denn er drängt sich und schlüpfet behend durch die Lücken der Flugbahn,
Bleibt daher auch nicht häufig an Hindernissen verweilend
Hängen; er fliegt deswegen und gleitet mit eilender Triebkraft.
Ferner die Schwerkraft treibt von Natur schon alles nach unten;
Kommt nun vollends ein Stoß noch hinzu, dann verdoppelt beim Blitze
Sich die Beweglichkeit noch, und wuchtiger waltet die Triebkraft;
Um so heft'ger und schneller zerschmettert der Schlag, was nur irgend
Ihm entgegen sich stellt, und verfolgt dann wieder die Flugbahn.
Schließlich, da lange die Triebkraft vorhält, muß sie allmählich

Immer beweglicher werden; die Schnelligkeit wächst noch im Fliegen
Stets und vermehrt die gewaltige Wucht und verstärkt noch die Schlagkraft.
Denn sie bewirkt, daß alle nur irgend vorhandenen Keime
Graden Wegs sich vereinigt nach einem Punkte bewegen,
Und reißt alle im Wirbel hinein in die nämliche Flugbahn.
Möglich ist auch, daß der Blitz aus der Luft selbst einige Stoffe
An sich zieht, die mit ihrem Schlag noch die Schnelligkeit steigern.
Daß er durch vielerlei Dinge hindurchsaust, ohne zu schaden,
Zeigt, daß sein Feuer die Poren durchrast mit fliegender Eile.
Vieles zerschmettert er auch, wenn just die Blitzelemente
Stoßen auf Stoffelemente, wo diese zusammengewebt sind.
Ferner schmelzt er das Erz und verflüssigt das Gold im Momente,
Da ja die Stärke des Blitzes beruht auf feinster Verteilung
Winziger Urelemente und glattester Feueratome,
Welche sich leicht eindrängen und, wenn sie erst drin sind, sofort auch
Alle Verknotungen lösen und alle Verschlingungen lockern.

HERBST- UND FRÜHLINGSGEWITTER

Häufiger läßt im Herbst ein Gewitter den Himmel erbeben,
Der mit funkelnden Sternen sich schmückt, und die Weiten der Erde;
Ebenso wenn die lenzende Zeit sich mit Blumen eröffnet.
Denn in der Kälte gebricht's an dem Feuer, im Sommer an Winden,
Und die Wolken bestehen dann auch aus dünnerem Stoffe.
Doch wenn sich zwischen den beiden die Jahreszeiten befinden,
Dann trifft alles vereint zur Entstehung des Blitzes zusammen.
Denn an der »Brandung« des Jahres, da mischt sich Hitze und Kälte,
Deren die Wolke doch beider bedarf zur Erzeugung des Blitzes,

Um zu entzünden den Zwist in der Welt und den furchtbaren Aufruhr,
Wenn von dem wütenden Kampf des Feuers und Windes die Luft bebt.
Denn der Hitze Beginn ist das letzte Ende des Frostes:
Das ist die Frühlingszeit. Drum muß notwendig ein Kampf sein
Zwischen den Gegensätzen, und Wirrnis, wenn sie sich mischen.
Ebenso, wenn sich das Ende der Glut mit dem Anfang der Kälte
Mischt, dann nahet die Zeit, die in üblicher Weise man Herbst nennt:
Hier auch führet der Winter erbitterten Krieg mit dem Sommer.
Darum nenne man denn die Zeiten die »*Brandung*« des Jahres,
Und man wird sich nicht wundern, wenn grade am meisten in *der* Zeit
Blitze sich bilden und Wetter am Himmel stürmisch heraufziehn,
Da sie ja beiderseits von wechselndem Kriege durchtobt wird,
Hier von der Flamme und dort von Regen und Wind in Gemeinschaft.

ABWEHR RELIGIÖSEN IRRWAHNS

Hier gilt's also das Wesen des feuerschleudernden Blitzes
Selbst zu verstehn und die Kraft, mit der er ein jegliches ausführt,
Nicht etruskische Sprüche vergeblich zu wälzen, um hieraus
Zeichen verborgener Pläne der Gottheit uns zu entnehmen:
Etwa woher es geblitzt, ob das fliegende Feuer nach rechtshin
Oder nach links sich gewandt und wie es durch Mauern ins Haus schlug
Und dann wieder, nachdem es darinnen geschaltet, hinausfuhr,
Oder was sonst noch ein Blitzeinschlag vom Himmel kann schaden.
Wenn aber Juppiter selbst und die anderen Götter des Himmels

Strahlende Räume erschüttern mit Schrecken erregendem Donner
Und, wie es jedem der Götter beliebt, versenden den Blitzstrahl,
Weshalb lassen sie dann, wenn einer abscheulichen Frevel
Straflos hatte begangen, nicht gleich die Flammen des Blitzes
Schlagen aus seiner zerschmetterten Brust zur Warnung der Menschen?
Weshalb wälzt sich dafür unschuldig ein Armer, der keiner
Schande sich jemals wurde bewußt, in den Flammen und wird so
Plötzlich erfaßt und verstrickt in den Wirbel des himmlischen Feuers?
Weshalb suchen sie nutzlos heim die verödeten Plätze?
Tun sie es etwa zur Übung des Arms und zur Stärkung der Muskeln?
Weshalb lassen sie Juppiters Keil in der Erde verrosten?
Weshalb duldet er's selbst und spart ihn nicht auf für die Feinde?
Endlich warum wirft Juppiter nie bei heiterem Himmel
Seinen Blitz auf die Erde und füllt die Lüfte mit Donner?
Steigt er vielleicht erst dann, wenn die Wolke sich unten gesammelt,
Selbst auf diese herab, um das Ziel aus der Nähe zu treffen?
Ferner wozu denn schießt er ins Meer? Was hat er zu klagen
Über die Wogen, das flüssige Naß und die schwimmenden Flächen?
  Weiter: wollt' er bewirken, daß wir vor dem Blitze uns hüten,
Weshalb scheut er sich dann, den Blitzstrahl sichtbar zu senden?
Will er dagegen uns ahnungslos mit dem Blitz überfallen,
Weshalb donnert er droben, entsendet Dunkel und Brausen
Und droht grollend voraus, so daß man zu fliehen imstand ist?
Und wie kannst du nur glauben, er sende nach mehreren Seiten
Seine Waffe zugleich? Wagst etwa du dies mir zu leugnen,
Daß gleichzeitig sich öfter ereignete mehrfacher Blitzschlag?
Nein, gar häufig geschah es und muß notwendig geschehen,

Daß zur nämlichen Zeit sich mehrere Blitze entladen,
Just wie der Regen auch fällt zugleich an verschiedenen Orten.
Endlich warum zerschmettert der Gott mit dem feindlichen Blitzstrahl
Heilige Tempel der Götter, ja selbst die eigenen Sitze,
Und zerstört manch herrlich geformtes Bildnis der Götter,
Schändet sogar sein eigenes Bild mit grausamer Wunde?
Weshalb zielt er zumeist auf die Höhen und weshalb erblickt man
Grad auf den Gipfeln der Berge die häufigsten Spuren des Blitzes?

ERKLÄRUNG DER WINDHOSE

Übrigens ist es ein leichtes, danach die Erscheinung zu deuten,
Die Windhose bei uns und Prēstēr griechisch benannt wird,
Wie sie von oben herab in das Meer bisweilen sich senket.
Nämlich sie steigt oft herab wie eine vom Himmel zur Erde
Nieder sich senkende Säule und ringsum siedet der Gischt auf,
Während ein schwerer Orkan die Wogen des Meeres emporpeitscht.
Alle die Schiffe, die grade von diesem gewaltigen Aufruhr
Werden ergriffen, geraten in höchste Gefahr und Bedrängnis.
Dies ereignet sich dann, wenn des Windes Gewalt, die erregt wird,
Nicht vollständig die Wolke zerbrechen kann, sondern hinabdrückt,
Daß sie in Säulengestalt vom Himmel zur Erde hinabhängt,
Aber nur nach und nach, wie wenn man mit Armen und Fäusten
Etwas von oben her stößt und über die Wogen hin breitet.
Wenn sich die Wolke nun teilt, so stürzt sich der Wind mit Gewalt los
Auf das Gewoge und bringt es zu wundersamem Gebrodel.
Denn wenn der kreisende Wirbel sich senkt, so zieht er die Wolke,
Die mit elastischem Körper ihm folgt, mit sich selber hinunter.

Hat er sie dann, die vom Naß ist beschwert, auf die Fläche des Meeres
Niedergedrückt, so stürzt er im Nu sich ganz auf das Wasser
Und bringt alles darin mit gewaltigem Brausen zum Sieden.
Auch kommt's vor, daß der Wirbel sich selbst in die Wolken verwickelt,
Wenn aus der Luft er noch weiteren Stoff des Gewölkes heranholt:
Dann wird er gleich der vom Himmel herab sich ergießenden Trombe.
Hat er sich nun auf die Erde gesenkt und ist dort geborsten,
Speit er im Wirbelsturme die unermeßliche Kraft aus.
Doch er erscheint im ganzen nur selten bei uns auf dem Lande,
Wo ihn hemmt das Gebirg. Viel häufiger zeigt er im Meer sich,
Wo sich der Ausblick weitet und frei der Himmel sich ausdehnt.

ENTSTEHUNG DER WOLKEN

Wolken entstehn, wenn im Fluge sich rauhere Urelemente
Zahlreich plötzlich vereinen im oberen Himmelsbezirke,
Die zwar nur mit kleinen, sie hemmenden Haken versehen,
Aber dadurch doch imstand sind, sich gegenseitig zu fassen.
Diese bewirken zuerst die Entstehung winziger Wölkchen,
Die sie dann wieder erfassen und untereinander verbinden.
Durch die Verbindung wachsen sie aus und treiben im Winde,
Bis sich daraus urplötzlich entlädt ein grausiges Wetter.
Auch kommt's vor, daß die Berge, je mehr die Gipfel dem Himmel
Nahe benachbart sind, um so mehr von dichtestem Brodem
Gelblichdunklen Gewölkes beständig umlagert sich zeigen.
Denn da die Wolken zuerst, bevor noch das Auge sie wahrnimmt,
Nur aus dünnem Gewebe bestehn, so trägt sie der Wind fort
Und verdichtet sie dann um die höchsten Gipfel der Berge.
Hier erst, wenn sich von ihnen ein größerer Haufen geballt hat,
Können sie durch die Verdichtung uns sichtbar werden. Zugleich auch

Scheinen sie grad von dem Gipfel des Bergs in den Äther zu steigen.
Denn der Wind beherrscht ja die Höhen. Dies lehrt uns die Sache
Selbst und unser Gefühl beim Besteigen der hohen Gebirge.
Übrigens hebt die Natur auch gewaltige Mengen des Stoffes
Rings aus dem Meere empor, wie ein aufgehängtes Gewandstück
An dem Strande beweist, das die salzige Feuchtigkeit anzieht.
Um so mehr muß der Dunst, der aus der Bewegung der Salzflut
Reichlich empor sich hebt, die Vermehrung der Wolken bewirken.
Sind ja doch sämtliche Arten von Feuchtigkeit innig verschwistert.
Ferner bemerken wir oft, wie aus sämtlichen Flüssen, ja grade
Auch aus der Erde heraus sich Nebel und Schwaden emporhebt,
Der wie ein Odem aus ihnen erpreßt und nach oben geführt wird.
Hier umzieht er den Himmel mit seiner Verfinsterung und liefert
So dem Gewölke Ersatz, sobald sie die Dünste vereinigt.
Auch von oben her drücken die Gluten der Tierkreissphäre
Und umziehen des Himmels Blau mit verdichteten Wolken.
Auch kommt's vor, daß von außen in unseren Himmel geraten
Jene Atome, die Wolken und fliegende Schwaden erzeugen.
Solche sind zahllos, wie ich gelehrt, und das All in der Tiefe
Dehnt ohn' Ende sich aus. Ich zeigte die riesige Schnelle,
Die sie im Fliegen entwickeln, und wie sie daher es gewohnt sind,
Unaussprechbare Räume in einem Moment zu durcheilen.
Wunderbar ist's drum nicht, wenn oft in der kürzesten Zeit sich
Finsteres Wetter erhebt aus hochaufragenden Wolken
Und von oben her drohend die Länder bedeckt und die Meere.
Ist doch den Urelementen durch alle Kanäle des Äthers,

Wie durch Atemorgane des großen Weltengeschöpfes,
Offen nach allen Seiten der Eingang sowohl wie der Ausgang.

ERKLÄRUNG DES REGENS

Laß mich jetzt auch erklären, wie droben in Wolken des Regens
Nässe sich sammelt und dann sich als Guß auf die Erde hernieder
Senkt. Und zuerst will ich zeigen, daß Wasseratome in Mengen
Mit dem Gewölke zugleich aus sämtlichen Dingen sich heben,
Und daß beide sich dort gleichmäßig vermehren, die Wolken
Ebensowohl wie das Wasser, das in dem Gewölk ist enthalten:
Gradeso wie auch bei uns mit dem Blute zugleich sich der Körper
Mehrt und der Schweiß und alle verschiedenen Säfte der Glieder.
Auch aus dem Meer entnehmen sie oft viel Feuchtigkeit, wie es
Auch bei den wollenen Vließen geschieht, die am Strande man aufhängt,
Wenn die Winde die Wolken hin über den Ozean jagen.
Ähnlich erhebt sich die Feuchtigkeit auch aus sämtlichen Flüssen
Bis zum Gewölke empor. Sobald sich die Wasseratome
Viel und vielfach vereinen, von überallher sich vermehrend,
Dann entladen die Wolken, die voll sind von Wasser, den Regen
Um die Wette aus doppeltem Grund: teils preßt sie der Winddruck,
Teils drückt eigene Fülle der Wolken, sobald sich die Massen
Stärker geballt, auch von oben und bringt so den Regen zum Ausfluß.
Übrigens, selbst wenn der Wind die Wolken zerflattert und auflöst
Und auch die Sonne von oben die glühenden Strahlen versendet,
Rieselt aus ihnen noch Regen herab und tröpfelt, wie wenn man
Wachs auf glühendem Ofen zerschmelzt und die Masse herabtropft.
Aber ein heftiger Regen entsteht, wenn mit Heftigkeit beide

Kräfte vereint Druck üben, der Wind und die Pressung der Wolken.
Langandauernder Regen entsteht nur dann für gewöhnlich,
Wenn sich die Wasseratome in reichlicher Menge versammeln,
Wenn sich Gewölk auf Gewölk noch mit triefendem Nebel vereinigt
Und von jeglicher Seite dies allenthalben herannaht,
Wenn zudem auch die Erde die Feuchtigkeit ringsum empordampft.

REGENBOGEN

Wenn nun der Sonnenstrahl hier während des dunklen Gewitters
Grade entgegen erglänzt dem tropfenden Nebelgeriesel,
Dann entsteht in dem schwarzen Gewölk ein farbiger Bogen.

WIND, SCHNEE, HAGEL, REIF, FROST

Alles, was sonst noch droben erwächst und droben erzeugt wird
Und was in Wolken zusammen sich schließt, kurz alles und alles:
Schnee, Wind, Hagel, der eisige Reif und des grimmigen Frostes
Übergewalt, die Erstarrung bringt den strömenden Wassern
Und zum Hemmschuh wird den weiterstrebenden Flüssen,
Wie dies alles nun wird und wodurch es entsteht, ist nicht schwierig
Aufzuspüren und geistig sich nahe zu bringen, sofern man
Nur die Bedeutung erfaßt, die den Urelementen verliehn ist.

ERDBEBEN

Nunmehr hör' auch den Grund, warum Erdbeben entstehen!
Stelle dir vor zum ersten, daß unten die Erde, wie oben,
Überall ist mit Höhlen durchsetzt, die von Winden durchweht sind,

Daß sie sodann auch Seen und zahlreiche Wasserbehälter
Heget in ihrem Schoße und Felsen und schroffes Geklippe;
Daß auch viele verborgene Ströme die Fluten und Steine
Unter dem Rücken der Erde mit Macht fortwälzen, ist glaublich.
Denn es versteht sich von selbst, daß die Erde sich überall gleich bleibt.
Legen wir also einmal dies, was man vermutet, zu Grunde:
Dann bebt oben die Erde, sobald sie Erschütterung leidet
Durch der gewaltigen Höhlen vor Alter erfolgenden Einbruch.
Stürzen doch ganze Gebirge da ein, und der mächtige Einsturz
Pflanzt im Moment dann fort die Wellen des Bebens ins Weite.
So erklärt man mit Recht. Erbeben doch ganze Gebäude,
Wenn selbst leichtere Wagen die Straße erschütternd befahren.
Ja, sie hüpfen empor, wenn irgend ein Block auf dem Fahrdamm
Hüben wie drüben erschüttert den eisenbeschlagenen Radkranz.
Ebenso kommt's auch vor, daß ein riesiger Klump von der Erde
Nieder sich wälzt vor Alter in große und weite Gewässer
Und durch des Wassers Schwall auch die Erde in Schwanken versetzt wird,
Wie ein gedrehtes Gefäß nicht feststeht, ehe das Naß drin
Aufhört hin und her sich in schaukelnder Flut zu bewegen.
Wenn sich zudem noch der Wind in den unterirdischen Höhlen
Sammelt und dort andrängend an einer der Seiten herausbricht,
Wo er mit aller Gewalt sich gegen die Wölbungen anstemmt,
Neigt sich die Erde dahin, wo des Windes Ungestüm hindrückt:
Und die Gebäude, die dorten erbaut sind über der Erde,
Neigen, des Haltes beraubt, sich auch nach der nämlichen Seite
Um so mehr, je höher hinauf sie himmelwärts streben,
Und ihr verzerrtes Gebälk hängt über und droht mit dem Einsturz.
Und da scheut man sich noch, an den Einsturz unseres Weltalls
Und sein einstiges Ende zu glauben, obwohl man doch sehn kann,

Wie in den Boden versinken so riesige Massen von Erde!
Legten die Winde sich nicht, dann könnte durch keine Gewalt sich
Unsere sinkende Welt vor dem drohenden Untergang retten;
Aber da wechselweise der Wind sich verstärkt und vermindert,
Bald gesammelt zum Vormarsch kommt, bald geschlagen zurückweicht,
So droht öfter die Erde aus diesem Grunde mit Einsturz,
Als dies wirklich geschieht. Sie neigt sich wohl, aber sie schnellt dann
Wieder zurück und bekommt den früheren Sitz durch die Schwerkraft.
Darum schwanken die Häuser auch alle, die höchsten am meisten,
Mittlere weniger, doch am allergeringsten die niedren.
Auch noch ein anderer Grund liegt vor beim heftigen Beben:
Nämlich ein Windstoß kann urplötzlich sich oder ein Luftzug
Werfen mit äußerster Kraft auf die Höhlungen unter der Erde,
Sei es daß er entstanden von außen her oder vom Innern
Unserer Erde. Da tobt er nun erst in den räumigen Höhlen
Lärmend und wirbelnd umher; sodann, wenn die Kraft sich erhitzt hat
Und sich in Lauf setzt, bricht er nach außen und spaltet zugleich auch
Bis in die Tiefe die Erde, so daß ein gewaltiger Riß klafft.
Solches begab sich dereinst im Syrerlande zu Sidon,
Auch in dem Peloponnes zu Aegium. Was für gewalt'ge
Städte zerstörte der Luftausbruch und der folgende Erdstoß!
Und so fiel auch sonst noch so manches Gemäuer auf Erden
Nieder bei mächtigen Beben, und zahlreiche Städte am Meere
Sanken mitsamt den Bewohnern hinab in die dunkele Tiefe.
Bricht nun die Luft nicht heraus, so verteilt sich doch innen des Windes
Stoß und wilde Gewalt durch die zahlreichen Löcher der Erde;
Schauder und Zittern verbreitet er dann weit über die Fläche;
Gleichwie der Frost bis ins Mark uns dringt und die Glieder durchströmet,

Sie durchschüttelt und zwingt auch wider Willen zum Beben.
Also erfüllt die doppelte Angst die Bewohner der Städte:
Drohet von oben her Hauseinsturz, so befürchten sie, unten
Möchten urplötzlich die Höhlen der Erde von selber sich öffnen
Und die gespaltene Erde den Schlund aufsperren, um diesen
Bei dem gemeinsamen Sturz mit den eigenen Trümmern zu füllen.
Mag man soviel, wie man will, an die Unzerstörbarkeit glauben,
Die für Erde und Himmel auf ewige Zeit sei gesichert,
Dennoch drückt die Gefahr, die leibhaft ihre Gewalt zeigt,
Irgendwoher uns bisweilen den Stachel der Angst in die Seele,
Plötzlich könne die Erde uns unter den Füßen verschwinden
Und in den Abgrund stürzen, dann folge ihr hilflos das All nach,
Und so werde die Welt zum verworrenen Trümmergefilde.

* * *

WARUM LÄUFT DAS MEER NICHT ÜBER?

|| Erstlich wundert man sich, daß eine Vergrößrung des Meeres
Nie die Natur zuläßt, wohin doch gewaltige Mengen
Wassers strömen und überallher sich die Flüsse ergießen.
Nimm noch den Regen, der drüber hin zieht, und die fliegenden Wetter,
Welche das Land und das Meer ringsum berieseln und sprengen;
Nimm seine Quellen hinzu: dies alles gibt doch zusammen
Kaum ein einziges Tröpfchen Vermehrung der Größe des Meeres.
Wunderbar ist's drum nicht, daß das Meer sich niemals vergrößert.
Weiter entzieht ihm die Sonnenglut ein erhebliches Bruchteil.
Denn wir sehen ja doch, wie die Sonne mit glühenden Strahlen
Kleider, die triefen von Nässe, geschwind auftrocknet. Wir sehn auch,
Wie sich die zahlreichen Meere breit unter der Sonne erstrecken.

Mag demnach auch die Sonne an jeder einzigen Stelle
Nur ein einziges Teilchen vom Meeresspiegel entnehmen,
Raubt sie auf weitem Raum doch ein reichliches Teil den Gewässern.
Weiter können sodann auch die Winde ein tüchtiges Bruchteil
Wassers entnehmen, indem sie die Flächen durchfegen. Wir sehen,
Wie nicht selten die Winde die Straßen trocknen in einer
Einzigen Nacht und der kotige Schlamm zur Kruste erstarret.
Weiterhin hab' ich gelehrt, daß viel von der Feuchtigkeit aufwärts
Steigt, was die Wolken entnehmen dem Riesenspiegel des Meeres
Und was diese sodann rings über den Erdkreis spritzen,
Wenn in den Ländern es gießt und Winde die Wolken begleiten.
Endlich ist ja die Erde ein ganz durchlöcherter Körper,
Der mit dem Meer in Verbindung steht und mit Küsten es kränzet.
So muß, wie aus dem Lande heraus das Wasser ins Meer läuft,
Dieses auch wieder zurück aus der Salzflut fließen zum Lande;
Denn so seiht sich das Naß durch den Sand, und der wäßrige Stoff fließt
Wieder zur Quelle der Flüsse. Da kommt denn alles zusammen
Und ergießt sich von da in munterem Lauf, wo die Welle
Einmal ihr Bett sich geschnitten und flüchtigen Fußes hinabhüpft. ||

DAS AETNAPROBLEM

Jetzt will ich auch noch erklären, aus welcher Ursache manchmal
In so gewaltigem Wirbel der Aetna die Flammen herausspeit.
Ja, nicht gering war die Not, als das Flammengewitter hereinbrach
Über Siziliens Flur, um dort als Herrscher zu schalten.
Auch den benachbarten Völkern entging nicht das grausige Schauspiel,
Als sie den Rauch und die Funken das ganze Himmelsgewölbe
Sahen umziehn. Da erfüllte ihr Herz die bängliche Sorge,

Was für ein neues Werk die Natur jetzt führe im Schilde.
Solches Ereignis erheischt tiefdringende Forschung und Umsicht:
Weit muß unsere Schau sich nach allen Richtungen wenden,
Daß man auch nimmer vergesse, in welche Tiefe das All reicht
Und welch winzigen Teil von dem Weltall bilde der eine
Himmelsraum, der ja kaum ein Tausendstel ist von dem Ganzen,
Ja, nicht einmal soviel wie der einzelne Mensch von der Erde.
Hast du dir dies vor Augen gestellt und völlig begriffen,
Dann erst wirst du nicht weiter dich über sovieles verwundern.
Wundert sich denn noch jemand von uns, wenn einen das Fieber
Packt und glühender Brand sich durch unsere Glieder verbreitet
Oder wenn irgend ein anderer Schmerz im Körper uns peinigt?
Da schwillt plötzlich der Fuß, da quält oft heftiger Zahnschmerz,
Oder die Augen sogar ergreift das Übel; zuweilen
Breitet das »heilige Feuer« sich aus, das weiter und weiter
Schleichend im Körper die Glieder verbrennt, wo immer es hinkriecht.
Das ist kein Wunder. Es gibt ja so vielerlei Keime der Dinge,
Und mit dem Unheilsamen ist Himmel und Erde geschwängert,
Draus unermeßliche Krankheitsbrut sich vermag zu entwickeln.
Also muß man auch glauben, daß aus dem Unendlichen quellen
Alle die Stoffe, die reichlich für Himmel und Erde genügen,
Um ein plötzliches Beben auf unserer Erde zu wecken,
Rasenden Wirbelsturm auf dem Land und dem Meer zu entfesseln,
Aetnas Feuerströme und Himmelsglut zu entflammen.
Denn auch dies tritt ein: es erglühen die himmlischen Räume;
Und der Gewitterregen ergießt sich in größerer Fülle,
Wenn die Wasseratome just so zusammen sich fanden.
»Aber«, so wirfst du mir ein, »zu groß ist die wirbelnde Lohe.«
Freilich, ein Fluß scheint dem, der niemals größre gesehen,

Wenn er der größte ihm schien, und ebenso Menschen und Bäume
Und sonst all dergleichen, was jedem am größten erschienen,
Das scheint alles ihm riesengroß nach seinen Begriffen:
Trotzdem ist dies alles mit Himmel und Erde und Wasser
Nichts fürwahr im Vergleich zur gesamten Masse des Weltalls.

Doch nun will ich dir endlich die Art erklären, wie plötzlich
Aus den gewaltigen Essen des Aetna Flamme herausschießt.
Erstens sind tief in dem Berge natürliche Höhlen verborgen,
Und er stützt sich fast ganz auf felsige Grottengewölbe.
Ferner sind Luft und Wind in allen Gewölben vorhanden;
Denn es entsteht ja der Wind, wenn die Luft erregt und bewegt wird.
Kommt nun der Wind in Glut und erhitzt durch sein wütendes Sausen
Alles Gestein, das er trifft, ringsum und die Erde und schlägt dann
Glühendes Feuer aus ihnen hervor mit rasender Flamme,
Dann fährt stracks er empor und sprüht aus dem Schlund in die Höhe.
So trägt weithin die Gluten der Wind, weit streut er die Asche,
Wälzt auch Wolken von Rauch, der dichtestes Dunkel verbreitet,
Und wirft Steine empor von erstaunlich schwerem Gewichte.
Das ist (wer zweifelt daran?) die Macht des entfesselten Sturmwinds.

Weiter umspület das Meer auf größeren Strecken die Wurzeln
Unseres Bergs, wo die Woge sich bricht und die Brandung zurückströmt.
Unterirdische Höhlen erstrecken vom Meere sich aufwärts
Bis zu den Schlünden des Gipfels. Durch diese Höhlungen fährt wohl
697a Wie man gestehn muß, *öfter ein Wind mit dem Wasser vereint her;*
698 Denn die Erfahrung lehrt, daß vom offenen Meere er eindringt,
Alles nach außen hin speit und die Flamme zum Himmel emportreibt:

Steine fliegen empor, und es heben sich Wolken von Sand hoch.
Denn auf dem Gipfel des Berges befinden sich Krater. So nennt man
Dort, was man sonst wohl als Schlünde und Mündungen pflegt zu bezeichnen.

EINE ERKLÄRUNG REICHT NICHT IMMER AUS

Auch noch bei anderen Dingen genügt nicht die *eine* Erklärung,
Wo es noch mehrere gibt, von denen doch eine muß wahr sein.
Siehst du zum Beispiel selber den Leichnam eines Gestorbnen
Aus der Ferne wo liegen, so wird von den Gründen des Todes
Meist nur ein einz'ger genannt; doch sollte man sämtlich sie nennen;
Denn du kannst nicht beweisen, durch Schwerthieb oder durch Kälte
Oder durch Krankheit und Gift sei jener des Todes verblichen;
Und doch wissen wir sicher, daß irgend etwas von der Art
Jenen betroffen muß haben. So müssen wir oft uns bescheiden.

DAS NILPROBLEM

Dies gilt auch für den Nil, Ägyptens Fluß, den auf Erden
Einzigen Strom, der im Sommer sich hebt und über die Felder
Tretend gewöhnlich das Land in der brennendsten Hitze bewässert,
Weil entweder im Sommer die Winde des Nordens die Mündung
Stauen, zumal just dann, wie es heißt, die Etesien wehen.
Diese blasen der Strömung entgegen und hemmen den Ausfluß,
Füllen mit Wasser den oberen Lauf und halten es fest dort.
Denn unzweifelhaft weht der Passatwind gegen die Strömung,
Da er von Norden her braust von den eisigen Sternen des Poles,
Während der Strom von Süden her kommt aus der glühenden Zone,
Wo inmitten der Menschen mit schwarzverbrannten Gesichtern

Grad' in dem Mittagsland der Urquell sprudelt des Stromes.
Oder es ist auch möglich, daß mächtige Sandanhäufung,
Die das vom Winde getriebene Meer nach innen zu anschwemmt,
Seine Mündung versperrt und gegen die Strömung sich anstemmt.
Hierdurch wird das Gewässer gehemmt an dem freieren Ausfluß
Und das rege Gefälle der Flut natürlich verlangsamt.
Möglicherweise ereignen sich auch im Quellengebiete
Regengüsse zur Zeit, wo vom Norden herab die Passate
Wehen und alles Gewölk nach der südlichen Richtung hin treiben.
Wenn dies nämlich zuhauf nach der Mittagszone getrieben
Dort sich allmählich sammelt und endlich an hohe Gebirge
Anstößt, ballen die Wolken und pressen sich heftig zusammen.
Auch die hohen Gebirge Äthiopiens ließen vielleicht ihn
Wachsen, wo schimmernden Schnee die alles erleuchtende Sonne
Zwingt, mit schmelzendem Strahl auf die Felder hinunter zu rieseln.

DAS AVERNUSPROBLEM

Jetzt nun will ich dir auch die Avernischen Örter und Seen,
Die es da gibt in der Welt, nach ihrem Wesen erklären.
Erstlich den Namen ›Avernisch‹ macht ihre Beschaffenheit deutlich;
Denn sie bringen Gefahr dem gesamten Geschlechte der Vögel.
Wenn sie sich nämlich beim Flug grad' über den Stellen befinden,
Lassen der Fittiche Segel sie sinken, vergessen des Ruderns
Und kopfüber, erschlafft, mit kraftlos hängendem Nacken
Stürzen sie nieder zur Erde, wenn grade die Stelle derart ist,
Oder ins Wasser, wenn unten vielleicht der Avernische See liegt.
Solch ein Ort ist bei Cumae. Dort gibt's mit vergiftendem Schwefel
Reich gefülltes Gestein, dem rauchende Quellen entspringen.
Auch in den Mauern Athens auf dem höchsten Gipfel der Burg ist

Solch ein Ort bei dem Tempel der hohen Minerva Tritonis.
Dorthin lenken der Fittiche Flug die heiseren Krähen
Nie, selbst wenn der Altar mit duftenden Opfern gefüllt ist.
So sehr flieht dies Tier nicht etwa den Groll der Minerva,
Weil es zur Unzeit wachte, wie griechische Dichter gesungen,
Vielmehr reicht zur Erklärung allein die Bodennatur aus.
Auch in Syrien soll, wie man sagt, ein Ort sich befinden,
Wo vierfüßige Tiere beim ersten Schritt in die Höhle
Gleich durch der Dünste Gewalt aufschlagend stürzen zu Boden,
Wie wenn zum Opfer sie fielen den unterirdischen Göttern.
Aber es spielt dies alles sich ab auf natürliche Weise,
Und die Grundursachen, warum es geschieht, sind uns kenntlich.
Drum soll niemand vermeinen, in diesen Gegenden wäre
Etwa die Pforte zum Orcus, und unterirdische Götter
Schleppten von hier an des Acheron Strand die Seelen der Toten,
Wie man erzählt von den Hirschen, den Flügelfüßern, sie zögen
Manchmal kriechend Getier mit dem Hauche der Nüstern aus Höhlen.
Doch wie weit sich der Glaube vom Wege der Wahrheit entfernt hat,
Höre nun jetzt; denn ich will dir die Sache nun selber erklären.
Erstens behaupt' ich, was oft ich auch früher schon habe behauptet,
Daß in der Erde Atome von allerlei Arten sich finden.
Viele sind Nahrungsstoffe und lebenerhaltend, doch viele
Bringen auch Krankheit hervor und beschleunigen unsre Vernichtung.
Einige sind nun diesen und andere andren Geschöpfen
Dienlich zur Lebensfristung, wie wir dies früher schon zeigten,
Wegen der Ungleichheit der Natur und der ersten Gestaltung
Jener Atome und ihrer Verknüpfung untereinander.
Vieles uns Widrige dringt in das Ohr, viel Feindliches schleicht sich
Just durch die Nase herein und wirkt rauh bei der Berührung;

Auch nicht weniges ist für den Tastsinn besser zu meiden,
Wie für die Augen zu fliehn, und abscheulich ist manches zum Schmecken.
Weiter noch kann man bemerken, wie vielerlei oft auf den Menschen
Widrigsten Eindruck macht, ihm Ekel erregt und ihm schadet.
So sagt einzelnen Bäumen man nach, ihr Schatten sei schädlich,
Also daß er nicht selten den Menschen, die unten im Grase
Hin sich strecken und lagern, erzeuge ein heftiges Kopfweh.
Auch auf dem hohen Gebirge des Helikon blühet ein Giftbaum,
Der durch den widrigen Blütengeruch dem Menschen den Tod bringt.
  All das steigt deshalb aus dem Boden empor, weil die Erde
Viele Atome enthält von vielerlei Dingen, die vielfach
Sind miteinander vermischt, doch gesondert kommen zum Vorschein.
Wenn schon der üble Geruch der nächtlichen Lampe, die eben
Aus ist gelöscht, die Nase beleidigt, so bringt sie sofort den,
Der an der Fallsucht leidet und schäumt aus dem Munde, zum Schlafen.
794 Schläfernd wirkt auch der scharfe Geruch der Geilen des Bibers
796 Auf ein Weib zu der Zeit, wo die Monatsregel sich einstellt,
795 Und aus der zierlichen Hand entfällt ihr die prächtige Arbeit.
797   Auch viel anderes gibt's, was die Glieder erschlafft im Gelenke
Und die menschliche Seele im Innersten bringet zum Wanken.
Endlich, verweilest du länger mit vollem Magen im Schwitzraum,
Nimmst auch ein Bad sodann im Becken des hitzenden Wassers,
Dann kann leicht es mitunter geschehn, daß du mitten drin umsinkst.
Gar leicht steigt auch der Kohlendunst mit betäubender Wirkung
Uns zum Hirn, wenn vorher man nicht erst hat Wasser getrunken.
Wen gar gliederbeherrschend ein feuriges Fieber ergriffen,

Den schlägt Weindunst nieder, als träfe ein tödlicher Schlag ihn.
Siehst du nicht auch, wie im Erdreich selbst der Schwefel sich bildet
Und sich mit eklem Geruche das Erdpech klumpet zusammen?
Welch abscheulicher Dunst entströmt Scaptensulas Boden,
Wo man so gierig erschürft die Adern des Goldes und Silbers
Und das Verborgne der Erde durchwühlt mit eisernem Werkzeug!
Oder was dringt für giftige Luft aus den Goldbergwerken,
Wie entstellt sie des Menschen Gesicht, wie bleicht sie die Farbe!
Siehst du und hörst du nicht auch, in wie kurzer Zeit sie zu sterben
Pflegen und wie ihnen bald die Lebenskräfte entschwinden,
Wenn sie zu solcher Fronde des Lebens gewaltige Not zwingt?
Alle derartigen Dämpfe entwickelt also die Erde,
Die sie hinaus in das Weite verdampft und den offenen Himmel.
So muß auch der Avernische See Giftdämpfe entsenden,
Welche die Vögel ersticken. Sie steigen empor von der Erde
In die Luft und vergiften zum Teil die Räume des Himmels.
Trägt nun der Fittich den Vogel in solche Bezirke, so faßt ihn
Unversehens der giftige Hauch und verhindert sein Fliegen.
So fällt stracks er hinunter, wohin sich der Schwaden erstrecket.
Stürzt er nun dort zusammen, so nimmt der nämliche Dunst ihm
Auch noch das Restchen vom Leben, das blieb, aus sämtlichen Gliedern.
Anfangs nämlich erregt ihm der Gifthauch gleichsam nur Schwindel,
Ist er jedoch erst hinab in der Stickluft Quelle gefallen,
Wird er gezwungen daselbst auch das Leben selber zu lassen,
Weil ihn rings ein gewaltiges Meer von Unheil umbrandet.
Auch kommt's vor, daß bisweilen die Kraft des Avernischen Dunstes
Alle Luft aus dem Raume vertreibt, der sich zwischen dem Vogel
Und der Erde befindet, so daß er schon nahezu leer wird.

Kommt nun ein Vogel gerade auf diese Stelle geflogen,
Dann erlahmt ihm sofort der Fittiche Schlag, er wird fruchtlos;
Beiderseits versagen die Flügel sich völlig dem Dienste.
Da sie nun hier sich nicht halten und sich auf die Flügel nicht stützen
Können, so zwingt sie natürlich die Schwere, zur Erde zu fallen.
Und so liegen sie denn in dem nahezu völligen Leeren,
Wo sie die Seele verhauchen durch alle Kanäle des Körpers.

* * *

WARUM IST BRUNNENWASSER IM SOMMER KÄLTER?

Ferner zur Sommerzeit wird kälter das Wasser der Brunnen,
Weil durch die Hitze die Erde sich lockert und Wärmeatome,
Die sie etwa besitzt, an die Luft auf das schleunigste abgibt.
Also je stärker der Boden infolge der Hitze geschwächt wird,
Kühlt auch das Wasser sich ab, das sich birgt im Innern der Erde.
Wird sie dagegen vom Frost dann wieder zusammengeschoben
Und wächst gleichsam zusammen, so drückt sie natürlich die Wärme,
Die sie noch selber besitzt, zurück in die Schächte der Brunnen.

DIE WUNDERQUELLE DER OASE AMMON

Nahe beim Ammontempel befindet ein Quell sich, so heißt es,
Der bei Tage als kalt, bei nächtlicher Weile als heiß gilt.
In der Quelle erblicken die Leute ein sonderlich Wunder,
Weil die glühende Sonne die Erde von unten erhitze,
Wenn teilweise von Nacht sie und schrecklichem Dunkel umhüllt ist.
Doch das hält sich zu weit entfernt von der wahren Erklärung.
Denn wenn die Sonne berührt den nackten Körper der Quelle
Und doch von oben her wirkend sie nicht zu erwärmen imstand ist,
Während ihr oberes Licht doch sonst so gewaltige Glut zeigt,

Wie vermöchte sie dann durch den dicken Körper der Erde
Jenes Wasser zu kochen und heißen Dampf zu entwickeln,
Da sie zumal nur mit Mühe vermag durch die Mauern des Hauses
Ihrer Strahlen erhitzenden Brand hindurch zu befördern!
Was ist also der Grund? Die Erde hat dort ohne Zweifel
Um die Quelle herum mehr lockere Räume als sonstwo,
Und viel Feueratome sind neben dem Wasser gelagert.
Wenn nun die Nacht auf die Erde mit tauigen Wogen herabsinkt,
Dann wird plötzlich der Boden gekühlt und zieht sich zusammen.
Hierdurch kommt's, daß er, grade als drückte man ihn mit der Hand aus,
Sämtlichen Feuerstoff, den er hat, in die Quelle hineinpreßt,
Der dann den Dampf und die Wärme erzeugt, die man fühlt beim Berühren.
Dann, wenn die Sonne erwacht und ihr Strahl die Erde zerspaltet
Und sie porös macht, weil nun die Glut der Hitze sie bindet,
Kehren die Feueratome zurück an die früheren Sitze,
Und in die Erde entweicht die sämtliche Wärme des Wassers.
So wird im Lichte des Tages der Quell jetzt wieder erkalten.
Auch versetzen das Naß noch die Strahlen der Sonne in Wallung,
Und mit dem steigenden Lichte verdünnt es der flimmernde Gluthauch.
So kommt's denn, daß das Wasser die sämtlichen Feueratome
Ausstößt, wie es ja öfter den Frost, den es in sich gebunden,
Losläßt, wenn es das Eis auflöst und die Bande zersprenget.

DIE FEURIGE QUELLE (BEI DODONA). DIE SÜSSQUELLE BEI ARADOS (AN DER PHÖNIZISCHEN KÜSTE)

Eiskalt ist auch ein anderer Quell, doch schleudert man Werg drauf,
Fängt es sofort dort Feuer, und lodernd erhebt sich die Flamme.
Ähnlich entzünden sich Fackeln und leuchten wohl über die Flut hin,
Wo sie auch immer hinschwimmen vom Windstoß weitergetrieben.
Nämlich im Wasser schon gibt's sehr viele Atome des Feuers,
Und aus der Tiefe des Erdreichs selbst muß feuriger Keimstoff
Selbstverständlich erstehen, die ganze Quelle durchdringen
Und zugleich sich nach außen hindurch in die Lüfte entladen.
Freilich das reicht noch nicht hin, um den Brunnquell selbst zu erhitzen.
Deshalb muß sich der feurige Stoff, der im Wasser zerstreut ist,
Plötzlich nach außen entladen und über der Quelle sich sammeln.
Der Art ist auch im Meere die Aradosquelle; sie sprudelt
Süßes Wasser empor und vertreibt die umgebende Salzflut.
Auch noch an anderen Orten gewährt dem verdurstenden Seemann
Gar nicht selten das Meer solch hochwillkommenen Nutzen,
Weil es inmitten der salzigen Flut Süßwasser emporspeit.
So kann also der Feuerstoff durch die Quelle nach außen
Sprudeln und dort in das Werg eindringen; sobald er darin sich
Sammelt oder vielleicht an den Körper der Fackel sich anhängt,
Lodern sie leicht urplötzlich empor; denn beide verwahren,
Werg wie Fackel, in sich die verborgenen Feueratome.
Siehst du nicht auch, wie ein eben erloschener flächserner Lichtdocht,
Den du dem Nachtlicht näherst, noch eh' er die Flammen berühret,
Rasch sich entzündet? Dasselbe ereignet sich auch bei der Fackel.

Außerdem erglimmen noch vielerlei Dinge von ferne,
Wenn sie die Hitze berührt, noch ehe das Feuer sie anfaßt;
Also muß es sich auch bei jener Quelle verhalten.

MAGNETISMUS

Schließlich will ich doch auch das Gesetz der Natur hier erörtern,
Welches sich wirksam erweist in dem eisenanziehenden Steine,
Den man Magneten benennt mit seinem griechischen Namen,
Weil als sein Fundort gilt das Heimatland der Magneten.
Seltsam scheint dem Menschen der Stein. Da hängt sich bisweilen
Ring an Ring an ihn an und reihet sich also zur Kette.
Kann man doch oft fünf Ringe, ja mehr noch untereinander
Hängend erblicken, die leise im Spiele der Winde sich schaukeln,
Wo sich der eine wie klebend von unten dem anderen anhängt
Und wo jeder vom andern des Steines bindende Kraft lernt;
So durchdringend erweist sich dabei sein magnetischer Kraftstrom.
Bei derartigen Fragen ist vieles vorher zu bestimmen,
Eh' es gelingt, auf den Grund der Erscheinungen selber zu kommen;
Längerer Umweg läßt sich auf keinerlei Weise vermeiden.
Um so aufmerksamer muß Ohr und Verständnis mir folgen.

VORBEMERKUNGEN. 1. BESTÄNDIGER ATOMENSTROM

Erstlich: es muß notwendig aus allem, was irgend wir sehen,
Ständig ein Strom von Atomen erfließen und weiter sich breiten,
Die in die Augen uns dringen und unseren Sehnerv reizen;
Unaufhörlich entströmen gewissen Stoffen Gerüche,
Wie von den Flüssen die Kühle, die Glut von der Sonne, die Brandung
Sprüht von den Wogen des Meers, das Gemäuer der Küste zerfressend;
Unaufhörlich durchfliegen verschiedene Töne die Lüfte;
Oft auch dringt in den Mund, sobald in der Nähe des Meeres
Wir uns ergehn, der salzige Gischt, und wenn man nur zusieht,

934 Wie man den Wermut löset zum Mischtrank, schmeckt man das Bittre.
935 So fließt allenthalben aus allerhand Stoffen der Stoffe
930 Ständiger Strom und verteilt sich sodann nach jeglicher Seite.
Nirgends gibt es da Ruhe noch Rast im beständigen Flusse.
Denn stets wach ist ja unser Gefühl, und wir können beständig
933 Alles erblicken und riechen und alle Geräusche vernehmen.

2. PORENTHEORIE

936 Nun muß ich wieder erinnern, was auch in dem ersten Gesange
Klar wird gestellt, wie jeglicher Stoff durchlässig gebaut ist.
Dies zu wissen ist zwar zu vielen Dingen wohl nütze,
Aber es muß vor allem für jene Erscheinung besonders,
Die ich behandeln nun will, *der* Satz notwendig gewiß sein,
Daß es nichts Faßbares gibt als mit Leerem gemischte Atome.
Erstens: es schwitzen bisweilen die Felsengrotten das Naß aus,
Das von oben her trieft und in sickernden Tropfen herabfließt.
Auch aus unserem Körper fließt überall reichlicher Schweiß ab.
Sprießt nicht der Bart und die Haare auf allen Gelenken und Gliedern
Und verteilt sich die Speise nicht überallhin durch die Adern,
Nährt und mehrt auch das äußerste Glied bis zum winzigsten Nagel?
Ebenso fühlen wir auch, wie durch Erz die Kälte und Wärme
Durchdringt, fühlen sie auch durch Gold- und Silbergefäße
Dringen, so oft mit der Hand wir die vollen Pokale ergreifen.
Endlich: es fliegt der Ton durch die steinernen Wände der Häuser;
Sie durchströmen Gerüche und Kälte und Hitze des Feuers,
Die sogar durch die Masse des Eisens zu dringen gewohnt ist.
954a Endlich *drängen Atome auch unsichtbar sich von außen*
954 Da, wo der Panzer des Himmels *den Erdball* ringsherum bindet,
955 *Ein und bringen Gebresten dem Tier- und Menschengeschlechte.*
954b Und der Krankheitskeim, sobald er von außenher eindringt,

Und die Witterungswechsel, die hier wie im Himmel entstehen,
Üben ihr Recht auf den Himmelsraum und entlegene Länder.
Denn nichts gibt's in der Welt, was nicht durchlässig geknüpft ist.

3. VERSCHIEDENE WIRKUNG DER ELEMENTE

Dazu kommt noch hinzu, daß nicht alle die Urelemente,
Die von den Dingen sich sondern, dieselbe Empfindung erwecken
Und nicht in gleicher Weise mit jeglichem Ding sich vertragen.
Erstens die Sonne: sie dörrt und vertrocknet den Boden der Erde,
Aber sie löst auch das Eis, und ihr Gluthauch bringt zum Zerschmelzen
Hochgeschichtete Massen von Schnee auf den Höhen der Berge,
Wie ja auch Wachs zerschmilzt, das in Sonnenhitze gelegt wird.
Ähnlich verflüssigt das Feuer zwar Erz und löset das Gold auf,
Aber das Fleisch und das Leder wird hart in der Flamme und runzlig.
Eisen, das man vom Feuer ins Wasser geworfen, erhärtet;
Weich im Wasser jedoch wird getrocknetes Leder und Dörrfleisch.

Ölbaumlaub ist ein herrlicher Fraß für die bärtigen Ziegen,
Wie wenn daraus ein Saft von Ambrosia flösse und Nektar;
Und doch gibt es kein Laub, was dem Menschen bitterer schmeckte.
Endlich das Majoranöl ist dem Schweine zuwider; es scheut auch
Jeglichen Salbengeruch. Denn dem borstigen Tiere ist all dies
Heftiges Gift, was so oft uns fast zur Erquickung gereichet.
Aber für uns ist nun wieder der Kot der scheußlichste Unrat,
Während den Schweinen so sehr er behagt, daß sie gerade darinnen,
Ohne es satt zu werden, mit ganzem Körper sich wälzen.

4. VERSCHIEDENHEIT DER LEITUNGSBAHNEN

Auch noch folgender Punkt bleibt vorher mir zu erörtern,
980 Eh' ich zum Gegenstand selbst beginne das Wort zu ergreifen.
Da die verschiedenen Dinge mit zahlreichen Poren versehn sind,
Müssen sie auch von einander verschiedne Beschaffenheit zeigen.
Jedes muß eigene Art und besondere Wege besitzen.
Denn die lebenden Wesen entwickeln verschiedene Sinne,
985 Deren jeder sein eigenes Reich der Empfindung beansprucht.
Denn wir sehen die Töne zu andrem Organe geleitet
987 Als den Geschmack der Säfte und als die Gerüche der Küche.
991 Manches zudem scheint grade durch Steine den Weg sich zu bahnen,
Andres durch Holz, ein drittes durch Gold sich hindurch zu bewegen,
Wieder ein andres durch Silber und Glas nach außen zu dringen;
Denn hier strömen die Bilder, auf anderem Wege die Wärme,
995 Und auf dem nämlichen wird dies rascher als jenes befördert.
Dazu zwingen natürlich die ganz verschiedenen Wege,
997 Deren Natur, wie wir eben gezeigt, gar mannigfach abweicht,
990 Wegen der Ungleichheit der Stoffe und ihres Gefüges.

ERKLÄRUNG DES MAGNETISMUS

998 Haben wir nun dies alles bestätigt und sicher befestigt
Und dies feste Gedankengerüst zum voraus errichtet,
1000 Läßt sich daraus zum Schluß die Erklärung leichtlich entnehmen,
Und so ergibt sich der Grund, der das Eisen lockt zum Magneten.
Erstens müssen dem Stein gar viele Atome entfahren
Oder ein Strom, der die Luft durch seine Stöße vertreibet,

988, 989 = 996, 997.

Welche sich zwischen dem Stein und dem Eisen etwa befindet.
Wird nun der Raum entleert und entsteht in der Mitte ein leeres
Zwischenfeld, dann fallen sofort auch die Eisenatome
Alle zusammen kopfüber gestürzt in das Leere; es folgt auch
Ihnen der Ring selbst nach, der mit ganzem Körper sich anschließt.
Denn kein einziges Ding ist versehen mit Urelementen,
Die aneinander so enge verknüpft und verwickelt sich heften
Wie die Stärke des Eisens und seine frostige Starrheit.
  Drum ist's wahrlich kein Wunder (das *manchen*, heißt es, *beängstigt*),
Wenn von den Eisenatomen nicht *viele* ins Leere sich stürzen
Können, *ohne* daß gleich auch der Ring selbst ihnen sich anschließt.
Denn dies tut er gewiß; und er folgt, bis zuletzt den Magnetstein
Selbst er erreicht und an ihn mit verborgenen Banden sich anhängt.
Dies vollzieht gleichmäßig nach jeglicher Richtung sich, wo nur
Irgend ein Leeres entsteht; mag's drüber sein oder daneben,
Augenblicklich entwandern die Nachbaratome ins Leere.
Denn sie erhalten die Stöße von außen her; nimmer vermögen
Eigenem Triebe gehorchend sie selbst in die Höhe zu klimmen.
  Dazu kommt noch ein Grund (für die Möglichkeit dieser Erscheinung
Dient auch dies zum Beweis und für die Verstärkung des Zuges):
Nämlich je dünner die Luft vor dem Ring allmählich geworden,
Um so mehr wird der Zwischenraum verdünnt und entleeret.
1033 Also kommt's, daß die Luft, die hinter dem Ringe gestanden,
1026 Jetzt vom Rücken her gleichsam ihn vorwärts schiebet und vortreibt.

Denn die umlagernde Luft schlägt wie mit der Peitsche die Dinge.
Aber in solchem Falle bewegt sie das Eisen nach vorwärts,
Weil auf der einen Seite die gähnende Leere es aufschnappt.
Wenn nun die Luft, wie erwähnt, durch die zahlreichen Poren des Eisens
Auf das feinste verteilt, zu den winzigsten Fäserchen vordringt,
Treibt sie das Eisen voran wie der Wind das segelnde Fahrzeug.
Endlich, ein jegliches Ding enthält notwendigerweise
Luft im Körper, da alles als lockerer Körper gebaut ist
Und Luft sämtliche Dinge von allen Seiten umlagert.
Diese verborgene Luft, die im Innern des Eisens versteckt ist,
Wird bei ihrer Erregung nach allen Seiten geworfen
Und regt so unzweifelhaft auch von innen den Ring an,
Der natürlich sich dahin bewegt, wohin er schon einmal
Stürzte und wo er versuchte, vom Leeren Besitz zu ergreifen.

BESONDERE MAGNETISCHE PHÄNOMENE

Auch kommt's vor, daß das Eisenmetall zuweilen zurückweicht
Vor dem Magnet und im Wechselspiel ihn meidet und aufsucht.
Hüpfen sah ich sogar samothrakische eiserne Ringe,
Sah auch Eisenfeilicht in ehernem Becken wie rasend
Tanzen, sobald der magnetische Stein darunter gebracht ward:
So sehr hat es den Trieb, vor dem Steine zurück sich zu ziehen.
Daß nun ein solches Getümmel entsteht, wenn das Erz sich dazwischen
Schiebt, kommt einfach daher, daß der Strom der Atome vom Erze
Vorher die offenen Poren des Eisens alle besetzt hat,
Während der Strom vom Magneten, der später ist, alles im Eisen
Längst schon besetzt und verrammelt erblickt den bisherigen Durchlaß.
So muß jetzt der Magnet das Eisengefüge bekämpfen
Und mit dem eigenen Strom es verscheuchen; so stößt er es von sich,

Peitscht *durchs* Erz es nur auf, was er *ohne* das Erz wohl verschluckte.
  Hierbei darf dich nicht sehr in Verwunderung setzen der Umstand,
Daß der magnetische Strom nicht auf andere Stoffe kann wirken.
Ein Teil trotzt wie das Gold, auf die eigene Schwere vertrauend,
Andere lassen den Strom, weil ihr Körper so locker gebaut ist,
Unberührt durchfliegen und kommen so nie in Erregung;
Unter dieses Geschlecht mag hölzerne Stoffe man rechnen.
So liegt also des Eisens Natur in der Mitte von beiden.
Nimmt es gewisse Atome von Erz in sich auf, so geschieht es,
Daß hierdurch der magnetische Strom zeitweilig gehemmt wird.
  Doch steht diese Erscheinung nicht also ferne von andern,
Daß es an reichlichem Stoff mir fehlte, die Dinge zu nennen,
Die durch der Seltenheit Band miteinander innig verknüpft sind.
Erstens siehst du, wie Steine durch Kalk nur wachsen zusammen,
Hölzer verbindet allein so fest miteinander der Stierleim,
Daß weit eher die Fasern bei Bruch des Getäfels zerspringen,
Als auseinander klaffte das Fach, das zusammengeleimt ist.
Rebengeborenes Naß kannst dreist du mit Wasser der Quelle
Mischen, was schweres Pech und leichteres Öl nicht gestattet.
Farbe der Purpurschnecke vereinigt sich so mit der Wolle,
Daß sie als Einheit erscheinen und nie voneinander sich scheiden,
Nie, selbst wenn du dich mühtest mit Wasser des Meers sie zu bleichen
Oder des Ozeans sämtliche Flut sie zu spülen versuchte.
  Bindet man Gold nicht mit Gold allein durch ein einziges Schlaglot?
Wird nicht das Erz mit dem Erze vermählt durch weißliches Weichlot?
Wieviel ähnliches ließe sich sonst noch finden! Wozu doch?

Weder bedarf es bei dir so weitumschweifender Rede,
Noch ist mir es geziemend, viel Mühe hierauf zu verschwenden.
Nein, es ist besser, in Kürze mit wenigem viel zu umspannen.
Wenn das Gefüge von Dingen sich so ineinander gepaßt hat,
Daß sich einander das Hohle bei diesem, das Volle bei jenem
Wechselseitig entspricht, dann gibt es die beste Verbindung.
Ebenso ist es auch möglich, daß manche wie Ringe und Haken
Fest ineinander greifen und so sich verkettet erhalten.
Dies muß mehr, wie es scheint, beim Magnet und dem Eisen der Fall sein.

ENTSTEHUNG DER SEUCHEN

Jetzt nun will ich zum Schluß von der Krankheit Ursachen reden
Und dir erklären, woher so plötzlich die Krankheitskeime
Kommen, die Tod und Vernichtung dem Tier- und Menschengeschlechte
Bringen. Zuerst, wie ich oben gelehrt, gibt's viele Atome,
Die uns zu gelten haben als lebenerhaltende Keime;
Aber es schwirren auch viele umher, die Tod und Erkrankung
Schaffen. Sobald nun diese der Zufall rottet zusammen
Und sie den Himmel verpesten, entsteht ein krankhafter Lufthauch.
All dies Krankheitsheer und alle diese Verpestung
Stammt entweder von außen, wie Wolken und Nebel von oben
Über den Himmel hin ziehn, teils steigt sie auch grad aus der Erde
Auf, wenn der Boden durchnäßt von unaufhörlichem Regen,
Dann von der Sonne durchglüht zum Fäulnisherd sich entwickelt.
Siehst du nicht auch, wie auf Fremde, von Haus und Heimat Verschlagne,
Die hier zu uns kommen, die Ungewohnheit des Klimas

Wie auch des Wassers wirkt, die so große Verschiedenheit zeigen?
Was für ein Unterschied muß zwischen Britanniens Klima
Und dem ägyptischen sein, wo die Achse der Welt sich so tief neigt,
Welch ein Abstand ferner vom Pontusreich bis nach Gades
Und zu dem Menschengeschlecht mit den schwarzverbrannten Gesichtern!
Vier verschiedene Teile der Welt sind so voneinander
Nach den vier Hauptwinden und Himmelsstrichen geschieden.
Ebenso weit sind die Menschen getrennt durch Farbe und Aussehn,
Wie auch die Krankheitsarten die Völker nach Rassen befallen.
Elephantiasis gibt's allein in Mittelägypten,
Nahe den Wassern des Nils, und nirgends sonst auf der Erde.
Ferner gibt's Fußleiden in Attika, Schwäche der Augen
Herrscht in Achaja vor. So sind an anderen Orten
Andre Organe bedroht; das macht die verschiedene Luft aus.
Wenn sich daher zufällig ein uns abträglicher Luftstrom
Weiter bewegt und die feindliche Luft Verbreitung gewinnet,
Schleicht sie wie Wolken und Nebel allmählich weiter und bringt so
Überall, wo sie erscheint, gewaltsame Ändrung und Wirrnis.
Dann kommt's vor, wenn sie endlich in unser Klima gelangt ist,
Daß sie es ähnlich gestaltet und uns abträglich verpestet.
Plötzlich senkt sich nun diese uns neue, verheerende Pestluft
Nieder aufs Wasser hin oder sie nistet sich ein in die Feldfrucht
Oder in andere Nahrung der Menschen und Futter der Tiere,
Oder der Krankheitsstoff harrt schwebend in luftiger Höhe;
Und so müssen wir, wenn wir von dort die giftige Pestluft
Atmen, zugleich mit dem Odem die Krankheitskeime verschlucken.
In ganz ähnlicher Weise befällt auch die Rinder die Pest oft,
Oder die Seuche verheert die blökenden Träger der Wolle.
Und es verschlägt auch nichts, ob *wir* die gefährliche Gegend
Selber betreten und wie ein Gewand das Klima vertauschen,
Oder ob uns die Natur von selbst das verdorbene Klima

Herbringt oder ein Etwas, an das wir bisher nicht gewöhnt sind,
Das uns Unheil schafft durch die Neuheit seiner Erscheinung.

DIE PEST ZU ATHEN

Solch ein Krankheitsstoff und todverbreitender Pesthauch
Wandelte einst das Kekropische Land in ein Leichengefilde,
Machte zur Wüste die Gassen und raubte der Stadt die Bewohner.
Tief im Ägypterland war diese Verseuchung entsprungen,
Dann durchflog sie gewaltigen Raum der Lüfte und Meere,
Bis sie am Ende befiel Pandions ganze Bevölkrung,
Die nun haufenweise der Pest und dem Tode geweiht ward.

Anfangs spürten ihr Haupt sie von fiebriger Hitze entzündet,
Und ihr Augenpaar war blutigrot unterlaufen;
Schwärzlich geronnenes Blut entquoll dem Innern des Schlundes,
Schwären versperrten der Stimme den Weg und verengten den Durchgang,
Und die Zunge, des Geists Dolmetscherin, schwimmend im Blute
Ward durch die Seuche geschwächt, rauhkörnig und kaum mehr beweglich.

Als nun der Krankheitsstoff durch den Schlund in die Brust war gedrungen
Und er dem Kranken ins zagende Herz war zusammengeflossen,
Ja, da gerieten die Riegel des Lebens alle ins Wanken.
Widrigen Odem verhauchte der Mund in die Lüfte, wie wenn sich
Stank von verfaulendem Aas aus dem Anger des Schinders erhebet.
Seele wie Körper verloren ermattend jegliche Spannkraft,
Und man fühlte bereits sich dicht vor der Schwelle des Todes.
Unerträglichem Leiden gesellte beklemmende Angst sich

Unaufhörlich hinzu, und mit Stöhnen mischte sich Jammer;
1160 Häufiges Schluchzen ergriff bei Tag und bei Nacht oft die Nerven;
Dieser beständige Krampf zwang nieder die einzelnen Glieder,
Und die schon lange Erschöpften zerflossen in dieser Ermattung.
Allzu erhebliche Hitze vermochte man nicht zu bemerken
Auf dem Körper der Kranken, der außen mäßig erwärmt schien;
1165 Eher empfand man ein laulich Gefühl, wenn die Hand ihn berührte,
Aber der ganze Leib war von brandigen Schwären gerötet,
Wie wenn das »heilige Feuer« sich über die Glieder verbreitet.
Vollends im Innern der Menschen da brannte es bis auf die Knochen,
Brannte im Magen so loh wie die Flamme im Innern der Esse.
1170 Da half keine Gewandung, so leicht und so dünn man sie suchte;
Einzig nach Wind und nach Kühle war stets ihr Streben gerichtet.
Manche begaben sich drum in die eisigen Fluten der Flüsse
1173 Mit pestglühenden Gliedern und warfen sich nackt in das Wasser.
1178 Viele stürzten sich auch kopfüber hinab in die Brunnen
1174 Und gelangten zuerst mit dem offenen Mund in die Tiefe:
1175 Aber der dörrende Durst, der ins Wasser sie zwang, war mit nichts mehr
Stillbar; reichliches Naß war soviel wie wenige Tropfen.
1177 Nirgend Erholung vom Leiden: matt lagen die Körper am Boden,
1179 Ratlos verstummten die Ärzte, die ihre Befürchtung verbargen,
1180 Wenn sie die Kranken erblickten, die wieder und wieder die Augen
Rollten, die fieberdurchglüht und schlaflos starrten ins Weite.
Außerdem noch erschien viel andres als Zeichen des Todes:
Völlig verwirrter Verstand mit Angstzuständen und Schwermut,

Finstere Stirn und scharfer, ja wütender Blick aus den Augen;
Ferner ein ängstlich erregtes Gehör und Brausen im Ohre,
Fliegender Atem, dann wieder auch tiefe und langsame Züge,
Reichlicher Schweißerguß, der perlend am Halse herabfloß,
Dürftiger, salziger, dünner und safranfarbiger Auswurf,
Den nur mühsam die Kehle mit heiserem Husten herauswarf.
In den Händen ein zuckender Krampf, in den Gliedern ein Zittern
Und an den Füßen herauf zog Glied für Glied sich ein Frösteln
Unaufhaltsam empor. Und ging es schließlich zum Ende:
Eingefallene Nase, die Nasenspitze verlängert,
Hohle Augen und Schläfen, verhärtet und kalt die Gesichtshaut,
Niedersinkender Mund und die Stirnhaut dauernd in Spannung.
Nicht gar lange danach erstarrten die Glieder im Tode;
Meistens gaben ihr Leben sie auf, wenn achtmal die Sonne
Leuchtend die Fackel erhoben, bisweilen auch erst bei der neunten.

War nun auch einer, wie's kommt, dem Todesschicksal entronnen,
So ergriff ihn doch später die Zehrung, da ekle Geschwüre
Nebst schwarzflüssigem Stuhl ihn schwächten; der Tod war ihm sicher;
Oder es quoll auch nicht selten zugleich mit heftigem Kopfweh
Reichlich verdorbenes Blut aus verstopfenden Nasengeschwüren;
Damit floß auch die Körperkraft dem Erkrankten zugleich hin.
Wer nun auch wirklich dem starken Erguß des vereiterten Blutes
Glücklich entrann, der verfiel doch in Nerven- und Gliederverrenkung;
Ja, es warf sich die Pest sogar auf die Zeugungsorgane.
Einige ließen in ängstlicher Furcht vor den Pforten des Todes
Lieber das Glied mit dem Messer entfernen, um weiter zu leben;
Einige blieben auch leben, doch gaben sie Hände und Füße
Drein, wie andere wieder das Licht der Augen verloren.
So stark hatte sie grimmige Angst vor dem Tode ergriffen.

Einige büßten sogar die Erinnrung an alles Vergangne
Ein, so daß sie nicht mehr auf sich selbst sich konnten besinnen.
1215 Zwar lag Leiche auf Leiche gehäuft, da niemand beerdigt
Wurde, allein die Scharen von Vögeln und wildem Getiere
Wichen zurück in die Ferne, dem gräßlichen Stank zu entfliehen,
Oder sie fielen dem Tode anheim, sobald sie gekostet,
Oder es kam überhaupt in jenen schrecklichen Tagen
1220 Schwerlich ein Vogel hervor und die bösen Bestien blieben
In den Gehölzen zurück; die meisten siechten und starben
Gleichfalls. So auch besonders die treuen Wächter, die Hunde:
Überall hauchten ihr Leben sie jämmerlich aus auf den Straßen;
1224 Denn das entsetzliche Gift nahm qualvoll ihnen das Leben.
1226 Auch gab's keine Arznei, die bei allen sich sicher bewährte;
Denn was dem einen vergönnte, in volleren Zügen zu atmen
Lebenerhaltende Luft und des Himmels Räume zu schauen,
Das war vernichtendes Gift für den andern und brachte den Tod ihm.
1230 Hierbei war nun vor allem die jammervollste Erscheinung
Und die kläglichste die, daß jeder, sobald nur die Krankheit
Ihm sich bemerkbar machte, als wär' er zum Tode verurteilt,
Jegliche Hoffnung verlor und, während er traurigen Herzens
Seines Endes nun harrte, alsbald die Seele verhauchte.
1235 Freilich, es wurden ja auch die Keime der gierigen Seuche
Während der ganzen Zeit von einem zum andern vertragen,
1245 Wie bei den Trägern der Wolle und hörnerbewehreten Ochsen.
1237 Dies war vor allem der Grund, daß Leichen auf Leichen sich häuften;
Denn wenn aus Angst vor dem Tod und aus gieriger Liebe zum Leben
Mancher davor sich scheute, die kranken Familienglieder
1240 Aufzusuchen, so strafte auch ihn bald Mangel an Pflege,
Da ihn freundlos und hilflos ein schimpfliches Ende erreichte.
Doch wer die Hand nur reichte, der ging durch stete Berührung
Und an der Mühe dahin, zu der ihn die Ehre getrieben
1244 Oder die rührende Bitte und Jammerstimme der Siechen.
1246 Also erlagen dem Tode auf *die* Art grade die Besten.

1225 || Ohne Begleitung rasten die Wagen zum Grab wie im Wettlauf;
1225a *Jeder begrub die Gebeine, wo grade der Zufall ihn hintrieb,*
1225b *Ohne nach frommem Gebrauch die Sitten der Väter zu ehren.*
1247 Wie um die Wette bald hier bald dort begrub man die Seinen;
Dann, von dem Weinen und Trauern erschöpft, ging jeder nach Hause.
So warf wohl gar manchen der Harm um die Lieben aufs Lager.
1250 Niemand war da zu finden, dem nicht in dem schrecklichen Jahre
Krankheit oder der Tod sich nahte oder doch Trauer. ||

Nunmehr siechte zudem wie der Schafhirt so auch der Stierknecht
Hin und der Ackersmann, der mit Kraft den gebogenen Pflug lenkt.
Aufeinander gepfercht lag da in dem Innern der Hütte
1255 Körper an Körper, wo Krankheit und Not dem Tode sie weihten.
Über entseelten Kindern erblickte man öfters die Körper
Ihrer Eltern entseelt; und hinwiederum konnte man schauen
Söhne, die über die Eltern gesunken ihr Leben verhauchten.
Dieses betrübliche Leid floß nicht zum geringsten vom Lande
1260 Über zur Stadt, und die Masse des dorthin strömenden Landvolks
Trug, schon krank, die Keime herbei aus allen Bezirken.
Sämtliche Räume und Häuser erfüllten sie: nur um so höher
Türmte in stinkender Enge der Tod die Haufen der Leichen.

Zahlreiche Leichen bedeckten die Straßen; sie hatten sich vorwärts
1265 Dorthin gewälzt, wo der Durst zu den Röhren der Brunnen sie lockte,
Aber der Labe zu gieriger Trank nahm ihnen das Leben.
Viele sah man sogar auf belebten Straßen und Plätzen,
Wo sich das Volk gern trifft, halbtot und erschlafft in den Gliedern,
Lumpenbedeckt und starrend von gräßlichem Schmutze verenden:

Unflat deckte den Körper, Gerippe von Haut und von Knochen
Schienen sie, fast schon begraben in Dreck und eklen Geschwüren.
Endlich hatte der Tod auch die heiligen Tempel der Götter
Vollgestopft mit den Leibern der Toten, und überall blieben
Sämtliche Gotteshäuser mit Leichen belastet, da diese
Räume die Küster den Scharen der Fremdlinge hatten geöffnet.
Freilich der Gottesdienst und die Gottheit selbst war bei ihnen
Nicht mehr geachtet. Zu groß war der gegenwärtige Jammer.
Auch die Bestattungsbräuche der Stadt, mit denen dies Volk stets
Früher die Seinigen pflegte zu Grabe zu tragen, verschwanden.
Gänzlich verwirrt im Gemüt lief jeder bald hierhin bald dorthin
Und barg, wie es nun ging, voll Kummer *den Toten* im Grabe.
Hierbei riet auch die Eile und Not zu entsetzlichen Dingen;
Denn sie legten nicht selten mit lautem Geschrei auf den Holzstoß,
Den man für andre geschichtet, die Leichen der eignen Verwandten,
Zündeten dann mit der Fackel ihn an und stritten sich oftmals
Lieber auf Mord und Tod, als daß von der Leiche sie wichen.

ANHANG

ERLÄUTERUNGEN

Versumstellungen, die Hermann Diels in dem mit zahlreichen Überlieferungsmängeln behafteten Lukreztext vorgenommen hat, sind am Textrand markiert. Kursivdruck bezeichnet Stellen, an denen der Übersetzer von ihm angenommene Textlücken geschlossen hat; seine Ergänzungen stellen den Sinn des Originals her, ohne dessen wortgetreue Rekonstruktion zu verbürgen. Sternchen (***) bezeichnen angenommene Lücken, die nicht ergänzt wurden. In senkrechte Doppelstriche sind Textpassagen eingeschlossen, die Lukrez nach der Auffassung von Diels erst nachträglich in den Text eingefügt hat.

Die Zwischenüberschriften gehen nicht auf Lukrez selbst zurück, ihr Kernstück findet sich aber schon in den beiden ältesten Lukrezhandschriften. Diels hat ihre Zahl um eigene Überschriften vermehrt.

Buch I

1 *Mutter der Äneaden:* Nach mythischer Überlieferung nahm die griechische Liebesgöttin Aphrodite, die die Römer mit Venus gleichsetzten, den Troer Anchises zum Geliebten und gebar ihm Aeneas, der bei der Vernichtung Trojas durch die Griechen nach Italien entkam und dort zum Stammvater der Römer wurde (Äneaden: Nachfahren des Aeneas). Als direkte Nachkommen der Aphrodite-Venus betrachteten sich insbesondere die Iulier, die Familie Caesars. Auch auf ihn spielt Lukrez möglicherweise an.

2 *Lebenspendende Venus:* eine Personifikation realer Mächte und Kräfte, vgl. Einführung S. 35.

26 *Memmius:* vgl. Einführung S. 11 f.

29 *das wilde Gebrüll des tosenden Krieges:* bezieht sich vermutlich mehr auf drohende Kriegsgefahr als auf einen bereits ausgebrochenen Krieg. Zu bedenken ist allerdings, daß Caesar seit 58 v. Chr. in Gallien kämpfte.

33 *dein Gatte:* Gewöhnlich galt den Griechen der Schmiedegott Hephaistos als Gatte der Aphrodite und der Kriegsgott Ares, den die Römer mit Mars gleichsetzten, nur als ihr Geliebter. Aber es gab, z. B. in der Stadt Theben, auch die Variante, Aphrodite und Ares seien Ehegatten. Dieser

Version, aus der er seine Bitte um Frieden ableiten kann, gibt Lukrez den Vorzug.

41 *in den jetzigen Nöten des Staates:* Gemeint sind vermutlich die inneren Spannungen in Rom, die auf einen neuerlichen Bürgerkrieg zustrebten. Daß Lukrez auf spezielle Ereignisse der Jahre 54/53 v. Chr. anspiele, der Venus-Hymnus also erst nach allen anderen Teilen des Werkes in den spätesten Lebensjahren des Dichters entstanden sei, ist in der Lukrezforschung behauptet, aber nicht zwingend bewiesen worden.

50 *mein Gajus:* eine von Diels verantwortete Textgestaltung, die Bedenken unterliegt, vgl. Einführung S. 11 f.

66 *ein Grieche:* Epikur. Lukrez häuft alles Lob auf ihn und verschweigt die Leistungen der älteren griechischen Philosophen.

70f. *die verschloßnen Pforten:* offenbar halb symbolisch, halb wörtlich gemeint, im Sinne der wenige Verse später genannten »flammenden Mauern« der Welt, d.h. des Himmelsgewölbes.

73 *des Weltalls:* Die Übersetzung ist ungenau. Nur *unsere* Welt ist von Mauern umschlossen, nicht jedoch das Weltall insgesamt. Vgl. die Erläuterung zu Vers I 985.

75 *als Siegesbeute:* Lukrez sieht den Griechen Epikur im römischen Bilde eines Triumphators; vgl. »Triumph« v. 79.

84 *Danaerfürsten:* Agamemnon, Menelaos und die anderen Anführer des legendären Zuges der Griechen gegen Troja. Danaer = Griechen, nach Danaos, einer Gestalt aus der sagenhaften Frühgeschichte der Stadt Argos. Wie nahe es für Lukrez lag, auf die Trojasage als Beleg für seine Auffassungen zurückzugreifen, zeigt auch ein späterer Abschnitt des 1. Buches; vgl. die Erläuterung zu Vers I 464f.

85 *Dianens Altar:* In der griechischen Urform der Sage heißt die Göttin Artemis. Lukrez folgt der alten Version, nach der Iphianassa bzw. Iphigenie (vgl. Einführung S. 32) in Aulis (an der Meerenge zwischen dem griechischen Festland und der Insel Euböa) wirklich geopfert wurde. Weiter verbreitet war die Variante, während der Opferhandlung habe Artemis das Mädchen gerettet und auf dem Opferaltar an ihrer Stelle eine Hirschkuh untergeschoben.

97 *Hochzeitszug:* Der Sage nach hatte Agamemnon seine Tochter aus Mykene unter dem Vorwand holen lassen, sie noch vor dem Aufbruch seiner Flotte nach Troja mit Achilleus zu vermählen.

104 *Märchen:* eigentlich: Träume; die Antike kannte Märchen, hatte aber noch keinen Begriff dafür.

111 *Hölle:* von christlichen Vorstellungen beeinflußte Übersetzung. Der Vers nennt keinen bestimmten Ort der »ewigen Strafen«, meint aber den in v. 115 erwähnten Orcus.

115 *Orcus:* römischer Name für die Unterwelt, griechisch meist Hades oder Tartaros genannt.

116 *in andre Geschöpfe verbannet:* Die Seelenwanderungslehre, die seit alters vor allem in Indien verbreitet war, vertreten von den älteren griechischen Philosophen Pythagoras und z.T. auch Platon.

117 *Ennius:* Der Autor des Epos ›Annalen‹ und zahlreicher weiterer Dichtungen (239–169 v.Chr.) galt z.Z. des Lukrez als der Klassiker der römischen Literatur. Diesen Rang mußte er erst in der zweiten Hälfte des 1. Jahrhunderts v. Chr. an Vergil abtreten.

118 *Helikon:* Der Bergstock in Böotien galt als Dichterberg, seit Hesiod dort, wie er in seiner ›Theogonie‹ behauptet, den Musen begegnet war.

121 *Acheron:* Strom in der Unterwelt, auch dic Unterwelt selbst.

123 *Schattengebilde:* Diese Form des Unterweltglaubens entsprach im wesentlichen alten griechischen Vorstellungen.

124 *Homeros:* Des Ennius im Altertum berühmter Bericht über die angebliche Traumerscheinung Homers stand in der Einleitung seiner ›Annalen‹.

197 *Lettern:* Der Ausdruck, heute meist für Drucktypen verwendet, bezeichnet hier, anderthalb Jahrtausende vor Gutenberg, natürlich nur die Buchstaben. Der Vergleich der Atome mit Buchstaben, den Lukrez noch mehrmals wiederholt, geht auf Demokrit, den Begründer des antiken Atomismus, zurück.

227 *Venus:* Der Name der Göttin steht hier für Liebe.

240 *Verband:* ein größerer Zusammenschluß von Atomen.

250f. *Vater Äther:* eine der bei Lukrez häufigen Personifizierungen von Naturkräften. Zu den wirklichen Göttern, an deren Existenz Lukrez glaubt (vgl. Einführung S. 29ff.), zählt »Vater Äther« nicht.

301f. *Worte – körperlich Wesen:* Wörter werden als Schall und dieser als Luftbewegung verstanden. Näheres dazu im 4. Buch.

316 *am Tore die ehernen Bilder der Götter:* Die Aufstellung von Götterstandbildern an Stadttoren entsprach ebenso wie die anderen erwähnten Bräuche antiken Gepflogenheiten.

Überschrift vor 329 Vacuum: der von Lukrez verwendete lateinische Begriff. Im zugehörigen Text bevorzugt der Übersetzer die Wiedergabe mit »das Leere«.

371 *Gegner:* Die im folgenden referierte Auffassung wurde von fast allen mit dem Epikureismus konkurrierenden antiken Philosophenschulen vertreten (Akademie, Peripatos, Stoa). Zum ersten Mal ist sie in Platons ›Timaios‹, besonders 79b, belegt.

415 *die Riegel:* der Körper, der nach epikureischer Auffassung die Seelenatome fest umschlossen und dadurch den Menschen am Leben hält. Wird der Körper brüchig, entweichen die Seelenatome, und der Mensch stirbt.

Überschrift vor 419 Vacuum: vgl. Erläuterung zur Überschrift vor Vers 329.

450–458 *Ergebnis:* ein typisch epikureischer Begriff. Lukrez leugnet nicht die atomare Basis der als Beispiele herangezogenen Erscheinungen, hebt aber hervor, daß etwa in dem Falle, daß ein Mensch einen anderen zum Sklaven macht, weder die Atomstruktur des Herrn noch die des Sklaven, sondern nur das Verhältnis beider zueinander sich ändert.

459 *Zeit kein Ding an sich:* eine interessante Konsequenz aus der epikureischen Kernthese, daß es nur zwei Arten von Realität gebe: die Atome und das Leere. Andere antike Philosophenschulen bemühten sich um den Nachweis des Realitätscharakters der Zeit, vermochten die theoretischen Schwierigkeiten ihrer Auffassung begreiflicherweise aber gleichfalls nicht voll zu lösen.

464f. *die Sage ... von Helenas Raub und von Trojas Niederwerfung:* Durch Homer war die Sage vom Trojanischen Krieg zur Zeit des Lukrez so allgemein bekannt, daß sie jederzeit als Beleg für vorgetragene Thesen dienen konnte.

474 *Alexander:* Der bekanntere Name des Troers, der mit Aphrodites Hilfe Helena aus Sparta entführt hatte, ist Paris.

Phrygierherz: Troja lag im Lande der Phryger, deshalb konnte seinen Bewohnern diese Volkszugehörigkeit zugeschrieben werden, obwohl Homer, der Hauptberichterstatter, sich in dem Punkte nicht festlegt.

Überschrift vor 483 Vacuum: Noch ein drittes Mal, wie schon vor den Versen 329 und 419, verwendet der Übersetzer diesen Begriff.

498 *das Wesen der Dinge:* »Wesen« hier andere Übersetzung für den Begriff *natura,* der an anderen Stellen, so gleich im Titel des Werkes, mit »Natur« wiedergegeben ist. Vgl. Einführung S. 14.

567 *Luft, Feu'r, Erde und Wasser:* Über eine längere Strecke operiert Lukrez, auch dabei stets im Anschluß an Epikur, von nun an mit der Vorzugsrolle der klassischen vier Elemente der griechischen Philosophie, denen im frühen 5. Jahrhundert v. Chr. vor allem Empedokles zu nahezu uneingeschränkter Anerkennung verholfen hatte; vgl. unten Vers I 716. Da diese Elemente gewöhnlich in größeren Atomverbänden auftreten, bezeichnet Lukrez sie auch als »Dinge«.

627 *unsterblichen Wesens:* Die Formulierung klingt an religiöse Ausdrucksweise an, erklärt sich aber ausschließlich von den Prinzipien des epikureischen Atomismus her.

638 *Herakleitos (Heraklit):* aus Ephesos in Westkleinasien, ca. 550–480 v. Chr., auch nach heutiger Auffassung einer der bedeutendsten älteren griechischen Philosophen. Aus seiner Schrift sind nur Fragmente erhalten.

639 *dunkele Sprache:* Heraklit hatte die Kernsätze seiner Dialektik ohne Rücksicht auf die Verständnisschwierigkeiten formuliert, denen er seine Hörer aussetzte. Schon im Altertum hieß er deshalb »Heraklit der Dunkle«.

654 *Verdichtung – Verdünnung:* Dieser Versuch, qualitative Verschiedenheiten der Elemente durch die Annahme quantitativer Prozesse zu erklären, geht, was Lukrez unerwähnt läßt, schon auf Heraklits Vorgänger Anaximenes aus Milet, ca. 585–525 v. Chr., zurück.

685 *Ordnung, Lage, Gestalt, ... Zusammenstoß, ... Bewegung:* ein alter, schon auf Demokrit zurückgehender Grundsatz des antiken Atomismus.

689 *Gefühl:* Lukrez spricht präziser vom Tastsinn, dem er für die Erfahrung der Wirklichkeit grundlegende Bedeutung beimißt.

692 *der Gipfel des Wahnsinns:* Der Epikureismus hat eine feinsinnige Ethik entwickelt, in der jedoch die Toleranz als ein Grundwert noch nicht entdeckt ist. Ähnlich schroffe Formulierungen bei Lukrez noch mehrmals.

694 *Glaube:* Der vom Übersetzer gewählte Ausdruck darf nicht zu der Annahme verleiten, Lukrez habe zwischen Wissen und Glauben als Erkenntnisstufen oder gar unterschiedlichen Erkenntnistypen differenziert. Gemeint ist vielmehr die zuverlässige Einsicht in das atomare Wesen der Erscheinungen.

699f. *Was kann ... als sicher uns gelten außer den Sinnen:* der erkenntnistheoretische Kernsatz des Epikureismus.

712 *jene ..., die Doppelprinzipien lehren:* Als Vertreter der Lehre zweier Grundelemente ist Oinopides aus Chios,

6. Jahrhundert v. Chr., bezeugt. Aber auch Parmenides (geb. ca. 515 v. Chr.) und Anhänger des Pythagoras (geb. um 570 v. Chr.) sollen derartige Anschauungen vertreten haben. Möglicherweise denkt Lukrez an Philosophen, die uns namentlich nicht mehr bekannt sind.

714f. *die alles aus vier Elementen entstanden glauben:* Die folgenden Verse zeigen, daß Lukrez den Urheber dieser Auffassung mit Recht in Empedokles aus Akragas sieht (geb. etwa 490 v. Chr.).

716 *die Insel ... mit dem dreifach gezackten Gestade:* Sizilien. Die Dreiecksgestalt der Insel war in der Antike wohlbekannt. Das durch seine z. T. erhaltenen griechischen Tempel berühmte Akragas, heute Agrigento, liegt an der Südwestküste.

720 *mit dem enger sich schließenden Sunde:* die Straße von Messina.

722 *Charybdis:* Die in der ›Odyssee‹ erzählte Fahrt des Odysseus zwischen den Meerungeheuern Skylla und Charybdis hindurch wurde im späteren Altertum gern in die Meerstraße von Messina verlegt.

Ätna: ungenaue Lokalisierung; der Vulkan liegt ein Stück südlich der Straße von Messina.

739 *Pythia:* die Wahrsagepriesterin des Apollon in Delphi, der berühmtesten Orakelstätte des Altertums.

752 *das Kleinste:* Der Begriff *(minimum)* war im antiken Atomismus Gegenstand von Diskussionen; man warf die Frage auf, ob man nicht z. B. an einem gekrümmten Atom mehrere in ihrer Lage voneinander abweichende kleinste Bestandteile unterscheiden könne. In jedem Falle galten die Minima nur als theoretisch voneinander abhebbar; praktisch ließen sie sich nach epikureischer Auffassung wegen der unverbrüchlichen Konsistenz aller Atome nicht voneinander trennen. Vgl. Vers II 485.

782–788 *der Verwandlungen ewiger Kreislauf:* Die hier referierte oder eine ihr nahe verwandte Auffassung wurde vor allem von Heraklit vertreten; s. oben die Erläuterung zu Vers I 638.

803 *so sagst du:* scheinbar ein Einwand, den Lukrez Memmius in den Mund legt, faktisch eher ein Selbsteinwand. Dieser Typ von Selbsteinwänden war seit hellenistischer Zeit vor allem in populären philosophischen Abhandlungen verbreitet. In der römischen Literatur findet er sich häufig z. B. bei Seneca.

830 *Anaxagoras:* nach Heraklit und Empedokles der dritte der Vorsokratiker, mit dem Lukrez sich kritisch auseinander-

setzt. Aus Klazomenai in Westkleinasien gebürtig (ca. 500/496–428/7 v. Chr.), kam er ca. 460 nach Athen, wo er mit Perikles in Verbindung trat. Einer Anklage wegen Religionsfrevels (Asebie) entzog er sich durch die Flucht nach Lampsakos im nordwestlichen Kleinasien, wo er starb.

831 *Homoeomerie:* Der Begriff bezeichnet das »Gleichteilige«, d.h. dasjenige, was in allen seinen Teilen, mögen sie noch so klein sein, die gleiche Beschaffenheit aufweist. Statt der vier Elemente seiner Vorgänger nahm Anaxagoras eine sehr große Zahl von Stoffen an, auf die das zutreffe. Den Begriff selbst hat er allerdings offenbar noch nicht gebraucht, erst Aristoteles hat ihn geprägt, um mit ihm die Lehrauffassung des Anaxagoras zu kennzeichnen. Wenn Lukrez ihn seinerseits verwendet, heißt das, daß er sich nicht auf die Originalschrift des Anaxagoras, sondern auf sekundäre, von Aristoteles beeinflußte Quellen stützt.

832 *in unserer ärmlichen Sprache:* vgl. den Abschnitt »Schwierigkeit der Aufgabe« I 136–145. Im Falle des Homoeomerien-Begriffs hat Lukrez sein dort formuliertes Ziel also nicht erreicht.

844 *Ziel:* im Sinne von »Ende«. Lukrez vertritt keine teleologischen Vorstellungen.

882 *Spuren von Blut:* hier und im folgenden scharfsinnige Gegenargumente gegen Anaxagoras, die Lukrez aber vermutlich nicht selbst gefunden, sondern seiner epikureischen Vorlage entnommen hat.

923 *Thyrsusstab:* Thyrsos-Rohrstengel waren im ekstatischen Kult des Weingottes Dionysos-Bacchus in Gebrauch. Da die Auffassung verbreitet war, auch Dichter könnten ihre Aufgabe nur in einem Zustand der »Besessenheit« erfüllen, reiht sich Lukrez sinnbildlich in das Gefolge des Bacchus ein.

926 *Musengefilde:* vgl. die Erläuterung zu Vers I 118.

970 *die beflügelte Lanze:* ein vorzügliches Gedankenexperiment, das Lukrez auf der Höhe seiner Argumentationskunst zeigt.

985 *umschlossen von festverrammelten Schranken: Unsere* Welt ist zwar von »flammenden Mauern« umschlossen, vgl. z.B. Vers I 73, nicht jedoch das Weltall insgesamt. Der Übersetzer hat die von Lukrez klar geschiedenen Sachverhalte verwischt, indem er auch I 73 den Ausdruck das »Weltall« verwendet, obwohl der lateinische Text dort nur von der »Welt« spricht.

990 *zusammengeklumpt läg' ... der sämtliche Weltstoff:* eine merkwürdige Berührung mit modernsten Kosmologien (Weltzustand vor dem sog. Urknall).

1053ff. *So könne die Welt auch ohne die Stöße von außen feststehn ... sei stets auf die Mitte gerichtet:* Die hier referierte Auffassung bildete sich schon im Kreise der Vorsokratiker heraus, so bei Anaxagoras. In hellenistischer Zeit vertraten sie die mit den Epikureern scharf konkurrierenden Stoiker (ob Lukrez von deren Auffassungen Notiz genommen hat, ist in der Lukrezforschung freilich umstritten).

1061f. *auf ähnliche Weise ... gingen dort aufrecht alle Geschöpfe:* die Vorstellung von den sog. Antipoden, im Altertum eine kühne, nicht selten ins Lächerliche gezogene Hypothese, für uns heute eine Selbstverständlichkeit.

1087 *so fahren sie fort:* gemeint vor allem wohl Aristoteles und Anhänger.

Buch II

7 *die heiteren Tempel:* bildhafte Ausdrucksweise mit ernstem gedanklichen Hintergrund: die epikureische Philosophie als die neue Religion einer aufgeklärten Menschheit.

18 *frei von Schmerzen:* ein Hauptgrundsatz der Ethik Epikurs: Ist der Schmerz beseitigt, stellt sich sogleich die Lustempfindung ein, verwirklicht sich also die ethische Zielvorstellung Epikurs.

24 *goldene Statuen:* hier und im folgenden eine anschauliche Schilderung des Luxus im spätrepublikanischen Rom. Auch andere römische Autoren wie der Geschichtsschreiber Sallust kritisieren ihn scharf.

77 *Ein Volk schwingt sich empor, ein anderes sinkt von der Höhe:* Der Sinn der lukrezischen Aussage ist nicht ganz deutlich. Die Vorstellung, daß im Laufe der Geschichte verschiedene Völker (etwa Perser, Griechen, Makedonen, Römer) einander in der führenden Rolle abgelöst hätten, war dem Altertum zwar vertraut, doch ist nicht sicher, ob Lukrez hier Völker oder nicht vielmehr wie im nachfolgenden Vers die wechselnden Generationen im Auge hat.

90 *erinnre dich:* Rückverweis auf I 958ff.

144 *Aurora:* die Morgenröte; eine der Personifikationen, wie Lukrez sie liebt.

172 *Göttliche Wollust ... als Lebensführerin:* ein Kerngedanke des Epikureismus, vgl. Einführung S. 15.

182 *Das will ich ... später ... deutlicher zeigen:* V 156–234.

219 *Irgendwo und wann ein wenig zur Seite getrieben:* die

berühmte Lehre von der Atomdeklination, s. Einführung S. 16f.

256 *Freiheit der Willensbestimmung:* Wie die konkurrierende Schule des Stoizismus legte der Epikureismus größten Wert darauf, die Vorstellungen von der Notwendigkeit aller Naturprozesse und von der Willensfreiheit miteinander zu vereinbaren, fatalistische Konsequenzen also auszuschließen.

416 *Cilicischer Safran:* aus Kilikien (Cilicien), im südöstlichen Kleinasien, seit 101 v. Chr. römische Provinz.

417 *Panchäischer Weihrauch:* von der legendären Insel Panchaia (Panchäa) im Indischen Ozean.

430 *Weinsteinsalz, Alantwurz:* nach Horaz, Satiren II 8, 7f. und Plinius d. Älteren, Naturgeschichte XIX 92, Mittel, die anregend auf den Magen wirken.

434 *durch Berührung, Berührung:* die Wortwiederholung betont die Wichtigkeit, die Lukrez der vorgetragenen Lehre beimißt; bei der Berührung begegnen sich wahrgenommene Objekte und wahrnehmende Subjekte ganz unmittelbar.

485 *kleinste Partikeln:* vgl. Erläuterung zu Vers I 752.

498 *etwelche von riesiger Größe:* Demokrit soll noch mit der Möglichkeit von Riesenatomen gerechnet haben (nur daß sie in unserer Welt nicht vorkommen). Epikur und mit ihm Lukrez lehnten diese Hypothese ab.

501 *Meliboeas Glanz:* Der Ort lag am Fuße des Ossagebirges an der Westküste der Ägäis; berühmt durch Purpurgewinnung.

die Purpurmuschel Thessaliens: aus der nordgriechischen Landschaft Thessalien. Der beste Purpur kam zur Zeit des Lukrez allerdings aus Phönizien; vgl. Vers II 138.

505 *Schwanengesang:* Daß Schwäne vor ihrem Tode herrlichen Gesang ertönen lassen, wurde im Altertum allgemein geglaubt.

506 *Phoebus:* anderer Name für Apollon.

537 *der schlangenhändigen Bestien:* der lateinische Text nennt ihren Namen: *eléphantos,* der Übersetzer spart ihn aus. Lukrez scheint anzunehmen, Indien sei gegen Angreifer durch einen Wall aus Elfenbeinzähnen geschützt. Nach Plinius, Naturgeschichte VIII 31, hat der Geschichtsschreiber Polybios Ähnliches für das Grenzgebiet zwischen Ägypten und Äthiopien behauptet.

573 *Krieg:* Das Bild geht auf Heraklit (»Der Krieg ist der Vater aller Dinge«) zurück.

598 *die große Mutter der Götter:* Der ekstatische Kult der

Göttin, die unter diesem Namen *(Magna Mater)* oder auch unter dem Namen Kybele verehrt wurde, hatte sich in der Zeit des Lukrez über seinen Ursprungsbereich Phrygien (vgl. die Erläuterung zu Vers I 474) hinaus weit in der griechisch-römischen Welt verbreitet.

600 *gelehrte hellenische Dichter:* uns nicht bekannt; einer von ihnen mag Catull zu seinem dem *Magna-Mater-*Kult gewidmeten 63. Gedicht inspiriert haben.

606 *Mauerkrone:* ein Siegeszeichen, das in Rom Bezwingern befestigter Städte zustand. Hier Schutzsymbol.

610 *Idäische Mutter:* benannt nach dem schon in Homers ›Ilias‹ häufig erwähnten Idagebirge nahe Troja.

613 *der Weizen zuerst auf Erden gebaut:* eine andere Version, Athen als Ort des ersten Weizenanbaus, in Vers VI 1.

614 *die verschnittenen Gallen:* Gallen *(galli)* war der Name der Priester der Großen Mutter. Um sich dem Dienst der Göttin zu weihen, entmannten sie sich im Zustand der Ekstase.

629, 633 *Kureten:* Waffentänzer. An der zweiten Stelle erinnert Lukrez an eine legendäre Episode aus der Jugend des Zeus (Diels nennt den Gott mit diesem griechischen Namen, Lukrez spricht entsprechend römischer Gepflogenheit der Gleichsetzung griechischer mit römischen Gottheiten von Juppiter).

633 *Dikte:* Gebirgszug auf Kreta.

655 *das Meer Neptun, ...:* vgl. Einführung S. 35.

705 *Chimären:* Chimaira (Chimäre) im griechischen Mythos ein Mischwesen, vorn Löwe, in der Mitte Ziege, hinten Schlange, das mit feurigem Atem das Land verheerte. Getötet von Bellerophon aus Korinth. Vgl. V 901 ff.

831 *Die Phönizien schickt:* vgl. die Erläuterung zu Vers II 501.

870 *das Lebend'ge entsteht aus Empfindungslosem:* Der Glaube an Urzeugung war im griechisch-römischen Altertum allgemein verbreitet.

951 *Kanäle:* Im folgenden übersetzt Diels das zugrundeliegende lateinische Wort (caulae) meist mit »Poren«. Die Epikureer nahmen an, die Leibeshülle des Menschen sei nicht völlig kompakt, sondern von feinsten Öffnungen, eben Poren, durchzogen. Die moderne Physiologie ist in ihren Auffassungen vom Aufbau der Haut zu teilweise ähnlichen Einsichten gelangt.

991 *von himmlischem Samen entsprossen:* Gemeint ist das Wasser, das als Regen auf die Erde fällt. Wie die folgen-

den Verse lehren, ordnet Lukrez den Menschen den Regeln zu, nach denen alles Lebendige entsteht.

992 *ein Vater:* der Himmel, im Sinne des zum vorausgehenden Vers Angemerkten.

1093 *bei dem heiligen Geist:* Die Dielssche Formulierung klingt stärker an christliche Vorstellungen an, als es dem zugrunde liegenden lateinischen Text entspricht. Die »heiligen Brüste«, von denen dort die Rede ist, meinen zwar entsprechend der im Altertum vorherrschenden, von Lukrez geteilten Auffassung die Brust als Sitz der Verstandestätigkeit, sprechen von »heilig« aber nur im Sinne von »verehrungswürdig«.

1114f. *So kommt Wasser zu Wasser, ...:* Dem Grundsatz »Gleiches zu Gleichem« hatte in der antiken Philosophie vor allem Empedokles Geltung verschafft. Demokrit übernahm ihn ins atomistische Lehrsystem.

1117 *Vollenderin:* Auch hier liegt kein teleologisches Gedankengut vor, vgl. die Erläuterung zu Vers I 844.

1153 *an goldener Kette:* Das Bild von einer goldenen Kette, die Himmel und Erde verbinde, geht auf Homer zurück, ›Ilias‹ VIII 19. Lukrez folgt der Sinngebung, die die Stoiker ihm als einem Symbol für den gesetzmäßigen Zusammenhang aller Naturerscheinungen verliehen hatten.

Buch III

11 *Rollen:* Buchrollen, entsprechend der antiken Publikationspraxis, die erst in der Spätantike durch den jüngeren Buchtyp des Codex abgelöst wurde.

12 *die goldenen Worte:* Unter dem Titel »Goldene Worte« verbreiteten die Pythagoreer eine Auswahl von Sentenzen ihres Schulgründers Pythagoras. Es scheint, als wolle Lukrez zu verstehen geben, die wahren goldenen Worte seien vielmehr die Lehrsätze Epikurs. Ob er die pythagoreische Schrift kannte, ob sie zu seiner Zeit überhaupt schon existierte, ist freilich fraglich.

25 *Acheron:* vgl. die Erläuterung zu Vers I 121.

28 *mit wahrhaft göttlicher Wollust:* Zum hohen Grad der Lustempfindung der Götter, denen Schmerz durchweg fremd ist, vgl. u. a. Vers II 649.

37 *Hölle:* vgl. die Erläuterung zu Vers I 111.

42 *Tartarus:* vgl. die Erläuterung zu Vers I 115.

95 *unseres Lebens Beratung und Leitung:* Der Verstand wird

nicht nur als Denkvermögen, sondern als das eigentliche Ich des Menschen gedeutet.

97a *einige:* Pythagoreer. Ein Bericht über ihre Auffassung in Platons ›Phaidon‹.

132 *Helikons Höhen:* vgl. die Erläuterung zu Vers I 118.

153 *leidet das Ganze der Seele:* Das folgende klingt an ein Liedfragment der Dichterin Sappho über die physiologischen Wirkungen unerfüllter Liebe an, das, wie heute, auch zur Zeit des Lukrez berühmt war; Catull hat es frei ins Lateinische übertragen.

293 *Frieden des Herzens:* ein weiterer Ausdruck für das Hauptanliegen der epikureischen Ethik.

322 *ein göttliches Leben:* ganz wörtlich gemeint: ein Leben, das dem der Götter in den Intermundien (vgl. Einführung S. 29f.) weitestgehend gleicht.

356 *so heißt es:* ein Selbsteinwand, vgl. die Erläuterung zu Vers I 803.

371 *Demokritos:* aus Abdere an der Nordküste des Ägäischen Meeres (ca. 460–370 v. Chr.), neben Leukippos aus Milet, den Lukrez nicht nennt, der Begründer des antiken Atomismus.

419 *in der langen ... Arbeit:* sicherlich eine zutreffende Angabe; man schätzt die Entstehungszeit des lukrezischen Werkes auf mindestens 10 Jahre.

475 *Heilung kann finden ...:* Der Übersetzer rechnet hier mit einer Störung der Überlieferung.

487ff. *Epilepsie:* In der Antike galt sie als »heilige Krankheit«, d.h. als göttliche Schickung. Lukrez betont, wie auch einige antike Ärzte, ihre natürlichen Ursachen.

525 *des Dilemmas:* freie Übersetzung. Der Ausdruck meint entsprechend seinem ursprünglichen Wortsinn die beiden zuvor genannten Beweisvarianten: die Seele verrät, »sie mag nun erkranken oder sich bessern durch ärztliche Kunst, ihr sterbliches Wesen«.

538 *was ... früher bemerkt ward:* Rückverweis auf Vers III 531f.

545 *Verästelung:* die Verteilung der Seele auf die einzelnen Körperteile.

616 *Weder im Haupte erzeugt:* Der Arzt Alkmaion aus Kroton (6./5. Jh. v. Chr.) und Platon hatten die Funktion des Gehirns bei der Verstandestätigkeit prinzipiell schon richtig erkannt, doch ging diese Einsicht bei Aristoteles, den Stoikern und Epikureern wieder verloren.

629 *Maler:* Berühmt waren in der von Lukrez hervorgehobenen Hinsicht die Darstellungen der Eroberung von Troja

und der Begegnung des Odysseus mit der Seele des verstorbenen Sehers Teiresias, mit denen der Maler Polygnotos in der 1. Hälfte des 5. Jahrhunderts v. Chr. die Halle der Knidier in Delphi ausgestattet hatte. Aber auch Dutzende anderer antiker Maler hatten Motive gestaltet, wie sie Lukrez hier vorschweben.

die ... älteren Dichtergeschlechter: gemeint u.a. das 11. und 24. Buch der homerischen ›Odyssee‹.

642 *Sichelwagen:* in die Kriegstechnik besonders von den Persern eingeführt.

Überschrift vor 678 Creationismus: Diels mischt hier einen modernen Begriff ein. Creationismus heißt die Hypothese oder Glaubensüberzeugung, die Seele entstehe durch einen Schöpfungsakt *(creatio)* oder gelange durch ihn in den Körper.

719 *Gewürm aus dem faulenden Fleische:* vgl. die Erläuterung zu Vers II 870.

742 *erblich:* Die hier vermittelte Vererbungstheorie zählt zu den wichtigsten Einsichten des Lukrez.

750 *Dann ergriffe wohl oft ein Hund ... vor dem Hirsche die Flucht, usw.:* eine Liste sog. Adynata (Unmöglichkeiten), ein auch bei anderen antiken Dichtern beliebtes Motiv.

Hyrkanischer Rasse: aus Hyrkanien, einer Landschaft im Südosten des Kaspischen Meeres. Hyrkanische Hunde waren wertvoller Import.

760 *sie ... behaupten:* die Pythagoreer; s. die Erläuterung zu Vers I 116.

833 *Als die Punier kamen:* Die drei Punischen Kriege, in denen die Römer ihre Rivalin Karthago besiegten und schließlich vernichteten, fielen in die Jahre 264–241, 218–201 und 149–146 v. Chr. Lukrez denkt vor allem an den Einfall Hannibals nach Italien in den Jahren 218–216.

837 *ob der Menschheit zu herrschen:* Zur Zeit des Lukrez ist für die Römer der Gedanke der Weltherrschaft ihrer Stadt schon ganz selbstverständlich.

978 ff. *Nun erst die Fabelgestalten, ...:* die Hauptstelle zu den Unterweltsfabeln, einem Thema, das Lukrez, soweit wir das zu beurteilen vermögen, stärker betont, als es den lebendigen Glaubensvorstellungen der Römer seiner Zeit entsprach. Zu Lukrezens rationalistischer Deutung der Fabeln vgl. die Einführung S. 24.

984 *Tityos:* ein Riese, der die Göttin Leto bedrängt hatte, von ihren Kindern Apollon und Artemis getötet worden war und in der Unterwelt die von Lukrez geschilderte Strafe erlitt.

988 *neun Jucherte:* Diels setzt, wie es zu seiner Zeit die Wörterbücher empfahlen, das römische Flächenmaß »Joch« *(iugum)* mit dem alten deutschen Flächenmaß »Jugert« gleich, 1 Jugert ≈ 40 Ar = 4000 m^2. Das ergibt für 9 Jucherte eine Fläche von knapp 4 Hektar.

995 *Sisyphos:* König (oder Gründer) von Korinth, galt in der griechischen Sage als der Erzschelm, der selbst den Tod überlistet hatte. In der Angabe über seine Bestrafung folgt Lukrez der allbekannten Legende; höchst originell deren Ausdeutung.

Beile und Rutenbündel: in Rom die Zeichen der Amtsgewalt der höchsten republikanischen Amtsinhaber.

1010 *von Danaos blühenden Töchtern:* zu Danaos vgl. die Erläuterung zu Vers I 84. Seine 50 Töchter, die Danaiden, hatten der Sage nach ihre Männer, die ihre Vettern waren, getötet. Nur Hypermestra hatte Lynkeus verschont. Auch in der Angabe über ihre Unterweltsstrafe (v. 1008) folgt Lukrez der üblichen Version.

1011 *Cerberus:* der dreiköpfige Höllenhund.

Furien: Rachedämonen, den Erinnyen des griechischen Volksglaubens gleichgesetzt.

1016 *Sturz von den Felsen herab:* Im frühen Rom wurden Verurteilte getötet, indem man sie vom Tarpeischen Felsen auf dem Capitolhügel hinabstieß.

1025 *Ancus:* Ancus Marcius, der legendäre vierte König Roms. Man schrieb ihm bedeutende Kulturleistungen zu.

1029 *der Perser, der über die See einst bahnte die Straße:* der berühmte Brückenschlag über den Hellespont (Dardanellen), der im Jahre 480 v. Chr. das Übersetzen des persischen Heeres nach Europa und dessen Vordringen bis Griechenland ermöglichte.

1034 *Scipios Sprosse:* P. Cornelius Scipio d. Jüngere (185–129 v. Chr.), der römische Feldherr, der im Jahre 146 Karthago besiegte und zerstörte. Der Ausdruck »Sprosse« ist nicht wörtlich zu nehmen: Scipio d. J. war nur durch Adoption in die Familie der Cornelier gelangt.

1039 *Demokrit:* s. die Erläuterung zu Vers III 371. Die Erzählung von seiner Selbsttötung ist nicht glaubwürdig.

1042 *Epikuros verschied:* Es ist gut bezeugt, daß er an Harnverhaltung qualvoll starb, den Schmerz aber standhaft ertrug.

1058 *Was er eigentlich will, weiß niemand so recht:* Wieder, wie schon am Anfang des 2. Buches und an anderen Stellen, nimmt Lukrez die negativen Beispiele vorzugsweise aus dem Leben der Reichen.

Buch IV

1–25 »IV 1–25 = I 926–950. Das Proömium gehörte ursprünglich dem als drittes Buch gedachten vierten an. Dann, als dieses an seine jetzige Stelle gesetzt wurde, ward 26–44 als Dublette zu 45–53 gedichtet, um das jetzt vierte Buch an das vorgeschobene jetzt dritte Buch anzuknüpfen. Dagegen hatte 45 ff. die Aufgabe, das alte dritte Buch mit dem zweiten zu verknüpfen« (Originalanmerkung von Diels). Die Auffassung, wie sie Diels und ähnlich zahlreiche andere Philologen vertraten, besticht durch Scharfsinn, ist in der Lukrezforschung aber nicht unwidersprochen geblieben. Auf Einzelheiten kann hier nicht eingegangen werden.

54 ff. *Bilderlehre:* Eine Paralleldarstellung findet sich außer in Epikurs ›Brief an Herodot‹ auch in den Bruchstücken aus dessen 2. Buch ›Über die Natur‹.

59 *Harnhaut:* »d.i. die Allantōis« (Originalanmerkung von Diels).

73 *wie früher gesagt ward:* IV 56.

76 *Segel ... Theatergebäude:* Ein steinernes Theater errichtete in Rom erst Pompeius im Jahre 55 v. Chr. Lukrez spricht offenbar von den älteren Holzbauten in Rom und anderen Städten Italiens; das Wort »Mauern«, Vers 81, meint demnach vermutlich nicht Stein-, sondern Holzwände. Vgl. auch VI 109–112.

79 *Herren und Damen:* Lukrez spricht von *patres* (»Vätern«) und *matres* (»Müttern«), also in der Tat vom vornehmeren Teil der Theaterbesucher. Daß Frauen als Zuschauer ohne weiteres zugelassen waren, entspricht römischer Sitte im Unterschied zu dem ursprünglichen griechischen Brauch, der Frauen vom Theaterbesuch – ganz oder weitgehend – ausschloß.

124 *Allheilwurzel (panaces):* eine Pflanze, die angeblich alle Krankheiten heilt. Mit keiner im Mittelmeerraum heimischen Pflanze identifizierbar, ist sie offenbar rein legendär.

125 *Stabwurz (centaureum):* Diels hat diese Wiedergabe vermutlich gewählt, um den Namen des Gewächses im Verse unterzubringen. Stabwurz, auch Eberraute genannt, ist eine Beifußart, die im Mittelmeergebiet als Heilpflanze diente. Die von Lukrez genannte Pflanze ist dagegen eher das Tausendgüldenkraut (der Name bezieht sich auf seine auch von anderen Heilkundigen beobachtete Heilkraft), ein Enziangewächs.

181 *Schwanengesang:* vgl. die Erläuterung zu Vers II 505.

296 *wenn man die Maske aus Ton formt:* ein offenbar routinemäßiges Verfahren, das von Lukrez jedoch nicht ausreichend klar beschrieben wird.

369 *Luft, die des Lichtes beraubt ist:* eine verblüffend einfache Definition des Schattens.

383 *wie oben gesagt:* u.a. I 794 und 907.

469 ff. *Kritik an den Skeptikern (471 als »Sophisten« bezeichnet):* Die Schule der Skeptiker, die die Möglichkeit des Wissens grundsätzlich leugnete, war im späten 4. Jahrhundert v. Chr. von Pyrrhon aus Elis begründet worden. Zeitweilig beeinflußte sie die platonische Akademie. Epikureismus und Stoizismus setzten sich gegen den Skeptizismus besonders verbissen zur Wehr. Gleich das erste, von Lukrez in den Versen IV 469f. gegen die Skeptiker vorgebrachte Argument wurde ihnen auch sonst gern entgegengehalten.

478 ff. *Epikurs Kanon:* vgl. Einführung S. 24f.

544 *Phrygierland, Flötengetute:* Phrygien (vgl. die Erläuterung zu Vers I 474) galt als Heimat des Flötenspiels. Der Legende nach beherrschte der Phrygerkönig Marsyas das Instrument so perfekt, daß er Apollon zum musikalischen Wettstreit herausforderte. Er wurde von ihm besiegt und wegen seiner Vermessenheit grausam bestraft. Das gewöhnlich als Flöte bezeichnete Instrument (griechisch Aulos, lateinisch Tibia) hat unter den modernen Blasinstrumenten sein Gegenstück mehr in der Oboe als in der Flöte.

577 *Sechs-, ja siebenfach hab' ich das Echo … vernommen:* Ausnahmsweise beruft sich Lukrez ausdrücklich auf eigene Erfahrung.

580 ff. *Satyrn, Nymphen, Faune, Pan:* Naturdämonen. Die Vorstellung von Faunen war italisch, die von den anderen Dämonen griechisch. Daß das Landvolk zu seiner Zeit noch an sie glaubte, dürfte Lukrez zutreffend beobachtet haben.

590 *Märchen:* vgl. die Erläuterung zu Vers I 104.

643 *was ich früher gesagt:* I 814ff.

650 *Poren:* die Hauptstelle zu diesem für Lukrez wichtigen Thema.

682 *die … Gans, der Retter der römischen Felsburg:* Anspielung auf die bekannte Geschichte von der Rettung des römischen Capitols, die sich beim Galliereinfall des Jahres 387 v. Chr. zugetragen haben soll.

690 *ich will von den Bildern nicht sprechen:* Das ist zur Genüge zu Anfang des 4. Buches geschehen.

730 *durch die Maschen des Leibes gelangen uns solche ins Innre:* dank der Poren, vgl. IV 650ff.

732 *Centauren:* vgl. V 878ff. und Einführung S. 24.
Scylla: vgl. die Erläuterung zu Vers I 722.

733 *des Höllenhunds:* vgl. die Erläuterung zu Vers III 1011.

746 *wie ich früher gezeigt:* IV 176ff.

777ff. *Aufmerksamkeit:* Die Beschreibung und der Versuch der Analyse dieses Phänomens zählen zu den Verdiensten des Epikureismus.

822a *Folgenden Fehler:* Er besteht in der von den Epikureern im Unterschied zu den Stoikern strikt abgelehnten teleologischen Betrachtungsweise; vgl. auch die Erläuterung zu Vers I 844.

852 *der Gebrauch des täglichen Lebens:* der lukrezische Praxisbegriff.

889 *denn der Geist ist der Seele verbunden:* von Lukrez ausführlich im 3. Buch dargelegt.

910 *Schwanengesang:* vgl. die Erläuterung zu Vers II 505.

1125 *Sikyon:* Stadt im Nordosten der Peloponnes.

1130 *Chios, Alinda:* Ob wirklich, wie die Dielssche Übersetzung voraussetzt, die Insel im Ägäischen Meer und die Stadt in Karien im südwestlichen Kleinasien gemeint sind, ist umstritten. Gut möglich, daß vielmehr von der Insel Kos und der Landschaft Elis die Rede ist, berühmten Exportstätten luxuriöser Frauenkleidung.

1144 *wie ich lehrte:* IV 1063ff.

1153 *wenn die Liebe ... blind macht:* Es folgt eine der klassischen Schilderungen des Phänomens. Ein berühmter weiterer Beleg aus der römischen Literatur ist Horaz, Satiren I 3, 38ff.

1161 *Pallas:* nach der Göttin Pallas Athene, der man die genannte Augenfarbe zuschrieb.

1168 *Ceres, Iakchos nährend:* Iakchos war eine Gottheit, die speziell im Mysterienkult von Eleusis in Attika verehrt wurde. Er galt als Sohn der Demeter, die die Römer mit Ceres gleichsetzten.

BUCH V

9 *Betrachtung des Lebens:* Der von Diels gewählte Ausdruck ist zu schwach, *vitae ratio* ist die »Lebenslehre« Epikurs.

10 *Weltanschauung:* Hier wirkt Diels' Formulierung zu modern; *sapientia*, eigentlich »Weisheit«, meint das »Lehrsystem«.

14f. *Ceres, Bacchus:* vgl. Einführung S. 35.

22ff. *des Herkules Taten:* Aus der klassischen Zwölfzahl der »Arbeiten«, die Herakles (Herkules) im Dienste des Königs Eurystheus von Tiryns (oder Mykene) verrichtet haben soll, wählt Lukrez acht aus. Es fehlen der Fang der kerynitischen Hirschkuh, die Erlangung des Wehrgehenks der Hippolyte, die Reinigung des Augiasstalles und die Bezwingung des Höllenhundes Kerberos.

35f. *des grausigen Ozeans Küste, wo kein Römer verkehrt und selbst ein Barbar sich nicht hinwagt:* diese Angabe verwundert, denn die Schiffahrt hatte zu seiner Zeit die Straße von Gibraltar überwunden und auch Fahrtrouten auf dem Atlantik erschlossen.

59ff. *Vergänglichkeit der Seele:* Unklar ist, warum das im 3. Buch längst behandelte Thema hier rekapituliert wird.

78f. *wir vermeinen ... nicht, daß diese Gestirne von sich aus frei und beständig sich drehen:* gegen Aristoteles, der in seiner Schrift ›Über den Himmel‹ und an anderen Stellen seines Werkes eben das gelehrt hatte.

102f. *der ... Weg ... zum ... Tempel des Geistes:* Lukrez betont, wie schon an früheren Stellen, die besondere Bedeutung des Gesichtssinnes und des Tastsinnes für die Erkenntnis.

104–106 *Vielleicht ... im Augenblick alles in Staub stürzt:* Lukrez rechnet mit der Möglichkeit eines baldigen Weltuntergangs. Das Thema klang schon am Ende des 2. Buches an, jetzt zeigt sich, wie ernst es dort gemeint war.

107 *Fortuna:* die Berufung auf die Glücksgöttin für Lukrez nur bildhafte Ausdrucksweise.

112 *Pythia:* vgl. Vers I 739 (auch die Formulierung an beiden Stellen identisch).

116 *in Ewigkeit dauern:* Wieder, wie schon in Vers 78f., polemisiert Lukrez gegen Aristoteles.

117 *Giganten:* Nach mythischer Vorstellung hatten sie sich gegen die Götter verschworen und waren von ihnen besiegt worden. Berühmte Darstellung des Kampfes auf dem Fries des Berliner Pergamon-Altars.

126f. *unmöglich ..., daß geistiges Wesen oder Vernunft sich verbinde mit jedem beliebigen Stoffe:* Offenbar setzt sich Lukrez von den Stoikern ab, die die Vernunft *(logos)* allen Teilen der Welt beigemischt sein ließen.

132ff. *Verbindung von Leib und Seele:* ausführlich im 3. Buche behandelt.

147 *irgendwo in unserem Weltengebäude:* Sitz der Götter sind vielmehr die Intermundien; vgl. Einführung S. 29.

155 *dies will ich ... ausführlicher später erweisen:* von Lukrez nicht eingelöst, vgl. Einführung S. 33f.

156f. *nur den Menschen zu Liebe diese vortreffliche Welt von den Göttern einstens erschaffen:* Der hier zurückgewiesene Gedanke klang schon in Platons ›Timaios‹ an und wurde in Lukrezens Zeit vor allem von den Stoikern vertreten, nur mit der Abweichung von der lukrezischen Formulierung, daß sie die naive Vorstellung von personenhaft gestalteten Schöpfergottheiten mieden.

227 *Hat er doch soviel Leids ... zu erwarten:* eine Ausdeutung, die etwas aus dem Rahmen der sonst bei Lukrez vorherrschenden nüchterneren Beurteilung des menschlichen Lebens fällt, aber epikureischer Auffassung entspricht. Der Skeptiker Sextus Empiricus bezeugt das in seiner Schrift ›Gegen die Wissenschaftler‹ XI 96.

228ff. *Anders hingegen ... das wilde Getier:* Der Topos, daß die Tiere für das Überleben von Natur aus besser ausgestattet sind als der Mensch, findet sich seit den Sophisten in der antiken Literatur auch sonst.

280 *es fließt ja doch alles:* der berühmte Satz Heraklits, mit dem Lukrez sich hier berührt.

305 *Gesetz der Vernichtung:* freie Übersetzung; Lukrez spricht hier nicht von »Gesetz«. Dem Sinne nach ist die Meinung des Dichters allerdings getroffen, und in Vers 310 der Begriff »Gesetz der Natur« dann auch wirklich verwendet.

311 *Heroengräber:* Als Heroen verehrten die Griechen herausragende Persönlichkeiten der Vergangenheit, z.B. Stadtgründer. Viele von ihnen galten als Halbgötter; ihre Gräber wurden in hohen Ehren gehalten.

314, 379 *dem ... Zahne der Zeit:* freie Wiedergabe, Lukrez hat keine gleich geläufige Floskel zur Hand wie der Übersetzer.

330 *die Welt ist noch jung:* das Gegenstück zu Lukrezens Annahme des möglicherweise schon bald bevorstehenden Weltendes. Die beigebrachten Beweise überzeugen freilich wenig.

332 *Darum verfeinern sich ... erst jetzt gar manche Gewerbe:* eine Art Fortsetzung zur Kulturentstehungslehre am Ende des Buches, die solche jüngste Entwicklungen nicht umschließt.

334 *der Orgelbau schuf jüngst die melodischen Töne:* Das Instrument wurde zu Beginn des 3. Jahrhunderts v. Chr. von Ktesibios aus Alexandria erfunden. Es arbeitete zuerst mit Wasserdruck, die Einführung des Blasebalgs folgte in der römischen Kaiserzeit. In Rom dienten Orgeln u.a. zur Untermalung von Zirkusdarbietungen.

338 *dies alles sei früher schon einmal gewesen:* Solche Katastrophentheorien hatten mehrere griechische Philosophen vertreten. Bekanntestes Beispiel ist Platons Mythos vom Untergang der Insel Atlantis (im Dialog ›Kritias‹).

364 *wie ich gelehrt:* in mehreren Teilen des Werkes, insbesondere in den Ausführungen über das Leere I 329ff.

394ff. *Phaethon:* besonders bekannt aus dem 2. Buch der ›Metamorphosen‹ Ovids.

395 *Einmal auch herrschte das Wasser:* während der Deukalionischen Flut, einer Strafaktion des Zeus, vgl. unten Vers 411ff. Sie ist das antike Gegenstück zu den Sintflutsagen des alten Orients, von denen die biblische Darstellung die bekannteste ist.

405 *die Sage der alten hellenischen Dichter:* Uns sind aus diesem Kreis nur Reste der Tragödie ›Phaethon‹ des Euripides bekannt.

411 *Einstmals stieg auch das Wasser empor:* vgl. die Erläuterung zu Vers 395.

450 *Sie strebten zur Mitte:* Die Aussage steht in einem gewissen Widerspruch zu der von Vers I 1052f. Es ist nicht erkennbar, ob Lukrez sich dessen bewußt ist. Der im 1. Buch referierte Sturz aller Atome bleibt die Hauptaussage, die auch hier im 5. Buch nicht außer Kraft gesetzt wird. Daß Erde »zur Mitte« strebt, gilt nur relativ in bezug auf ihr Verhalten zu anderen Elementen.

458 *Äther:* die Hauptstelle zu diesem »Element«, an das Epikur und Lukrez ebenso glaubten wie etwa Aristoteles. In der Physik hielten sich Äther-Theorien bis ins 19. Jahrhundert.

507 *des Pontus stetige Strömung:* Daß vom Schwarzen Meer eine ständige Strömung durch den Bosporus ins Mittelmeer verlaufe, berichten auch andere antike Gewährsmänner.

509 *Jetzo besinge mein Lied:* eine Selbstaufforderung, wie sie epischem Stil entspricht. Nach Diels erklärt sich der so markierte Neuansatz dadurch, daß Lukrez den Abschnitt V 509–533 erst nachträglich eingefügt hat.

526–533 Rechtfertigung des Pluralismus der Erklärungen, vgl. VI 703–711 und Einführung S. 21f.

590 *wie soviel Licht uns die Sonne auszusenden vermag, die selbst doch so winzig ... ist:* Da Lukrez zuvor auf der geringen Größe der Sonne bestand, schafft er sich nun selbst ein Paradoxon.

622 *Demokrit:* das dritte und letzte Demokrit-Zitat, vgl. III 371 und 1039.

694f. *Sternkundige, welche des Himmels Örter durch Bilder bestimmt:* z.B. Aratos aus Soloi, vgl. Einführung S. 7.

713 *So erklären es manche:* eine Untertreibung. Tatsächlich hatte sich die hier referierte Theorie der Mondbahn bis zur Zeit des Lukrez bei den antiken Astronomen und Philosophen anderer Schulen längst durchgesetzt.

727 *der Chaldäer in Babylon:* »Chaldäer«, ursprünglich der Name eines Volkes, bezeichnete zur Zeit des Lukrez die hochangesehenen babylonischen Astronomen und Astrologen.

737 *Lenz und Venus erscheint:* Die Stelle erinnert an den Venus-Hymnus im 1. Proömium. Im folgenden werden auch dem Sommer und Herbst spezifische Gottheiten zugeordnet, nur beim Winter läßt sich dieses Prinzip nicht durchhalten.

790f. *So ließ damals zuerst die jugendlich fruchtbare Erde ... lebende Wesen entstehen:* auch dies eine Anwendung des Grundsatzes der Urzeugung, vgl. die Erläuterung zu Vers II 870.

795f. *die Erde erwarb mit Recht sich den Namen einer Mutter:* die Hauptstelle für diese von Lukrez mehrmals vertretene Auffassung; vgl. Vers II 598f.

821 *ich sag es noch einmal:* wie schon in Vers 796.

837, 845 *Wundergestalten, Wunder:* Aber es waren eben keine »Wunder«; vgl. Einführung S. 24.

878, 892, *Centauren, Scylla, Chimäre:* vgl. IV 732 und II 705.
904

925f. *das Menschengeschlecht, das damals noch auf den Feldern lebte:* Das Leben der Menschen in früherer Zeit (von »Urzeit« sollte man nicht sprechen, da nach Lukrez die Welt relativ jung ist, vgl. V 330) wird im folgenden als primitiv geschildert und doch zugleich idealisiert.

1028ff. *Ursprung der Sprache:* neben Platons Dialog ›Kratylos‹ die ausführlichste Behandlung des Themas, die aus der Antike überliefert ist. Großen Anteil an der Herausbildung der Theorie hatten die Sophisten des 5. Jahrhunderts v. Chr., besonders Prodikos aus Keos und Demokrit (s. die folgende Erläuterung).

1041f. *Wahnsinn ist es daher, an einen Erfinder zu glauben, der einst Namen den Dingen verliehn:* Die gleiche Kritik bei Epikur, Brief an Herodot (s. Einführung S. 6) 76 und in der teilweise erhaltenen Inschrift (mit epikureischen Lehrtexten) des Epikureers Diogenes aus Oinoanda in Kleinasien (2. Jahrhundert n. Chr.). Die Polemik zielt wohl auf Demokrit; weniger wahrscheinlich ist, daß die Auffassung des Kratylos, wie Platon sie darstellt (vgl. die vorangehende Erläuterung), gemeint ist.

1062 *aus bekannten Erscheinungen lernen:* über den Doppelschritt Beobachtung – theoretische Verarbeitung vgl. Einführung S. 19ff.

1063 *die ... Dogge molossischer Rasse:* ein Hirtenhund, bei den antiken Autoren oft erwähnt; aus dem Gebiet der Molosser im nordwestgriechischen Bergland. Im folgenden vorzügliche Beobachtungen über Schattierungen des Hundegebells.

1107 *Männer, die ... durch Geist und Verstand sich bewährten:* Lukrez berührt sich hier mit den Stoikern, die nach dem Zeugnis z.B. des 90. Briefes Senecas den »Verständigen« eine ähnliche Schrittmacherrolle zuschrieben.

1136 *Also die Könige fielen:* Der Schritt von der Königs- zur Volksherrschaft wurde seit Herodot (III 80ff.), Platon (›Staat‹) und Aristoteles (›Politik‹) in den antiken Diskussionen über die Staatsformen und ihren Wandel intensiv besprochen.

1161 *Grund der Götterverehrung:* vgl. Einführung S. 29f.

1198–1203 *Frömmigkeit ist es ...:* Definition der Frömmigkeit, wie sie unter den Bedingungen der epikureischen Theologie als sinnvoll angesehen wird. Von der Definition des gleichen Begriffs handelt unter anderen Voraussetzungen Platons Dialog ›Euthyphron‹.

1234 *Bündel und Beile:* vgl. die Erläuterung zu Vers III 995.

1294 *Und man verhöhnte ...:* »In religiösen und magischen Riten blieb *eisernes* Gerät ausgeschlossen, was Aufgeklärten zum Anstoß ward« (Originalanmerkung von Diels).

1301 *sichelbewaffnete Wagen:* vgl. die Erläuterung zu Vers III 642.

1302 *Punier:* vgl. die Erläuterung zu Vers III 833.

die ... Lucanischen Ochsen: eine seinerzeit gebräuchliche Bezeichnung für die Elefanten, die Hannibal im Jahre 218 v.Chr. bei seinem Einfall nach Italien eingesetzt hatte.

Lucanischen: nach der Landschaft Lucanien in Süditalien, wo Hannibals Heer längere Zeit Quartier nahm.

1355f. *weit überlegen im Handwerk ist ... das Männergeschlecht:* Den Frauen werden hier die Fähigkeiten in ihrem ureigensten Wirkensbereich abgesprochen – ein besonders markanter Beleg für ihre typisch antike Unterbewertung.

1361 *die Natur ..., die uns das Vorbild gab:* Weiterentwicklung des unten zu Vers 1379 referierten Gedankens Demokrits: der Mensch Schüler der Natur.

1379 *Lange schon ahmte der Mensch ... das Vogelgezwitscher nach:* Daß der Mensch durch Nachahmung der Tiere zu seinen frühen kulturellen Errungenschaften gelangt sei, hatte Demokrit gelehrt.

1386 *in göttlich begeisterter Muße:* sehr freie Übersetzung, allerdings durchaus im Sinne des Lukrez; vgl. die Erläuterung zu Vers I 923.

Buch VI

2 *Athen, die Stadt mit leuchtendem Namen:* Den Ruhm ihrer Stadt hatten zuerst selbstverständlich die Athener selbst verkündet, vgl. z.B. die Totenrede des Perikles im 2. Buch des Geschichtswerkes des Thukydides und die Preisreden des Isokrates (›Panegyrikos‹, ›Panathenaikos‹). Der Römer Lukrez folgt dieser Tradition mit bemerkenswerter Bereitwilligkeit und baut sie weiter aus.

5 *Als sie den Mann uns gebar:* der abschließende Lobpreis Epikurs, vgl. Einführung S. 36.

17 *Gefäß:* epikureische Bezeichnung für den Leib; vgl. III 463f.

26 *das höchste der Güter:* typische Fragestellung der hellenistischen Philosophie; insbesondere Stoa und Epikureismus wetteiferten in der Bestimmung des »höchsten Gutes«. Die Epikureer sahen es in der »Lust« oder »Wollust« (wie Diels übersetzt).

35–41 Die gleichen Verse schon II 55–61 und III 87–93.

71 *die göttliche Allmacht:* ungenaue, den epikureischen Vorstellungen widersprechende Übersetzung. Nach Epikur sind die Götter nicht allmächtig (vgl. Einführung S. 29f.), wohl aber Wesen von höchster Kraft, und so lautet auch die Lukrezstelle.

79 *welch' Leben dich künftig erwartet:* Was Lukrez meint, ist nicht ganz klar. Natürlich ist nicht an ein Leben nach dem Tode gedacht, eher gewinnt der Mensch eine Vorstellung davon, was für ein glückliches Leben er wird führen können, sobald er sich die Grundsätze Epikurs entschiedener zu eigen gemacht hat.

39 *Kalliope:* eine der neun Musen, mit dem Epos als Aufgabenbereich; da Lukrez im epischen Versmaß dichtet, betrachtet er sie als für sich zuständig.

109 *Segel ... über die großen Theater:* vgl. die Erläuterung zu Vers IV 76.

155 *des Baums, der dem delphischen Phöbus (= Apollon) geweiht ist:* der unmittelbar vorher schon genannte Lorbeer.

243 *Helden:* Der Übersetzer denkt an Heroengräber, der Text (»Grabdenkmäler von Männern«) meint vermutlich aber auch die Grabanlagen gewöhnlicher Menschen.

271 *wie ich oben gelehrt:* VI 206–210.

298 *Blitz (fulmen) heißt er in vaterländischer Zunge:* Ähnlich hatte Lukrez IV 650 das lateinische Wort für Poren, *foramina,* angegeben. Ein besonderer Grund für sein Verfahren ist hier wie dort nicht ersichtlich.

335 *Schwerkraft:* Der Übersetzer verwendet einen etwas zu modernen Begriff. Die antiken Atomisten, und so auch hier Lukrez, sprechen nur von »Schwere«.

364 *»Brandung« des Jahres:* gemeint die »Berührungsstelle« zwischen kalter und warmer Jahreszeit.

381 *etruskische Sprüche:* Etruskische Wahrsagepriester galten als besondere Kenner der Blitzorakel.

424 *Windhose bei uns:* irreführende Wiedergabe des Textes: Lukrez verfügt über *kein* lateinisches Wort für »Windhose«, er verwendet nur den griechischen Ausdruck *(prester).*

485 *wie ich gelehrt:* II 1054.

501 *mit dem Blute:* Davon hat Lukrez nirgends gesprochen. Es zeigt sich, daß er seinen Themenbereich keineswegs ausgeschöpft hat.

527ff. *Wind, Schnee, Hagel, Reif, Frost:* Lukrez tippt diese Punkte nur an, er möchte zum Schluß kommen.

565 *Einsturz unseres Weltalls:* vgl. V 91 ff.

574 *Schwerkraft:* vgl. die Erläuterung zu Vers 335.

585 *Sidon:* eine der wichtigsten Hafenstädte an der Ostküste des Mittelmeeres, heute Saida (südlich von Beirut).

586 *Aegium:* am Golf von Korinth. Von der Katastrophe, die Lukrez erwähnt, wurde der Ort 373/2 v. Chr. betroffen.

592 *Löcher der Erde:* eine Anwendung der Porentheorie, von der Lukrez zuvor hauptsächlich in bezug auf den Menschen gesprochen hatte; vgl. Vers 631.

601 *Mag man ... an die Unzerstörbarkeit glauben:* Polemik gegen Aristoteles.

627 *hab' ich gelehrt:* VI 470–475 und 503–505.

639ff. *Aetna:* Zur Zeit Epikurs und des Lukrez das einzige Beispiel, an dem man das Phänomen des Vulkanismus studieren konnte. Der vulkanische Charakter des Vesuv offenbarte sich erst durch dessen unvorhergesehenen Ausbruch i.J. 79 n. Chr.

650f. *der eine Himmelsraum ... kaum ein Tausendstel von dem*

Ganzen: eine hochinteressante Bemerkung zur epikureischen Theorie von der Unendlichkeit des Alls.

660 *das »heilige Feuer«:* eine mit Rötung verbundene Hautkrankheit (Gürtelrose?).

664 *unermeßliche Krankheitsbrut:* interessanter Einblick in das »Weltbild« der antiken Medizin.

673 *so wirfst du mir ein:* vgl. die Erläuterung zu Vers I 803.

712 ff. *Nil:* Eine Diskussion des Problems der Nilschwelle schon im 2. Buch des Geschichtswerkes Herodots. Das Thema blieb seither beliebt, z.B. erörtert es Seneca ausführlich in seinen ›Naturwissenschaftlichen Fragen‹.

720 *von den eisigen Sternen des Poles:* Polarstern, Kleiner Bär. »Eisig« bezieht sich natürlich nicht auf die Sterne selbst, sondern auf ihre Lage am Nordhimmel.

740 *den Namen ›Avernisch‹ macht ihre Beschaffenheit deutlich:* Lukrez leitet den Namen von *aves* (»Vögel«) ab.

747 *Cumae:* Lukrez gibt die Lage zutreffend an; Ort und See liegen westlich von Neapel.

749 *auf dem höchsten Gipfel der Burg:* Auf der athenischen Akropolis findet sich heute nichts von der genannten Erscheinung, und es ist sehr fraglich, ob das zur Zeit des Lukrez anders war.

750 *bei dem Tempel:* dem berühmten Parthenon.

Minerva: = Athena.

Tritonis: ein nicht zuverlässig erklärter alter Beiname der Athene.

754 *wie griechische Dichter gesungen:* Wir kennen die Erzählung nur aus einer römischen Quelle nachlukrezischer Zeit: Ovid, Metamorphosen II 552 ff.

763 *die Pforte zum Orcus:* Auch vom Avernersee nahm man an, er sei ein Eingang in die Unterwelt. Vergil hat sich diesen Glauben in der berühmten Unterweltszene des 6. Buches seiner ›Aeneis‹ zunutze gemacht.

769 *was oft ich auch früher schon habe behauptet:* besonders I 809 ff. und IV 633 ff.

774 *wie wir dies früher schon zeigten:* IV 633–672.

783 *ihr Schatten sei schädlich:* In diesem Teil des lukrezischen Werkes häufen sich irrtümliche Informationen.

786 *Helikon:* in anderem Zusammenhang u.a. schon I 118 erwähnt.

799 *Schwitzraum:* Anspielung auf die reich ausgestatteten Badeanlagen, wie sie in den römischen Städten üblich waren.

810 *Scaptensula:* unbedeutende Stadt in Makedonien oder Thrakien.

811 *giftige Luft:* Lukrez zeigt Sinn für ökologische Probleme, ein jetzt stärker beachteter Zug.

839 *Kanäle des Körpers:* vgl. die Erklärung zu Vers II 951.

848 ff. *Wunderquelle der Oase Ammon (heute Siwa):* Ausführlich auch von Plinius d. Älteren im 5. Buch seiner ›Naturgeschichte‹ sowie kurz schon von dem Geschichtsschreiber Herodot (IV 181) erwähnt. Nachrichten darüber, ob das Phänomen noch heute beobachtet wird, liegen nicht vor.

848 *Ammontempel:* Tempel des ägyptischen Hauptgottes Ammon, den die Griechen mit Zeus identifizierten.

879 ff. *Quellen bei Dodona und Arados:* Die erste dieser Quellen lokalisiert Lukrez nicht; daß sie in Dodona, der Orakelstätte des Zeus in Nordwestgriechenland, lag, geht aus Plinius, Naturgeschichte II 228, hervor. Auch für die Quelle bei Arados in Syrien gibt es antike Parallelberichte.

906 ff. *Magnetismus:* Ein Phänomen, das im Altertum begreiflicherweise als besonders schwer erklärbar galt. Lukrez widmet ihm deshalb eine besonders breite Behandlung.

923–933 Wiederholung von Ausführungen aus dem 4. Buch (IV 217–229).

936 *in dem ersten Gesange:* Beim Rückverweis (auf I 418) zitiert Lukrez genauer, als es sonst seine Art ist. Daß er seine Bücher als »Gesänge« bezeichnet, entspricht epischer Konvention.

940 *der Satz:* dargelegt im 1. Buch.

1030 *wie erwähnt:* Lukrez bezieht sich auf die unmittelbar vorangehenden Ausführungen.

1044 *samothrakische eiserne Ringe:* von der Insel Samothrake in der nördlichen Ägäis.

1069 *Stierleim:* Nach Plinius, Naturgeschichte XXVIII 236, gewann man einen besonders wirksamen Leim aus den Ohren und Genitalien von Stieren.

1078 f. *Schlaglot, Weichlot:* Legierungen aus Kupfer und Zink bzw. Blei und Zinn, die als Bindemittel für das Löten härterer bzw. weicherer Substanzen verwendet wurden.

1097 *krankhafter Lufthauch:* vgl. Erläuterung zu Vers VI 811.

1107 *wo die Achse der Welt sich so tief neigt:* Anspielung auf die Deklination der Erdachse, die den Astronomen zur Zeit des Lukrez bekannt war.

1108 *Pontusreich:* das Gebiet nördlich des Schwarzen Meeres.
Gades: in Spanien, heute Cadix.

1114 *Elephantiasis ... in Mittelägypten, usw.:* Die im folgenden wiedergegebenen Beobachtungen, die Lukrez von den antiken Ärzten übernimmt, sind kaum korrekt.

1117 *Achaja:* Norden der Peloponnes.

1131 *befällt ... die Rinder die Pest:* Diese Stelle gab Vergil wohl die Anregung, in sein Lehrgedicht vom Landbau, in dem er unter dem Einfluß des Lukrez steht, als Gegenstück zu der lukrezischen Pestbeschreibung die Schilderung einer Viehseuche aufzunehmen.

1132 *die blökenden Träger der Wolle:* Poetischer Stil liebte solche Umschreibungen. Ähnlich VI 1245.

1138ff. *Die Pest zu Athen:* Lukrez' Hauptquelle für diese Passage, eine der eindrucksvollsten seines Werkes, ist Thukydides (II 47–52). Daneben sind vielleicht andere Quellen herangezogen.

1139 *das Kekropische Land:* Attika, nach dem legendären König Kekrops.

1143 *Pandion:* auch er einer der legendären Könige Altathens.

1153 *Riegel des Lebens:* die Leiber, die die Seelen umschlossen halten.

1274–1276 *Gotteshäuser, Küster, Gottesdienst:* Diels gleicht den Text christlichen Vorstellungen an. Das Original spricht von Tempeln, Tempelwächtern und Verehrung der Götter.

INHALTSÜBERSICHT

ERSTES BUCH
DIE PRINZIPIEN

Preis der Venus 1–43 [–49] Inhalt des Gedichtes, besonders der ersten Bücher 50–61 Preis Epikurs 62–79 Abwehr der Volksreligion 80–101 Warnung vor den Priestern 102–111 Wesen der Seele 112–126 Inhalt der späteren Bücher 127–135 Schwierigkeit der Aufgabe 136–145 Naturforschung als Erlösung 146–149

I. Leitsatz. Nichts wird aus Nichts 150–214 Nichts wird zu Nichts 215–264 II. Leitsatz. Die unsichtbaren Atome 265–328 III. Leitsatz. Das Vacuum 329–369 Widerlegung des Gegenbeweises. Schwimmender Fisch 370–399 Mahnung an Memmius 400–418 Nur zwei Prinzipien: Atom und Vacuum 419– 429 Ein Drittes ausgeschlossen 430–448 IV. Lehrsatz. Akzidenzen der Prinzipien 449–482 Atomstruktur und Vacuum 483– 550 Unteilbarkeit der Atome 551–564 Struktur der vier Elemente 565–598 Gibt's ein Minimum? 599–634 Wider Heraklit und Genossen 635–715 Wider Empedokles 716–829 Wider Anaxagoras 830–920 Poetische Einlage. Dichterbekenntnis 921–950 Das Unendliche 951–1051 Streben nach der Mitte 1052–1117

ZWEITES BUCH
FORTSETZUNG ÜBER DIE PRINZIPIEN

Wonne des Weisen 1–13 Elend der Toren 14–61 Atombewegung 62–88 Unendlichkeit des Raums 89–111 Sonnenstäubchen 112–141 Atomgeschwindigkeit 142–166 Ablehnung göttlicher Schöpfung 167–183 Richtung der Atombewegung 184–215 Deklination der Atome 216–250 Willensfreiheit 251– 293 Ewigkeit der Atombewegung 294–332 Form der Atome 333–380 Atomform und Qualität 381–407 Gefühlsdifferenzen 408–477 Begrenzte Zahl der Atomformen 478–521 Unbegrenzte Zahl der ähnlichen Atome 522–568 Wechsel von Leben und Tod 569–580 Mischung der Atome 581–597

Poetische Einlage. Die phrygische Göttermutter 598–645 Philosophische Erklärung des göttlichen Wesens 646–659. 680

Fortsetzung über Atommischung 660–699 Grenzen der Atommischung 700–729 Atome sind farblos 730–756 Entstehung der

Farbe 757–841 Atome sind überhaupt qualitätslos 842–864 Atome sind empfindungslos 865–885 Entstehung der Empfindung 886–943 Krankheit und Tod 944–962 Freude und Schmerz 963–972 Schlußbeweis (über die Beschaffenheit der Atome) 973–1022

Übergang zum Kosmischen 1023–1047 Unendlichkeit des Weltalls 1048–1066 Unendlich viele Welten 1067–1089 Kein Götterregiment 1090–1104 Entstehen und Vergehen der Welt 1105–1174

Drittes Buch
Die Seele

Preis Epikurs 1–30 Inhalt des Buches: Psychologie 31–40 Todesangst der Menschen 41–93

Geist ein Körperteil 94–116 Auch die Seele ein Körperteil 117–135 Geist und Seele eine Einheit 136–160 Körperlichkeit von Geist und Seele 161–176 Die Atome des Geistes 177–207 Die Atome der Seele 208–230 Vier Arten von Seelenatomen 231–240 Vierter Seelenbestandteil 241–257 Einheitlichkeit der vier Seelenteile 258–287 Seelenaffekte 288–322 Gemeinsames Leben von Leib und Seele 323–349 Ist Empfindung nur der Seele eigen? 350–358 Sieht das Auge oder der Geist? 359–369 Gegen Demokrit 370–395 Der Geist lebenswichtiger als die Seele 396–416 Geist und Seele sind sterblich 417–424 Kleinheit der Seelenatome 425–444 Gleichzeitiges Werden und Vergehen von Leib und Seele 445–458 Gleichzeitiges Leiden von Leib und Seele 459–475 Wirkung des Weins 476–486 Wirkung der Epilepsie 487–509 Heilung von Leibes- und Seelenerkrankung 510–525 Allmähliches Absterben 526–547 Untrennbarkeit von Leib und Seele 548–579 Trennung von Leib und Seele 580–591 Ohnmachtsanfälle 592–602 Wie scheidet die Seele vom Leibe? 603–614 Die Brust Sitz des Geistes 615–623 Die fünf Sinne ohne Körper undenkbar 624–633 Teilbarkeit der Seele 634–669 Gibt es eine Präexistenz der Seele? 670–678 Gegen den Kreationismus 679–712 Lebt die Seele im Leichnam teilweise fort? 713–740 Vererbung geistiger Eigenschaften 741–775 Torheit der Seelenwanderungslehre 776–783 Die Seele ist an den Leib örtlich gebunden 784–805 Begriff der Ewigkeit unvereinbar mit der Seele 806–829

Der Tod berührt uns nicht 830–869 Wahngedanken über den Tod 870–893 Nichtige Trauergedanken 894–930 Die Stimme der Natur 931–977 Deutung der Unterweltsfabeln 978–1023 Kein Heros entrann dem Tode 1024–1052 Erkenntnis des Irrtums bringt Heilung 1053–1075 Verwerfliche Lebensgier 1076–1093

Viertes Buch
Wahrnehmen, Denken, Begehren

Dichterbekenntnis 1–25 Inhalt des IV. Buches, spätere Fassung 26–44 Dasselbe, ältere Fassung 45–53

Bilderlehre 54–97 Spiegelbilder 98–109 Dünnheit der Bildfilme 110–115 Kleinste Tierchen. Duftatome 116–128 Wolkenähnliche Originalfilme aus Uratomen 129–142 Beständiger Zu- und Abfluß der Bilderfilme 143–175 Schnelligkeit des Bilderstroms 176–215 Wahrnehmbarkeit der Bilder und Ausflüsse 216–229 Wirkung der Bilder auf das Auge 230–238 Form, Farbe, Abstand der Objekte 239–255 Totalität der Bilderscheinung 256–268 Jenseitige Spiegelbilder 269–291 Umkehrung der Spiegelbilder 292–298. 323–325 Vervielfachung der Spiegelbilder 326–334 Flankenspiegelung 335–341 Bewegung der Spiegelbilder 342–347 Blendung des Auges 299–311 Aus dem Dunkel ins Helle 312–322. 348–352 Gesichtstäuschung 353–363 Schattenbewegung 364–378

Theorie der Gesichtstäuschungen 379–452 Traumtäuschung 453–468 Gegen die Skeptiker 469–477 Epikurs Kanon 478–523

Theorie des Gehörs 524–546 Stimmbildung 547–571 Echo 572–594 Reichweite der Töne 595–614 Theorie des Geschmakkes 615–632 Geschmacksverschiedenheit 633–672 Theorie des Geruches 673–686 Langsamkeit der Duftatome 687–705 Theorie der Antipathie 706–721

Theorie der geistigen Tätigkeit 722–776 Über Wille und Aufmerksamkeit 777–817 Wechsel der Traumbilder 818–821. 826 Die Organe sind früher als ihr Gebrauch 822–857

Hunger- und Durstgefühle 858–876 Theorie des Gehens 877–906 Theorie des Schlafes 907–961 Theorie des Traums 962–1029 Theorie der Pollution 1030–1039

Über die Liebe 1040–1057 Warnung vor der Liebesleidenschaft 1058–1072 Liebeswahn 1073–1120 Folgen der Liebesleidenschaft 1121–1140 Schwer ist die Flucht vor der Liebe 1141–1191 Gemeinsamkeit der Liebesempfindung 1192–1207 Vererbungsfragen 1208–1232 Unfruchtbarkeit 1233–1262 Arten des Liebesgenusses 1263–1277 Lob der liebenswürdigen, wenn auch minder schönen Gattin 1278–1287

Fünftes Buch
Kosmologie. Kulturgeschichte

Preis Epikurs 1–58 Vergänglichkeit der Seele 59–63 Vergänglichkeit der Welt. Inhalt des Buches 64–75 Bewegung der Gestirne 76–90

Weltuntergang 91–109 Unterschied des Lebenden und Leblosen 110–131 Verbindung von Leib und Seele 132–145 Wohnsitz der Götter 146–155 Die Welt kein Götterwerk 156–180 Die Welt ein Werk der Natur 181–194 Unvollkommenheit der Welt 195–234 Vergänglichkeit der Teile bedingt den Untergang des Ganzen 235–246 Beweise für die Vergänglichkeit der vier Elemente 247–250 Erde 251–260 Wasser 261–272 Luft 273–280 Feuer 281–305 Steine 306–317 Himmel 318–323 Jugend unserer Welt 324–350 Der Bau der Welt nicht dauerhaft 351–379 Wettkampf von Feuer und Wasser 380–393 Phaëthons Sturz 394–410 Sintflut 411–415

Weltentstehung 416–431 Atomenwirbel 432–448 Bildung der vier Elemente 449–470 Bildung von Sonne und Mond 471–479 Bildung des Meeres 480–494 Ordnung der vier Elemente 495–508 Gestirnbewegung 509–533 Schweben der Erde 534–563 Größe der Sonne 564–572 Größe des Mondes 575–584 Größe der Sterne 585–589 Ursprung von Licht und Wärme 590–613 Sonnenwende. Mondbahn 614–649 Nacht 650–655 Sonnenaufgang 656–679 Wechsel der Tageslängen 680–704a Lichtwechsel des Mondes 705–736 Die vier Jahreszeiten 737–750 Sonnen- und Mondfinsternisse 751–770 Abschluß der Kosmologie 771–782

Entstehung der Pflanzen- und Tierwelt 783–836 Anfängliche Mißgeburten 837–854 Überleben der stärkeren und nützlicheren Tiere 855–877 Es gab niemals Centauren und dergleichen 878–924

Entwicklung des Menschengeschlechtes 925–987 Todesarten einst und jetzt 988–1010 Gründung der Familie 1011–1018 Gründung der Stammgenossenschaften 1019–1027 Ursprung der Sprache 1028–1040 Spracherfinder gibt es nicht 1041–1090 Einlage: Feuerentdeckung 1091–1104 Städtegründung und Königsherrschaft 1105–1135 Sturz des Königtums. Volksherrschaft 1136–1160 Ursprung der Gottesverehrung 1161–1240 Entdeckung der Metalle 1241–1280 Erz und Eisen 1281–1296 Kriegswerkzeuge 1297–1349 Webekunst 1350–1360 Baumzucht 1361–1378 Erfindung der Musik 1379–1435 Zeitrechnung 1436–1439 Letzte Stufe der Kultur 1440–1457

Sechstes Buch
Naturerscheinungen

Preis der Philosophie Epikurs 1–42 Inhalt des vorigen Buches 43–49 Wirkung der Naturerscheinungen auf das menschliche Gemüt 50–57 Entstehung des Götterwahns 58–79 Inhalt des letzten Buches 80–95

Gewitter 96–144 Blitzerscheinungen 145–218 Wesen und Wirkung des Blitzes 219–238 Wie entsteht der Blitz? 239–322 Schnelligkeit des Blitzes 323–356 Herbst- und Frühlingsgewitter 357–378 Abwehr religiösen Irrwahns 379–422 Erklärung der Windhose 423–450 Entstehung der Wolken 451–494 Erklärung des Regens 495–523 Regenbogen 524–526 Wind, Schnee, Hagel, Reif, Frost 527–534 Erdbeben 535–607 Warum läuft das Meer nicht über? 608–638 Das Ätnaproblem 639–702 Eine Erklärung reicht nicht immer aus 703–711 Das Nilproblem 712–737 Das Avernusproblem 738–839 Warum ist Brunnenwasser im Sommer kälter? 840–847 Die Wunderquelle der Oase Ammon 848–878 Die feurige Quelle (bei Dodona). Die Süßquelle bei Arados (an der phönizischen Küste) 879–905 Magnetismus 906–920 Vorbemerkungen. 1. Beständiger Atomenstrom 921–933 2. Porentheorie 936–958 3. Verschiedene Wirkung der Elemente 959–978 4. Verschiedenheit der Leitungsbahnen 979–997. 990 Erklärung des Magnetismus 998–1041 Besondere magnetische Phänomene 1042–1089 Entstehung der Seuchen 1090–1137 Die Pest zu Athen 1138–1286

LITERATURHINWEISE

Ausgaben

T. Lucreti Cari De rerum natura libri sex, hrsg. von H. Diels, Berlin 1923.

T. Lucreti Cari De rerum natura libri sex, hrsg. von J. Martin, Leipzig 1963^{5}.

Übersetzung

Titus Lucretius Carus, Vom Wesen des Weltalls, übersetzt von D. Ebener, Leipzig 1989.

Kommentare

Titi Lucreti Cari De rerum natura libri sex, hrsg. von C. Bailey, 3 Bde., Oxford 1947 (Text mit englischer Übersetzung und Kommentar).

Lucrèce, De rerum natura, Commentaire exégétique et critique von A. Ernout – L. Robin, 3 Bde., Paris 1925–28.

Bibliographie

C. A. Gordon, A Bibliography of Lucretius, Winchester 1985.

Quellen zur epikureischen Philosophie

Epikur, Von der Überwindung der Furcht, eingeleitet und übertragen von O. Gigon, München – Zürich 1983^{3}.

Griechische Atomisten – Texte und Kommentare zum materialistischen Denken der Antike, übersetzt und hrsg. von F. Jürß, R. Müller und E. G. Schmidt, Berlin 1984/Leipzig 1991^{4}.

Monographien

G. Barra, Struttura e composizione del De rerum natura di Lucrezio, Neapel 1952.
M. Bollack, La raison de Lucrèce, Paris 1978.
P. Boyancé, Lucrèce et l'épicurisme, Paris 1963.
K. Büchner: Studien zur römischen Literatur, Bd. 1: Lukrez und die Vorklassik, Wiesbaden 1964.
C. J. Classen (Hrsg.), Probleme der Lukrezforschung, Hildesheim 1980.
F. Giancotti, Il preludio di Lucrezio, Messina 1959.
O. Gigon (Hrsg.), Lucrèce (Entretiens sur l'antiquité classique 24), Vandœuvres-Genève 1978.
B. Manuwald, Der Aufbau der lukrezischen Kulturentstehungslehre (Akademie der Wissenschaften und der Literatur Mainz, Abhandlungen der geistes- und sozialwissenschaftlichen Klasse 1980,3), Wiesbaden 1980.
J. D. Minyard, Lucretius and the Late Republic (Mnemosyne Supplement 90), Leiden 1985.
G. Müller, Die Darstellung der Kinetik bei Lukrez (Arbeitsgruppe für hellenistisch-römische Philosophie 7), Berlin 1959.
M. Patin, De Lucrèce et du poème de la nature, Paris 1876.
O. Regenbogen, Lukrez (Neue Wege zur Antike II 1), Leipzig 1932 = Kleine Schriften, München 1961, 296–386.
W. Schmid, Lukrez und der Wandel seines Bildes, in: Antike und Abendland 2, 1946, 193–219 = Römische Philosophie, hrsg. von G. Maurach (Wege der Forschung 193), Darmstadt 1976, 37–83.
P. H. Schrijvers, Horror ac divina voluptas – Etudes sur la poétique et la poésie de Lucrèce, Amsterdam 1970.
J. H. Waszink, Lucretius and Poetry (Mededelingen der Koninklijke Nederlandse Akademie van Wetenschappen, Afdeling Letterkunde, Nieuwe Reeks 17,8), Amsterdam 1954.

INHALT

Einführung 5
Geleitwort von Albert Einstein 42

Von der Natur
Buch 1 47
Buch 2 89
Buch 3 136
Buch 4 181
Buch 5 235
Buch 6 295

Anhang

Erläuterungen 349
Inhaltsübersicht 376
Literaturhinweise 381